Hubert Fichte

Die Geschichte der Empfindlichkeit

Herausgegeben von
Gisela Lindemann und Torsten Teichert
in Zusammenarbeit mit Leonore Mau

S. Fischer

Hubert Fichte
Schulfunk

Hörspiele

S. Fischer

Die Geschichte der Empfindlichkeit
Paralipomena 4

Herausgegeben von Gisela Lindemann und Leonore Mau
Lektorat: Thomas Beckermann

PT
2666
.I25
S3
1988
14 7548
oct. 1989

© 1988 S. Fischer Verlag GmbH, Frankfurt am Main
Umschlaggestaltung: Buchholz/Hinsch/Walch
Satz: Fotosatz Otto Gutfreund, Darmstadt
Druck: Wagner GmbH, Nördlingen
Einband: G. Lachenmaier, Reutlingen
Printed in Germany 1988
ISBN 3-10-020717-3

Inhalt

Geschnetzeltes aus Westerland

Erfahrungen auf Sylt
während der Besetzung der Tschechoslowakei

1968

Personen:

Ein Sprecher
Ein Erzähler
Ich

Sprecher:

DU COTE DE CHEZ BISMARCKSCHULHEIM

Erzähler:

In der schlechten Zeit war Sylt was, wo man hinfuhr, um Brotsuppe mit vielen Rosinen drin zu essen.

Die Luft war sehr jodhaltig.

Jährlich ertranken viele Menschen.

Ein Kurhotel mußte abgebrochen werden, weil es sonst das Rote Kliff hinuntergekippt wäre.

Einige wurden auch verschickt wegen Lungenschwäche.

Die Seeluft wirkte appetitanregend.

Ich:

Es gab Hünengräber, die wir Hühnergräber nannten, Wanderdünen, Rauschelbeeren, Möweneier, Moränen und selten etwas Bernstein.

Wir standen schon eine Viertelstunde vor der Kaffeezeit an der Küchentür und beobachteten, wie die Marmeladenbrote geschmiert wurden. Wir hatten immer Hunger und mußten beim Baden aufpassen, daß uns die Grundwellen nicht mit hinausrissen.

Abessinien gab es schon. Wir gingen hin, um zu sehen, wo die Männer und Frauen Haare hatten.

2.

Sprecher:

LE COTE DE GUERMANTES

Erzähler:

Heute ist Sylt ganz wahnsinnig in.

Saint-Trop ist schon wieder unerhört out.

Die Größen des Sex, der Revolution, der Presse, des Films und der Geschirrbranche geben sich dort eine Stelldichein und Rendez-vous. Wer reçu ist, besitzt ein Apartement.

Wer mächtig ist, besitzt fünf. Und wer Springer ist, besitzt drei Häuser. Auf Sylt. Reetgedeckt.

3.
Sprecher:
IMMER TRÄUM ICH VON WESTERLAND
Erzähler:
Herausgeber: Städtische Kurverwaltung Westerland, Sylt, in Schleswig-Holstein, Ferienland am Meer.
Wo liegt Westerland?
Im Zentrum Sylts, der ungewöhnlichen Insel, eingefaßt vom weißen, steinfreien Sandstrand, der sich nach Norden und Süden über vierzig Kilometer erstreckt. Umgeben von Dünen und Wiesen. Eingeflochten in das schnelle Straßennetz. Hauptort des Insellebens, Nordseebad seit alters her. Berühmt unter den großen Seebädern Europas. Legendär durch Eigenart. Westerlandurlaub ist ein Lebensstil.

4.
Sprecher:
FLIGHT ZWISCHEN ROTEM PRESSEZAR UND VOLKSVERTRETER
Ich:
Am Flughafen setzt der rote Pressezar seine Sonnenbrille auf, weil er den Volksvertreter nicht begrüßen will.
Wir gehen rüber zu der General-Air-Maschine, die es für 150 Mark hin und zurück machen wird. Keine ganz kleine, die das Privatflugzeugfeeling vermittelt, sondern eine Art Miniairbus.
Die Stewardeß sagt, man darf sich neben den Piloten setzen.

Und ich bin ja noch fast ein Junge, kletter also auch vor auf den Pilotensitz, und hinter mir kommt der Volksvertreter neben dem roten Pressezaren zu sitzen, und beide reden immer noch nicht zusammen.

Dann steigt der Pilot ein.

– Der Platz hier neben mir ist aber besetzt.

– Aber die Stewardeß hat gesagt, ich darf mich hier hinsetzen.

– Nein, der Platz war von vorneherein besetzt.

Ich also wieder zurück und denke:

– Für wen wohl?

Da steht auch schon der Volksvertreter auf. Sagt gar nichts.

Ganz selbstverständlich, der Racker. Ohne einen Ton zu sagen, wühlt er sich an mir vorbei mit seinem dicken Hintern, und ich wühl mich zurück neben den roten Pressezaren.

Der Pilot hält dem Volksvertreter den ganzen Flug über einen Extravortrag.

Dann landet der Apparat auf einem Rasen.

Der rote Pressezar denkt auch, es ist schon Westerland.

Der Pilot ist für jeden zu sprechen und klärt uns auf, daß es in fünf Minuten nach Westerland weitergeht.

In Westerland sind alle, alle da.

Alle klucken zusammen, die in Hamburg gegeneinander prozessieren und sich via Zeit und Stern und Spiegel und Bild und Konkret entlarven.

Der Volksvertreter und der rote Pressezar begrüßen gemeinsam Inge und Jonny und Claus Rainer und Gerd und Maria und den Grafen Orsini.

– Hallo, Anita, du auch hier!

5.
Sprecher:
IMMER TRÄUM ICH VON WESTERLAND
Erzähler:
Man kommt nach Westerland, um zu sehen und gesehen zu wer-

den. Man trifft sich an der Promenadenbar zur Trinkkur, im
Spielkasino, beim Frühlingsfeuer der Inselfriesen im Februar.
Westerland bietet ein abwechslungsvolles Unterhaltungspro-
gramm.
Wer sucht, der findet. Das Spielerische der Menschen wird hier
herausgefordert. Die Lust an der Veränderung, am neuen Adam,
an der verwandelten Eva.

6.
Sprecher:
ICH LESE
Ich:
Le Monde:
Erzähler:
Die Truppen der Sowjetunion und ihrer rechtgläubigen Verbün-
deten haben die Tschechoslowakei besetzt.
Ich:
Hamburger Morgenpost:
Erzähler:
Mit nackter Brust gegen Sowjetpanzer.
Ich:
Hamburger Abendblatt:
Erzähler:
Die Welt klagt Moskau an.
Ich:
Le Monde:
Erzähler:
Auf der Suche nach einem Quisling.
Ich:
Bild:
Erzähler:
Sowjethauptmann erschießt sich in Prag aus Scham.
Ich:
Zeitungsberge.

Die Bildzeitung und Le Monde sind ausverkauft.
Die Zeit kann auch nicht mehr nachbestellt werden.
Käse, Wurst, Salatblatt und das Tomatenviertel liegen unberührt
in den Abfütterungshallen der Halbpensionshotels.
Gemeinden vor dem Fernseher.

7.
Sprecher:
MUSIKPROGRAMM FÜR DAS KURKONZERT
Erzähler:
Es spielt das Kleine Kurorchester Werner Schulte, Hamburg.
Leitung: Kapellmeister Schulte und Konzertmeister Faasch.

11.00–12.00 Uhr / Choral /

1. Erinnerung an Verdis Troubadour.
2. Der kleine Cowboy / Zander.
3. Im schönen Tal der Isar / Löhr.
4. Moldauklänge / Bakos-Ritter.
5. Der Zigeunerbaron / Strauss.

16.00–18.00 Uhr /

1. Frischer Mut, leichtes Blut / Blon
2. O Frühling, wie bist du so schön / Lincke
3. Die schöne Galathee / Suppé
4. Der Missouriwalzer / Logan
5. Rumänisch / Knümann
6. Wir spielen Lehár / Schneider
7. Marching Strings / Ross
8. Hofballtänze / Lanner
9. Wilde Jagd / Kötscher
10. Vom Rhein zur Donau / Rhode

20.00–22.00 Uhr:

1. Colonel Bogey / Alford
2. Herbstweisen / Waldteufel
3. Leichte Kavallerie / Suppé
4. Grün ist die Heide / Blume
5. Von Wien durch die Welt / Hruby
6. Winterstürme / Fucik
7. Lortzings Lieblingskinder / Urbach
8. Faszination / Marchetti
9. Ein Abend bei Paul Lincke
10. Lasset uns das Leben genießen / Simon
Ausklang / – Änderungen vorbehalten

8.
Sprecher:
IMMER TRÄUM ICH VON WESTERLAND
Erzähler:
Und am Abend?
Sonnenuntergang auf der Kurpromenade. Damit endet der Tag.
Westerländer Nächte können kurz sein, wenn man sie durch-
tanzt, aber auch lang, wenn man durchschläft. Im Sommer besteht für das Kurviertel Nachtfahrverbot. Ein internationaler
Badeort vom Range Westerlands hat seinen Gästen viele Vergnügungen zu bieten. Niemand muß mit den Hühnern schlafen
gehen. Es werden gute Gespräche an den Abenden geführt,
man hat sich am Strand getroffen, nun feiert man den Urlaub
irgendwo zusammen. Für jeden Geschmack, für jeden Geld-
beutel ist gesorgt.

9.
Sprecher:
KURPROMENADENPROTEST
Erzähler:
Abends dann, als man mit den verschiedensten Absichten am Meer längs will, kommt man mitten rein in die große Kurpromenadenapotschechoslowakeidiskussion.
Ich:
Da ist nun wirklich alles zusammen.
Der Topos:
Erzähler:
Deformiertes Bewußtsein.
Ich:
Der Topos:
Erzähler:
Ihr! Ihr!
Ich:
Plus Freddyunderground:
Erzähler:
Wir! Wir!
Ich:
Der Topos:
Erzähler:
Springer.
Ich:
Der Topos:
Erzähler:
Der Russe.
Ich:
Topos ist ein vornehmer Gemeinplatz für das Wort Gemeinplatz.
Erzähler:
Gemeinplätze auf dem Kurpromenadenplatz.
Ich:
– Ein junger
Erzähler:
– Mann
Ich:
– mit Bart

Erzähler:
– wohl auch einer von denen
Ich:
– äußert:
Erzähler:
– Man müßte den Tschechen notfalls mit der – Waffe in der Hand
helfen.
Ich:
Und der Gemeinplatz – von Westerland aus Gemeinplatz:
Erzähler:
1938! 1968!
Ich:
Ich fange an, grauenvolle, riesige, ständige Angst zu haben.
Hier wohl durch den Jodgehalt verstärkt.
Stendhal hatte das gut.
Happy so forsch?
Oder so unhappy few?

10.
Sprecher:
ICH LESE
Ich:
Bild:
Erzähler:
Russische Geheimpolizei kommt im Krankenwagen.
Ich:
Hamburger Morgenpost:
Erzähler:
Die zehn Gebote des Widerstands.
Ich:
Bild:
Erzähler:
Kommt zurück, oder der Kessel platzt.

Ich:
Morgenpost:
Erzähler:
Dubček sprach unter Tränen.
Ich:
Bild:
Erzähler:
Dubček brach zusammen.
Ich:
Bild:
Erzähler:
Explodiert der Volkszorn?
Ich:
Bild:
Erzähler:
Junge erstickte im Kühlschrank. Stuttgart bekommt 225 000
Mark für Nationalspieler Köppel.
Ich:
Ich lese:
Erzähler:
Im letzten Jahr töteten oder verstümmelten die Ratten 14 000
Kinder in den Vereinigten Staaten.
Am 20. Juli 1967 würgte der Kongreß unter Gelächter und Zuru-
fen wie: »Rattenschützer« und Vorschlägen, ein »Wanzen-Korps«
zu bilden, eine Gesetzesvorlage über Rattenbekämpfung ab.
Ich:
Fidel Castro äußert:
Erzähler:
Was Kuba schützt, ist die Tatsache, daß die Imperialisten über-
zeugt sind, sie können hierher keine militärischen Ausflüge un-
ternehmen, denn die Kubaner sind bereit, sich zu wehren.
Ich:
Hamburger Morgenpost:
Erzähler:
Eine Selbstmordwelle geht durch Prag.

11.

IMMER TRÄUM ICH VON WESTERLAND
Erzähler:
Welche Sportarten werden geboten?
Natürlich Tennis, Boccia, Minigolf, Tischtennis und Reiten.
Westerland hat ein Kursportzentrum mit modernen Schießstän-
den und Kegelbahnen.
Gesellschaftstanz, für den das Nordseeheilbad aus alter Tradi-
tion bekannt ist. Wasserski läuft man in Rantum und Hörnum.
Golf wird auf dem Neunlöcherplatz von Morsum gespielt.
Segelflugzeuge kreisen über Westerland. Und den Tag beginnt
man mit Strandsport und Gymnastik für alt und jung.

12.

Sprecher:
TAMBOURIN
Ich:
– Aber, Sie sind doch hier im Urlaub. Nicht anstrengen. Locker.
Leicht. Im Kreis. Locker!
– So, jetzt sagen wir alle mmmm und schlagen uns mit den Fäu-
sten auf die Brust.
– Zigarettenrauchen, das können Sie. Aber ordentlich mmmm
sagen, das können Sie nicht.
– Aaaa! Für die Lunge!
– Oooo! Für das Herz!
– Und wenn Sie abends im Bett liegen, dann haben Sie das alles
gratis. Dann müssen sie oooo sagen, und Sie werden es bis in den
kleinen Zeh spüren, bis in den Kopf werden Sie es spüren!
– Öööö für die Leber!
– Uuuu für den Unterleib!
– Üüüü für die Nieren.
– Nun machen wir alle die Welle.

– Nein, meine Damen, wie sieht das denn aus?! Sie müssen den Kopf nach rechts und nach links legen.
– Herr Lüders, Sie haben nicht richtig gearbeitet. Nun mal alleine!
– Sie lachen, und wir müssen hier schwer arbeiten!
– Stellen Sie sich vor, es liegt ein Spiegel auf der Erde, und Sie wollen sich darin angucken.

13.
Sprecher:
FKK
Erzähler:
Zur Zeit der Brotmarken und der Raucherkarten war das FKK-Gelände ein Reservat, wo man ängstlich seine Badehose auszog, weil man Angst hatte, sonst nicht vorbei zu dürfen.
Heute ist das anders.
Zwar würde man draußen auf der Friedrichstraße oder im Hotel Kiefer wohl noch immer verhaftet, wenn man sich dort so zeigte, wie man sich hier zeigt, und die Armen, Unglücklichen, die sich zwischen zwei Autos oder am Bismarckdenkmal in Hamburg mal schnell die Hose aufknöpfen, um sicher nur in den seltensten Fällen etwas Außerordentliches den minderjährigen Waisen zur außerordentlichen psychischen Störung zu zeigen, die werden wohl auch dann, wenn das Gesetz 175 aufgehoben ist, was ja unmittelbar bevorsteht, wie alle wissen, noch mit Messer und lebenslanger Verwahrung bedroht werden.
Am feinen Kaolinstrand also hüpfen die Nackten nicht mehr auf Sektiererhügeln. Nicht mehr Mitgliedschaft ist nötig, um gewisse weißere Körperstellen bräunen zu dürfen, das Lästigkeitsempfinden beim Bad mit der Badehose genügt – und der Listige oder die Listige, die sich aus Gründen des erotischen Raffinements im minimsten Mini an den Nacktflächen vorbeibegibt, riskiert es nicht mehr, handgreiflich Sitte und Ordnung unterworfen zu werden.
In Kampen und Wenningstedt sind die Nacktstrände neben den

19

Textilplätzen. In Wenningstedt trennt beide Bademöglichkeiten ein Streifen Niemandsland.

Nur in Westerland muß man eine halbe Stunde laufen und schwitzen, ehe man sich unter Wächters Augen entblößen darf.

Sexy muß das also sein auf Sylt.

Natürlich, naturhaft sexy.

Bei den Kampener Nackten gibt es das gepflegteste Fleisch.

In Wenningstedt liegt der Appeal so zwischen Hieronymus Bosch und Handbuch für Ernährungsschäden.

In Westerland wird das Niveau etwas gehoben durch einige ganz vielversprechende Homosexuelle, die aus allen Teilen der Welt angereist gekommen sind und bei denen meist das ältere, monetenschwere Knickebein den jungen, doofen Götterliebling einrahmt.

Es ist zum Abgewöhnen!

Welche Geheimnisse gibt es da nicht!

Keiner guckt auch nur hin zum anderen.

Und selbst wenn dann mal eine liebliche Hüfte vorbeitanzt, guckt auch keiner hin.

Keiner sucht auch was.

Keinen treibt es von Strandkorb zu Strandkorb, ob nicht vielleicht doch irgendwo das große Erregende döst.

Nein.

Gegraben wird.

Badende vom vierten bis achtzigsten Lebensjahr transportieren ununterbrochen Schaufeln und graben, daß der Oymel fliegt, Kanäle, Fallgruben, Burgen, Grabähnliches, von morgens bis abends, alle Klassen, Tausende, eine ganze grabende Nation, jedes Geschlecht.

Graben sie aus oder graben sie ein?

Die nicht graben, werfen sich Ringe zu.

Zwischen Graben und Baden machen die Erschreckendsten an sehr einsichtigen Stellen Gymnastik, strampeln gespreizt, rudern mit Armen.

Schön sind hier nur die Krüppel.

Aus der Ferne der Mann mit dem exzentrischen Gang, dessen nasses, blaues Plastikbein in der Sonne blitzt.

Die traurigen Augen des Sitzenden, der sich inmitten von so viel gradgewachsener Reizlosigkeit schamhaft die beiden weißen Beinprothesen anschnallt.

14.
Sprecher:
GESPRÄCHSFETZEN
Ich:
Ein Mann geht am Nacktstrand vorüber, ruft uns zu:
– Schräg hinlegen!
Als wir uns nicht schräg hinlegen:
– Da wird man brauner!
Vier nackte Schwäbinnen :
– Der Sekt ist ganz wunderbar und ganz billig.
– Bei Spar der Ponysekt ist noch billiger.
– Das ist der gleiche wie Henkell Trocken. Der wird nur umge-
füllt.
Sechs nackte Männer:
– Kompanie halt! Rechts schwenkt marsch! Ab, ab ins Wasser!
Eine nackte Frau zu einer anderen nackten Frau:
– In die Dünen können wir uns gar nicht mehr wagen. Da oben
steht wieder einer. Da sind nur noch die. Na, Sie wissen schon.
Wenn sie da so stehen. Das sind welche. In den ganzen Dünen.
Ein nackter Mann mit blauweißer Badekappe schwimmt auf eine
Frau im Badeanzug zu:
– Was fällt Ihnen ein, hier im Badeanzug zu baden. Gehen Sie
doch gefälligst zum Textilstrand.
Die Frau im Badeanzug hört auf zu schwimmen und fängt an zu
weinen:
– Ich habe doch meine Gründe.
– So was wollen wir hier nicht haben.
– Ich kann doch nichts dafür. Mein Mann will hier baden und
zwingt mich mitzukommen. Ich habe meine Gründe.

– Dann schwimmen sie wenigstens im zweiteiligen Badean-
zug.
Zwei nackte Frauen über einen nackten Mann mit Fernglas in
den Dünen.
– Das ist eine Unverschämtheit.
– Gehen Sie doch zur Strandwacht und zeigen Sie ihn an!
– Gehen Sie doch zur Strandwacht.
– Ja, das sind die schlimmen Lustmolche, die in den Dünen sit-
zen.
– Ja, und in den letzten Tagen ging hier auch immer einer rum.
Wie der die Frauen angeguckt hat.
– Gleich anzeigen! ruft eine nackte Frau einem nackten Mann
zu, der durch die Strandhaferpflanzungen geht.

15.
Sprecher:
ICH LESE
Erzähler:
Herbert Marcuse fütterte die Tauben auf dem Markusplatz und
fragte seine Interviewer verwundert: Aber sagen Sie, warum soll
man gegen ein Filmfestival protestieren?
Ich:
Time:
Erzähler:
Biafrians are starving to death by a conservative estimate at the
rate of 1000 a day.
Ich:
Bild:
Erzähler:
Aufstand gegen Pillenverbot.
Ich:
Capital:

Erzähler:
Ahlers: Wir konnten zum Beispiel unsere Anzeigenkampagne nicht früher machen, weil wir dazu praktisch die Endlösung brauchten.
Ich:
Spiegel:
Erzähler:
Täglich sterben über 6000 Menschen in Biafra den Hungertod.
Ich:
Stern:
Erzähler:
Höllenengel jagen brave Bürger.
Ich:
Hamburger Abendblatt:
Erzähler:
Wir wollten ihn nicht töten, jammerte der junge Rohling.
Ich:
Bild:
Erzähler:
Ein Fußtritt zerstörte zwei Menschenleben.
Ich:
Hamburger Morgenpost:
Erzähler:
Schluß mit dem Rockerterror!
Ich:
Hamburger Abendblatt:
Erzähler:
Neuer Überfall durch Rocker!
Ich:
Hamburger Morgenpost:
Erzähler:
Nach brutalem Überfall auf Hamburger Familie – Rockerchef auf der Flucht gefaßt.
Ich:
Time:
Erzähler:
British Aircraft Corporation the most powerful aerospace company in Europe.

BAC aircraft and weapons systems have been chosen by over half of all the countries in the world.

Rapier is the world's finest and latest mobile tactical low level AA missile system. It has already destroyed low flying ground attack jet aircraft (above) and has hit a towed low level »drainpipe« target measuring 19 cm × 2,13 m at 3 kms range.

British Aircraft Corporation
100 Pall Mall London SW 1
Ich:
Above – das heißt ein grobkörniges Foto von einem brennenden Flugzeug, das von einer der Abwehrraketen der British Aircraft getroffen worden ist.

Werbung.

In time.

16.

Sprecher:

TELEFONAT MIT DEM ROTEN PRESSEZAREN

Ich:

– Der Einmarsch der russischen Truppen und der Truppen des Warschauer Paktes in die Tschechoslowakei wirft uns um 20 Jahre zurück.

Zwanzig Jahre, das meint auch Kohout.

Es bedeutet ja nicht nur, daß die Gruppe 47 nicht in Prag tagen kann.

Das heißt Nixon for President.

Das heißt die absolute Mehrheit für die CDU.

Das heißt keine Reform der Sexualgesetzgebung.

In zwanzig Jahren sind wir alte Männer. Dann ist es nicht mehr unsere Revolution.

Warum dankt Dubček nicht ab.

Weil er in zwanzig Jahren ein alter Mann ist?

Seine Revolution?

17.
BEATE UHSE
Erzähler:

Im »interessantesten Bauprojekt Nordeuropas«, so bezeichnet die Fachwelt das Neue Kurzentrum in Westerland, hat auch Beate Uhse ihre Zelte aufgeschlagen .. einen Selbstbedienungsladen eröffnet.

»Die Lage ist einmalig für die gesamte Nordseeküste. Eigentumswohnungen in 18 verschiedenen Typen von 22 bis 82 qm zu Festpreisen ab 35 000 DM.«

Das heißt in Wirklichkeit, eine Zweizimmerwohnung zum Meer kostet über hunderttausend Mark.

Fünf davon bezieht ein Presselord gleich auf einen Dutt.

Und auch den Namen eines ergrauten sozialistischen Volksvertreters entziffert man im Vorübergehen in den endlosen, tristen Fluren ohne Tageslicht.

Ein Mann aus der Werbebranche hat sich für 60 000 Mark ein Einzimmerappartement zusammenfinanziert und vermietet es zur Saison für 70 Mark am Tag.

In dieser Umgebung also Beate Uhse, von der wir spätestens seit dem letzten Jasmin wissen:

Sie verkauft 1400 Artikel, die Liebe und Ehe schöner machen wollen.

Die Uhses leben in einem Garten, aber nicht unter einem Dach.

Bis 1945 war Beate Uhse Hauptmann der deutschen Luftwaffe.

Sie vertreibt ihre Artikel für täglich 17 000 DM Porto.

Ihre Hauptkundschaft sind die Altersklassen zwischen einunddreißig und vierzig Jahren. Von vier Kunden sind drei Männer.

Die Idee zum erotischen Großunternehmen kam Beate Uhse vor 21 Jahren im Pastorat St. Marien zu Flensburg.

Der 19jährige Ulli ist Filialleiter des Supermarktes der Freude in Westerland.

Diese Baustelle wird einmal Beate Uhses Großraumbüro in Flensburg. Die Chefin wird den Riesensaal dann mit ihren Mitarbeitern teilen. Jeder, sagt sie, soll jeden sehen können.

Also:

The great sister watches you?

– Da müssen sie hinein, sagt der rote Pressezar.

– Beate Uhse ist der Gartenzwerg des deutschen Ehebetts.

– Der ganze Laden ist in hohem Maße faschistoid.

– Da wird natürlich kein Beat gespielt.

– Nur alles, was der Ehe und dem normalen Verkehr dient natürlich.

Also:

The great sister watches your everything.

Ich:

Als ich reingehe, wird Beatmusik gespielt.

Ich nehme ein Einkaufskörbchen. Meine Frau nimmt ein Einkaufskörbchen. Ein forsches Mädchen kommt auf uns zu, hält uns ein aufgeklapptes Buch hin.

– Das müssen Sie lesen!

28 Liebesspiele aus Europa, Asien und Tirol.

Ich will das aber nicht lesen, und meine Frau will es auch nicht lesen.

Da geniert sich das Mädchen ein bißchen.

Und ein bißchen genieren wir uns auch und gehen schnell weg mit unseren Einkaufskörben.

Wo gewöhnlich die Konserven liegen – die teuflische Wollust.

Statt Tomaten Aktfotos.

Nackte Haut an heißen Küsten.

Einer zuviel im Bett.

Dieser spritzige, erotische Roman wird Sie in Atem halten.

Die Palette.

Erzähler:

Die anderen Auslagen dürfen nicht beschrieben werden. Sie zu nennen, wäre Werbung. Und Werbung ist für derlei Mittel und Werkzeuge nicht erlaubt. Nach dem Rundgang also . . .

Ich:

Wir haben immer noch nichts im Körbchen außer der Plastikreklametüte – jeder.

Dann treffen wir Herrn Lüders. Er wird richtig ein bißchen rot.

Er hat auch noch nichts im Körbchen.

Ich versuch es mal mit einem Spaß:
– Na, kaufen Sie auch für das Wochenende ein?!
Er bittet uns zum Whisky hinauf in das interessanteste Bauprojekt Nordeuropas.
Das Mädchen an der Kasse macht kein Gesicht, weil wir nichts in unseren Körbchen haben. Sie liest das Buch, das wir unbedingt lesen sollten. Sie guckt gar nicht hoch.
Vom Hochhaus haben wir einen Blick über die Kurpromenade.
Die Kurkapellenmusik dringt herauf. Suppé.
– Die Freiheit Westerlands. Jedesmal, wenn ich ankomme, denke ich: Das hat jemand erfunden. Es ist ein Traum. So etwas gibt es wirklich? Westerlandurlaub ist ein Lebensstil, sagt man. Es stimmt. Ich gehöre dazu. Wie einfach. Immer träum ich von Westerland.

18.
Sprecher:
GESPRÄCH ZWISCHEN ZWEI STRANDKÖRBEN
Erzähler:
– Weißt was?!
– Nee.
– Ich hab ein Tripper!
– Sag bloß.
– Ja.
– Von wem denn?
– Weißt doch nie genau. Der Doktor sagt, ist auch nicht selten hier. Aber weißt du, was du kriegst? 5 Millionen Einheiten Penicillin.
– Sag bloß.
– Vor zehn Jahren waren es nur 100000. Und in zehn Jahren kriegst du 50 Millionen Einheiten verpaßt.
– Nee.
– Doch. Das ist dann auch die Grenze. Höher verträgt der Organismus nicht. Kann er nicht ab.

27

– Und denn?
– Weiß der Doktor auch nicht. Aber sonst ist er ja gründlich.
Zweimal hin wegen der Spritzen und zweimal zum Nachprüfen.
Kriegst so eine Kontrollflüssigkeit rein durch die Harnröhre ge-
drückt. Bin umgekippt.
– Mensch!
– Ja.
– Schöne Ferien, was?
– Bin nicht der einzige, sagt er.
– Muß man ja andauernd aufpassen.
– Kostet 150 Mark. Auch mit dem vielen Nachprüfen.
– Hast doch Krankenkasse.
– Tripper. Krankenkasse.

19.
Sprecher:
IMMER TRÄUM ICH VON WESTERLAND
Erzähler:
Etwa 10 000 Einwohner hat die Stadt, 16 000 Fremdenbetten ste-
hen zur Verfügung. Zur Zeit verjüngt sich Westerland. Ein mo-
dernes Kurviertel entsteht. Ein internationales Kurbad vom
Range Westerlands darf nicht veralten.
Für die Ruhe im Nordseeheilbad spricht, daß sich an der Stadt-
grenze im Süden das größte Seevögelschutzgebiet der deutschen
Nordseeküste befindet.
Dort brüten über 50 Vogelarten mit etwa 2600 Paaren.

20.
Sprecher:
ARBEIT
Ich:
Der junge Mann im Prominentenclub, wo Arndt von Bohlen und
Halbach mit einem Kreis von Adele Sandrocks und Alain Delons
made in Germany Tafel hält, arbeitet tagsüber in der Commerz-
bank.
– Sag mal, wann schläfst du denn eigentlich?
– So von drei bis sieben. Bis zwei, drei geht das hier, und morgens
fang ich schon wieder in der Commerzbank an. Das geht den Tag
über. Essen, umziehen, und um acht abends geht es hier los. In
der Saison war immer bis morgens um vier Uhr zu tun. Da kam
ich dann fast überhaupt nicht zum Schlafen.
– Warum machst du das? Fährst du einen Rennwagen, oder bist
du so geldgierig?
– Unsere Mutter ist krank und liegt schon seit Jahren im Krankenhaus. Die Versicherung zahlt nicht mehr. Da müssen wir Kinder jetzt für sie aufkommen.
Als zweites frag ich mich dann, ob es wirklich stimmt.
Oft ist es ja doch bloß für eine Lambretta.

21.
Sprecher:
ICH LESE
Ich:
François Mitterrand:
Erzähler:
Die Jugend hat nicht immer recht. Aber die Gesellschaft, die auf
sie einschlägt, hat immer unrecht.
Ich:
Jean Genet in der Sorbonne:
Erzähler:
Ich will nicht der Komplize sein bei der Errichtung einer neuen

Ordnung. Alles, was ich hier gesehen habe, stört mich. Es riecht nach Leim, der alles einhüllt.

Ich:

Ein Student:

Erzähler:

Satre war ein Opportunist. Genet ist ein Dichter.

Ich:

Pier Paolo Pasolini:

Erzähler:

Ich hasse euch, liebe Studenten. Ich sympathisiere mit den Polizisten, weil die Polizisten Söhne armer Leute sind.

Ich:

Die französischen Polizisten warfen den Mann gegen das Schutzblech eines Wagens und schlugen auf den Ohnmächtigen ein, bis das Schutzblech nachgab.

Das von der französischen Polizei benutzte Gas CS wird auch von den Amerikanern gegen die Neger und die Nordvietnamesen eingesetzt.

Es kann tödlich wirken.

Erst dann wird die Menschheit glücklich sein, wenn der letzte Demokrat an den Därmen des letzten Kapitalisten hängt.

Die Revolution kämpft auch für die Schönheit.

Helft uns, die Häßlichkeit aus der Welt zu vertreiben.

22.

Sprecher:

GANG NACHTS DURCH ALT-WESTERLAND

Ich:

Strohdachhäuser. Geschnitzte Eingangspforten. Kirche und Friedhof. Theodor-Storm-Reminiszenz. Gustav-Falke-Feeling. Es rauschen dunkle, geheimnisvolle, aus der Hungerkindheit bekannte, deutsche Bäume, und ich glaube, daß die Verdrängung der Sentimentalität gefährlicher ist als die Sentimentalität.

Eine Stute mit Füllen – ganz Hans Henny Jahnn. Und es riecht wirklich gut.

Braucht der neue Mensch Pferde?

23.

Sprecher:

IMMER TRÄUM ICH VON WESTERLAND

Erzähler:

Gehört der Abend zur Kur?

Natürlich. Die Kur macht den Gast frei für Konzerte, Amüsements, die er im Alltag versäumte. Man erholt sich auch abends. Die Kurverwaltung veranstaltet internationale Tanzturniere. Schönheitsköniginnen werden gewählt. Kammermusik, Lichtbildervorträge und viele andere Veranstaltungen gehören zur Abendkur von Westerland. Und dann gibt es auch noch die Spielbank, die ganzjährig geöffnet ist.

24.

Sprecher:

VIOLENCE AM SCHWULENECK

Erzähler:

Jacques und Annie sind da aus der Provence.

Schnack über die Französische Revolution unter dem klammen Friesendach.

Jacques und ich wollen dann in der Nacht noch mal ums Eck. Wir gehen ans Meer. Über den Holzsteg. Das Meer ist sehr schwarz. Es ist wie immer nachts sehr unheimlich, und wir denken an Faust Zweiter Teil. Und wo die Goethe-Mütter nahe sind – nicht die Mütter aus dem Müttergenesungsheim –, da sind die Tanten nicht weit.

In Fluchtbewegung diesmal. Klappern uns auf dem Holzsteg entgegen.

Vom entfernten Ende der Latten dröhnt es im männlichen Niederdeutsch:

– Euch werd ich es zeigen, ihr schwulen Säue.

Als Silhouettenspiel sehe ich drei Männer einen vierten zwei Treppen herunterschlagen. Wie ein Sack läßt er sich zusammenschlagen, schreit nicht, der dumme Sack, oder ist schon bewußtlos.

Was macht man in einem solchen Fall, wenn man auf seiner Nonviolence besteht und auf seiner Arroganz?

Ein Siegfried, ein St. Georg, ich gebe meiner Stimme das männlichste Metall und kreische auf die normalen Ochsen ein – mit Erfolg. Sie lassen von dem schwulen Esel ab, der sich in Nacht auflöst, und ein wahrer Wurstbulle von Friese stürzt sich traumhaft intensiv auf mich und WWWRRONGG!! CRASH!! WOOOMP!!! PÄNG!! GONG!!! verpaßt mir einen, daß ich den bekannten Comic-Blitz leibhaftig vor mir sehe.

Das war von meiner Seite nicht nonviolent, sondern blöde hingehalten. Hätte ja längst schon weg sein können, nachdem die Genoveva befreit war.

Ich bin aber weiter sehr würdig, und da mein Mund noch aufgeht, schimpfe ich weiter derart männlich, daß die drei normalen Ochsen – was haben die nachts im Päderastentrivium, wo niemand sonst vorbei will, zu suchen? – sich gegenseitig in die Wolle kriegen und der eine die anderen über meinen Hormonspiegel aufzuklären versucht:

– Der ist doch gar nicht schwul.

Vielleicht hätte zur weiteren Bewußtseinsbildung ein Prospekt des Rowohlt-Verlages einiges beitragen können. Ich entferne mich nun würdig und bestimmt dahin, wo Freund Jacques, der auch was auf die Nuß bekommen hat, sich schon lange abwartend hin zurückgezogen hat.

Und dann Haßphantasien.

Gaspistole. Pfeffer. Jiujitsu. Ausgekugelte Arme. Heiliger Gandhi!

Mir fallen die englischen Queens ein in einem nachts strictly reservden Park bei London, die sechs Cops, die nicht mitmachen wollten, sondern nur störten, so vermöbelten, daß uniformierte Polizisten zur Dienstausübung sich dort nicht mehr blicken lassen.

Zivilkurasche schreibt sich eben doch nur mit Ce's.

Wir erreichen unser Friesendach mit mehr oder weniger gut klappenden Kiefern.

Annie hatte noch Zigaretten holen wollen und wurde von vier kräftigen, angetrunkenen Männern um ein Haar, wie man so sagt, vergewaltigt.

25.

Sprecher:

IMMER TRÄUM ICH VON WESTERLAND

Erzähler:

Ansichten von Westerland: Der Mensch, hier gezeichnet von Sonne, Wasser und Wind, hat sich eine Zuflucht vor seiner Alltagswelt geschaffen, die er das ganze Jahr über beziehen kann.

Groß die Brandung, in die er sich wirft, freundlich die Düne, der Sand, wohin es ihn zieht, um sich auszuziehen unter Ausgezogenen.

Das Spielerische an Westerland: der Reiz des Klimas, dem man sich ausliefert. Und Liebe, alte und neue – viel Liebe . . .

26.

Sprecher:

ESSEN

Ich:

Was essen die Leute eigentlich, die in Friesenhäusern, modern styled apartments, Luxushotels und Pensionen wohnen, um fit zu bleiben fürs Baden, Spielkasinogehen, Tanzen – auch im Beat-schuppen – und so weiter?

Pflaumenkuchen zum Beispiel kann man sich an jeder Ecke selbst kaufen, von 45 Pfennig bis eine Mark, wenn man die acht bis zwölf Mark für die Tasse Kaffee mit ein bißchen Verzierung in den Hauptverkehrsadern scheut.

Ein paar Supermarkets.

Fischgeschäfte.

– Die Krabben waren aber gar nicht mehr frisch!

– Doch! Dann sind Sie wohl besonders empfindlich.

Tomatenviertel und Aufschnitt – hauptsächlich Blutwurst – drohen aus den Halb- und Vollpensionsanbauten.

Im Hotel Roth zu wohnen, kostet es mit Bad, das im sauberen Deutschland ja immer noch mit Gold aufgewogen werden muß, einzeln immerhin runde 50 Mark. Dafür wird den Gästen im Bierstübchen des traditionsreichen Hauses das Heringsfilet quasi um die Ohren geschlagen.

Haß! Blanker Haß!

In einem sich gediegen gebenden Fischrestaurant ist die als Spezialität des Hauses gepriesene asiatische Suppe sauer – vom Aufwärmen und Stehenlassen. Die Scholle des Hauses hinterläßt Magenbeschwerden. Kostenpunkt für zwei Personen in den mittleren zwanzig Mark.

In innigen Schenken wird nur bis neun Uhr abends Warmes serviert. Also nicht gezögert: Rein in den Mercedes-Sport oder call das Taxi. Mehr als einen Zehner hin und zurück kostet es nicht. Laß dich ranrauschen im Friesendrive, der Gebiß und Blähung lockert und gelegentlich einen halben VW-Bus mitreißt, hin zu den Muscheln nach List oder Hörnum – beispielsweise ins Seepferdchen, wo es zwar Papierservietten, aber einen Wirt gibt, der seine Preise durch eine gründliche Kenntnis der Frankenweine abstützt...

Auch in den Witthüsstuben ißt man fein mit feinen Leuten, oder im Moby Dick, in der Bonne Auberge.

So um den Hunderter zu zweit mit Hummer und Wein.

Und vor allen Dingen die herzhaften Gespräche der upperen Ten Millions.

In breiterem Schwäbisch von der Tortue Lacroix bis zur Birne Belle Helène jede Klinke des heimischen Büros, auch den Artikel aus dem Feuilleton der Frankfurter plus Lachen. Und strikt weigert sich die Kellnerin, am Nebentisch anzudeuten, daß wir uns hier gerne auf unser Pfeffersteak und unsere Intimprobleme leise konzentrieren möchten und nicht auf Büroerlebnisse aus Stuttgart. Natürlich kann man sich Ruhe verschaffen, wenn man anfängt, urig und laut aus dem Schlafzimmer zu berichten.

Die Frage an den Nebentisch nach dem Datum dieser Ausgabe der FAZ wird laut, freundlich und prompt beantwortet.

Bei Fischfiete, der seit Jahren ein Original ist und seit Jahren weiß, daß er ein Original ist, lassen sich devote Millionäre durch schlechte Weine erniedrigen.

Dafür darf man an einer Betriebsratssitzung akustisch teilhaben, auf der Fiete immer wieder erklärt, was er für ein guter Mensch sei und daß er dem Jungen doch nur habe helfen wollen, weil er aus einer guten Familie ist. Sein Vater ist schließlich ein Polizist.

Café Munkmarsch, geheimnisvollerweise Café.

Das Maxims am Watt.

Nicht sehr laute Gäste und eine Bedienung ohne Unterwürfigkeit auch bei weniger als fünf Mark Tip.

Der nicht auf der Karte vermerkte Hummer Thermidor gefährdet allerdings die Rückfahrt, was man bei seiner Qualität gerne in Kauf nimmt.

– Hier, berichtet Augstein stolz, kennt mich der Kellner.

Wer das Taxi sparen will und für jugoslawischen Charme à la Gräfin Mariza anfällig ist, geht ins Kiefer. So gut und teuer ißt man nirgends auf der Insel mit dem etwas anstrengenden jugoslawischen Charme.

Diejenigen, die weder Rudolf Augstein noch Hubert von Meyerinck sind und trotzdem nicht an Fischvergiftung sterben möchten, könnten in den beiden Jever-Stübchen in der Friedrichstraße gut und billig essen – aber dort gibt es nie einen Platz.

27.
Sprecher:
MUSIKPROGRAMM FÜR DAS KURKONZERT
Erzähler:
1. Präludium. Chor und Tanz / Suppé
2. Suite Ballett / Popy
3. Tango pizzikato
Fetras / Zeller / Armandola / Kálmán / Lincke / Llossas / Zander /
Blume / Lanner / Knümann.
Lustige / Romantische / Frischer / Wilde / Leichte.
Tango / Suite / Polka / Puszta / Der Obersteiger / Uhlenhorster
Kinder / Gräfin / Kuß / Grigri / So klingt es am deutschen Rhein.

28.
Sprecher:
BEI CHINA-BOHLKEN CHINOISERIEN
Ich:
Zwischen den Eisdielen, der Trinkkur, den genesenden Müttern,
den teuren Minipelzen, die aussehen, als wären die Motten drin,
und den Ledersuspensorien – China-Bohlken. Noch von vor dem
Weltkrieg. Teilweise Opalook. Der Wirtschaftswunderanbau eher
Sozialbauwohnungslook. Und gerade in dem Anbau monochro-
me Vasen aus dem 18. Jahrhundert. Ein bißchen Famille Verte
und ein bißchen Famille Rose. Aber hauptsächlich diese edlen,
edlen, reinen, sensiblen, zivilisierten, raffinierten, schönsten, ver-
geistigten, unübertrefflichen monochromen Vasen aus der
Ching-Dynastie. Ich erinnere ein Foto aus dem Jardin des Sup-
plices. Zwei Chinesen halten um 1920 einen dritten. Halten ihn
so mit der Geste: Nun Jung, streng dich doch mal an! Nun Jung,
gemeinsam schaffen wir es schon. Wenn es dann fertig ist, haben
wir ein schönes Stück Arbeit hinter uns.
Gleichzeitig halten sie ihn etwas von sich ab, damit sie nicht voll-
gespritzt werden.
Ein vierter, der Scharfrichter, schlägt dem Gefesselten alles ab,

was vorsteht. Die Wülste an den Augenbrauen, Nase, Lippen, Brustmuskeln, Nille, Oberschenkel.

Bis zu den Zehen reicht das Foto nicht.

Die monochromen Vasen sind das Schönste, was ich kenne.

Ich erinnere andere chinesische Foltern. Klassische. Nie schlafen lassen. Das ist eine Folter, die unter Salazar auch in Portugal angewendet wird. In vergröberter Form.

Unter Aussparung der Nerven von einem Menschen tausend Stücke abschneiden.

Tropfen auf den Kopf.

Bambussprößlinge ans Rückenmark.

Die zartesten Tönungen der Lasuren. Ochsenblut. Ochsenleber. Pfirsich.

Mit genau kalkulierten Unregelmäßigkeiten.

– Die Schwere dieser Schale aus der Ming-Zeit steht in erregendem Widerspruch zu dem zarten Oliv ihrer Lasur.

Schön, edel, zart – wie viel Härte bedingen diese drei Adjektive.

Wieviel Autoritäres diese Lasuren. Wieviel Vergessen.

Wieviel Berunruhigtsein das Herunternehmen vom Bord, das sich in den kunstvoll geschnitzten Sessel mit dem Marmoroval an der Rückenlehne Setzen und das voller Bewegung die Rillungen der leicht zitternden Hand an der kalten Lasur Betrachten. Betrachten, wie die Wärme der Hand durch das Beschlagen der Lasur die glänzende, schwarz-blaue Rundung blind macht.

Schönheit, wieviel Stumpfheit.

Aber die Vasen sind schön.

Sie rausnehmen aus dem sozialen Wohnungsbau, weg von Topp und Franck und Jever Bierstube und Inselapotheke und sie über den Holzsteg, der von den Tretrapodpimmeln gesäumt wird, zu tragen, wo die Schwulen sich nachts wieder mit kurzen, harten Schritten kurze Begegnungen ertraben.

Die Ming- und Ching-Sensualisiertheiten, die zitternden, fröstelnden Familie Roses und Familie Vertes und Familie Monochromes wie Chouchous oder hofmannsthaleske Pekineserhündchen an das Friesen-Richard-Wagner-Meer tragen, sie mit rotem Eisen und Miesmuscheln und weißen Meerwarzen zusammen fotografieren.

Leonore sollte sie fotografieren.

Das Äußersterlesene und das Mutterurlibidobrutale.

Die das Rohe in feinsten Unregelmäßigkeiten zitierenden Preziositäten zurückbringen zu den Elementen, die sie zitieren.

Und dann müßte es sehr groß gedruckt werden. Alle müßte man nehmen dürfen. Und sehr gut fotografiert und sehr gut gedruckt, und weil man sich klar würde zwischen Biafra und ČSSR und der Folter in Portugal und in Griechenland, sich klar würde über das an diesen Lasuren und Linien, was mit unserer Empfindsamkeit noch zu tun haben kann, was unsere Empfindsamkeit entwickeln könnte, wäre es unelitär und sozialer.

Aber wer druckt so was schon?

Das hängt auch von den Farbseiten der Werbung ab.

Und wer will so was denn versichern.

Eigentlich müßte es ja dann auch kaputtgehen können, und man müßte zwischen den kaputten Buhnen und den kaputten Schwulen auch die Scherben fotografieren können.

Miesmuscheln und Schlangenhautlasur in Fetzen.

Ach, es sind Sammlerstücke.

29.
Sprecher:
ICH LESE BEI MITSCHERLICH:
Erzähler:
Ein wirklich sozial angepaßtes Individuum ist eines, das seine eigene Aktivität sozial entfalten kann. Das Gelingen oder Mißlingen dieses Zusammenspiels entscheidet erst über die Stabilität und den inneren Zusammenhang eines Sozialgebildes. Für dessen »Gesundheit« kommt es darauf an, wie flexibel, wie tolerant die sozialen Spielregeln für die vielfältigen Impulse sind, die ununterbrochen von den Mitgliedern ausgehen. Gelingt es, hier vieles zur Entfaltung kommen zu lassen, so wird verhindert, daß sich im einzelnen eine vorwiegend negative, die Sozialgebote ignorie-

rende Eigenmächtigkeit entwickelt, der falsche Individualitätsbegriff, der insbesondere in unserem Lande Ansehen verleiht.

Sprecher:
ICH LESE, DUTSCHKE SAGT:

Erzähler:
Die Alten müssen mit dem Lebensprozeß der Fabrik Tag für Tag
verbunden sein. Wir müßten also auch von vorneherein die Geo-
graphie der Wohnungen total ändern. Die Trennung des Arbeiters von seinem Betrieb muß man radikal aufheben, um geogra-
phische Einheiten des Lebensmilieus zu schaffen, die es dann
ermöglichen, einen eigenen Zusammenhang zu entfalten, der
viel schöpferischer ist.

Sprecher:
SEMMLER SAGT:

Erzähler:
Bei Marx findet man die historisch richtige Polarisierung, hie Arbeiter, hie Flaneur. Der Spaziergänger ist eigentlich der Feind. In
einer befreiten Gesellschaft muß man diesen historischen Gegensatz aufzulösen versuchen.

30.
Sprecher:
MÜTTERGENESUNGSHEIM

Ich:
Es gibt die offiziellen Gäste auf Sylt, die Piepen bringen und Re-
nommée.
Die vom Prominentenspiegel Sylt:
Es weilten oder weilen noch auf Sylt:
Conrad Ahlers, Berthold Beitz, Arndt von Bohlen und Halbach,
Fiffi Brix, Ehepaar Bucerius, Thomas Fritsch, Rex Gildo, Ehe-
paar Jahr, Curd Jürgens mit Frau Simone, Alwin Münchmeyer,
Raymondo Orsini, Umberto Orsini, Gunter Sachs, Romy Schnei-
der, Bubi Scholz, Verteidigungsminister Schröder, Uwe Seeler
und Axel Springer senior als auch junior.

Die von der Kurzeitung, die von Immer träum ich von Westerland, die von Nordeuropas interessantestem Bauvorhaben, die zu Badeärzten gehen.

Und es gibt die inoffiziellen Gäste, die Zuschüßler, die von der AOK, von der DAK, von Postheimen, von Sozialheimen, Kinderheimen. Die Verschickten.

Von denen steht nichts in den Glanzpapierprospekten, die umwerben nicht die Kurmittel in den Kurmittelhäusern. Für die ist dieser Coupon nicht der Schlüssel zum eigenen Apartment an der See. So sozial ist die Gesellschaft, daß man in elf Broschüren über die Insel zwar alles über Kräuterkosmetik, Hummer, Ehrengäste, Hummelwäsche und Antikmöbel erfährt, aber keine einzige Aufstellung der Sozialheime. Gibt es nicht. Existiert nicht.

Ich habe in der schlechten Zeit drei Kinderheime auf Sylt ausprobiert, die alle sauber waren, und es gab auch Gemeinschaftsabende – trotzdem, es blieben da einige Traumachens.

Ich gehe also lieber schnell an dem modernen Haus vorbei, hinter dessen Luftlichtundsonnenscheiben es à la Anstalt klappert.

Schräg gegenüber das Haus des Mannes Gottes, des einen der x Pastoren der wenigstens zwei Kirchen Westerlands – schon einladender.

Der Mann mit seinem Humbug hat sich bestimmt einen Soloalkoven aus dem Dixhuitième verdient.

Die Anstalt gegenüber – ich wette – hatte bestenfalls Doppelzimmer.

Müttergenesungsheim.

Ich mag einfach nicht reingehen.

Nicht runter zu den Müttern im schrecklich rachitischen Klinker-Modernschiefbau.

Aber da kommen die Mütter alle mal raus. Dreißig bis vierzig deutsche Mütter, die deutschen Kindern das Leben geschenkt haben.

Keine Siegerinnen.

Leichter Flüchtlingslook. Die mit der Kosmetikrechnung von Fiffi Brix eine vierköpfige Familie ernähren. Die alle in der öffentlichen Lesehalle die Bildzeitung von Axel Springer senior und auch junior lesen, deren Söhne und Männer an den Waffen von Arndt von Bohlen und Halbachs Vater exerzieren, deren Väter mit den Waffen von Arndt von Bohlen und Halbachs Vater schossen und erschossen wurden, deren Großväter mit den Waffen von Arndt von Bohlen und Halbachs Großvater schossen und erschossen wurden – das war der mit der unglücklichen Veranlagung, wie es Bucerius im Stern drucken ließ.

Die Mütter sagen:

– Huch!

weil meine Frau einen orangenen Anzug anhat und ich enge himmelblaue Jeans anhabe.

Die Mütter in der Gemeinschaft, geographischen Einheit des Lebensmilieus, keine Flaneusen, kein falscher Individualitätsbegriff.

Ich wünschte diesen blassen deutschen Müttern mit ihren dicken Beinen und groben Lederstiefeln, ihren Ringen unter den Augen und ihren Huchs etwas mehr Individualitätsbegriff.

Die Crème, zu der Dutschke und Mitscherlich und Semmler gehören, hat es leicht, von den Unterdrückten die wirkliche Anpassung zu verlangen und deren deformiertes Bewußtsein zu geißeln.

Ich sehe diese geduldeten, inoffiziellen Zuschüßlerinnen des Eilands der Liebe. Eine die andere störend. Ich sehe die eine sich die Zähne putzen, während die andere Thomas Fritsch im Transistor hören will. Ich sehe zwei sich zanken, während die dritte vom distinguierten älteren Herrn träumen möchte. Ich höre die Türen knallen, die Becher fallen. Ich höre den Schritt der Wächterin. Wie viele Sensibilitäten nicht, weil sie nicht die Zeit haben und den Ort, um sich zu entwickeln.

Ich wünsche den Müttern zur Genesung etwas mehr individualistisches Flanieren statt eines Kollektivs, wo die Reizlosen die Reizarmen überwachen.

31.
Sprecher:
SUSANNE SCHREIBT AUS SÜDAMERIKA
Erzähler:
Hoffentlich kommst du gut erholt aus Westerland zurück. Sylt ist
jetzt *der* Badeort in Europa. Sogar mein Chef fliegt drei-, viermal
im Jahr dorthin.
Es ist ein Riesengeschäft zwischen der Filiale der deutschen Fir-
ma und der venezolanischen Regierung im Werden.
Hauptsächlich Militärfahrzeuge.

Romy und Julius

1972

Personen:

Romy (Männerstimme)
Julius (Frauenstimme)

Julius:
Das ist der Wind, Romy!

(Windgeräusch)

Romy:
Wie machst du den Wind, Julius?

Julius:
Ich habe eine Art Trommel ..

Romy:
Aber es ist keine Trommel! Es ist ein Faß ..

Julius:
Eine Tonne, in der ein drehbares Vierfach hängt.

Romy:
Ein drehbares Vierfach, Julius – so werden es unsre Hörer nie verstehen!

Julius:
Das ist also der Wind!

(Windgeräusch)

Julius (gepflegt anzüglich flüsternd):
Romy, und das ist der Regen.

(Regengeräusch)

Romy (sexy):
Eine sechs Zentimeter hohe, viereckige Zinkwanne von etwa einem Quadratmeter Ausdehnung, in der Erbsen bewegt werden, Julius! *(aufseufzend)* Der Regen!

(Regengeräusch)

Romy (herausfordernd):
Und was ist das?

(Pferdegetrappel)

Julius (sinnlich):
Ein Holzbrett, an dem zwei hohle Kokosnußschalen freischwingend angebracht sind, Romy!

Romy:
Julius, ein Pferd! Rundfunk!

Julius (kurz vor dem Orgasmus):
Aber das Schwierigste ist das Heimchen, Romy!

Romy:
Warum denn ausgerechnet das Heimchen, Julius?

45

Julius:
Wir brauchen eine zwei bis zweieinhalb Zentimeter dicke Holzplatte, ein Reißbrett oder ein Nudelbrett, Romy.
Romy:
Ich wiederhole noch einmal, damit alle unsre Hörer richtig mitmachen können: Das Heimchen: Wir brauchen eine zwei bis
zweieinhalb Zentimeter dicke Holzplatte, ein Reißbrett etwa oder
ein Nudelbrett, Julius.
Julius:
Darüber streichen wir handwarmes Leitungswasser – aber so
reichlich, daß, nachdem das Holz eine gewisse Menge aufgeso-
gen hat, noch immer ein halber bis dreiviertel Millimeter kalkar-
mes Leitungswasser über der Holzfläche steht.
Alsdann heben wir einen ungeknickten, frischen Bogen Schreib-
maschinendurchschlagpapier mit beiden Händen an und lassen
ihn vorsichtig auf die Wasserschicht fallen.
In einem Zinktopf bereiten wir aus Zimtstangen und Spiritus ein
Feuer, stellen, sobald der Zinktopf an der äußeren Wandung
achtundzwanzig Grad Réaumur mißt, auf das Schreibmaschi-
nenpapier und erhalten so nach Belieben das Geräusch des
Heimchens.
(Heimchengeräusch)
Romy:
Und nun paß einmal auf!
(Regengeräusch)
Romy:
Das ist das Feuer!
Julius:
Ja, natürlich, Romy!
(Pferdegetrappel)
Romy (gepreßt überschäumend):
Julius, hörst du das Heimchen?!
Julius (atemlos):
Toll, wie du das bringst, Romy!
Romy:
Und das, Julius?
(Windgeräusch)

Romy:
Ist das Pferdegetrappel!
Julius:
Romy, du bist ein richtiger Copain!
Romy (ganz hingebungsvoll):
Erfolg macht so sexy, Julius. Bitte, leg jetzt ganz schnell eine schöne Platte auf!
Julius:
Haydn, Romy?
Romy:
Julius, das hängt davon ab.
(Deutschland, Deutschland über alles...)
Romy:
Das doch nicht! Barock, Julius, oder so! Die Haffner.
Julius:
Die Haffner ist kein Barock!
(Die Linzer)
Romy:
Und das ist nicht die Haffner, sondern die Prager!
Julius:
Romy, ich sage dir, es ist die Haffner! Hör genau hin. Du hast es vergessen. Hör hin! Es ist die Haffner, Romy!
Romy:
Da kann man auch andrer Ansicht drüber sein. Aber wenn du meinst, Julius!
Julius:
Romy, du trägst eben den ganzen falschen Begriff von Reproduktion mit dir herum, von dem schon Marx so ausführlich im »Brumaire« redet.
Romy:
Wobei er, Julius, schließlich auch nichts andres bewerkstelligt, als Hegel falsch zu interpretieren, wie schon Lenin in seinem Brief an Malenkow schreibt und wie du genau weißt, Julius!
Julius:
Das hast du gesagt, liebe Romy!
Romy:
Stirner, Julius...

Julius:
Romy, du meinst Mauthner...
Romy:
Hör doch, Julius, die Jupitersinfonie.
Julius:
Ich habe dir schon mal gesagt: Es ist die Prager.
Romy:
Du bestehst darauf. Du mit deinem lächerlichen Mauthner. Ga-
raudy, Basedow. Basedow, der sich in dem berühmten Streit auf
Wittgensteins Seite stellte.
Julius:
Hast du je einen Marxisten gesehen, der etwas von Mathematik
versteht. Und was deinen Freund Wittgenstein anlangt... Seine
Formel 4.42 bezüglich der Übereinstimmung und Nichtüberein-
stimmung eines Satzes mit den Fehlerquellen gibt die Summe
von K Index n über K kursiv Möglichkeiten. K kursiv läuft von 0
bis unendlich, daß heißt L Index n mal n minus eins Möglichkei-
ten.
Romy:
Du kannst nicht einmal die Summenformel anwenden! Die Sum-
me von K Index n über K kursiv Möglichkeiten ergibt L Index n
und *nicht* L Index n mal n minus eins Möglichkeiten.
Julius:
Das beweis ich dir!
Romy:
Bitte, Julius! Ludwig Wittgenstein. Schriften. Seite 39. Tractatus
logico-philosophicus, 4.42.
Julius:
L Index n Möglichkeiten. Du hast recht, Romy.
Romy:
Dein Irrtum hängt auf eine tiefe Art mit Nicolas Bourbakis Aussa-
ge... dans les démonstrations de non-contradiction »relative« – in
Parenthese – la partie métamathématique du raisonnement est
tellement simple qu'il ne semble guère possible de la mettre en
doute sans renoncer à tout emploi de nos facultés intellectuelles
zusammen.

Julius:
Oder Tarski:
The sentence printed in red on page 65 of the June 1969 issue of Scientific American is false, Romy.
Romy:
Los, steck ihn rein, Julius.
Julius:
Und schließlich Kundt: Natürlich würde beim freien Fall durch einen Tunnel zum Erdmittelpunkt ein solches Laboratorium binnen 2 mal 10 hoch minus 23 Lichtjahren auf Null schrumpfen.
Romy:
Auf Null? Wörtlich?
Julius:
Wörtlich!
Romy:
Die Haffner macht mich rasend.
Julius:
Es ist die Jupiter, Romy. Ich werde dich festrammen! Hast du Selbach auch so gern?
Romy:
Julius, ich ziehe Wüstenrot vor.
Julius:
Du bist so pflegeleicht, Romy!
Romy:
Ramm mich, Julius! Nagel mich! Trage Selbachs knieumspielte Hose!
Julius:
Auch für den treuen Vierbeiner ist Platz im eigenen Haus und Garten.
Romy:
Du denkst nicht egoistisch nur an dich, sondern du verstehst es, dich auf deine Partnerin, deren Kippmoment später liegt als bei der kürzeren und steileren Kurve des Mannes, einzustellen. Ich fühle, wir nähern uns gemeinsam dem Höhepunkt, Julius!
Julius:
Romy, ich will dich elektär und auch prozedal befriedigen!

Romy:
Auf schönem Hanggrundstück wurde hier für die Lebensge-
meinschaft der jungen Familie eine sinnvolle Planlösung gefun-
den. Mit dem Haus der Eltern und Kinder ist das angebaute Al-
tenteil der Großeltern verbunden.
Julius:
Jetzt fahr ich aber ein mit meinem Brummer, Romy!
Romy:
Julius, Julius, brems! Worüber man reden kann, darüber soll man
reden, hat Selbach einmal gesagt.
Julius:
Auch Ereignisse auf dem Kapitalmarkt berühren den nicht, der
sein Geld auf einen Bausparvertrag anlegt.
Romy:
Stoß mich zu Klinker, Julius!
Julius:
Ich stepp dich durch, Romy!
Romy:
Gieß mich!
Julius:
Komm meinem Hammercocktail durch Intensivstellung etwas
entgegen!
Romy:
Du bist reibungsstraff, Julius!
(Pause)
Romy:
Die Prager!
Julius:
Und draußen hat es zu regnen angefangen, wie schon Sartre sagt!

Überhaupt..

Utopische Rede eines Gymnasiasten
zum Jubiläum seiner Schule

1973

Personen:

Ein Lehrer
Eine Sängerin
Ein Schüler

In diesem Hörspiel werden die Aussagen eines 17jährigen Schülers verwendet, Flugblätter der Gymnasiasten und die Festschrift zum 100. Jahrestag seines Gymnasiums.

Die vorliegende Fassung hat eine parodistische Note durch eine Sängerin, die den Schüler gelegentlich mit einer Arie von Bach zu unterbrechen sucht. Diese Arie kann nach Belieben ausgewählt werden; sie sollte vielleicht etwas ergeben, lang und hartnäckig sein. Auch könnte die Sängerin gelegentlich neben dem Schüler hersingen, um ihn zum Schweigen zu bringen.

Die Rede des Schülers kann auch ohne alles Beiwerk wie ein Monolog gesprochen werden.

Lehrer:
.. Bestehendes einer neuen, zusätzlichen Nutzung zuzuführen.

(Applaus.
Die Sängerin singt die erste Strophe einer Alt-Arie von Bach.
Ergriffener Applaus.)

Schüler:
Sehr verehrter Herr Senator, sehr geehrtes Lehrerkollegium, liebe Eltern und Mitschüler!
Ich bin aus der Abiturientenklasse erlesen worden, um durch meine Rede zum 100. Jubiläum des Kleie-Gymnasiums zu beweisen, daß sich im deutschen Schulbetrieb seit 1871 etwas geändert hat. Es hat sich etwas geändert: Ich darf mit langen Haaren vor Ihnen sprechen, die Schüler dürfen Flugblätter drucken, Peter Weiss oder Ernst Jandl interpretieren, wir dürfen experimentelle Filme produzieren, es gibt für den Biologie-Unterricht einen Sexualkundeatlas, es gibt die Oberstufenreform.
Aber gleichermaßen bin ich aus der Abiturientenklasse ausgewählt worden, um durch meine Rede zu beweisen, daß sich seit 1871 überhaupt nichts geändert hat, daß der Schulbetrieb funk-

tioniert, daß wir zu ordentlichen Staatsbürgern herangezogen worden sind, zu verantwortungsbewußten geistigen Kräften und fairen Sozialpartnern. Darin liegt ein Widerspruch.

Und ich habe mich also entschlossen, Ihnen durch meine Rede zu beweisen, daß sich dort, wo sich etwas verändert hat, nichts verändert hat und damit da, wo sich nichts verändert hat, Veränderungen eingetreten sind!

(Leichter, amüsierter Applaus. Lachen.)

Es hat sich also was verändert seit 1871.

Der Zeichenunterricht heißt jetzt Kunstunterricht. Und da haben wir uns sogar Sexcomics vorgenommen. Im Kunstunterricht steht es überhaupt ziemlich gut, weil die Lehrer da in der Beziehung sehr gut eingestellt sind, weil wir da die ganze wilde, moderne Kunst machen und wir da einen Lehrer haben, der richtig mit psychoanalytischen Begriffen arbeitet – also, wenn da ein Apfel ist, daß das eben ein Symbol ist für Brüste und so. Aber das ist Narrenfreiheit.

Auch wird das an höherer Stelle vielleicht gar nicht wahrgenommen. Da steht vielleicht in den Akten, daß der Lehrer früher mal ein politisch aktiver Student war, aber man rechnet damit, daß er jetzt ruhiger geworden ist. Jetzt hat er ja auch Familie. Und wenn nichts Aufsehenerregendes passiert, dann läßt man ihn rumwerkeln. Und dann sagt man sich auch gezielt, wenn man solche Lehrer rausschmeißt, dann machen alle linken Gruppen wieder Putz, und solange es nicht zu viele Abweichler werden – die schaden ja nicht sonderlich.

Der Deutsch-Unterricht hat sich insofern verändert, als weitgehende Exkurse in die deutsche Literaturgeschichte vermieden werden. Goethe und so weiter, das hat sich nach außen hin mehr oder weniger gelegt.

Es ist durchaus möglich – und das ist auch ein Vorteil der Oberstufenreform –, durchaus moderne Sachen zu machen. In größerem Maße Weiss, Jandl und – wie heißt der noch? – Beckett.

Die älteren Lehrer machen natürlich nicht so gerne Peter Weiss, weil sie Angst haben, ins Kreuzfeuer zu kommen, und dann müssen die Lehrer entweder Tatsachen leugnen, oder sie müssen etwas zugeben, was ihnen nicht paßt.

Ganz wenige Lehrer versuchen, Einsichten zu vermitteln, aber sie können auch nicht viel, weil sie ja auch unter Druck sitzen.

So treiben wir Interpretation von Kurzgeschichten – ein Bildungsgang braucht nicht mehr geschrieben zu werden, das hat sich geändert – und machen dialektische Besinnungsaufsätze.

Autoren, die den Begriff »Vaterland« verhöhnen, werden vermieden. A propos Vaterland fließt dann Goethe noch ein bißchen ein, und als Aufklärung Lessing, als kämen die Weisheit und die Aufklärung allein aus Deutschland.

Von Heine allerdings haben wir nie etwas gehört.

Unser Deutschlehrer hat gar nichts gegen neue Formen – das hat sich geändert. Er hält es aber für sinnvoll, uns nur diejenigen Formen von dialektischen Besinnungsaufsätzen zu vermitteln, mit denen wir gut durch das Abitur kommen.

Der Religionsunterricht ist jetzt vom vollendeten 14. Lebensjahr an freiwillig – das war er bei Bismarck nicht. Daß die Schüler gezwungen werden, bis zum 14. Lebensjahr am Religionsunterricht teilzunehmen – viele, und besonders Proletarierkinder, fast ihre ganze Schulzeit über –, daran hat sich nichts geändert. Den Kindern der gehobenen Mittelklasse gesteht man ein risikoloses Schüßchen Religionsunterrichtsfreiheit zu.

Vorher geht aber noch ein ziemliches Gemuschel los. Die meisten Schüler wissen ja nicht so genau über die Bestimmungen Bescheid, und die Lehrer klammern sich an jede Religionsstunde und erzählen was von der Befreiung nur mit Genehmigung der Eltern; auf jeden Fall muß er das Schuljahr, in dem er vierzehn geworden ist, den Religionsunterricht weiter hören. Das ist Lüge und Unrecht und gegen die Zehn Gebote. Die meisten Schüler bleiben sowieso dabei, aus Trägheit und um positivere Beurteilungen abzustauben. Dann kriegen sie »Mit großem Interesse teilgenommen«, und darüber freuen sie sich, und außerdem zahlt es sich bei der Gesamtbeurteilung aus.

Hat sich im Geschichtsunterricht was geändert?

Eine große Rolle spielt darin die Phantasie, daß die Geschichte von einzelnen Menschen gemacht würde. Völlig ausgelassen ist die polit-ökonomische Bestimmung der Geschichte. Und dann fließen da in vielfältiger Form die verschiedenen mysteriösen Kräfte ein, die die Geschichte treiben.

Bei dem einen Lehrer taucht immer wieder die Herrschsucht auf. Bei einem anderen die Korruption, und daraus macht er dann so eine fatalistische Weltanschauung: Ja, Korruption gibt es eben immer. Was für Gespenster da offenbar die Geschichte beherrschen sollen! Dann die Gleichsetzung von links und rechts. Man leitet die Identität her zwischen Faschismus und Kommunismus. Da kann man ja dann auch ein unheimliches Schindluder mit treiben. Mit Hitler, indem man meint, daß da ein Verrückter an die Macht gekommen ist.

Da kann man alles mit machen, anstatt die tatsächlichen Ursachen zu erklären. Dadurch, daß man das auf einen einzelnen Psychopathen zurückführt, sagt man den Leuten: Das ist vorüber! Regt euch nicht mehr auf! Paßt nur auf, daß nicht wieder ein Psychopath an die Macht kommt. – Wenn man denen erklären würde, welche wirtschaftlichen Ursachen dahinterstanden, dann würden die Leute ja auf den Trichter kommen, daß es heute genau die gleichen Bedingungen sind wie damals, daß praktisch die Bedingungen für den Faschismus wirtschaftlich gegeben sind. Daß man als wesentlichstes Merkmal des Faschismus den Rassismus bringt und nicht die weit wesentlichere Tatsache der Zerstörung der Arbeiterverbände, der Parteien und Gewerkschaften.

Man erzählt dann auch kein Sterbenswörtchen von den Millionen Wahlhilfe, die die Großkapitalisten der NSDAP gegeben haben.

In der Gemeinschaftskunde gibt es immer Kurse über ein halbes Jahr, in denen auf ein aktuelles Thema eingegangen werden *kann*, so heißt es im Lehrplan – das liegt im Ermessen des Lehrers.

Die Verminung der nordvietnamesischen Häfen ist in der Arbeitsgruppe für Sicherheitspolitik nicht mit einbezogen worden.

Der Lehrer kann Freiheit gewähren, aber er setzt die Grenzen der Freiheit: Das führt zu weit. Da können wir jetzt nicht drauf eingehen. Es führt zu weit, bei Abrüstungsfragen auf die wirtschaftlichen Bedingungen einzugehen, daß die Rüstungsfirmen ihre Verwertungsbedingungen brauchen, daß die Rüstung für das Kapital eine unheimlich gute Verwertungsmöglichkeit darstellt, dadurch, daß die Sachen immer wieder zerschlagen werden.

Und wenn sie nicht zerschlagen werden, dann muß ja alle zwei Jahre umgerüstet werden. Daß sich also praktisch ein Markt eröffnet, der keine Grenzen hat.

Die heißen Themen werden vermieden: Vietnam, Studentenbewegung, Baader-Meinhof. Übrigens gibt ein sehr schlagfertiger Lehrer – also mit der Hand –, der gibt immer ganz offene politische Kommentare sogar im Lateinunterricht oder im Englischen.

(Hier könnte die Sängerin jetzt eine Attacke wagen.)

Der verquatscht überhaupt die meiste Zeit von seinem Unterricht mit Räsonieren über die unflätige Jugend, und das geht recht auf die Kosten des Unterrichts, so daß die Schüler sich schon beschwert haben: So, wir wollen jetzt Unterricht! – das klingt paradox. – Wir wollen Latein machen und nicht Ihren Mist hören! – Der dann auch ganz direkt sagt, daß er es sehr peinlich findet vor dem Ausland, daß da jetzt ein Bundeskanzler oben sitzt, der während des Zweiten Weltkrieges Deutschland den Rücken gekehrt hat und sich in Norwegen gegen die Nationalsozialisten gewendet hat. Das wäre eine Blamage! Und dann folgen die üblichen wehleidigen Bemerkungen über die deutsche Spaltung.

Der Begriff »Deutsch« ist immer noch so ein Geschichtsgespenst. Eine nationale Idee, die Geschichte macht.

Die zwei oder drei Teile von Deutschland – ich weiß auch nicht, wie viele es eigentlich sind –, daß die irgendwie zueinander stehen müßten, trotz der ideologischen Gegensätze, und das auch tun und auch irgendwie ganz bestimmt mal wieder zusammenkommen.

Dann gibt es da auch so einen leicht Homosexuellen, den möchte man am liebsten verhauen, der hat aus der Nazizeit noch so

Rassentheorien mitgebracht, und der behauptet auch, den Frauen sei die Dummheit angeboren, und die Schizophrenie ist erblich.

In den naturwissenschaftlichen Fächern hat sich insofern was verändert, als es dort vielleicht noch positivistischer zugeht als 1871. Das ist eben sturer Stoff.

Es fehlen die Lehrmittel, um die Schüler selbst experimentieren zu lassen: Also da vorne kocht dann der Lehrer stundenlang was, und dann wird es grün.

Oder es herrscht viel Gewirr, und dann schlägt der Zeiger aus und der Lehrer sagt: Das ist der Beweis! Und ich sehe aber nur, daß der Zeiger ausschlägt. Und viele kapieren das dann wirklich nicht. Die müßten die Möglichkeit haben, daß sie von Grund auf anfangen, daß die erst einmal probieren, wie wirkt der Widerstand, wie wirkt die Spule, und wie wirkt der Kondensator, bis sie es dann langsam Stück für Stück selbst erforschen, bis sie dann schließlich einen Verstärker bauen können.

Aber so, wie es gemacht wird, paßt es eben ins System. Die mitdenken können, kommen schon mit, und die anderen werden eben ausgesiebt oder sitzen bis nachts und schaffen es eben nur zu einer Vier, und das ist auch psychisch der reine Terror, weil die dann meistens in den anderen Fächern genauso stehen und dann überall lernen müssen und dann noch ein schlechtes Abitur machen. Die haben wohl doch noch andre Bedürfnisse, als überhaupt nur zu lernen, wenn das überhaupt ein Bedürfnis ist.

Und wenn er dann mal nicht zu Haus paukt für die Arbeit, sondern geht zu seiner Freundin, dann verweisen die Lehrer auf einen, der auf Grund von finanzieller Lage im Elternhaus schon zu seinem 14. Geburtstag einen Elektrobaukasten geschenkt bekommen hat. Und dann sagt der Lehrer: Ja, bitte! Der hier... der hier... der... der... und du treibst dich mit deiner Freundin rum. Sie haben mal einen sitzen lassen, weil er in der siebenten Klasse war und schon 'ne Freundin hatte.

Und daß man da den Leuten in der Mathematik was vorführt von Kurvendiskussion. Das interessiert die Leute einen Dreck. Für die meisten Leute ist das zu abstrakt.

Aber man appelliert an die Einsicht, weil die Lehrer gemerkt haben, daß sie mit Idealen keinen Pfifferling mehr was werden. Neben dem Humanismus tritt jetzt in der Schule mehr und mehr der Geist der Technokratie auf, daß man nicht mehr sagt: Pflicht, Zukunft, Vaterland – sondern man geht von reinen Sachzwängen aus. Die Naturwissenschaften haben eine Wichtigkeit für den Fortschritt, das ja! Aber alles ganz sachlich.
Sauberkeit!
Fairneß ist das Wort.
Lehrer und Schüler gehen einen Vertrag miteinander ein, nach Meinung der Lehrer.
Das ist neu.
Sachzwänge schreiben den Lehrbetrieb vor. Nur, wo die Sachzwänge herkommen – danach fragt niemand, wie 1871 schon. Es wird appelliert an die Vernunft. Bitte, ihr könnt ja herumblödeln, aber die Punkte, die ihr verliert. Und der Numerus clausus ist schon wieder gestiegen.
Bei den jüngeren Naturwissenschaftlern gibt es überhaupt keine Ideale, keine Vermittlung, keine Menschlichkeit. Mit ihrem technokratischen Getue wollen sie nur verbergen, daß sie mit 35 gescheiterte Existenzen sind, der Ausschuß der Technokratie selbst, zu dumm für die Forschung, und deshalb werden sie auf uns losgelassen.

(Die Sängerin versucht es noch einmal mit ihrer Arie.)

Für unsere Mathematiklehrer gibt es weder Menschlichkeit noch Politik, sondern nur noch Sollwerte und Regelkreise, und daraus besteht für sie die ganze Gesellschaft.
Bei den Mathematikern ist weiter nichts los. Kein Lächeln. Keine Sinnlichkeit.
Eiskalt im Konkurrenzkampf, heißt es.
Uns wird eine biologische Sexualaufklärung verabreicht, die geprägt ist von dem sexuellen Neid der Lehrer auf die Schüler, die angeblich eine große sexuelle Freiheit haben. Sexuelle Aufklärung, die auch geprägt ist von der tatsächlichen Verklemmung der Schüler, die dann doch nicht fragen, was sie eigentlich interessiert.

59

Die Lehrer stehen da vorne rum und wissen nicht, was sie machen sollen, so daß die Einstellung im Grunde so »freizügig« ist wie der Sexualkundeatlas. Da finden sich dann die herrlichen Farbaufnahmen, die bestimmt ungeheuer viel Mühe gemacht haben, vom Embryo, wie es im Mutterleib wächst, über fünf Seiten. Und dann denkt man sich, ob da vielleicht mal ein primäres Geschlechtsteil abgebildet ist, und da ist dann ein kleines Bild von einem männlichen Glied, das von Tripper befallen ist; ausführlich von Geschlechtskrankheiten, weil die wohl unbewußt fühlen, daß uns die Krankheiten noch viel mehr als die Idee der Sünde von einer sexuellen Freiheit abhalten können.

Bei der Homosexualität wird ein Auge zugedrückt.

Von den Schülern werden die Homosexuellen durch die Erfahrung mit unserem einen Lehrer natürlich sehr negativ beurteilt: Homosexualität sei etwas Schlechtes, und die blonden Schüler setzen sich nicht in die erste Reihe, damit er sie nicht streichelt.

Ich selbst halte die Homosexualität für eine erziehungsmäßig und sozial bedingte Störung der genitalen Sexualität, die den Leuten selbst auch schadet, weil es nicht möglich ist, zur vollständigen Sexualbefriedigung zu gelangen, und deshalb ist sie auf die Dauer der Nährboden, auf dem alle möglichen psychischen Erkrankungen wachsen können, zweitens auch ein Haufen körperlicher Schäden.

Das ist kein Vorurteil – ich war selbst eine Zeitlang homosexuell. Aber ich weiß, daß der Homosexuelle unter seiner Veranlagung leidet. Wilhelm Reich hat sich die Mühe gegeben, genau die Ströme zu messen bei Orgasmen, nach den Orgasmen, bei Homosexuellen, bei anderen und so weiter, und er hat bewiesen, daß die Geschlechtsorgane von Mann und Frau direkt aufeinander zugeschnitten sind, elektrisch und nervlich, was ja überhaupt zusammenhängt. Daß der Orgasmus nur richtig im heterosexuellen Geschlechtsverkehr überhaupt entstehen kann. Das ist keine Abneigung gegen den Homosexuellen überhaupt, wir betrachten es nur als eine für den Menschen selbst hinderliche menschliche Störung.

Die lassen wir ihm natürlich.

Aber ich habe sie überwunden. Es war nur eine entwicklungsbedingte Pubertätshomosexualität. Weil man sich bei der Erziehung überhaupt nicht an Mädchen heranwagt und sich deshalb in seiner Not an einen Kameraden ranmacht. Denn noch dazu hat sich ja in der Sexualität der Leistungsdruck mehr und mehr durchgesetzt.

Dieser scharfe Leistungsdruck macht sich ja in der Schule überhaupt auf allen Gebieten bemerkbar, und wenn das verbunden ist mit der Erzeugung von Konkurrenz in einer Klasse, führt das zu unheimlichen Minderwertigkeitskomplexen und bringt die Leute in starke Gewissenskonflikte, und man wird moralisch völlig fertiggemacht.

Natürlich wird dann unheimlich viel gemogelt, und die Methoden haben sich seit 1871 verbessert.

Manchmal wird auch schon ein Walkie-talkie benutzt. Wenn es keine Prüfungen gäbe, bräuchte ich nicht zu mogeln. Wir werden also systematisch zum Betrug erzogen, denn der ganze soziale Druck, der Druck von den Eltern geht dahin: Du mußt dein Abitur machen! Und wenn ich Gefahr laufe, in den Maschen hängenzubleiben, dann muß ich eben mogeln, und zwar so perfekt wie möglich. Es gibt Leute, die kriegen durch diesen Leistungsdruck Magengeschwüre, und vor einem Jahr hat sich einer wegen einer schlechten Zensur im Keller aufgehängt. Vor kurzem ist in der Zwölften einer völlig ausgeflippt, der konnte das nicht aushalten. Ein unheimlich freundlicher und hilfsbereiter Mensch. Aber plötzlich klappte nichts mehr. Wir werden mit den Zeugnissen erpreßt. Die Zeugnisse kommen automatisch zu den Eltern, und die können uns noch weit besser erpressen, weil die Eltern am besten wissen, was ein schmerzlicher Verlust für ein Kind ist.

Die Schüler dagegen haben selten was gegen die Lehrer in der Hand und können nichts machen.

In der Regel ist also Angst das wesentliche Merkmal des Verhältnisses zwischen Lehrer und Schüler. In unserer Schule ist es eben so, da braucht man eben jemanden, der die 5., 6., 7., 8. Klassen erst mal so richtig zusammenscheißt und dann mit ihnen Unterricht macht. Es ist völlig egal, ob der Lehrer nun Minderwertigkeitskomplexe hat oder ein Sadist ist. Das ist egal. Hauptsache, er erfüllt seine Aufgabe, wenn es nur nicht zu extrem wird, daß es nicht mehr in das scheinheilige Bild paßt. Und Leute, die nun auf eine humanere Weise ankommen und die auf der Unter- und Mittelstufe nichts erreichen, die sind auf die Dauer untragbar.

Es gibt praktisch gescheiterte Idealisten, die mit einer unheimlichen Begeisterung und Engagement in die Schule gekommen sind und denken, sie würden die Leute da zu vernünftigen Menschen erziehen, und merken, daß das überhaupt nicht klappt, und die tun mir im Grunde genommen leid, und mit denen könnte man unheimlich gut auskommen, wenn man auf sie einginge. In der Unter- und Mittelstufe sind sie das beliebteste Objekt des Spottes. Da hat man eine Stunde, da wird man von einem Lehrer ziemlich runtergehalten, und in der nächsten Stunde, da hat man so einen Idealisten, der wird dann erst mal völlig fertiggemacht.

Nicht, weil er das ist, sondern weil er sich nicht wehrt. Das ist ja das unheimlich Gute – wenn dieser Mechanismus nicht teuflisch wäre, dann wäre er eigentlich unheimlich gut: Auf die aggressiven Lehrer kommen die Aggressionen eben selten zurück, sondern werden auf die milden abgewälzt, und die bleiben bei ihrem Idealismus und werden nicht scharf. Die Schüler werden ihre Aggressionen los, aber sie richten sie gegen die Falschen und schon gar nicht gegen das System, oder die Aggressionen sind unter den Schülern, daß die sich gegenseitig bekriegen.

Neben den Scharfen und den Idealisten gibt es dann die typischen Psychopathen. Der eine hat fürchterliche Minderwertigkeitskomplexe, weil seine Frau größer ist als er. Der andre ist auch so klein, und die ganz Kleinen aus der 5. und 6. Klasse, die schreit er immer fürchterlich an, wo er kann. Gegenüber den Großen, die ihm über den Kopf gucken, gegen die ist er ganz fein höflich. Auch wenn die ihm nicht wohlgesonnen sind. Besonders direkt vor dem Abitur kann man den Leuten ganz schön einheizen. Es geht ja nicht mehr darum: Abitur bestanden! oder: Abitur nicht bestanden! Es reicht ja mitunter, daß man den Schüler um eine ganze Note im Durchschnitt oder um eine halbe Note im Durchschnitt drückt. Sie bestehen das Abitur zwar, haben dann aber erhebliche Schwierigkeiten mit dem Numerus clausus.

Das hat sich geändert.

Eine ganz direkte Repression.

Nachweisen kann man es natürlich nicht, und wenn man das einem Lehrer erzählt, dann sagt er: Von wegen! Alles objektive Zensuren. Was wollen Sie denn?!

Die Angst der Lehrer vor den Schülern ist psychologisch begründet durch den weitverbreiteten Charakter der Leute des Mittelstandes. Man hat Angst vor dem Neuen. Es ist ein altes Mittel, um ein Feindbild aufzubauen, daß man sagt, der Gegner hätte sexuelle Freiheit. Das spielt eine unheimlich große Rolle, daß man unbewußt den ganzen sexualängstlichen Typen, die da so rumlaufen, unterschwellig das Feindbild vermittelt: dreckig, lange Haare, Haschisch, Orgien und so weiter. Wenn alles nachteilig ist, was nicht zur Anpassung führt, dann greifen unsere Lehrer vorteilig in das Leben von uns Schülern ein. Wenn man das nachteilig nennt, was die Leute zu Psychopathen macht, dann greifen sie nachteilig ein.

In diesem System sind die Idealisten für ihren Beruf als Lehrer nicht befähigt. Es sind nur die Psychopathen unter ihnen.

Ich habe nun einige Fächer hier durchgesprochen und einige Methoden der Ausbildung. Ich möchte mich nun Ihrer Methode bedienen und aus der Festschrift Ausdrucksweisen zur Diskussion stellen, so wie Sie es jahrelang mit uns getrieben haben, denn in dieser Festschrift, sehr verehrtes Lehrerkollegium, haben Sie die Reifeaufsätze von hundert Jahren deutschem Schulbetrieb geschrieben.

In nüchterner Sprache sollten . .

In Ausschnitten und Querschnitten . .

. . auszutragen und zu bereinigen, fehlende Lücken auszufüllen . .

. . bedeutungsvoll . .

. . Wandel des Zeitgeistes . .

. . eigener Gestaltungswille . .

. . Daseinskampf und Selbstbehauptung spiegeln sich . .

. . daß es mir vergönnt war, dadurch einen kleinen Teil des Dankes abzutragen, erwachsen aus den persönlichen Erfahrungen . .

..während anderswo schon die ersten antisemitischen Wellen
einsetzen..

..sorgsam eine Reihe ausgesprochener Lehrer-Persönlichkeiten
aus..

..ebensowenig gradlinig verlaufen..

..sank es in Schutt und Asche..

..Geist des Friedens beschworen..

..dieser prächtige Charakterkopf..

..wie eine Ironie des Schicksals..

..der Letzte aus der alten Garde..

..Pflichtgefühl..

..dieser einzige echte Altpreuße..

..endgültig seine Berufung als Lehrer fand..

Sofort beeindruckte er die Schüler nachhaltig..

..fortreißende Lebendigkeit..

..fruchtbar machten..

..Überbürdung..

..bei den an sich leistungsfähigen..

..dieser letzte Veteran von 1870/71..

Als preußischer Kriegsfreiwilliger war er, der zwanzigjährige Student, schon gegen Dänemark gezogen, dann war er bei Königgrätz dabeigewesen, und schließlich hatte er den Einzug in Paris
mitgemacht.

Wer ahnte damals...

Schließlich dann anregend und noch mehr aufregend..

..den staunenden Oberprimanern..

..weitete sich der Blick, und die Augen wurden – im wahrsten
Sinne – geöffnet..

So war ein geistiges Fundament gelegt worden..

..das nie ganz verschüttet werden konnte..

Solchen Unterricht von Lehrerpersönlichkeiten..

..belohnten die Schüler..

..zum Erbe und Auftrag des Gründers zu bekennen: Mich verbinden zwar nur sehr vage, dafür aber um so eindrucksvollere
Erinnerungen mit..

Eine Frage, die gerade heute noch ungelöst vor uns steht..

..die Frage nach der Gabelung..

..Aufgaben in Angriff nehmen..
..Gedankengut..
Von welcher Seite her, nach welcher Seite hin wir auch blik-
ken..
Unter dem Gesichtspunkt des Exemplarischen und der Konzentration..
..ein Konzentrationsthema aus dem Gebiet der deutschen Literatur..
..doch alle Elemente erwähnt, die Pate gestanden hatten bei dem
Entschluß, einen begrenzten, aber herausgehobenen Teil der Bil-
dungsarbeit..
..Konzentration als Vertiefung in die Gegensätze..
Die Konzentration und letztliche Einseitigkeit..
..darf von guten Erfolgen und großem Gewinn gesprochen werden..
..daß die Gymnasiasten auch in heutiger Zeit noch zu stiller, aus-
dauernder, wissenschaftlicher Arbeit fähig und gewillt sind..
..die in neuer Nutzung alter Gegebenheiten lagen..
..und dabei Bestehendes einer neuen, zusätzlichen Nutzung zuzuführen..
..Wogen der Erbitterung..
..trotz..
..grauenhaft-riesigen Zahl von Grabkreuzen zweier verheeren-
der Kriege..
..Begegnungen..
..Singen am Lagerfeuer, das immer eine besondere Attraktion
für die Franzosen darstellt..
..bedeutendsten historischen Denkmäler..
..Sinn des Einsatzes..
..als Redner bei Empfängen und Kranzniederlegungen..
Aber der Lehrer wird entschädigt, wenn er seine Schüler bei flei-
ßiger Arbeit auf dem Friedhof sieht..
Was haben sie bei der Arbeit zwischen den endlosen Gräberrei-
hen empfunden?
..auch für die junge Generation noch gültig ist..
..wenn es sich um seelische Regungen handelt..
Er spürt eine scheue Betroffenheit..

65

.. einen ungewohnten Ernst der Schüler ..
.. in aufrichtiger Bescheidenheit bekennt ..
Im Schoß der Familie und dann im größeren Schonraum der Schule ..
.. drängte die Reformpädagogik ..
.. ein neues Verhältnis zu prägen ..
.. sei es im Gegen- und Miteinander ..
.. kritisch zu hinterfragen ..
.. das wird nun in vielfach verstärktem Maß zu erhärten sein ..
.. insbesondere der Vollzug und gleichzeitig die Voraussetzung der menschlichen Freiheit ..
Solche Worte waren damals richtig und wichtig ..
.. die Vermehrung von Leistungsfähigkeit und zugleich die Beförderung von Mündigkeit zu ermöglichen ..
.. echte Mitbestimmung ..
.. nach Maßgabe ..
.. wirksam vermittelt ..
Der partnerschaftliche Stil läßt sich in zweifacher Weise ..
Der Unterrichtston des partnerschaftlichen Stils zeichnet sich durch Sachlichkeit, Offenheit, Höflichkeit und Reversibilität aus, das heißt, alle sprachlichen Äußerungen des Lehrers sind in Wortwahl, Ausdrucksweise und Lautstärke so beschaffen, daß sie auch vom Schüler gegenüber dem Lehrer gebraucht werden könnten.

Wer quatscht da so?
Unsere Lehrer.
Ist das wahr?
Alle.
Von was wird da gesabbelt?
Überheblich, aufgebläht, wehleidig, borniert, faschistisch, brutal, unpräzise, pedantisch, giftig, vergiftend.
Von uns wird gesprochen. Von den Schülern. Und zu uns, mit der Sprache des Stellungskrieges, mit der Sprache von Wermuttrinkern, die sich einbilden, Napoleon zu sein. Zwölf Jahre lang, um unsere Köpfe mit dem gleichen verlogenen, gemeinen Dreck anzufüllen. Es sollte sich seit 1871 im deutschen Schulbetrieb etwas geändert haben.

Bei uns hat sich nichts geändert.
Der Stil der Festschrift beweist es.
Doch hinter diesem Stil versteckten sich Betrug und Unfähigkeit, nicht nur in übertragenem Sinn.

Praktisch ist unser Gymnasium in einem miserablen Zustand. Miese Klassenzimmer, ohne ausreichende Beheizung, Lüftung und Schutz vor der Sonne, die stundenlang reinknallt, bis uns schwarz vor den Augen wird im Sommer – und im Winter müssen wir in Mänteln sitzen.
Die Gashähne im Chemieraum für die Schüler sind nicht zu gebrauchen.
Die für die Lehrer funktionieren. Also können die Schüler keine Experimente mehr machen.
Die Schulfürsorge mußte die Mittel für einen Innenanstrich zur Verfügung stellen.
Es fehlen Lehrbücher.
Es gibt eine Dunkelkammer für die Lehrer. Für die Schüler gibt es keine.
Stil der Brutalität, sage ich.
Dr. Blauer sprach am 13. 4. in der Englischstunde der 8 a über das Christentum in England und kam auf die Verbindung von Langhaarigkeit und Jugendkriminalität. Seine Ausführungen werden hier dem Sinn nach wiedergegeben. Sie besagten: Alle Langhaarigen sind Hascher und kriminell!
Einige Schüler protestierten. Dr. Blauer verbat sich, einen Schüler am Kragen packend und schüttelnd, das dauernde Widersprechen. Dann drohte er ihm, dafür zu sorgen, daß er von der Schule fliegt, wenn sich Ähnliches wiederholen würde. Dieser Fall ist nicht als Ausnahme zu sehen.
Ist es keine Brutalität, wenn Dr. Müller die blonden Jungen in der ersten Bankreihe zu streicheln versucht und den dunkelhaarigen schlechte Zensuren anschreibt?
Wer von den Schülern hat es gewagt, im Sinne des partnerschaftlichen Verhältnisses, den Lehrerinnen an die Brust zu fassen und den Direktor zu schütteln oder mit dem Lineal zu züchtigen?

Ich sollte Ihnen beweisen, daß sich der Schulbetrieb seit 1871 verändet hat, und ich habe Ihnen bis in Ihre schriftlichen Äußerungen hinein nachweisen können – das Gegenteil ist der Fall.

Widersprüchlich genug möchten Sie jetzt, daß ich Ihnen beweise, die Schüler benehmen sich im Grunde wie eh und je, kuschen weiterhin und machen Männchen, und schließlich aber auch durch meine Rede beweise, daß die gefährlichen Tendenzen an der Schule zunehmen.

Widersprüche im Widerspruch.

Nun werden Sie tolerant lächeln und sagen: Jeder objektive Beobachter muß doch bei dieser Rede des wildgewordenen Langhaarigen einsehen, daß wir eine moderne Schule sind, denn woher hat er denn die Fähigkeit zu argumentieren, wenn nicht von uns. Das hätte es zu Bismarcks Zeiten sicher nicht gegeben, daß einer so schnodderig vor seinen Lehrern reden darf.

Und dann werden Sie weiter tolerant lächeln und sagen: Jeder objektive Beobachter muß bei dieser Rede des wildgewordenen Langhaarigen einsehen, daß er im Grunde so ist, wie wir auch waren. Junger Wein... undsoweiter. Zwar redet er ein bißchen fahriger daher als seine Urgroßeltern, reproduziert flinker einen engeren Bildungshorizont, aber im Grunde fällt er bei den gelungeneren Passagen seiner Rede doch auf die rhetorischen Figuren von uns selbst zurück, die schon immer gültig waren und es auch bleiben werden.

Im neuen Gewande.

Veränderung und weitere Gültigkeit also.

Denn Ihnen kann es im Grunde nicht willkommen sein, wenn in den konservativen Blättern zu lesen steht, daß die Schule ein Brutkasten der Brutalität geworden ist, daß die Schüler die Musiklehrerin eine alte Nutte nennen und das Klosettpapier in Brand stecken. Und einige wenige konservative Blätter verstehen die Sorgen unserer konservativen Lehrer und dämpfen ihre Schlagzeilen.

Und ich gebe ihnen recht:

600000 Mark Sachschäden an 400 Schulen pro Jahr, das sind 1500 Mark pro Schule. Und die Stühle sind gebrechlich. Die Aggressionen haben seit Bismarck nicht zugenommen. Früher haben sich die Leute nach der Schule untereinander gekloppt aus ihren Aggressionen heraus. Da sagten die Lehrer: Das ist gut! Das ist frisch! Blaue Jungs von de Woterkant! Jetzt entladen sich die Schüler eher mal am Mobiliar, und da ist es plötzlich kriminell.

Die hohe Zahl der Jugendkriminalität an den Schulen kommt daher, daß man auch jede Marihuanazigarette dazurechnet. Schätzt und dazurechnet. Das ist so, als hätte man 1871 die heimlichen Vergehen der Majestätsbeleidigung, widernatürlichen Unzucht, Onanie und Gotteslästerung nach Schätzungen als Jugendkriminalität an den Gymnasien ausgegeben.

Ich hasse meine Lehrer.

Und alle in meiner Gruppe.

Und wir kommen zusammen und phantasieren davon, wie wir uns an ihnen rächen können.

Und einmal haben wir einen gestellt, für den brauchen wir vor dem Abitur nicht mehr zu arbeiten.

Wir haben Arschloch zu ihm gesagt.

Und einem anderen wollen wir nach dem Abitur Nebeltöpfe von der Bundeswehr in das Haus werfen.

Aber wir werden ihn nicht verprügeln. Das empfinden wir als zu gemein.

Wir wollen ihn ausräuchern. Auslästern.

Aber vielleicht werfen wir die Nebeltöpfe auch nur vor das Haus, da es sonst vielleicht zu gefährlich werden kann.

Bis vor kurzem hatte ich die Vorstellung gehabt, daß ich Lehrer werde. Als Deutschlehrer, als Gemeinschaftskundelehrer oder als Geschichtslehrer wollte ich nicht die bürgerliche Geschichtsauffassung lehren, sondern die materialistische, und wenn ich Klassenlehrer oder Tutor bin, meinen Schützlingen – oder wie man das nennen will – anders helfen, als Sie das getan haben.

Aber diese Illusion hat sich zerstört durch den Senatserlaß, nach dem die Schulbehörde Lehrer, die links von der SPD stehen, nicht mehr in den Schulbetrieb aufzunehmen braucht. Und ich habe nicht vor, mich damit abzufinden, sondern ich hab was anderes vor, und insofern sage ich mir, ich mach diese Ausbildung jetzt mit. Ich werde vielleicht zwangsläufig, denn ich muß ja

leben, in die Mittelklasse oder das Proletariat irgendwo später
eingegliedert sein. Aber das ist keine Endlösung. Ich werde, wenn
ich dann da bin, darauf hinarbeiten, daß das kapitalistische System hier verschwindet..

Was die herrschende Klasse nicht verhindern kann, ist, daß sich
die Widersprüche des kapitalistischen Systems periodisch immer
wieder bemerkbar machen in wirtschaftlichen Verschlechterun-
gen, daß da auf die Dauer 15 000 neue Polizisten nicht helfen.

Als Marxist bin ich kein utopischer Sozialist, wie in der Studentenbewegung wieder einige hochkamen.

Ich halte den Versuch von einigen terroristischen Gruppen für
verfehlt, weil es der herrschenden Klasse möglich ist, durch den
umfangreichen Apparat, den sie besitzt, den politischen Charakter der Sache zu verfälschen und alle Linken über einen Kamm zu
scheren.

Sehr verehrter Herr Senator, sehr geehrtes Lehrerkollegium, liebe Eltern und Mitschüler!

Geändert hat sich also Folgendes: Daß diejenigen unter uns, die
vor dem Abitur nicht ausflippen, die »Führungspersönlichkei-
ten« unter uns, erkannt haben, es kann keine antikapitalistische
Ideologie herrschen, wenn ein kapitalistisches Wirtschaftssystem
herrscht..

Wir fixen nicht. Wir veranstalten keine Orgien und wir legen keine Bomben.

Wenigstens die Hälfte der Abiturienten, für die ich hier zu danken
habe, daß wir auf dem Kleie-Gymnasium lernen konnten, die
Lüge, den Betrug, die Heuchelei, die Erpressung und die Brutalität des Systems in lebhaften Bildern zu erkennen, weiß, daß dieses System, dessen 100jähriges Jubiläum wir heute begehen, kaputt ist und nicht mehr geflickt werden kann.

(Die Sängerin fällt empört ein.)

Nur noch einen Satz..
Nur noch eine Feststellung..
Ich soll im Auftrag des Direktors noch einige Zahlen bekannt-

geben. Der Spendenaufruf für unser Schullandheim brachte rund 18 000 Mark. 136 Schüler beteiligten sich an der Sammlung des Volksbundes deutsche Kriegsgräberfürsorge und sammelten rund 8 000 Mark. Diese Feier, einschließlich des Herrenessens des Lehrerkollegiums, kostete 20 000 Mark. 20 000 Mark, die gleiche Summe, fehlt für Lehrmittel, wie Plätze eines Sprachlabors, Bücher, Material für den Kunstunterricht.

Ihnen, Frau Kammersängerin, hat die Schuldirektion, trotz des Protestes eines Teils der Schüler und der Elternschaft, 3000 Mark für Ihren Auftritt heute geboten, der schlecht vorbereitet war. 3000 Mark, die Sie akzeptierten!

(Stille/Stühle)

Gesprochene Architektur der Angst

1973

Personen:

I–VIII

I: – Heute abend wird es regnen.

II: – Nein, heute wird es nicht mehr regnen.

I: – Es ist Freitag. Es wird regnen.

II: – Aber wie können Sie das behaupten? Der Himmel ist klar.
Schon kommen die Sterne durch.

I: – Es wird regnen. Sie sollten zu Hause bleiben.

II: – Wie oft verwandeln sich die Straßen in Wasseradern. Die
Fahrzeuge werden gegen die Lichtmasten gespült. Kinder, die die
Katastrophe benützen, um sich zu waschen, werden mitgerissen
und müßten ertrinken, wenn nicht die Männer sie herausangel-
ten, auf die Schultern nähmen oder einfach in die Höhe hielten.
So verwandelt sich das Eiland in einen glitzernden Kieselstein, da
kaum Humus und Wurzelwerk die Ströme noch aufsaugt.
Der auf die Auswaschung der garen Krume folgende Lehm wird
in ungleichmäßiger Emulsion durch die Hauptstadt geschleust,
ergießt sich über die Hafenanlagen und lagert sich beim Auströp-
feln der Flut in den niederen Teilen der Stadt, um die Denkmäler,
Mausoleen und Ministerien ab.
Dort bewegen sich die schwarzen, schöngeputzten Limousinen
der Attachés schlitternd zwischen Palmen, Exkrementen und Bü-
sten.
Die Hitze des auf den Wolkenbruch folgenden klaren Tages
trocknet den Schlamm ein. Er wird rissig, bröckelt, die die Land-
bevölkerung transportierenden Lastwagen mahlen ihn hoch, und
die gegen Nachmittag regelmäßig aufkommende Brise treibt den
hellen Staub über den Regierungspalast aufs offene Meer hinaus.

I: – Geduld.
Geduld ist die Mutter der Schrecken.

Geduld und Verstellung.

In unser Ethogramm geht die Auffassung »Stille Wasser sind tief« ein.

(Wobei natürlich vergessen wird, daß auch Pfützen bei mangelndem Wind still liegen; was aber für die Verhaltenslogik keine Rolle spielt.)

Geduldig still sein ist in unserer Situation die beste Voraussetzung für die Schreckensherrschaft.

II: − Er trat mit einem Begleiter auf. Beide in zu enger Kleidung, gleichsam eingeschnürt. Die Muskeln, die Genitalien wucherten unter dem glänzenden Stoff.

Sie trugen beide verschiedene weißverzierte Schuhe und wippten während der Konversation mit den Füßen.

Der Koch redete allein. Seine Blicke glitten oberhalb des bewegten Mundes unruhig hin und her.

Er drückte sich in umständlichen Sätzen aus, mit einem Akzent, der hier als pariserisch gilt und für vornehm gehalten wird.

Sein Leibwächter schwieg. Er dünstete und schwoll in seinen zu engen Nähten vor sich hin.

Er trug außerdem eine überdimensionierte weiße Wollkrawatte.

III: − Sie gestehen sich ein, daß ich mich, nach dem, was Sie geäußert haben, hier nie mit Ihnen sehen lassen können werde.

 II: − Meinen Sie damit, daß ich mich auch vor den ortsansässigen Angestellten fürchten muß?

III: − Die sind auf Fälle wie den Ihren verhältnismäßig wenig vorbereitet.

 II: − Das ist ein Euphemismus. Und die Überregionalen?

III: − Wie soll ich das wissen?

II: – Vielleicht stehen Sie in einer Verbindung und erhalten die Rundbriefe.

III: – Da überschätzen Sie mich oder unterschätzen Sie mich – wie Sie wollen.

II: – Könnten Sie nicht nachfragen? Es ist doch eben über die Straße?!

III: – Ich möchte sie nicht unnötig von Ihrer Gegenwart unterrichten.

II: – Noch nicht?

III: – Nicht unnötig!

II: – Nachts regnet es meistens nicht, und nach meinen Entdeckungsgängen in der Hauptstadt kann ich mit leichter Kleidung in das Bergdorf zurückwandern, ohne eine schwere Infektion auf Grund einer plötzlichen Durchnässung befürchten zu müssen.

Die Straßen scheinen menschenleer, und die laubsägearbeitenähnliche Architektur der Villen rückt disproportioniert groß und deutlich ins Gesichtsfeld.

Diese Villenkonstruktionen sind von einer phtisischen Zartheit – florale Säulen, Zwiebeltürmchen, winzige Balkone, auf denen Kinderprinzessinnen Zwergenparaden abnehmen möchten. Im Mondlicht werden die Farbnuancen weggeschimmert; aber ich weiß, daß die schmalen Filigranpaläste, Einmannzelle über Einmannzelle, in ermattend schrillen Koloriten ausgepinselt wurden.

Es sind die Visionen von ältlichen Bonvivants, die in ihren Ansichten wieder kindisch geworden sind, kalkulierte Dissonanzen, hervorgerufen mit der Sicherheit des unfehlbaren Geschmäcklers – unschuldhaft und pervers ineins.

Wissen es die Bewohner?

Der Autoverkehr hat um diese Stunde aufgehört. Nur die Hunde geben der Szenerie am Rande, unten, eine Bewegung. Die unsichtbar Bleibenden vermitteln durch ihr Bellen dem Bild eine zweite, sonore Tiefe.

77

Gruppenweise kläffen sie sich stundenlang über Stadtviertel hin zu, von dem Hafen zu den Bergen hinauf.

Das leise, vom Nachtwind hin und her gerückte Trommeln deutet ein Opfer an.

Rudelweise stauen sich die Hunde an einigen Ecken. Manchmal schleppt einer den anderen, beim Zeugungsakt verklebt, hinter sich her.

Diese Nacht hat nicht tausend Augen, sondern tausend geschlossene Lider, deren vom Mondlicht akzentuierte Schwellung wirkt wie die Augen von Ringelnattern: Es sind die Lider der wie hingespülten Schlafenden – über den Sielen, quer zum Trottoir, an den Säulchen, einzelne in tranceartigen Stellungen erstarrt, zu Gruppen geschoben, die Frauen mit Mohrrüben, Porrée und Schalotten.

Diese Verstreuten und Gehäuften sind die zweite Bevölkerung der Metropole, die nicht in ihren Besitztümern schlafen – sie schlafen darauf..

Einige scheinen im Schlaf bewegt zu werden; doch wenn ich näher herangehe, mit einem Krampf in der Kehle, um zu beobachten, welche Schädigungen dies rhythmische Zucken der Schlafenden hervorrufen, entdecke ich, daß es ein Paar ist, das sich ineinander sitzend oder liegend mit gedoppelten Extremitäten verhakt – diese beunruhigende Verrichtung zwischen Altöl und den staubigen Bergen von Tierleichen.

Sie unterbrechen nicht, während ich meine Studien fortsetze, sondern begrüßen mich sebernd.

Ich habe den Eindruck, daß sie aus einer kalkulierten Furcht diesen Akt auf der Hauptverkehrsader der Stadt vollführen. Ist in dieser verbitterten Freizügigkeit keine Drohung enthalten?

Kommen sie keiner Erpressung nach?

(Wenn ich nicht glauben soll, die zum Schlaf hin beorderten, die Hunde, die Kopulierenden sind meinetwegen hier angesammelt worden, um mir durch die vermeintliche Unbedarftheit nur einen gründlicheren und allgemeineren Schrecken einzuimpfen.)

Man braucht Nachwuchs für den Export in die Anatomiesäle der überseeischen Universitäten, Lymphe, Freiwillige zur Erprobung von Placebos bei der Experimentalbehandlung gräßlicher, okulierter Syndrome.

Doch auch ohne die Gedanken an Handel und Gestellung eignet dem Liebesakt der Krätzigen vor den in der Nacht farblos geschatteten Laubsägearbeiten eine solche Kondensierung des Horrors mit all seinem Geschäkere, Gebeiße und Geschlecke, daß er mir zum Inbild selbst dieser Inselzivilisation aufquillt.

Doch will ich mich nicht durch Literarisierungen trösten. In dem Namen Frambösie ist für mich auch die zarthäutige Himbeere evoziert, und der Lepra noch eignet qua Lazarus etwas von Sonntagsschule und Laienkelch.

Je mehr die Gier nach halböffentlichen Orgasmen geschürt wird, desto unweigerlicher die Angst vor Lustseuchen und Fiebern, übermäßigen Reizungen der Harnwege, eitrigen Hemmungen der Ovulation; bei zunehmender Immunisierung der Erreger wachsen immer kostspieliger einzudämmende Endemien den übrigen Teilen der Welt entgegen.

Hätte man sich vorgenommen, durch die Stimulierung des Tourismus und der Promiskuität Versuchszonen für neue, von vorneherein, pardon! von allem Anfang an unzulängliche Antikörper einzurichten?

Ich fürchte mich nicht, diese Straße nachts als einzelner hinaufzuwandern.

Die rostigen Wellblechstücke, die an die langsam zerbröckelnden Holzpaläste und Katen genagelt sind, rascheln zum Bellen der Hunde.

Das Opfer scheint abgeschlossen, die Trommeln sind unhörbar geworden – vielleicht hat sich nur der linde Nachtwind gewendet.

In die Verschnörkelungen hinein schraubt sich der Schatten des Mondlichts.

Aber auch in die Zeile hineingekleckste Betonkuben schrägen sich zu dieser Assemblage durch, daß alles wie das gekonnte Ausstellungsstück eines gigantischen Kunstkonzerns wirkt, wo doch vielleicht nur ein restloses provinzielles Versagen an allem Anfang steht – gezielt mit vor Beflissenheit flatternden Händen, Verschluckung aller Beziehungen aus Beziehungswahn.

I: – Auch soll es vorgekommen sein, wenn er die höheren Abteilungsleiter empfing, daß er als Wassermutter verkleidet, mit Entenfüßen behangen, mit Fröschen und Kröten geschmückt vor die Versammlung trat, die trotz der Maschinenpistolen auf den Lacktischen in Gelächter ausgebrochen wäre, wenn man nicht an einigen Details im Aufbau der Perücke, der Bemalungen der Hand erkannt hätte, daß es sich nicht um eine durchreisende Soubrette zweiter Kategorie aus Paris, nicht um den Renommiertransvestiten des Casinos handelte, sondern um ihn selbst, den Ridikülen und Schrecken Versprechenden.

II: – Sie kommen mit langen Blasrohren, die sie auch durch die feinsten Ritzen der Gebäude und Stallungen schieben. Sie pusten gewisse Pulver ins Innere, und die Tiere und Wächter entschlummern, daß die Eindringlinge mühelos vorankommen können.

IV: – Wie spät ist es?
V: – Noch nicht einmal Mitternacht.
IV: – Regnet es?
V: – Nein. Der Mond steht klar am Himmel. Vielleicht warten wir vergeblich.
IV: – Ist niemand mehr auf der Straße?
V: – Nein.
IV: – Postiere dich im Velour, daß dich niemand von unten erkennen kann.
V: – Das Mondlicht spiegelt sich in der Scheibe, niemand kann von unten hereinsehen. Jetzt biegt der Chevrolet schon um die Ecke.
IV: – Singen sie?
V: – Ja. Der Wagen ist vollgepfropft. Sie halten.
IV: – Aber der Motor läuft noch?

V: – Ja. Sie halten die Hand mit Spielkarten heraus.

IV: – Ich höre sie bis zu meinem Gerüst hier lachen.

V: – Jetzt langen sie Maschinenpistolen hervor.

IV: – Steigen sie schon aus?

V: – Nein.

IV: – Vielleicht kommen sie morgen, um sich bei uns im Seiten-flügel niederzulassen.

V: – Ich fürchte mich nicht.

IV: – Aber du redest.

V: – Ich rede nicht.

IV: – Du fürchtest dich nicht. Es wäre besser, du fürchtetest dich. Jetzt haben sie den Motor abgestellt.

V: – Sie öffnen die Tür. Sie steigen nicht aus. Sie knallen die Tür wieder zu.

IV: – Ich habe es gehört.

V: – Willst du, daß ich dich heranschiebe?

IV: – Ich habe auch gemeint, ich würde nicht reden. Stellen sie den Motor wieder an?

V: – Noch nicht. Du hast nichts Irreparables gesagt. Jetzt stellen sie den Motor wieder an.

IV: – Morgen kommen sie herauf. Mich werden sie nicht weiter beachten. Sie sehen, was sie an mir erreicht haben.

V: – Sie fahren noch nicht weg.

II: – Vielleicht ist es kein Mangel an Brutalität, sondern nur ein Mangel an Phantasie, der uns hindert, den zerbrochenen Kopf des über drei Wochen langsam zu Tode Getretenen einfrieren zu lassen und im Kühlschrank zu den wichtigeren Besprechungen auszustellen.

III: – Das Entscheidende aber ist die zunehmende Verseuchung der Bucht mit Rattenleichen, Exkrementen, Altölen. Die Fischer – nachdem sie am Ufer ihre Bedürfnisse verrichtet haben – waten in den Morast hinaus und angeln nach Nahrung.
Wenn es so weitergeht hier, werden die Hungernden bald den Ruß von den Verbrennungsmotoren fressen.

II: – Ich weiß nicht, was ich empfinde – Furcht oder Angst. Angst wäre mir angenehmer, denn sie ist sowohl unbegrenzter als auch privater, intimer, durch Ernährungswechsel, Schlafhaltungen oder Emotionsrückstände zu erklären; empfände ich Furcht, hieße es, daß ich bereits mit den Ängsten und Furchten dieser Agglomeration kommuniziere, daß ich auf ihre Mythen reagiere und meine Angst bereits durch das System der Bewohner gesteuert werden kann.

  I: – Es wird regnen.
 II: – Die Sterne kommen durch.
  I: – Es ist Freitag.
 II: – Aber wie können Sie das mit solcher Sicherheit behaupten?
  I: – Doch.
 II: – Aber ich bin auch letztes Mal zu Hause geblieben.

VI: – Mein Mann war Empfangschef in einem der ersten Häuser am Platz.
Er bekam Schwierigkeiten mit einem Zimmermädchen, das möglicherweise der Miliz angehörte.

Seine Haare begannen auszubleichen.

Seine Finger und Zehennägel wurden weich, widerstandslos.

Schließlich verlor er die Haare, auch die Nägel, die Finger- und Zehennägel.

Alle Haare. Das Haupthaar, die Schamhaare, das Brusthaar, die feineren Haare, die den Körper bedecken, das Barthaar und sogar die Wimpern.

Er wurde ein Schrecken der Nachbarn. Seine Vernunft zerfiel, und bis zu seinem Tode wagte er sich nur noch nachts auf die Straße.

Sie sagen, das Filter würde aus einfacher Erde destilliert, das diese fürchterlichen, nackten Augen hervorruft.

I: – Er wurde zum zweiten Mal verhaftet, weil man in seinem Tempel Scharen von Schlangen und dressierten, weißen Hündchen gefunden hatte.

Er pflegte Jünglinge zu verschleppen und sie in unterirdischen Kammern zu verstümmeln.

Geschminkte Babys lagen mit hohen Puderperücken herum. Seine Macht lag in seinem Hut. Sogar im Kino behielt er den Hut auf, und niemand wagte, ihn deswegen zu rügen.

Wahrscheinlich war ihm der Hut kurz vor seiner Verhaftung davongeflogen.

II: – Die Brände nehmen wieder an Häufigkeit zu.

Besonders in den volkreichen, am Stadtzentrum gelegenen Vierteln.

Auch werden regelmäßig einige verkohlte Köpfe aus der Asche geborgen.

I: – Sie setzen jetzt an und schneiden das Bärenauge – wie man es wohl auch nennt – bis zum Muttermund hin aus.

Dann binden Sie alles fest zusammen. Sie füllen Asche in die rechte Hand und führen damit vor dem Opferteil eines der heiligen Zeichen aus, schließlich mit Maismehl und Reismehl und als letztes mit zermörserten Baumrinden.

Die Steine müssen in Öl baden, vor jede der Mahlzeiten setzen sie ein Ewiges Licht.

II: – Sie benützen ein Blatt, das Ameisen zum Einschlafen bringt.

Es bewirke eine Art Hibernation, während der das Opfer gestohlen oder verkauft werden könne.

Wahrscheinlich auf Grund einer Störung der Sauerstoffversorgung bleibe der Betroffene willfährig und blöde und müsse im Verein mit anderen Leidensgenossen nachts auf den Feldern und bei Bauarbeiten dienen.

Als Gegenmittel sei Kochsalz angezeigt.

Jeder habe einen solchen lebenden Leichnam gesehen.

Die Furcht lasse die Bewohner ihre Toten mit Stricknadeln, Macheten, Tauen ein zweites Mal töten.

I: – Warum ausgerechnet Kartoffeln so ins Unbewußte zielen?

VIII: – »Erwerb und Löschung des bedingten ängstlichen Verhaltens hängen von weiteren Bedingungen ab. Es kommt nämlich darauf an, welches Belohnungsschema angewendet wird. Jede Belohnung bedeutet ja bekanntlich eine Bekräftigung der Be-

dingten Reaktion. Wählt man ein regelmäßig periodisches Belohnungsschema, z. B. so, daß nach jedem zehnten Hebeldruck
Wasser kommt, bildet sich die Angstreaktion der Tiere langsamer
aus, als wenn man z. B. jede Minute oder gar in wechselnden
Zeitabständen belohnt. Ebenso wird die ›Angst‹ schneller wieder
gelöscht, wenn man nicht in Zeitabständen, sondern regelmäßig
nach bestimmter Hebeldruckzahl belohnt, so als ob also die Tiere
den Schmerz des elektrischen Schlages bei Belohnung nach Art
eines Wettbewerbs gleichsam in Kauf nehmen.«

»Überraschende Veränderungen der Bereitschaft, sich selbst zu
reizen, erhält man bei Kastration und nachfolgender Behandlung
mit männlichem Sexualhormon.

Nachdem Ratten die Selbstreizung kennengelernt haben, werden
sie kastriert; während der nächsten 14 Tage registriert man bei
fallendem Hormonspiegel die Hebeldruckkurven. Dann injiziert
man den Tieren in steigenden Dosen (1–5 mg) Sexualhormon
und beobachtet während der folgenden Tage, in denen der Hormonspiegel fällt und wieder steigt, das weitere Verhalten der
Ratte.«

II: – Am Heiligen-Jakobs-Loch konnte ein Bekannter von mir
filmen, wie zwei nackte, von dem grünen Schlamm überkrustete
Mädchen eine Greisin, die sich am Ufer vom Schwimmen aus-
ruhte, herbeizerrten, tanzend auf ihr herumtrampelten und sie
nochmals in das grüne, wahrscheinlich radioaktive Wasser rissen
und den Kopf der Geschwächten so lange unter Schlamm hielten,
bis sie jede Bewegung aufgegeben hatte.

Später legten die Mädchen die Erstarrte wieder an die Böschung.
Einige Zuschauer nahmen den Körper der Greisin auf und ließen
ihn niederfallen, mehrmals.

Der Pfarrer bestätigte, daß gewöhnlich ein, zwei Leichen zu den
Festtagen an den Rand des Tümpels gelegt würden, damit die
Polizei die Formalitäten erfüllen könnte.

Die Ordnungshüter griffen nie ein, da es sich meistens um schwache, abgelebte Personen handelte, nicht um Kinder oder kräftige, junge Leute wie sie.

VIII: – Dieser Koch ist ein einflußreicher Mann.

Er ist nicht *sein* Koch – er ist *einer* seiner Köche, einer seiner Gelegenheitsköche, wenn Touristenorganisationen, Gesandte oder der Leiter der Weltgesundheitsbehörde in größerem Rahmen empfangen werden.

Dieser eine Gelegenheitskoch ist schon ein einflußreicher Mann, denn er hat Zutritt zum Palast und kann dadurch gewisse Wachen und ehemals im kommunistischen Untergrund tätige Protokollchefs beeinflussen.

Auch dient er den Geheimnissen und hat dadurch Zugang zu wieder anderen Informationen und Schlüsselstellungen.

Auch soll er einem Geheimbund angehören, so daß dieser Gelegenheitskoch, vielleicht auch auf Grund seiner Veranlagung, zu den gefürchtetsten Persönlichkeiten der Republik zählt, empfangen und umhätschelt in den schwerst zugänglichen Salons, ein Mann, dessen Zorn Palais veröden läßt und unter dessen Wohlwollen Landstriche aufblühen.

Er trägt zu enge Kleidung und blaue Wildlederschuhe, die mit weißem, glänzenden Leder abgesetzt sind.

I: – Er schweigt weiter.

Man fängt an, ihm die Arme zu brechen.

Da beginnt er auszupacken.

II: – Er hat einen vollkommenen Mechanismus der Geschmeidigkeit indoktriniert.

Keine Resolution, keine Glühbirne wird verteilt, ohne daß er die
Anweisung dazu nicht bis ins Stilistische hinein überschliffen
hätte.

So dient der Lehrling fruchtlos dem Gehilfen, der Gehilfe dem
Meister, der dem Ressortchef, die Präfekten fruchtlos den Ministern, die Minister dienen fruchtlos den persönlichen Sekretären,
die persönlichen Sekretäre dienen fruchtlos ihm.

Und vom Status des Lehrlings zum Gehilfen dringt nicht etwa der
vor, vom Status des Ministers zum persönlichen Sekretär, der sich
durch Unabhängigkeit, Fantasie, Civilcourage oder Unbestech-
lichkeit auszeichnet, sondern der sich auszeichnet durch Verniedli-
lichung, Rück- und Vorsichten, Ausdünnung, und vor allem auszeichnet durch sprachliches Entgegenkommen – so daß sich alle,
einschließlich seiner selbst, in der von sich ab nach unten hin
gerichteten Niedertretung und Zerfetzung gleichen, er aber allein, als Verfüger über die letztlich unerbittliche Sprachzer-
schwemmung, einer Republik von Geschmeidigkeit entgegen-
sieht.

I: – Rührt er sich nicht mehr?
Wir treten herzu.
Die Steinigung hat ihm ein Auge auf das Wangenbein herunter-
getrieben.

II: – Er begriff, daß man es nur mit der Furcht hier zu etwas bringen konnte und daß seine Gegner fast bedingungslos ihren verschiedenen Traditionen von Brutalität folgen würden, um die seine auszulöschen.
Was ihn auszeichnete, war, daß er das Sagenhafte von Greuelta-

ten als Völkerkundler besser analysieren konnte denn seine Feinde. Er verstand, wie keiner vor ihm, daß es oft schon genügte, das Gerücht des Fürchterlichen zu verbreiten, beziehungsweise sogar nur die Angst vor Furchten, und daß er sich die ermüdenden und zweischneidigen Abbildungen der Sage auf die Wirklichkeit für solenne Anlässe aufsparen durfte.

Er meinte zu wissen, daß man durch Ausweiden und die Kunde von diesem Ausweiden nur Subdistrikte träfe, während die Organisation von Schächtungsberichten ganze Landstriche alieniert und die so bewirkte Lähmung sich mit Düsengeschwindigkeit bis zu den Emigranten und pensionierten Botschaftsräten fortpflanzt. So brachte er seine Zeit eher damit hin, neue Konstruktionen der Furcht zu entwerfen als neue Behandlungsmaschinen.

Bei den rarer werdenden Exekutionen pflegte er kurz vor der Salve Einhalt zu gebieten und ließ dem sich begnadigt glaubenden Jubelnden mit Lob auf den Lippen die Netzhäute zerfetzen.

I: – Sie binden den noch Lebenden auf die Leichen seiner verstümmelten Freunde.

II: – Warum sagen Sie mir jeden Freitag von neuem, es wird regnen, und raten mir, nicht zum Tanzen zu gehen? Sie müssen doch zugeben, Sie haben sich noch immer geirrt.
I: – Haben Sie noch nie etwas von den Schweinen ohne Haare gehört?

VIII: – Als der Herr ruhig in der Badewanne saß, versanken Hals und Gesicht in seiner Brust.
Er wurde mit 67 Jahren von dem Geheimnis getötet, das ihn bereits lange vorher mehrmals gewarnt hatte.

I: – Es stimmt nicht, daß die meisten Särge leer in die Grube kommen.
Haben Sie nicht den Artikel in Time gelesen? An den amerikanischen Universitäten herrscht ein Überangebot von Obduktionsmaterial.
Er ist nur sehr selten mit einer Phalanx von Motorradfahrern auf den Totenmessen in der Kathedrale erschienen, um den Verschiedenen für seine Zwecke in den Palast zu schaffen.

II: – Wenn Sie nur gründlich suchen und sich nicht mit den befahreneren Hauptstraßen begnügen, finden Sie im Schierling die verstreuten Teile von Puppenküchen, die Abwässer der Zuckerfabriken schwemmen regelmäßig Sonnabend morgens Gebißteile und Dessous, Ringelsocken, zerschnittene Sandalen, abgeschlagene, befleckte Flaschenhälse, Handschuhe, viele Handschuhe und zertretene Brillengläser hervor.
Ich begriff, ich war der Vorarbeiter von einer Kompanie Schweine ohne Haare geworden, und mit der Warnung vor dem Regen jeden Freitag nacht hatten Sie mir und meiner Geliebten das Schicksal der anderen Paare ersparen wollen.

III: – Er hat versucht, zwei Tage der Produktion der Zementfabrik für sich reservieren zu lassen, damit er das Gehortete in Zeiten des Mangels zum doppelten oder dreifachen Preis wieder abstoßen könnte.

Als man sich ihm widersetzte, ließ er den kleinen Sohn seines Hauptkontrahenten entführen und bereitete ihn mit Blättern im Mund vor.

I: – Der Lastwagen ist in das verkarstete Tal hinuntergetrudelt. Einmal im Jahr wird den Geheimnissen ein Hauptopfer gebracht.

Die Leichen der Pilger liegen blutig mit toten Schweinen, mit Töpfen, Geflügel, Zuckerrohr, Holzkohle und Zement.

III: – Es ist nicht so, daß diese Aktivitäten gänzlich isoliert blieben.

Zwischen den Inseln besteht ein reger Austausch von Blättern, Pässen und Flaschen, auch treffen häufig Gäste ein, die unauffällig drei Tage etwa zur Kur bleiben. Paris, New York, Miami, Montreal bilden Stützpunkte. Und vor allem besteht über Armeesärge, die aus Kotschinchina herausgeflogen werden, ein Konnex zum Südteil der Hemisphäre.

II: – Er soll als Freiherr von Sonnabend einen Ziegenbock begatten.

I: — Sie tanzt, sie tanzt, hoch oben auf dem Elektrizitätspylon.
Morgen wird man sie in den Palast rufen und versuchen, ihr Geheimnis zu kaufen.
Aber sie wird es ihm, der selbst einen General aus den Befreiungskriegen inkarniert, verweigern.
Am nächsten Sonntag wird man sie, nach der Messe mit den Trommlern, unter dem heiligen Mapoubaum finden, das abgetrennte Haupt zwischen den frühentwickelten Brüsten, mit herausgeschnittener Zunge, um zu verhindern, daß sie, sollte sie zurückgelangen, ihre Mörder ausplaudert.

II: — Er läßt die großen, schwarzen Limousinen, die ihm befreundete Konzerne zu seiner Sicherheit und Kommodität geliefert hatten, nachts vor den Gartentoren der gegnerischen Klans parken, mit laufendem Motor.
Die Angehörigen des zu vernichtenden Stammes sehen auf das funkelnde Dach des Autos herunter, hören das Peloton lachen und Karten spielen, sehen einen Arm, einen Karabiner oder eine Machete aus dem Wageninnern hervorstoßen.
Gegen drei oder vier Uhr nachts fahren sie wieder weg.
Am nächsten Abend das gleiche.
Oder Telefonanrufe.
In einigen Fällen nistet sich die Miliz in die Schlösser und Villen der Auszurottenden wochenlang vor dem Ende ein.
Diese Tage vor der Exekution sind derart vergiftet, daß man die Verschleppung, die Sonderbehandlung, den Tod mehr herbeisehnt als das nochmalige, aufschiebende Abreisen des Hinrichtungskommandos.
Und da jeder Klan ausgeblutet wird, schlägt der ohnmächtige Haß — noch ein Ungleichgewicht des Schreckens — bald in eine Art gläubige Lähmung um, in die vollkommene Stabilität des Entsetzens.

VII: – Ich empfange dich.

Du siehst meinen wohlgebürsteten Zylinder, unter dem die roten Locken der Perücke hervorquellen. Du siehst meine von Schminkpartikeln beschwerten Lider, die den Ausdruck meiner Augen überschatten.

Die Wimpern zitternd voller Puder . .

Die Kette aus den Zähnen meiner Feinde . .

Den frisch gereinigten Frack und die sorgfältig gebügelte Cuthose. Und am Gürtel hängen die aufgepumpten Harnblasen über den Orden, dem Band der Légion d'Honneur. Bei meinen Atemstößen zittern die abgeschnittenen Entenfüße, die Finger, die getrockneten Kröten. Aber die Cuthose ist vorne geöffnet, und heraus hängt bis auf den Boden mein blutiger Darm, wie es mich meine überseeischen Laren lehrten; ich wandre zurück den Weg meines Bluts.

Unbeweglich fast auch dies.

Nur mein Mund bewegt sich in der Mitte, weiß bestaubt, während er mich selbst bespricht.

Die schwarze Brille ist durch die Sprechbewegungen abgerutscht und am Boden zerspellt.

II: – Glauben Sie nicht, Furchtlosigkeit ist nur eine Form von Unsensibilität und Dummheit?

Gehört es sich nicht eigentlich für einen Gebildeten, daß er sich fürchte?

Daß die feinen Verdrängungen, welche die sich feiner und feiner verästelnde Sinnlichkeit bedingt, spiegelbildlich dazu feiner und feinere Kanäle voller Furcht stopft?

Zärtlichkeit also in der Folter eine Entsprechung hat?

I: – Die Türen des auf diese Entfernung viel zu klein wirkenden Palastes öffnen sich, die Minister, die persönlichen Sekretäre schwärmen aus.

Ein prächtiges Bauernmädchen zieht vorüber, in den Armen einen etwa vierjährigen Knaben, auf dem Kopf einen Korb voller Auberginen.

Einer der persönlichen Sekretäre gibt den anderen ein leichtes Zeichen mit der Hand. Sie verharren. Er nähert sich der jungen Frau. Lächelt sie an. Sie lächelt zurück. Er kneift dem Buben in die Wange. Der persönliche Sekretär nestelt eine Banknote hervor, die das Bauernmädchen glücklich ergreift. In einer unsäglich zarten und befriedigten Geste hebt sie den Jungen, ohne den Korb abzusetzen, herunter und umarmt das Kind mit gurrenden Lauten.

Der Sekretär springt mit dem hüpfenden Kind in den Palast zurück. Die Minister und übrigen Sekretäre schwirren ihm nach. Einige haben in der Hitze die Chapeauxclaques gelüftet.

Man bringt ihm das Kind.

Er eröffnet die Sitzung.

Die Anwesenden erheben sich von ihren Pulten.

Er wirft das Kind an den spiegelnden Marmor.

Der Schädel zerspellt.

Er eilt hinzu, und seine behenden Finger schieben die Splitter und Plättchen zurück und zerpflücken die graue Masse, und er bietet in Weingläsern seinem Kabinett die kleinen Flocken des Gehirns zum Verschlingen, ehe er selbst den Kopf leertrinkt. Sehen Sie doch!

V: – Vater unser, der du bist im Himmel, geheiliget werde dein Name, dein Reich komme, dein Wille geschehe, wie im Himmel, also auch auf Erden.

Unser täglich Brot gib uns heute und vergib uns unsre Schuld, wie auch wir vergeben unsern Schuldigern, und führe uns nicht in Versuchung, sondern erlöse uns von dem Übel. Amen.

VIII: – Schon die lange, monatelange oder jahrelange Isolation bewirkt eine Veränderung des Grundumsatzes und der Ausschüttungsquote des Adrenalins.

Sicher ist, daß bei der Hirnschwellung eine Anschoppung von stickstoffhaltigen Substanzen stattfindet.

Bewegungseinschränkungen rufen typische Schwellungen hervor.

Werden Schürfwunden in ausreichender Menge beigebracht, läßt sich bei den folgenden anhaltenden Eiterungen eine oft irreversible Beeinflussung des Verhaltens beobachten. Häufige kleine Amputationen sind erwiesenermaßen nicht ohne Einfluß auf das Seelenleben.

II: – Dies Regiment versteht es, die Varianten der menschlichen Verhaltensweise besser für sich auszunützen als das der Nachbarinsel.

Dort macht man sich die Kolonialwarenhändler ebenso zu Feinden wie die Homosexuellen.

Hier dagegen ist das Gleichgeschlechtliche geduldet, ja, erwünscht, mit diesen feinverteilten Akzenten von Bestialität und Furcht.

So stimuliert man die Dankbarkeit einer maffiaartig funktionierenden Minorität, die sich so brauchbar erweist, wenn man sie nur zu Parks, Pissoirs, forschen Kadetten und erschwinglichen Absteigen kommen läßt. So ist schließlich der Sexus hier billiger geworden als das Brot, und die Hungernden geben sich für 25 Kupfermünzen hin in einer schwarzöligen, von Hunderten von Paaren in Minutenschüben belegten Autowerkstatt.

III: – Ob es nicht hauptsächlich die Angst ist, nicht mehr im nadelgestreiften Mohairanzug die Grüße der Eintretenden zu erwidern, das Jahresabonnement der zwei oder drei amerikanischen Magazine nicht mehr durchhalten zu können – also nicht mehr ruhig wie ein Adler in der Höhe die Kreise zu ziehen, sondern beim Zahnarzt als letzter drangenommen zu werden.

II: – Bei der Obduktion der am Insulinkoma Verkommenen findet man die Magenwände der Verhungerten vom Zuckerrohrsaft – ihrer einzigen Nahrung – mit Karamelbonbon ausgeschlagen.
III: – Das glaube ich nicht.
Das ist so ein Gerücht von Laien.
II: – Vielleicht sollten wir es beide noch einmal nachlesen.
III: – Kennen Sie übrigens die ausgezeichnete Veröffentlichung La Familia suburbana?
II: – Nein, ehrlich gesagt.
III: – Das sollten Sie aber lesen.

VIII: – Ich will versuchen, mit dem Krankengut die Metempsychose auf hypnotischem Wege herbeizuführen.

VIII: – »Überraschende Veränderungen der Bereitschaft, sich selbst zu reizen, erhält man bei Kastration und nachfolgender Behandlung mit männlichem Sexualhormon.«
»Dressiert man durstigen Ratten im Skinner-Käfig eine bedingte Angst-Reaktion an und belohnt sie mit Wasser, so wird das durstlöschende Hebeldrücken, wie wir wissen, beim Ertönen des bedingten Reizes unterdrückt.«
»Die höchsten Selbstreizungsfrequenzen kamen bei veränderter

95

Bewußtseinslage zustande. Bei Elektrodensitz in Regionen, die bei der Reizung starkes Vergnügen erzeugten, reizten sich die Patienten in einen Krampfanfall hinein und lagen danach entspannt und glücklich lächelnd im Bett.

In der zitierten Arbeit wird nur über 18 Patienten berichtet. Jedoch wurden bei 120 Patienten – meist Parkinson-Kranke – mehr als 6000 Elektroden eingeführt.

Diese Untersuchungen beweisen im Zusammenhang mit vielen anderen besprochenen Ergebnissen deutlich, daß im Prinzip keine naturwissenschaftlichen Unterschiede von emotionalem Verhalten und Hirnfunktion zwischen Tier und Mensch bestehen.«

II: – Ich habe mich entschlossen, wenigstens die Reste jener Mischkulturen zu fixieren, Moose an den Eingängen von aufgegebenen Höhlen zu kratzen und Karteikarten über die vielen sich widersprechenden Aussagen der Priester anzulegen.

VIII: – Woher nehmen Sie die Sicherheit, daß man ausgerechnet Ihnen auch nur ein Quentchen jener Geheiminformationen zugänglich machen wird, die man Jahrhunderte, wenn nicht Jahrtausende verborgen hielt?

II: – Die Häufung von Informationen und die Geschwindigkeit der Auswertung spielen da eine entscheidende Rolle. Hier schlägt wirklich Quantität in Qualität um.

VIII: – Ich war gezwungen, nach meinen Forschungen jahrelang eine psychiatrische Behandlung durchzumachen. Das Milieu hatte mich mehr zerrüttet als gewisse Kräutermixturen. Ich sah die Geheimnisse neben mir sitzen. Sehen Sie sich vor.

I: – Ich bin ein Koch des Präsidenten.

Sie werden es bereuen.

Hier bin ich zu mächtig und werde Sie niemals vernichten. Aber wagen Sie es! Kommen Sie heraus aus dem Land.

II: – Allmählich ergänzen sich die Mechanismen und Repräsentationen der Bewohner zu einem Ethogramm:

Die Angestellten des Hotels verstreuen jeden Morgen pünktlich zu Beginn der Frühstücksausgabe Zettel mit gemalten Händen, betropfte Zettel, mit den Wörtern ashes, città, la rosée bekritzelte Blätter; sie durchbohren Puppen mit Nadeln und Nägeln, blonde Puppen, und legen sie sich gegenseitig vor die Türen der Domestikenzimmer; der Nachtwächter bläst regelmäßig grauen Sand durch die Moskitogitter, so daß die Gäste und die Bediensteten jeden Morgen mit einem Anflug von Beerdigung erwachen.

Bei Staatsempfängen verweigern die Angestellten abrupt, einige Gemüsesorten in die Hand zu nehmen oder gewisse Gläser mit den Lippen zu berühren.

Nachts springen kleine Gesellschaften von Dach zu Dach, sie führen Kämpfe über den aus dem Schlaf Geschreckten auf, sie schmeißen Holzfrüchte und Kruzifixe zu den unzugänglichen Konstruktionen hinüber, hinein in die von Flutscheinwerfern, Antennen und magischen Augen bewachten Reservate. Ich habe mir Second-Hand-Kleidungsstücke besorgt und schwärze mir Haare, Gesicht und Hände mit Holzkohle ein, und sobald sie wieder über den Dächern sind, steige ich ihnen nach und kann beobachten, daß die Angstmacher bei jedem Sprung zittern und bei jedem Handgriff zusammenzucken, und zwar nicht nach hinten gewendet, weil sie ihrerseits Schreckrepräsentationen auf ihre Spur angesetzt glauben oder weil ihnen Krachen von Dachpfannen und heftiges Atmen meine Recherche verraten hätte, nein, sie schlottern nach vorne in den Raum hinein, wo sie die nächsten Ängste auszulösen im Begriff sind; sobald die Erbsen und die

Drahtspiralen auf die Wellblechdächer treffen, schreien die Werfenden auf und stieben in andre Türme auf andre Veranden.

Ich muß damit rechnen, daß sie mich entdecken und in ihrer Angst an mir die Andeutungen des Fürchterlichen zu Wirklichkeit machen.

Dennoch bringe ich mehr Zeit damit hin, mich in der unmittelbaren Umgebung der Angstmacher einzunisten, als damit, ihre Aufmerksamkeit zu vermeiden, meine Notizen zu verschlüsseln oder die einmaligen Stücke meiner Präparate in Sicherheit zu bringen – besonders diejenigen nicht, die den Toten zugeordnet werden, oder die neuartigen wenigstens, die der Zerstörung des Bewußtseins dienen, die kleinen Bohnen, das tellerförmige Blatt und die schöngetönten Gelege.

Je gefährdeter ich mich erkenne, desto unvorsichtiger werde ich.

Gestern sagte ich dem Koch des Präsidenten am hellichten Tag, daß er in seinem Kino das Bier zu teuer verkaufe.

Ich hatte noch nicht ausgesprochen, als sich um mich eine mehr und mehr wuchernde menschenleere Fläche bildete.

Dem Mitglied der Partei, das Lenins Werke auf russisch deutlich sichtbar in seinem Stadtpalais auslegt und das als Arbiter elegantiae bei den Empfängen durch den Intelligence Service auftritt, hielt ich vor, daß er fast alle seine Freunde zu Tode schinden ließ und selbst noch ihre Leichen an überseeische Universitäten verkaufte oder Stücke davon als Amulette auf seine Güter verteilte.

Und wenn ich abends meine täglichen, möglicherweise mehrfach tödlichen Fehltritte rekapituliere, verdichtet sich in mir eine Angst übergeordneten Typus, nämlich, daß ich meine furchteinflößenden Fehlhandlungen nur häufe, um die eigene Auslöschung zu beschleunigen.

Kommen Sie doch in meinen Garten
zum Hammelbraten

1974

Personen:

Sprecher
1: Tom
2: Lu
3: Jürgen
4: Giesela

Sprecher:
Erster Ritus:
Die Einladung.
Westliche Industrienationen.
Nördliche Hemisphäre.
Reihenhaus, 1968 für 250 000 DM auf Grund eines Bausparvertrags erworben.
Silbertanne.
Volvo.
Tom, 31, ledig, Wirtschaftsprüfer, Hobby: Arbeitertheater.

1:
Kommen Sie doch in meinen Garten zum Hammelbraten.
4:
Danke! Gern! Das ist ja reizend! Ich zieh mir auch was Hübsches an!

Sprecher:
Giesela, 31, geschieden, Sekretärin, Hobby: Psychiatrie.
VW-Cabrio.
Zwergobst.
Reihenhaus, 1969 für 200 000 DM auf Grund einer Erbschaft erworben.

4:
Wer kommt denn noch?

Sprecher:
Jürgen, 31, verwitwet, 3 Kinder, Werbetexter, Alpha Romeo, Bauernhof, 20 000 DM cash, Birnen.

1:
Kommen Sie doch in meinen Garten zum Hammelbraten.
3:
OK! Wer kommt denn noch?

Sprecher:
Lu, 31, ledig, Design, Hobby: Sprachgestaltung, Mercedes 300, gebraucht, Altbauwohnung, 400 DM Miete warm, Papyros.

1:
Kommen Sie doch in meinen Garten zum Hammelbraten.
2:
Aber Sie wissen, ich trinke keinen Alkohol. Ich werde Ihnen einen Korb biologisch-dynamisch gedüngten Salat vorbeischicken lassen!

Sprecher:
Definieren wir mit R. Schenkel die Ausdrucksbewegung als eine Bewegungsweise, deren arterhaltende Leistung darin liegt, durch Stimmungsübertragung beziehungsweise Reaktionsauslösung an der Steuerung sozialen Zusammenlebens mitzuwirken, so stehen die Auslöser im Zentrum dieser Definition.
Diese Auslöser – das sind Instinktbewegungen – sprechen den angeborenen Auslösemechanismus des Partners an. Im einfachsten Falle verursacht die auslösende Instinktbewegung dieselbe Verhaltensweise beim Artgenossen, man nennt das Stimmungsübertragung. Ein Beispiel dafür ist das Gähnen, eine unter Wirbeltieren sehr verbreitete, zweifellos als echte Instinktbewegung anzusprechende Verhaltensweise.
Wenn der Auslöser eine hochdifferenzierte Ausdrucksbewegung mit neuer Funktion herausbildet, pflegt man von Ritualisierung, von Formalisierung oder von Zeremonien zu sprechen.
Bezeichnet Ritualisierung auch ursprünglich allein vom Religiösen bestimmte Verhaltensweisen und verleiht die Anwendung der Begriffe Ritualisierung und Zeremonie den zoologischen, sozialpsychologischen und psychopathologischen Tatbeständen einen ironischen Akzent, so kann andrerseits nicht übersehen werden, daß Ritualisierungen wohl immer von einem fast religiösen

Eifer begleitet sind, Wortfetische zum Beispiel werden litaneiartig bewegt und in abrupten Konversionen ausgewechselt.

Auch Jürgen, Lu, Tom und Giesela bewegen sich in einer quasi-religiösen Gewecktheit – vigilance – und Gemütsverfassung – thymos – auf den Hammelbraten zu.

Ritus heißt also eine in vollem Bewußtsein unter bewußter Stereotypie ablaufende Handlungsweise.

Subritus eine zweite: eine Handlungsweise, die mehr oder weniger bewußt unter mehr oder weniger bewußter Stereotypie gegen die erste gerichtet ist.

Zweiter Ritus:
Der Wirtschaftsprüfer empfängt die Sekretärin.
Freundliches Glänzen.
Schonungsvolle Neugierde.
Gesteigertes Aufeinandereingehen.

1:
HALLO, GIESELA! NETT, DASS SIE WIRKLICH GE-
KOMMEN SIND!
Gesellschaftliche Totalität ist in ihrer Gesamtheit als Objekt empirisch nicht faßbar, da sie in ihrer Komplexität und historischen Einmaligkeit sich nicht zur experimentellen Versuchsanordnung minimieren läßt.

Die Empirie kann sich nur auf das Einzelphänomen und auf partielle Interaktionen beziehen. Die der empirischen Methode immanente Isolation des Phänomens, die die Gefahr einer Verdoppelung der Realität durch bloßes Konstatieren von Fakten in sich birgt, wird durchbrochen, wenn der Gesamtzusammenhang mitreflektiert wird und das Phänomen als ein vermitteltes, historisch gewordenes gesehen wird.

4:
NEIN, TOM, DAS IST JA REIZEND HIER! HABEN SIE
UMGEBAUT? DEN GRILL KENNE ICH ABER NOCH
GAR NICHT!
Es wird über eine Längsschnittuntersuchung an 63 hospitalisier-

ten depressiven Patienten beiderlei Geschlechts mittels vegetativer und psychologischer Testmethoden berichtet.
Dabei gelangten folgende Untersuchungsmethoden zur Anwendung: Messen der Speichelmenge, der akralen Hauttemperatur und Wiedererwärmung, des Blutdruck- und Pulsverhaltens, der optischen Inversion beim Neckerwürfel, der Schreibmotorik, der Reaktionszeit, dazu die Selbstbeurteilung des Patienten mittels Fragebogen nebst verschiedenen Zusatzinformationen. Die zugrunde gelegten Untersuchungen erfolgten jeweils zu Beginn und am Ende der Hospitalisation unter standardisierten Bedingungen.

1:

Ist es in westlichen Ländern für die Produzenten und Verteiler vor allem Ware, als Millionengeschäft interessant, so bietet es sich in der Dritten Welt als Volksaufklärungsmittel an . .

Sprecher:
So bietet es sich in der Dritten Welt als Volksaufklärungsmittel an, während es in den westlichen Ländern vor allem als Ware interessant ist.

1:

In China ist die Bildgeschichte, ähnlich wie die Peking-Oper, umfunktioniert, politisiert worden. Die Kulturrevolution konnte an eine eigene verbalvisuelle Kommunikation anknüpfen.
Umberto Eco weist darüber hinaus in einer strukturalistischen Analyse nach, daß die Agitation für ein neues Bewußtsein auch formal zu einer veränderten Artikulation gesellschaftlicher Inhalte geführt hat.
Der weithin vermachtete Teilmarkt Werbung wird in ein ganz neues Funktionssystem einbezogen und dadurch verändert. Die Reklame als psychologischer Agent der Ware wird umgedreht und als Agent eines aufklärenden Bewußtseins erneut auf die Reise geschickt.
Jede solcher Aktionen wird zum Test für ihre Wiederholbarkeit.
WAS HABEN SIE FÜR EIN BEZAUBERNDES KLEID AN?!

4:
ACH, DAS WAR GANZ BILLIG IM AUSVERKAUF.
Die höchsten Selbstreizungsfrequenzen kamen bei veränderter
Bewußtseinslage zustande. Bei Elektrodensitz in Regionen, die
bei der Reizung starkes Vergnügen erzeugten, reizten sich die Patienten in einen Krampfanfall hinein und lagen danach entspannt
und glücklich lächelnd im Bett, im Gegensatz zu Patienten nach
der üblichen Krampfbehandlung. Bei 120 Patienten – meist
Parkinsonkranke – wurden mehr als 6000 Elektroden eingeführt.

1:
NEHMEN SIE EINEN DRINK, GIESELA?
4:
WARUM NICHT?! WAS HABEN SIE DENN LECKE-
RES?
1:
ICH HABE EIGENTLICH ALLES.
WIE SIE GANZ RICHTIG VORHIN SAGTEN, GIESE-
LA:
Die strafrechtlich vorgezeichneten Abgrenzungsstrategien von
obszöner Kunst und Pornographie werden als Ergebnis eines
schrittweisen Liberalisierungsprozesses der betroffenen Kultur-
wissenschaften vorgestellt – aber auch als doppelte Moral einer
Aufklärung, die das Tabu der obszönen Pornographie nicht sofort
durchbrechen, sondern diese nur über den Umweg der Rechtfertigung als obszöne Kunst retten kann.
Am Beispiel der verschiedenen antibürgerlichen Protest- und
Verweigerungsformen mit Hilfe der Obszönität wird die amoralische Rebellion auf ihren Inhalt hin untersucht, zur Ermittelung
ihrer theoretischen Kompetenz als Gegenkultur.
Die Analyse zeigt, beide, Befürworter wie Gegner der Pornographie, sind das neurotische Abbild ein und derselben gesellschaftlichen Unfreiheit.
4:
In diese quantifizierende Versuchssituation ist eine zweite Situation, nämlich eine angsterzeugende Konfliktsituation einge-
baut.

Nachdem bei einem bestimmten Belohnungsschema die Zahl der Hebeldrucke je Zeiteinheit konstant geworden ist, folgt eine zweite Dressur: Auf einen akustischen Reiz (rasch wiederholtes Geräusch) folgt in festgelegtem Zeitabstand ein elektrischer schmerzhafter Schlag.

TOM, LEG DOCH MAL NE PLATTE AUF!

Sprecher:

Ein rein geschlechtlich erregtes, aber nicht kampfbereites Männchen würde nicht mit anderen rivalisierenden Männchen fertig, ein nicht gleichzeitig auch fluchtbereites Tier würde seinen Feinden unterliegen.

Tatsächlich sind bei jedem Tier diese drei Triebe wohl gegeneinander ausgewogen, und der Sexualtrieb ist besonders leicht störbar.

Für die in der Psychoanalyse oft vertretene Ansicht, daß Aggressivität und Sexualität dem gleichen Funktionskreis angehören, finden sich hier keine ausreichenden Anhaltspunkte.

Sexualverhalten setzt Annäherung und enge Berührung voraus, etwas, was die meisten Tiere nur in besonderen sozialen Situationen und in besonderer Gestimmtheit – thymos – dulden.

Erster Subritus: Vermeiden und Herbeiführen!

Wie Sie deutlich verstanden haben, lud Tom seine Bekannte Gisela nur ein, weil er sie vermeiden will.

Er hätte den Kreis seiner Gardenparty noch erweitern können, aber das würde eventuell bedeuten, daß Giesela unter dem Schirm der Menge versucht hätte, sich mit Tom abzusondern.

Warum er Jürgen eingeladen hat, ist Tom unklar.

Vielleicht, um ihm durch die gemeinsame Einladung mit Lu einen Gefallen zu erweisen – denn Jürgen ist auf Lu scharf.

Vielleicht hofft Tom insgeheim, durch die apparente Freundlichkeit Jürgen gegenüber, die aussichtslos ist, da Lu weder Jürgen noch Tom ausstehen kann, selbst Jürgen oder auch Lu näherzukommen.

Dritter Ritus:
Die Designerin wird von dem Wirtschaftsprüfer und der bereits
vorher eingetroffenen Sekretärin empfangen.
Zwei bereits Anwesende machen es der dritten, Hinzukommen-
den leicht.
Die dritte hat keine Schwierigkeiten, sich zurechtzufinden.
Die beiden Frauen loben sich emphatisch.
Sie schütten den Hahn mit dem Korb aus.
Der schmollt rücksichtsvoll.
Sie machen sich versöhnlich über ihn lustig.
Selbstironien.

2:
HALLO, GIESELA, DU SIEHST JA FABELHAFT
AUS!
Durch geisteswissenschaftliche Forschungen wissen wir, daß der
atlantische Kontinent zwischen Europa und Afrika einerseits und
Nord- und Südamerika andrerseits existiert hat und etwa im
9. Jahrtausend vor Christi Geburt untergegangen ist.
TOM! NA?!
1:
LÄNGSSCHNITTUNTERSUCHUNGEN sind in ihrer Ge-
samtheit als Objekt empirisch nicht faßbar, da sie sich in ihrer
Komplexität und historischen Einmaligkeit nicht zur experimen-
tellen Versuchsanordnung minimisieren lassen.
Die Empirie kann sich nur auf DIE MESSUNG DER SPEI-
CHELMENGE und auf OPTISCHE INVERSION DES
NECKERWÜRFELS beziehen. Die der empirischen Methode
immanente Isolation des Phänomens, die die Gefahr einer Ver-
doppelung der Realität durch bloßes Konstatieren von Fakten in
sich birgt, wird durchbrochen, wenn der Gesamtzusammenhang
HOSPITALISIERT wird und das Phänomen als ein DE-
PRESSIVES, historisch gewordenes gesehen wird.
LU, WAS HAST DU FÜR RASANTE SCHUHE AN!
SCHICK IST SIE!
2:
ICH UND SCHICK! DABEI IST ER SELBER SCHICK!

Kristalle, Pflanzen, Tiere bedürfen keiner ausdrücklichen, bewußten Ethik. Sie haben ihre Ethik in ihre Gestaltung eingeprägt. Ihr So-Sein ist ihre Ethik. Die Ethik der Kristalle ist ihr Kristallgitter, die Ethik der Pflanzen ist ihr Rose-Sein, Lilie-Sein, Birke-Sein, Linde-Sein.

Im selben Sinne haben die Elefanten, Hirsche, Krokodile, Schlangen, Habichte ihre Ethik in der Weise ihrer Gestalt und ihres Verhaltens eingeprägt.

Sie haben sie nicht. Sie sind ihre Ethik.

Daher gibt es hier kein Gut und Böse, höchstens ein Gesund oder Krank, ein Wohl- oder Mißgeschick.

GIESELA? WAS MACHST DU DENN? ICH HABE DICH JA EWIG NICHT GESEHEN?!

4:

WIR HATTEN SOVIEL MIT UNSEREM HAUS ZU TUN! ICH WAR JEDES WOCHENENDE DRAUSSEN!

Es wird über GESELLSCHAFTLICHE TOTALITÄT an 63 hospitalisierten, depressiven Patienten beiderlei Geschlechts mittels vegetativer und psychologischer Testmethoden berichtet.

Dabei gelangten folgende Untersuchungsmethoden zur Anwendung: Messung der HISTORISCHEN EINMALIGKEIT, der akralen Hauttemperatur und Wiedererwärmung, des Blutdrucks und Pulsverhaltens, DER PARTIELLEN INTERAKTION beim Neckerwürfel, der Reaktionszeit, der Schreibmotorik, dazu die Selbstbeurteilung des Patienten mittels VERDOPPELUNG DER REALITÄT nebst verschiedenen GESAMTZUSAMMENHÄNGEN. Die zugrunde gelegten Untersuchungen erfolgten jeweils zu Beginn und am Ende der VERMITTELTEN, HISTORISCH GEWORDENEN Hospitalisation.

2:

Die Ritterschaft des Grals scheint Ziele verfolgt zu haben, die sich etwas von denen der Arthusbrüderschaft unterschieden. Vor allem während der ersten fünf Jahrhunderte stellten sie sich die Aufgabe, die esoterischen Strömungen des Christentums zu erhalten.

Die Heiligtümer, die die Ritter des Grals nicht nur wegen ihrer sakramentalen, sondern auch wegen ihrer symbolischen Bedeutung am höchsten verehrten, waren der Kelch und der Speer. In der Bildersprache des Chrétien de Troyes und anderer mittelalterlicher Chronisten stellte die heilige Schale das Urbild des Hauptes dar, gewandelt durch den Gedanken reiner Liebe. Der Speer war das Symbol der Schöpferischen Kräfte, die die Erde vom Kosmos empfängt.

1:

Am Beispiel der verschiedenen antibürgerlichen SELBSTREIZUNGSFREQUENZEN mit Hilfe der Obszönität wird die amoralische Rebellion auf ihren ELEKTRODENSITZ hin untersucht, zur Ermittlung ihrer theoretischen Kompetenz als KRAMPFBEHANDLUNG.

Die Analyse zeigt, beide, PARKINSONKRANKE wie Gegner der Pornographie, sind das glückliche Abbild derselben gesellschaftlichen KRAMPFBEHANDLUNG.

4:

Die höchsten ANTIBÜRGERLICHEN PROTEST- UND VERWEIGERUNGSFORMEN kamen bei veränderter Bewußtseinslage zustande. Bei Elektrodensitz in Regionen, die bei Reizung starke THEORETISCHE KOMPETENZ erzeugten, reizten sich die Patienten in einen Krampfanfall hinein und lagen danach NEUROTISCH und glücklich lächelnd im Bett, im Gegensatz zu Patienten nach der üblichen HILFE DER OBSZÖNITÄT. Bei 120 BEFÜRWORTERN – meist Parkinsonkranken – wurden mehr als 6000 NEUROTISCHE ABBILDER eingeführt.

2:

Er schildert uns weiterhin, daß jene Unterrasse der sieben atlantischen Epochen, die Träger der nachatlantischen Kulturen werden sollte, die sogenannten Ursemiten, zuletzt ihren Wohnsitz in der Gegend des heutigen Irland und England hatten.

Von da aus seien sie dann später unter der Führung des Manu nach Innerasien, in die Nähe der Wüste Gobi gewandert, um dort die Initiationen für die folgenden Kulturen vorzubereiten.

Sprecher:
Zweiter Subritus: Tom leitet langsam in eine nächste Phase über. Er beginnt durch Lus Gegenwart zu vibrieren und hofft durch dieses Vibrieren Jürgen, der immer noch auf sich warten läßt, unbemerkt näherzukommen. Allerdings muß er vermeiden, daß Giesela ihn in ihrer Eifersucht verfolgt und zu kontrollieren anfängt.

Lu wünscht Giesela zu gewinnen und geht zum Schein auf Toms gespielte Leidenschaft ein. Einerseits fürchtet sie also eine Bloßstellung vor Giesela, wenn sie Tom abweist – unbegründeterweise übrigens –, andrerseits fürchtet sie, Giesela zu verprellen, wenn sie allzu weitgehend ein Nachgeben Toms Werbung gegenüber simuliert. Giesela macht sich die einzelnen Phasen dieses zweiten Subritus bewußt und bewundert Lu, was Lu entgeht.

Vierter Ritus:
Der Werbetexter wird von dem Wirtschaftsprüfer, der Sekretärin und der Designerin empfangen.
Ein einzelner stößt als letzter und verspätet zu einer kleinen Gesellschaft.
Ich komme zu spät.
Ich werde mich pointiert zurückhalten.
Ich bin introvertiert.
Die Weichen sind doch bereits gestellt.
Aber nein! Auf Sie haben wir doch gerade gewartet.

2:
Durch geisteswissenschaftliche ABGRENZUNGSSTRATE-GIEN wissen wir, daß der atlantische Kontinent zwischen Europa und Afrika einerseits und Nord- und Südamerika andrerseits MITREFLEKTIERT wird und sich etwa im 9. Jahrtausend vor Christi Geburt MINIMISIEREN LÄSST.
1:
AUSDRÜCKLICHE, BEWUSSTE ETHIK ist in ihrer Gesamtheit als Objekt empirisch nicht faßbar, da sie sich in ihrer Komplexität nicht ZUM ROSESEIN, LILIESEIN, BIRKESEIN, LINDESEIN EINPRÄGEN läßt.

Die Empirik kann sich nur auf das Einzelphänomen und auf partielle Interaktion beziehen. Die der empirischen Methode immanente ARTHUSBRÜDERSCHAFT des Phänomens, die die Gefahr einer Verdoppelung der Realität durch bloßes Konstatieren von Fakten in sich birgt, wird durchbrochen, wenn ELEFANTEN, HIRSCHE, KROKODILE, SCHLANGEN, HABICHTE mitreflektiert werden und das Phänomen als ein vermitteltes, historisch gewordenes gesehen wird.

2:

Kristalle, Pflanzen, Tiere bedürfen keiner IMMANENTEN ISOLATION. Sie haben ihre Ethik in ihrer Gestaltung GEBORGEN. Ihre INTERAKTION ist ihre VERDOPPELUNG. Die Ethik der Kristalle ist ihre GESAMTHEIT ALS OBJEKT. Die Ethik der Pflanzen ist ihre EMPIRIE. Im selben Sinne haben Elefanten, Hirsche, Krokodile, Schlangen, Habichte ihre AMORALISCHE REBELLION in der Weise ihrer Gestalt und ihres Verhaltens DURCHBROCHEN. Sie haben sie nicht. Sie sind ihre GEGENKULTUR!

4:

Es wird über DIE BILDERSPRACHE DES CHRÉTIEN DE TROYES an 63 hospitalisierten, depressiven Patienten beiderlei Geschlechts mittels vegetativer und psychologischer Testmethoden berichtet.

Dabei gelangen folgende Untersuchungsmethoden zur Anwendung: Messung der Speichelmenge, der HEILIGEN SCHALE, des Blutdruck- und Pulsverhaltens, der optischen Inversion der NACHATLANTISCHEN EPOCHEN, der Schreibmotorik, der Reaktionszeit, dazu die Selbstbeurteilung der Patienten mittels MITTELALTERLICHER CHRONISTEN nebst verschiedenen Zusatzinformationen. Die zugrunde gelegten Untersuchungen erfolgten jeweils zu Beginn und am Ende der Hospitalisation unter standardisierten UNTERRASSEN.

3:

GUTEN ABEND!

Wem gehört nur die kleine Weindomäne, die man vom Restaurant Cabanon an der Route Départementale aus überblickt? Selbst Monsieur Caratti, der nicht sehr dünne Wirt des Cabanon, weiß es nicht. In Ramatuelle, zweieinhalb Kilometer weiter, treffen sich die Einheimischen auf der Place l'Ormeau.

Sie spielen Boules und trinken Wein. Vielleicht aus der kleinen Domäne, deren Besitzer auch in Ramatuelle unbekannt ist.

Alle:

GUTEN ABEND! TSCHAO! JÜRGEN!

1:

HAST DU DICH DOCH FREIBUMSEN KÖNNEN!

3:

Ich nenne mich Werbeberater für die ganze Nestlégruppe. Ich berate unsere einzelnen Gesellschaften. Das sind die Deutsche Nestlé, vor allem bekannt durch Nescafé in verschiedenen Varianten: Nescafé Gold, Nescafé Standard, Nescafé coffeinfrei, Nesquick, Nestea Zitronentee, dann Flair, das ist ein Dessert aus der Dose. Eine Tochter von Nestlé ist Chambourcy: Joghurt und Dessert im Becher.

Die nächste Gesellschaft ist Maggi.

2:

Die Ritterschaft des Grals scheint Ziele verfolgt zu haben, die sich von denen der LÄNGSSCHNITTUNTERSUCHUNGEN unterschieden. Vor allem während der ersten fünf Jahrhunderte stellten sie sich die Aufgabe, die NEUROTISCHEN ABBILDER des Christentums zu erhalten. In der Bildersprache der OBSZÖNEN PORNOGRAPHIE und anderer mittelalterlicher LIBERALISIERUNGSPROZESSE stellte die HEILIGE SCHALE das Urbild des Hauptes dar, gewandelt durch die THEORETISCHE KOMPETENZ reiner Liebe.

3:

WO HABT IHR DENN DIE AUFREGENDEN GLÄSER HER?

Diese Reihenfolge hat sich so eingebürgert.

Die Allgäuer Alpenmilch ist noch ein bißchen größer als Maggi. Aber bleiben wir mal dabei: Die Würzmittel mit der Maggiwürze, dann die Bouillonprodukte – klare Fleischsuppe. Dann gibt es den großen Bereich der Suppen: Trockensuppen, Dosensuppen. Auch Soßen sind eine bedeutende Produktkategorie. Dann gibt es bei Maggi noch Ravioli, Quickmenus, Eintopfgerichte und

Kartoffelprodukte. Der neueste Bereich der Gewürze sind die Würzflüssigen. Die gibt es erst seit diesem Jahr national auf dem Markt. Im vergangenen Jahr sind wir damit in Köln auf den Testmarkt gegangen.

KRIEGT MAN HIER AUCH EINEN REIN?

1:

DU HAST ABER AUCH EINEN WUNDERSCHÖNEN SCHLIPS!

Am Beispiel der verschiedenen SCHÖPFERISCHEN KRÄFTE mit Hife der Obszönität wird die amoralische Rebellion auf ihren Inhalt hin untersucht zur Ermittlung ihrer ESOTERISCHEN STRÖMUNG als »Gegenkultur«.

Die Analyse zeigt, beide, Befürworter wie Gegner der RITTERSCHAFT DES GRALS, sind das neurotische URBILD ein und derselben gesellschaftlichen Unfreiheit – ETWA IM 9. JAHRTAUSEND VOR CHRISTI GEBURT.

3:

Sie ist Fotomodell. Sie machte viele Jahre lang gutes Geld in Deutschland, zuletzt das große mit einem Spri-Exklusivvertrag für sieben Länder in fünf Sprachen.

Wenn auch overexposed in ihrer Heimatstadt, hat sie noch keinen Arbeitsmangel. Ihr Londoner Agent fragt regelmäßig – trotz chronischer Modellschwemme an der Themse –, wann sie denn mal wieder für ein paar Monate rüberkommen will. Ihre letzte Londoner Tat: eine Doppelseite in der Beauty-Vogue.

4:

Die höchsten Selbstreizungsquoten kamen bei veränderten URSEMITEN zustande. Bei Elektrodensitz in Regionen, die bei Reizung starke ETHIK erzeugten, reizten sich die Patienten in DIE WÜSTE GOBI hinein und lagen danach entspannt und glücklich lächelnd im Bett, im Gegensatz zu TRÄGERN DER NACHATLANTISCHEN KULTUREN.

Bei 120 UNTERRASSEN – meist Parkinsonkranke – wurden mehr als 6000 KROKODILE eingeführt.

3:

Aber sie will mehr. Des Werbegrinsens müde, bereitet sie sich auf ihre neue Tätigkeit als Synchronsprecherin vor. Nach zwei Jahren

Sprachunterricht – sie überläßt nichts dem Zufall – wird sie bald statt einer neuen Fotokarte ein Band mit Arbeitsproben ihrer Stimme verschicken.

Nachdem die erste Version ihres deutschen Spri-Commercials einiges Aufsehen erregte – nicht zuletzt wegen der damals noch ungeschulten Stimme mit bewußt Hamburger Dialektfärbung –, kamen Angebote aus dem Synchronbereich. Weich erotisch sprach oder sang sie für Rüttgers Club, Coin, Tchibo, Wiskas, und von irgendwoher winkt auch bereits – alle Jahre wieder – ein Exklusivvertrag als Sprecherin. Sie lehnt ab. Denn festlegen will sie sich nicht schon wieder. Davon hat sie, fürs erste, genug!

2:
Er schildert uns weiterhin, daß jene LIBERALISIERUNGS-PROZESSE der sieben atlantischen Epochen, die Träger der nachatlantischen Kulturen werden sollten, die SCHRITTWEISEN Ursemiten, zuletzt ihren Wohnsitz in der Gegend des heutigen Irland und England hatten. Von da aus seien sie dann später unter der THEORETISCHEN KOMPETENZ des Manu nach Innerasien in die EXPERIMENTELLE VERSUCHS-ANORDNUNG gewandert, um dort DAS TABU DER OBSZÖNEN PORNOGRAPHIE für die folgenden Kulturen vorzubereiten.

3:
Und das wirkt sich natürlich in der Arbeit aus. Man kann heute nicht mehr so großzügig kreative Leute einkaufen, zu jedem Gehalt, und so viele Gute gibt's auch nicht.

Sprecher:
Dritter Subritus:
Tom fängt jetzt an, gegen Jürgen zu sticheln, damit der dessen Zuneigung nicht errät.
Jürgen ist auf Giesela scharf, die ihn in ihrer Zuneigung zu Tom überhaupt nicht bemerkt.
Jürgen ist von Tom hingerissen und äußert wiederholt im Scherz:

Also, Tom ist der einzige Mann, für den ich schwul werden könnte! – ohne zu wissen, daß es stimmt und daß Tom scharf auf ihn ist.

Er ist also auf Tom eifersüchtig, und zwar doppelt in Erleidung der syntaktischen Ambivalenz des Satzes. Eifersüchtig in seiner Zuneigung zu Giesela wegen ihrer Zuneigung zu Tom und eifersüchtig wegen Gieselas Zuneigung zu Tom in seiner Zuneigung zu Tom.

Fünfter Ritus:

Der Umschlag.

Wir reißen die Masken ab.

Wir lassen die Masken fallen.

Wir sagen rücksichtslos alles.

2:

ICH HABE DAS GEFÜHL, DIESE DISKUSSION LÄUFT FALSCH UND AM KERN DER SACHE VORBEI.

ICH MUSS HIER NUN WOHL DOCH ERST EINMAL GRUNDSÄTZLICH DARSTELLEN:

Durch geisteswissenschaftliche ABGRENZUNGSSTRATEGIEN wissen wir, daß die atlantischen WÜRZFLÜSSIGEN zwischen Europa und Afrika einerseits und Nord- und Südamerika andererseits existiert haben und etwa im 9. Jahrtausend vor Christi Geburt IN KÖLN AUF DEN TESTMARKT GEGANGEN SIND!

3:

DAS IST QUATSCH!

Ich nenne mich Werbeberater für die ganze ARTHUSBRÜDERSCHAFT. Ich berate unsere einzelnen Gesellschaften. Das sind die PARTIELLEN INTERAKTIONEN, vor allem bekannt durch DAS ROSESEIN, in verschiedenen Varianten, DAS LILIESEIN, DAS BIRKESEIN, DAS LINDESEIN, ELEFANTEN, HIRSCHE, dann KROKODILE. Eine Tochter der ARTHUSBRÜDERSCHAFT ist Chambourcy. SCHLANGEN und HABICHTE im Becher. Die nächste Gesellschaft ist WOHL- ODER MISSGEBILDET.

1:

DURCH DIE VOKABEL »ANTIKÖRPER« SCHEINT
DAS GESPRÄCH ENDLICH EINE WISSENSCHAFTLI-
CHE FUNDIERUNG ZU ERHALTEN. DIE ALLGÄUER
ALPENMILCH ist in ihrer Gesamtheit als Objekt empirisch
nicht faßbar, da sie sich in ihrer Komplexität und historischen
Einmaligkeit nicht zur experimentellen Versuchsanordnung mi-
nimisieren läßt.
DAS WÜRZMITTEL kann sich nur auf partielle MAGGI-
WÜRZE beziehen. Die der empirischen Methode immanente
Isolation der BOUILLONPRODUKTE, die die Gefahr einer
Verdoppelung DER FLEISCHBRÜHE durch bloßes Konsta-
tieren von Fakten in sich birgt, wird durchbrochen, wenn der große Bereich der SUPPEN mitreflektiert wird und das Phänomen
als ein TROCKENSUPPE und DOSENSUPPE gewordenes
gesehen wird.

3:

DU WEISST, DASS DAS FALSCH IST!
Sie ist Gralsritter. Sie machte viele Jahre lang gutes Geld IN DER
GEGEND DES HEUTIGEN ENGLAND UND IRLAND,
zuletzt das große mit einem Spri-Exklusiv-Vertrag. Für sieben
ATLANTISCHE EPOCHEN in fünf Sprachen.
Wenn auch overexposed in ihrer SAKRAMENTALEN BE-
DEUTUNG, hat sie noch keinen Arbeitsmangel. Ihr Londoner
Agent fragt regelmäßig – trotz chronischer Modellschwemme an
der Themse –, wann sie denn mal wieder für ein paar MITTEL-
ALTERLICHE CHRONISTEN rüberkommen will. Ihre letzte
Londoner Tat: eine Doppelseite in der BILDERSPRACHE
DES CHRÉTIEN DE TROYES.

4:

VIELLEICHT KÖNNEN WIR DIE DISKUSSION WIE-
DER FRUCHTBAR WERDEN LASSEN.
Es wird über Längsschnittuntersuchungen an 63 KREATIVEN
KRÄFTEN beiderlei Geschlechts mittels vegetativer und psy-
chologischer SPRI-COMMERCIALS berichtet. Die zugrunde
gelegten Untersuchungen erfolgten WEICH EROTISCH AL-
LE JAHRE WIEDER unter BEWUSST HAMBURGER
DIALEKTFÄRBUNG!

3:
DAS HABEN SIE GESAGT!
Des Werbegrinsens müde, bereitet sie sich auf ihre neue Tätigkeit
als TRÄGER DER SIEBEN NACHATLANTISCHEN
EPOCHEN vor. Nach zwei Jahren Sprachunterricht. Sie über-
läßt nichts dem Zufall. Wird bald statt einer neuen Fotokarte ein
Band mit Proben ihrer Stimme verschicken.
AUSDRÜCKLICH BEWUSST sprach oder sang sie für DIE
UNTERRASSE DER URSEMITEN, und von irgendwoher
winkt auch bereits – alle Jahre wieder – ein Exklusivvertrag als
SYMBOL DER SCHÖPFERISCHEN KRÄFTE. Sie lehnt
ab. Denn festlegen will sie sich nicht schon wieder. Davon hat sie,
fürs erste, genug.

4:
DAS UMGEKEHRTE IST RICHTIG:
Die höchsten Selbstreizungsfrequenzen kamen bei EINEM
SPRI-EXKLUSIVVERTRAG bei veränderter Bewußtseinslage zustande. Bei Elektrodensitz in FÜNF SPRACHEN FÜR
SIEBEN LÄNDER, die bei Reizung starkes Vergnügen erzeugten, reizten sich die KREATIVEN KRÄFTE in einen Krampfanfall hinein und lagen danach entspannt und OVEREX-
POSED im Bett, im Gegensatz zu KREATIVEN KRÄFTEN
nach der üblichen Krampfbehandlung.
Bei 120 SYNCHRONSPRECHERINNEN – meist Parkinsonkranke – wurden mehr als 6000 EXKLUSIVVERTRÄGE eingeführt.

2:
ICH GLAUBE, DIE BEFRIEDIGUNG, DIE WIR DURCH
EINE SOLCHE DARSTELLUNG DES PROBLEMS GE-
WINNEN, IST IRREFÜHREND. DIE GANZE NESTLÉ-
GRUPPE, DIE DEUTSCHE NESTLÉ UND VOR ALLEM
NESCAFÉ bedürfen keiner ausdrücklichen bewußten Ethik.
Sie haben ihre Ethik in ihre Gestaltung eingeprägt. Ihr Sosein ist
ihre Ethik.
Die Ethik von NESCAFÉ GOLD ist sein Kristallgitter, die Ethik
von NESCAFÉ STANDARD ist sein Rosesein, Liliesein,
Birkesein, Lindesein. Im selben Sinne haben NESCAFÉ

COFFEINFREI, NESQUICK, NESTEA ZITRONENTEE,
FLAIR, CHAMBOURCY ihre Ethik in der Weise ihrer Gestalt
und ihres Verhaltens eingeprägt. Sie haben nicht, sie sind ihre
Ethik.
Doch gibt es hier keine WÜRZMITTEL UND BOUILLON-
PRODUKTE, höchstens RAVIOLI UND QUICKMENÜS,
EINTOPFGERICHTE oder DESSERTS IM BECHER!

*Sprecher (schildert Vorgänge, die von den vier Personen, Tom, Lu,
Giesela, Jürgen, akustisch vorgeführt werden):*

Sechster Ritus:
Die Leerlaufaktivität gibt ein Beispiel für das wahrscheinlich reine Wirken von Innenfaktoren. Der Drang zur Triebentladung hat
sich so gestaut, daß die Instinkthandlung ohne erkennbaren äußeren Anlaß losgeht, das heißt, die Instinkthandlung hat kein
Objekt, an dem sie sich vollzieht.
Es reden immer wenigstens zwei zu gleicher Zeit, und jeder
einzelne redet nach zwei Seiten, verteidigt und attackiert abwech-
selnd. Schließlich ist ein allgemeiner Zustand der Substantivie-
rung erreicht, daß nur noch einzelne Begriffe, in schneller Reihenfolge, Signalfarben vergleichbar, ausgestoßen werden.
Allerdings hat dies Aufklaffen jeder rituellen Ordnung ebenfalls
rituelle Züge und dauert etwa zwei Minuten. Da bringt die Crew
aus dem Feinkostgeschäft um die Ecke den Hammelbraten.

1:
Ah, das ist ja der Hammelbraten!
2:
Knabber, knabber!
3:
Das ist aber ein feiner Hammelbraten.
4:
Das ist ein lukullischer Hammelbraten.

2:
Knabber, knabber!

1:
Ein saftiger Hammelbraten!

Sprecher:
Tinbergen deutet den physiologischen Mechanismus der Über-
sprunghandlung so, daß die Erregung eines Instinktes, die nicht
in die ihm zugeordneten motorischen Mechanismen abfließen
kann, sich über das Zentrum eines anderen Instinktes entlädt.
Die Unvollkommenheit der Übersprunghandlung zeigt, daß die
Entladung über den Umweg auf erheblichen Widerstand stößt.
Während einiger Minuten hört man nun nur noch Schmatzen,
Ah!, Schnaufen, Schlürfen, Mmh!, Klappern, Prusten.
Der Überbau ist ins Vorverbale umgekippt.

(Schmatzen, Prusten etc.)

Sprecher:
Nicht der Erregungsverbrauch der Endhandlung, sondern die
Nahrungsaufnahme also führt eine langsame Triebänderung
herbei.
Dabei ist der Fütterungseffekt desto größer, je stärker der Hunger
ist, gemessen am Intervall des Nahrungsentzuges.
Vierter Subritus:
Die Maske der Offenheit und Ehrlichkeit soll entschuldigen, daß
Giesela eine Graphik von Vasarely von der Wand gerissen hat.
Jürgen hat Tom einen feuchten Kuß gegeben und wird morgen in
seiner Agentur erzählen: Seit gestern bin ich schwul. Die vergeb-
lichen Rücksichten werden benützt, um sich mittels unkonven-
tioneller Aggressionen ins Geschäfts- und Alltagsleben zurück-
zuversichern.

1:
WIR WOLLEN UNS DOCH ABER NICHT STREITEN!
Will man die Wechselwirkungen vollständig überschauen, so
müßte man in den Begriff Sozietät auch die früheren Erdenleben
mit einbeziehen.

ICH MUSS AUCH SAGEN, ICH FINDE DAS SEHR RICHTIG!

Kaschiert von den Ritualen der alltäglichen, personellen Interaktion findet ein tödliches Drama statt, ein gewohnheitsmäßiger Stellungskrieg, an dessen Fronten wir immer aufs neue gezwungen werden, in den alten traurigen Mustern von Liebe und Haß, Gut und Böse, Hoffnung und Angst zu denken.

Er hat mit einer entwaffnend exakten Kenntnis der Verhaltensmechanismen versucht, die komplexen Formen der menschlichen Interaktion durchsichtig zu machen. Er abstrahiert die reale Situation, in der sie passiert, zu verbalen Modellen.

MEINEN SIE NICHT AUCH?

3:

JÜRGEN MEINT:

Zur Langzeitbehandlung chronischer und remittierender Schizophrenien – Durchsteckflasche zu 10 ml.

4:

DA MUSS ICH IHNEN RECHT GEBEN!

Der Geschäftsführer der New Modes GmbH beschränkt seinen Modell- und Schauspielerstamm hauptsächlich auf Engländer und Australier. Die deutschen Gesichter läßt er am Rand mitlaufen.

1:

KÖNNEN WIR UNS NICHT AUF DAS FOLGENDE EINIGEN?

Man hat es also in dieser ganzen Region von Irland, mit dem nördlichen Schottland und den Inseln der Hebriden, mit einem uralten, spätatlantischen und frühchristlichen Mysteriengebiet zu tun.

3:

KLAR!

Die Affen, neun männliche, fünf weibliche Rhesusaffen, ein männlicher Cebus- und ein weiblicher Javaaffe wurden Monate vor und nach der doppelseitigen Temporallappenoperation beobachtet. Die umwälzende Veränderung des emotionalen Verhaltens der vorher kaum zähmbaren und sehr aggressiven Tiere war höchst eindrucksvoll.

2:

Vor uns liegt das vollständigste Dokument zu einem faschistischen Modell, das sich der Eroberung in der Privatsphäre verschrieben hat. Die Verwandlung von menschlichen Subjekten in entmündigte Objekte gelingt über den Trieb eines Führers, der sich nicht als Usurpator, sondern als Medium für die vermeintlichen Wünsche andrer ausgibt.

Rekonstruiert wird ein Verlauf, der sich in Einklang weiß mit einer Selbstbehauptungsideologie.

SIE SIND MIR DOCH NICHT BÖSE, WEGEN MEINER OFFENHEIT VON VORHIN?

4:

IM GEGENTEIL, ICH FASSE DAS ALS EIN KOMPLIMENT AUF.

Unsre Werbeetats nach Schmidt-Pohl: Nescafé 10,129 Millionen; Maggi gesamt 14,095 Millionen; Bärenmarke 3,234 Millionen. Hiervon sind noch die Rabatte von 2 % abzuziehen. ICH BIN ÜBERHAUPT NICHT BÖSE!

1:

DAS WAR DOCH ECHTE, KONSTRUKTIVE KRITIK.

Er weiß, daß die rein physische Einwirkung auf die Sinne eines Mannes nur für den völlig unreifen eine wirkliche Versuchung bedeutet, oder für den, der das Geschlechtsleben der Pubertät durch die Jahre unverändert bewahrt hat, bis es schließlich in die tragische Begierdenatur der Senilität übergeht.

3:

WENN MAN SICH NICHT EINMAL MEHR DIE WAHRHEIT UND DIE GANZE WAHRHEIT SAGEN WILL, BRAUCHT MAN DOCH GAR NICHT BEFREUNDET ZU SEIN!

Die Kratzbewegung mit dem Hinterbein, die allen Amnioten – Reptilien, Vögeln, Säugern – eigen ist, liefert ein Beispiel dafür, daß solche Bewegungen unter Umständen konservativer durch die Stammesgeschichte gehen als manche morphologische Struktur.

4:

ES WAR WIEDER EINMAL EIN ABEND, DER IN DIE GESCHICHTE EINGEHEN WIRD.

Sieht man Ihren Maggietat, der zwischen 14 und 15 Millionen liegt, weiß man, daß Sie absolut zu den »großen« Kunden gehören. Folglich ist es ganz klar, daß eine Firma wie die Ihre mit Sonderwünschen kommt. Stellen sich die Agenturen genügend auf Sie ein?

2:
Der Widerspruch zwischen ästhetischem und politischem Engagement darf nicht verdrängt, er muß ausgehalten und fruchtbar gemacht werden.

Sprecher:
Siebenter und fünfter Ritus beziehungsweise Subritus:
Die kathartische Synthesis, die schroffe coincidentia oppositorum, das heißt, die Verwirrung ist so groß geworden, daß es gleichgültig erscheint, ob man sich bespuckt oder Speichel leckt.
Das im Stehen geführte Abschiedsgespräch vor der Toilette.

1:
ABER IHR MÜSST DOCH NICHT ALLE AUF EINMAL AUFBRECHEN!
Noch geheimnisvoller werden freilich die Zusammenhänge, wenn die tiefsten Ursachen für Krankheiten und Schicksalsschwierigkeiten überhaupt nicht in diesem Leben gefunden werden, sondern man frühere Erdenleben in Betracht ziehen muß.
WEM SOLL ICH EIN TAXI HOLEN?

4:
Nach einiger Zeit traf er Bill King wieder. Der plante gerade, ein Erotik-Buch über die Warhol-Crowd zu fotografieren. Er sagte begeistert ja, als King ihm anbot, mitzumachen. Die Monate, die folgten, waren schizophren. Tagsüber machten sie sterile Modefotos, abends stürzten sie sich in die New Yorker In-Clique.
Die Pop-Szene – sonst nicht nackt – machte mit. Man sammelte unverklemmt Erfahrungen, es fand ein geistiger und körperlicher

Austausch statt. Eine natürliche Angelegenheit – aber trotzdem nicht leicht zu verkraften. Sie kann die ruhigsten Gemüter zerfetzen. Da fing er mit der Gruppentherapie an, die er lange Zeit fortgesetzt hat.

2:

ES WAR REIZEND!
Nicht selten erschöpft sich ja eine »Theorie« in der mechanischen Häufung terminologischer Spezifika.

3:

WIR SOLLTEN UNS BALD MAL WIEDERSEHEN!
Es verhindert die Eskalation und unterbricht die psychische Integration der Schmerzempfindung. Der Patient distanziert sich von seinem Schmerz. Er verliert seine Angst und gewinnt Ruhe.

Im Gegensatz zu Morphin, das zu einer Seelenblindheit für den Schmerz führt, bewirkt es eine Art Entpersönlichung des Schmerzes. Der Schmerz wird zwar noch empfunden, tut aber nicht mehr weh.

(Jetzt dreht der Sprecher selbst durch)
Sprecher:
MINIMISIEREN wir mit R. Schulz die VERDOPPELUNG DER REALITÄT, deren arterhaltende SPEICHELMENGE darin liegt, durch Stimmungsübertragung beziehungsweise OPTISCHE INVERSION DES NECKERWÜRFELS an der Steuerung sozialen Zusammenlebens mitzuwirken, so WERDEN die Auslöser im Zentrum dieser Definition ERNEUT AUF DIE REISE GESCHICKT. Diese Auslöser, das sind SELBSTREIZUNGSFREQUENZEN, sprechen IM 9. JAHRTAUSEND VOR CHRISTI GEBURT den angeborenen Auslösemechanismus der KRISTALLE, PFLANZEN, TIERE an. Im einfachsten Falle verursacht die RITTERSCHAFT DES GRALS dieselbe Verhaltensweise beim Artgenossen, man nennt das Stimmungsübertragung. Ein Beispiel dafür ist DER TRÄGER DER NACHATLANTISCHEN KULTUREN, eine unter der NESTLÉGRUPPE sehr verbreitete, zweifelsohne als echte Instinktbewegung anzusprechende Verhaltensweise. Wenn die DEUTSCHE NESTLÉ eine

hochdifferenzierte ALPENMILCH mit SPRI-EXKLUSIV-
VERTRAG herausbildet, pflegt man von Ritualisierung, von
OVEREXPOSED oder von CHRONISCHER MODELL-
SCHWEMME WEICH EROTISCH ZU SPRECHEN
ODER ZU SINGEN!

Sprecher:
Jetzt folgt eine lange Pause.

(Lange Pause)

3:
IM GRUNDE IST ES DER TODESTRIEB!
2:
GENAU, JÜRGEN!

Der Blutige Mann

Larry Townsend, Friedrich Hölderlin, Marcel Proust und andre sprechen sich über den Blutigen Mann aus

1975

Personen:

Ein Sprecher
Ein Sprecher des Deutschen Ledermuseums
Larry Townsend
Matthew of Glendale
Joe
Ein junger Mann
Carney
Paul-Ernest Joset
Marcel Proust
Céleste Albaret beziehungsweise Françoise
Monsieur de Charlus
Maurice
Jupien
Henri van Blarenberghe
Maurice Sachs
George D. Painter
Patricia Alldridge
Richard Dadd
Der Gouverneur
Friedrich Hölderlin
Dr. Dorsainvil
Hauptmann Bourke
Ein Mann

1.
Sprecher
Marcel Proust
Larry Townsend
Paul-Ernest Joset
Ein Mann

Sprecher:
Marcel Proust..
Marcel Proust:
All das jedoch bewahrte in dieser friedlichen und bedrohten
Nacht einen Anschein von Traum, von Märchen, und entschieden
trat ich mit dem Stolz des Rächers und der Lüsternheit des Poeten
zugleich in das Hotel.

Sprecher:
Larry Townsend, Verfasser eines Handbuches für Ledermän-
ner..
Larry Townsend:
Für alle, die nicht wissen, was eine Lederbar ist, will ich mal das
Kino beschreiben.
Der Innenraum etwa 25 mal 30. Schwarze, fleckige Mauern mit
Posters und Straßenschildern, mit allem, worauf die Leute stan-
den.
Der Raum war meistens dunkel.
Immer, wenn es abends voll war, ging da eine phantastische
Action los.
Männer im Kreis, denen die Rute raushing oder -stand, und ein
M auf den Knien, der sich eine nach der anderen verpassen
ließ.

Sprecher:
Paul-Ernest Joset, Honorarverwalter im belgischen Kongo..
Paul-Ernest Joset:
Die Tätowierzeremonie heißt Mambela.
Die Erwachsenen stellen sich mit langen biegsamen Ruten in zwei Reihen einander gegenüber.
Die Jünglinge, die bald die Kennzeichen des Stammes tragen werden, warten auf ihre Pubertätsweihen. Sie sind mit feierlichem Flitterwerk versehen: Federhüten, Rasseln, Glocken aus Metall und Holz, Polstern von getrockneten Blättern, welche die Geschlechtsteile und das Gesicht schützen. Einer nach dem anderen gehen sie zwischen den Reihen der Alten hindurch, die auf die Brust und die Bäuche der Ausgelieferten einschlagen.

Sprecher:
Marcel Proust..
Marcel Proust:
Gibt es etwas Poetischeres, als Xerxes, Sohn des Darius, der das Meer, welches seine Schiffe verschlungen hatte, mit Ruten peitschen ließ?

Sprecher:
Larry Townsend..
Larry Townsend:
Gerüchte gingen rund, daß Offiziere dort geschlagen worden waren und gekillt. Ich wußte genau, daß das nie geschehen war, aber es machte mir Spaß, die Stories zu verbreiten, wie allen anderen auch.

Sprecher:
Albert brachte Proust einen Mann, der bereit war, sich als
Schlachter auszugeben, da ein richtiger Schlachter nicht gefun-
den werden konnte.
Marcel Proust:
Haben Sie heute gearbeitet?
Ein Mann:
Ja.
Marcel Proust:
Haben Sie ein Tier geschlachtet?
Ein Mann:
Ja.
Marcel Proust:
Einen Ochsen?
Ein Mann:
Ja.
Marcel Proust:
Blutete er sehr?
Ein Mann:
Ja.
Marcel Proust:
Haben Sie das Blut berührt?
Ein Mann:
Ja. Ich hab da mit meinen Händen drin rumgepantscht.

Marcel Proust:
Françoise hatte überall gesucht.
Aber Paris ist groß, die Schlachtereien viele, und hatte sie auch
viele davon betreten – sie konnte den schüchternen und blutigen
jungen Mann nicht wiederfinden.

2.
Sprecher
Larry Townsend
Paul-Ernest Joset

Sprecher:
Larry Townsend..
Larry Townsend:
Es ist klar, daß eine rückhaltlose S&M-Action tief in der Phantasie verwurzelt sein muß. Es ist letztlich die Vorstellungskraft, die
den M an seinen Platz bindet. Wenn ich bei einem solchen Ab-
tausch mitgemacht oder zugesehen habe, drehte es sich immer
um Disziplinarverfahren, die Bestrafung und manchmal Erniedrigung einleiteten – »Holzschuppen«, »Militär«, »Einweihung
in eine Bruderschaft«.

Häufige Psychodramen der S&M-Szene sind:
Krieger und Gefangener,
Mittelalterlicher Folterkeller,
Nazi-Konzentrationslager,
Gefängniszelle,
Einweihung in die Bruderschaft eines College,
Marinestraflager,
Züchtigung auf einem Segelschiff,
Der neue Cowboy,
Herr und Hund.

Sprecher:
Paul-Ernest Joset..
Paul-Ernest Joset:
Überall haben wir identische Vorgänge feststellen können.
Schmerzhafte Initiationen der Neophyten, Mutproben, Reizmittel auf der Grundlage von Menschenfleisch, Tötung eines nahen Verwandten durch den Neophyten oder durch ein Mitglied der anthropophagen Gesellschaft.
Die Riten der Leopardenmänner ähneln sich alle. Die Mörder imitieren in einer geschickten Inszenierung das Zerstörungswerk der Wildkatze, denn sie wollen den Glauben schüren, daß der Tod ihrer Opfer nicht das Werk verbrecherischer Hände sei, sondern die Tat wilder Tiere. Diese Indizien haben gutgläubige Personen bestimmt, die Existenz der Leopardenmänner zu bestreiten.

Unsere These läßt sich in vier Punkten resümieren:
Erstens: Die Gesellschaften der Leopardenmänner existieren nicht nur in Belgisch-Kongo, sondern auch in anderen afrikanischen Ländern.
Zweitens: Das Phänomen der Gesellschaften der Leopardenmänner und anderer hat eine magisch-religiöse Grundlage; sein Ausgangspunkt ist das Menschenopfer und das Ritualverbrechen.
Drittens: In Folge der Besetzung durch die Europäer hat sich eine Umwandlung dieser Gesellschaften vollzogen.
Viertens: Die Anthropophagie stellt kaum etwas andres dar als einen Überrest von Ritualen, welche die geistlichen und körperlichen Kräfte der Mitglieder von Geheimgesellschaften steigern sollten.

Larry Townsend:
Bei diesen Austauschhandlungen ist es selbstverständlich, die Genitalien des Partners mit Ketten oder Lederbändchen abzu-

binden, sich aufeinanderzuketten und wirklich wilden Sex miteinander zu treiben und aneinandergefesselt die ganze Nacht miteinander zu schlafen.

Ich habe den Eindruck, daß viele M einen Vater suchen, der sie züchtigt.
Das mag der Grund sein, warum ältere, geschickte S unweigerlich viele junge Bewerber finden.
Ein guter Freund von mir zog kürzlich mit einem jungen Burschen zusammen, und da angeblich eine »Familienähnlichkeit« zwischen ihnen bestand, kam ihnen die Idee, sich als Vater und Sohn auszugeben.

Der Gebrauch von Amylnitrit oder Poppers ist sehr verbreitet, besonders unter den jungen Burschen, die hauptsächlich M spielen.
Amylnitrit wird inhaliert, und alles, was es bewirkt, ist im Grunde nur eine Erweiterung der vom Herz wegleitenden Blutbahnen. Dadurch schlägt es heftiger.
Kurz mal an Poppers riechen, besonders kurz vorm Spritzen, schickt dich in eine andre Welt; aber wenn du nicht weißt, wer den Stoff angerührt hat, kommst du vielleicht nicht wieder zurück.

Paul-Ernest Joset:
Unter dem Einfluß gewisser Drogen, die sie gemeinsam zu sich nehmen, und nach gewissen Ritualen begehen die Panthermänner ihre Untaten. Sie fühlen, wie sie zu Panthern werden, und handeln als solche.

3.
Sprecher
Larry Townsend
Deutsches Ledermuseum
Matthew of Glendale
Paul-Ernest Joset
Joe
Ein Junge

Sprecher:
Larry Townsend ..
Larry Townsend:
Wenn Sie diesen Geist in sich fühlen – vielleicht schläft er und
wartet nur auf die Hand eines geschickten Lehrmeisters, um frei
zu werden –, dann sind Sie vom Fetisch Leder besessen.

Sprecher:
Deutsches Ledermuseum ..
Deutsches Ledermuseum:
Der Wald liefert pflanzliche Stoffe, und die in ihm wohnenden
Völker, vornehmlich dem Ernten von Baumfrüchten und dem
Anbau von Knollenfrüchten zugewandt, bevorzugen dieses Mate-
rial. Das Gegenstück zu ihnen bilden die in den Trockensteppen
lebenden Großviehzüchter und Jägergruppen, die bei der Ver-
wendung von Tierhäuten verharren.

Das Waldgebiet ist die Heimat von Geheimbünden. Sie spielen
unter anderem bei den Stämmen des Kreuzflusses in Südkame-

133

run, den Ekoi und ihren Nachbarn, eine große Rolle. Bei Festen, besonders bei Totenfesten für Angehörige der hohen Stände, werden Maskenfeste aufgeführt, wobei von den Tänzern mit Tierhaut, in früherer Zeit Haut erschlagener Feinde, überzogene Maskenköpfe getragen werden.

Indianer. Weiches Leder wurde durch Gerbung mit einem Gemisch von Tierhirn, Leber und Moos gewonnen. Zum Abschluß wurden die Häute über einer Grube geräuchert, mit Steinen gewalkt und zwischen zwei Riemen hin- und hergezogen, bis sie weich und geschmeidig wie Tuch waren.

Eskimo. Das arbeitsreiche Winterleben ist besonders der Verarbeitung der Felle, vor allem vom Seehund, zu Kleidungsstücken, Boots- und Zeltdecken gewidmet. Mit dem Weibermesser, Ulo, oder besonderen Schabern mit steinerner Klinge werden die Haare abgekratzt; die Felle werden sorgfältig gewalkt und in Urin eingeweicht, dann, Frauenarbeit, mit den Zähnen gekaut, bis sie vollkommen geschmeidig und weich geworden sind.

Larry Townsend:
Sie können Typen begegnen, die einfach nicht wissen, was sie tun, sie sind derart angemacht von ihrem Lederkostüm, daß sie verschiedene, widersprüchliche Abzeichen tragen. Ein gutes Beispiel dafür ist eine in Los Angeles berühmte Type, Matthew of Glendale. Matthew hat ein goldiges Herz und probiert alles, was neu ist, mit übersprudelndem Enthusiasmus. Eines Nachts begegnete ich ihm in Don's Male Box. Er war ganz auf Leder getrimmt, mit Beschlägen übersät, und ließ Ketten und Schlüssel rumbaumeln. Er trug ein nagelbesetztes Hundehalsband um den Hals. Es gibt keine deutlichere Art, sich als M zu deklarieren, als wenn man Hundehalsbänder oder Ketten an der Gurgel hat.

Ich erklärte es Matthew und brachte ihn dazu, das Hundehalsband wieder abzunehmen.

Matthew:
Aber ich finde es schön.
Larry:
Willst du dir deinen Arsch aufmöbeln lassen.
Matthew:
Nee, ich liege oben!

Larry Townsend:
Schließlich knüpfte er das Hundehalsband um seinen linken Stiefel, und ich habe es immer, wenn ich ihm begegnete, dort gesehen.

Paul-Ernest Joset:
Der Fetisch der Leopardenmänner stellt einen auf einem Piedestal stehenden Mann dar. Die Beine sind nur angedeutet und stecken in einem Futteral aus Büffelleder.
Um den Hals trägt er ein Halsband, das mit Leopardenzähnen bestückt ist.

Larry Townsend:
Es gibt Typen, die stehen auf Polizeiuniformen oder auf die schwarze Eleganz der SS.

Paul-Ernest Joset:
Sie haben ein solches Vertrauen in die übernatürlichen Kräfte, die
ihnen die Tierhaut überträgt, daß, wird sie ihnen entwendet oder
löst sie sich ab, die Leopardenmänner regungslos, kraftlos zu-
sammensinken und sich ohne Widerstand verhaften lassen.

Deutsches Ledermuseum:
Lachskleidung. Jacke und Rock aus Lachshäuten. Zusammengenäht mit farbiger Applikation.

Joe:
Ist dir kalt?
Ein Junge:
Ja.
Joe:
Warum ziehst du dir keine Lederjacke an?
Ein Junge:
Ich habe mir mein Leder noch nicht verdient, Sir!

4.
Sprecher
Larry Townsend
Deutsches Ledermuseum
Carney
Paul-Ernest Joset

Sprecher:
Larry Townsend . .
Larry Townsend:
Es hängt von den Interessen des betreffenden Ledermanns ab,
welche Ausrüstungsstücke er benötigt. Seine Kollektion kann von
einem einzigen breiten Ledergürtel und einem Paar Stiefel bis zu
einer umfangreichen Sammlung gehen, die einen Raum oder
mehrere zur Unterbringung erfordert.
Es ist Sitte, daß der M zu dem S geht und daß der S die größere
Auswahl von Materalien zur Verfügung hat. Nicht immer natürlich. Da es Ms gibt, die auf spezifische Szenen stehen, werden sie
die nötige Ausrüstung zur Hand haben, um ihre Kunden zu be-
waffnen.

Deutsches Ledermuseum:
Trachtengürtel. Benagelt. In der Mitte Doppeladler, seitlich zwei
Löwen, die eine Krone über einem Kranz halten.
Datiert 1756.

Larry Townsend:
Wir sollten vielleicht mit dem Gürtel anfangen. Er ist nicht nur unerläßlich für jeden S&M-Appeal, sondern auch das anpassungsfähigste Stück der Grundausrüstung. Er sollte breit sein, nach Möglichkeit schwarz, und nie, nie aus Plastik!

Deutsches Ledermuseum:
Trachtengürtel. Zur Volkstracht im Alpengebiet und in den Balkanländern gehören reich verzierte Ledergürtel. Die oberbayerischen oder Tiroler »Fatschen« werden durch Benagelung mit Zinn- oder Messingstiften, durch Besticken mit gefärbten Lederriemen oder mit gespleißten Federkielen dekoriert.

Larry Townsend:
Der nächstwichtige Ausrüstungsgegenstand sind die Stiefel.
Carney:
Ein Ledermann kann nie genug davon haben. Ich habe Sammlungen gesehen, die bestanden aus zwanzig bis fünfundzwanzig Paaren. Das einzige Modell, das ich nicht tragen würde, ist das aus Handschuhleder mit einem Reißverschluß an der Seite.

Larry Townsend:
Der Bulle nahm ihn in die Büsche und ließ den Typ nackend vor sich hinknien. Er befahl dem Typ, seinen Schwanz zu kauen, und ließ den Flehenden so lange arbeiten, bis er kurz vorm Spritzen war.
Der Bulle riß dann sein pulsendes Organ raus und spritzte die Ladung auf seine spiegelblanken Stiefel und verlangte von seinem nackten Diener, sie sauberzulecken.

Diese Story wurde oft wiederholt, und ich selbst hörte sie mehrere Male. Ich kann daraus nur schließen, daß sie einen hohen Anturn-Koeffizienten hat.

Deutsches Ledermuseum:
Das Schuhwerk – die Fußbekleidung – ist nicht nur ein Bekleidungsstück schlechthin, es ist ein Spiegel der Kultur, der Zivilisation, der äußeren Lebensbedingungen und in gewissem Sinne auch ein Zeichen des Lebensstandards und ein Zeugnis der Persönlichkeit.

Die Französische Revolution löste auch in der Schuhmode einen starken Impuls aus. Die Männer betonten mit den engen Schaftstiefeln die Männlichkeit, während die Frauen mit der völlig absatzlosen, einfachen Schuhform dem »Zurück zur Natur« gerecht werden wollten.

Der Schuh dient vielen Geräten und Gefäßen in seiner äußeren Form als Vorbild. Andere Geräte wiederum zeigen Bilder von Schuhen und Stiefeln.

Paul-Ernest Joset:
Den nächsten Tag gingen die beiden Männer frühmorgens los, um Holz zu schlagen und Holzkohle zu brennen.
Sie schmiedeten zusammen ein Dachsbeil »Mbazo«, eine Hacke »Kazembe« und ein großes Messer.
Schließlich stellten sie eine Art Sandalen her, deren Sohle so ge-

schmiedet war, daß sie im Gehen Abdrücke hinterließ, die denen des Löwen ähnelten.

Alle diese Gegenstände waren für den Neophyten bestimmt.

Sprecher:
Larry Townsend..

Larry Townsend:
Okay! Weiter: Fußeisen. Die meisten funktionieren wie Handschellen, aber sie sind durch eine längere Kette verbunden.

Wir kommen nun auf die Szene zurück, wo Ihr M mit dem Rücken gegen den Pfahl gefesselt wird. Sie haben mehrere Möglichkeiten der Action.. Ich habe bereits erwähnt, daß man einen Stiefel an seinem Sack aufhängen kann. Vielleicht ziehen Sie auch eine »Zerreißprobe« vor?!

5.
Sprecher
Françoise beziehungsweise Céleste Albaret
Marcel Proust

Sprecher:
Françoise beziehungsweise Céleste Albaret..
Françoise:
Ein noch nicht ausgewachsener Hase gehört zu den Delikatessen, nützlicher für die Haushaltung aber ist er im Spätherbst und Winter, wenn er völlig ausgewachsen ist. Ob er jung ist, erkennt man, wenn sich die Löffel leicht einreißen lassen und die vorstehenden Nagezähne nur schwach gelblich, kurz und scharf schneidig sind. Auch sehe man darauf, daß man einen gut fleischigen, nicht zu sehr verschossenen Hasen bekomme. Alles Fleisch, von welcher Gattung es sein möge, soll nicht frisch zubereitet werden, sondern stets einige Tage an einem kühlen, luftigen Ort aufgehängt werden. Ist der Hase noch im Balg, so läßt man ihn einige Tage hängen; zum Abziehen befestigt man die beiden Hinterfüße an zwei Nägeln, schneidet den Balg an den beiden Schenkeln innen bis zu den Kniegelenken auf, löst ihn von den Schenkeln und dem Schweife und stülpt ihn über den ganzen Hasen, wobei auch die Vorderläufe herausgestülpt werden und am Handgelenke mit ein bißchen Balg abgeschnitten werden. Hierauf zieht man den Balg über den Kopf, schneidet ihn mit den Lippen des Hasen ab und zieht ihn mit der Fellseite nach unten zum Trocknen über ein Brett. Man wischt nun mit einem Tuche die Haare rein weg, legt den Hasen auf ein Hackbrett, schneidet den Bauch auf und nimmt die Eingeweide aus. Dann hackt man den Schlußknochen zwischen den Keulen durch, um das Ende des Darmes zu entfernen, und wäscht den Knochen rein. Nun schneidet man Schultern, Hals und Brüstchen vom Rücken weg und hackt die Rippen längs des Rippenfleisches ab. Leber, Herz und Lunge kann man

mit den vorderen Stücken zum sogenannten Hasenjung einrichten, der Rücken aber mit den Hinterfüßen wird zum Braten verwendet. Die Leber kann auch zu Leberknödelchen in der Suppe oder auch wie Gansleber eigens bereitet werden.

Sprecher:
Marcel Proust..
Marcel Proust:
Die friedliebende aber grausame Françoise hatte mir versprechen müssen, daß sie das Kaninchen, welches sie töten sollte, nicht allzusehr leiden lassen würde, und ich hatte nichts von diesem Tod erfahren.
Françoise versicherte mir, daß er gut und schnell eingetreten sei.
Françoise:
So ein Tier wie das habe ich noch nie gesehen. Er ist gestorben ohne ein einziges Wort. Sie hätten meinen können, er ist stumm.
Marcel Proust:
Da ich, was die Sprache der Tiere anlangt, nicht auf dem laufenden war, meinte ich, daß das Kaninchen vielleicht nicht wie die Hühnchen schreit.
Françoise:
Augenblick mal! Die Kaninchen schreien nicht wie die Hühnchen?! Sie haben sogar eine viel kräftigere Stimme!

Marcel Proust:
Ich bemerkte nach und nach, daß die Milde, die Unterwürfigkeit, die Tugenden von Françoise Küchentragödien verbargen, wie die Geschichte entdeckt, daß die Regnien der Könige und Königinnen, die mit gefalteten Händen auf den Kirchenfenstern dargestellt werden, gebrandmarkt sind von blutigen Vorfällen. Ich wur-

de gewahr, daß Menschen im Unglück um so heftiger das Mitleid von Françoise erweckten, je weiter sie von ihr entfernt lebten. Die Tränenbäche, die sie beim Lesen der Zeitung über die Unglücksfälle von Unbekannten vergoß, versiegten schnell, wenn Françoise sich die Person, denen sie zugedacht waren, etwas genauer vorstellen konnte.

Und, wie der von Fabre beobachtete Hautflügler, die Wühlwespe, die, damit ihre Kleinen nach ihrem Tode frisches Fleisch zu fressen haben, die Anatomie zur Gehilfin ihrer Grausamkeit herbeiruft, und, nachdem sie Rüsselkäfer und Spinnen gefangen hat, diesen mit wundervoller Kenntnis und Geschicklichkeit das Nervenzentrum, von dem die Bewegungen der Beine abhängen, jedoch die anderen Lebensfunktionen nicht, durchsticht, so daß das gelähmte Insekt, in dessen Nähe sie ihre Eier ablegt, den entschlüpften Larven ein gefügsames, inoffensives Wild liefert, das zu Flucht und Widerstand unfähig ist, aber keineswegs in Verwesung übergegangen, so fand Françoise, in ihrer ständigen Absicht, jedem Domestiken das Haus unerträglich zu machen, derart kluge und unbarmherzige Listen, daß wir nach vielen Jahren erfuhren, wenn wir in jenem Sommer fast jeden Tag Spargel aßen, war es, weil deren Duft dem armen Küchenmädchen, das sie schälen mußte, so heftige Asthmaanfälle verursachte, daß es schließlich gezwungen war zu kündigen.

Françoise:
Das Huhn wird auf den Rücken gelegt, mit den beiden Zeigefingern wird zu der oberen und unteren Öffnung hineingefahren und mit dem Daumen das Brustbein eingedrückt, die Schenkel mit der rechten Hand nach dem Oberkörper zurückgeschoben, damit die Brust hervortritt, und ein hölzernes Spießchen durch den hinteren Teil der Schlegel und durch den Leib gesteckt sowie

die Füße gegen den Leib mit Bindfaden gebunden. Die Flügel biegt man rückwärts nach dem Rücken zu ein und zieht den Kopf rückwärts unter dieselben oder befestigt ihn gleichfalls mit einem Spießchen an der Brust.

Das gleiche gilt vom Truthahn, Kapaun, Poulard, Fasan, Feldhuhn und Haselhuhn; nach Belieben kann man den Kopf samt dem Hals abhauen und die Kopfhaut nach hinten zurückschlagen.

Bei Gans, Ente und Wildente werden die Flügel am Gelenk abgehauen.

6.
Sprecher
Larry Townsend
Marcel Proust
Monsieur de Charlus
Maurice
Paul-Ernest Joset
Jupien

Sprecher:
Larry Townsend . .
Larry Townsend:
Lars stand bereit. Er konnte sich kaum mehr bewegen. Seine
Haut war milchweiß und sah wie Marmor in dem weichen, gel-
ben Licht aus.
Das Ledergeschirr lag kreuzweise über Brustkorb und Rücken
und war an einem Band eben über der Hüfte befestigt.
Eine Kette war hinten eingeklinkt, wo beide Seitenstränge sich
begegneten. Diese Kette hielt das ganze Gewicht des Gefangenen. Das obere Ende war an einem Haken in der Mitte des Tür-
rahmens befestigt.
Ernie befestigte zusätzlich Gewichte und Riemen an dem Dänen,
um die Hüften, wo mehrere Eisenscheiben verankert werden
sollten, mehrere Ketten an das Hüftband, um ein Paar Metall-
zylinder aufzuhängen. Er befestigte einen Cockring an den Genitalien, rückte ihn zurecht und hängte einen Stiefel daran. Ernie
schob einen Stuhl hinter die Beine des Gefangenen, damit er von
dem Platz abrücken mußte, wo er einen leichten Stand hatte.
Lars stellte sich auf die Zehenspitzen, schwang von einer Seite
auf die andre, als er versuchte, das Gleichgewicht zu halten.
Ernie fing dann an, den Stiefel mit großen, stählernen Wappenfi-
guren zu füllen.

Marcel Proust:

Plötzlich schienen mir aus einem Zimmer, das isoliert am Ende eines Flurs lag, erstickte Klagen zu kommen. Ich ging eilig in diese Richtung und heftete mein Ohr an die Tür.

Monsieur de Charlus:

Ich flehe Sie an, Gnade, Gnade, Erbarmen, binden Sie mich los, schlagen Sie mich nicht so sehr! Ich küsse Ihnen die Füße, ich unterwerfe mich! Ich werde nicht wieder anfangen! Haben Sie Erbarmen!

Maurice:

Nein, du Dreckstück! Und weil du deine Schnauze nicht halten kannst und auf den Knien rutschst, wirst du ans Bett gebunden. Ohne Gnade!

Marcel Proust:

Und ich hörte das Knallen einer Peitsche, die wahrscheinlich mit Nägeln verschärft war, denn es folgten Schmerzensschreie. Da bemerkte ich, daß es in diesem Zimmer ein seitliches Bullauge gab, vor dem man den Vorhang zuzuziehen vergessen hatte. Ich ging mit leisen Schritten im Schatten, ich glitt bis hin zu diesem Bullauge, und dort, an ein Bett gekettet wie Prometheus an seinen Felsen, Maurice versetzte ihm Schläge mit einer Peitsche, die wirklich mit Nägeln besetzt war, sah ich, schon ganz voller Blut und voller Blutergüsse, die verrieten, daß die Marter nicht zum ersten Mal statt hatte, sah ich Monsieur de Charlus vor mir.

Paul-Ernest Joset:

Die Baiwasea besitzen als einzige Eisenminen und sollen sich der Leopardenmänner bedienen, um ihre Hegemonie über die anderen Babali zu erhalten. Man kennt die Bedeutung, welche die Primitiven dem Besitz von Eisenminen zumaßen.

Monsieur de Charlus:
Ich wollte nicht vor dem Kleinen reden. Er ist sehr nett und tut
sein Bestes. Aber ich finde ihn nicht brutal genug. Sein Gesicht
gefällt mir. Aber er nennt mich »Drecksstück«, als sagte er eine
Hausaufgabe auf.
Jupien:
O, nein! Niemand hat ihm etwas gesagt. Er ist übrigens in den
Mord einer Concierge von La Villette verstrickt.
Charlus:
Ah, das ist immerhin interessant.
Jupien:
Aber ich habe da auch gerade den Ochsenschlächter, den Mann
aus dem Schlachthaus, der ihm ähnlich sieht. Wollen Sie ihn aus-
probieren?
Charlus:
Ah ja, gern.

Marcel Proust:
Und selbst der Dieb, der verstockteste Mörder hätten ihn nicht
befriedigt, denn sie sprechen ihre Verbrechen nicht; und übrigens
gibt es bei dem Sadisten, wie gut er auch sein mag, je besser er ist,
desto mehr, einen Durst nach dem Bösen, den die Verbrecher, die
andre Ziele verfolgen, nicht befriedigen können.

Paul-Ernest Joset:
Die Baenga, Bandake, die ebenfalls Eisenminen besitzen, werden gerüchteweise verdächtigt, die Krallen der Löwenmenschen
zu schmieden.

Charlus:
Er ist genau das Gegenteil von dem, was du mir gesagt hast. Er
wirkt gutartig und redet mit Respekt von seiner Familie.
Marcel Proust:
Der Baron führte es nicht näher aus, denn wollte er auch, daß
man seine Vergnügungen vorbereitete, so wollte er sich selbst die
Illusion erhalten, daß sie nicht vorbereitet würden.
Jupien:
Es ist ein echter Bandit. Er hat Ihnen das gesagt, um Sie zu täu-
schen. Sie sind zu naiv.
Marcel Proust:
Jupien wollte sich entschuldigen, aber er erreichte nichts anderes,
als die Eigenliebe Monsieur de Charlus' zu kränken.

Paul-Ernest Joset:
Man kann sich fragen, ob der Ursprung der Leopardenmänner
nicht überhaupt bei den Schmieden gesucht werden muß.

Marcel Proust:
Es erstaunt uns, Menschen, die für sich alleine genommen gut
wirken, an Massenmorden teilnehmen zu sehen, an Menschen-
opfern, die ihnen wahrscheinlich als natürlich vorkommen.
Auch unsere Epoche wird jemanden, der in zweitausend Jahren
ihre Geschichte liest, gleichermaßen zarte Seelen in Lebensumständen gelullt haben, die dann als monströs und verdorben erscheinen und mit denen sie sich abgefunden haben.

Auf Grund dieses Individuellen, an das man sich hängt, ist die
Liebe für die Menschen bereits ein bißchen eine Verirrung. Und

allein die Krankheiten des Körpers, wenigstens die, welche das Nervensystem betreffen, sind sie nicht wie eine besondere Art des Geschmacks oder besondere Schrecken, die sich unserer Organe, unserer Gelenke bedienen?

Nun sind die Verirrungen wie Zuneigungen, bei denen kränkliche Flecken alles bedeckt haben, alle besetzt. Sogar in den törichtsten erkennt die Liebe sich noch wieder.
Die Beharrlichkeit, mit der Monsieur de Charlus verlangte, daß man ihm über Hände und Füße Schließen von erprobter Solidität stülpte, daß man ihn vor die Schranken des Gerichts rief und schreckliche Werkzeuge mit größter Mühe herbeischaffte, sogar, wenn er sich an Seeleute wendete, damit sie dazu dienten, Strafen zu erteilen, deren Anwendung heute sogar an Bord der Schiffe, wo die Disziplin am härtesten ist, abgeschafft wird – auf dem Grunde all dessen existierte bei Monsieur de Charlus der ganze Traum von Männlichkeit, der sich nötigenfalls durch brutale Handlungen Ausdruck verschaffte, und die ganze innere Illuminierkunst, die, für uns unsichtbar, einzelne Reflexe – Kreuz der Gerechtigkeit, feudale Foltern – hervorbrachte.
Sie zierte seine mittelalterliche Imagination.

Paul-Ernest Joset:
Der verwundete und eingeschläferte Mann wird nachts in einer Piroge zu einer anderen Sekte im belgischen Kongo oder zu einer anderen Subdivision befördert, wo man ihn als Sklaven verkauft.
Die Eingeborenen geben an, daß eine Person, die von den Krokodilsmännern verkauft worden ist, gänzlich das Gedächtnis verliert.
Marcel Proust:
Alles in allem verriet sein Bedürfnis, angekettet und geschlagen

zu werden, in seiner Häßlichkeit einen Traum, der ebenso poetisch ist, wie bei anderen das Bedürfnis, nach Venedig zu fahren oder Tänzerinnen auszuhalten.

Und Monsieur de Charlus bestand darauf, daß dieser Traum ihm die Illusion von Realität vermittle, derart, daß Jupien das Holzbett, welches sich auf Zimmer 43 befand, verkaufen mußte und es durch ein Eisenbett ersetzen, welches besser zu den Ketten paßte.

Deutsches Ledermuseum:
Im nordöstlichen und östlichen Teil Afrikas verwenden sie aber zur Verschönerung der Kleidung und des Hausrates reichlich Kaurischnecken, die auf das Leder genäht werden. Auch Eisenperlen und Eisenkettchen sind vielfach der Ledertracht beigesellt.

7.
Sprecher
Larry Townsend
Deutsches Ledermuseum
Paul-Ernest Joset

Sprecher:
Larry Townsend..
Larry Townsend:
Aber sogar mit einem erfahrenen Partner sollte der S stufenweise
zu den ausgeklügelteren Szenen der Knechtung vorschreiten.
Es entsteht eine aufregendere, spannendere Action, wenn man
dem M volle Zeit läßt, auf jeden Ausrüstungsgegenstand, den Sie
an seinem Körper befestigen, in ganzer Fülle zu antworten. Lassen Sie sich Zeit. Wenn Sie sehen, Ihr M reagiert in einer weniger
anstrengenden Situation gut, können Sie in die nächste Ebene
vorstoßen.

Deutsches Ledermuseum:
Falkenhaube. Lederhaube für den Falkenkopf. Die Haube wird
erst abgenommen, bevor der Falke aufsteigt.

Larry Townsend:
Wenn Sie sich entschieden haben, Ihren M mit dem Rücken an
den Pfahl zu fesseln, haben Sie ein gänzlich andres Eierspiel. Er
kann Sie sehen.

Er sollte davon unterrichtet werden, daß er Blicke zu vermeiden hat, und sollte bei Ungehorsam bestraft werden. Nicht zu blicken kann allerdings für einen Anfänger jenseits des Fassungsvermögens liegen. Hier kann eine Augenbinde benützt werden oder eine Kappe für den S.

Sowohl die Augenbinde als auch die Kappe haben den psychologischen Effekt, die Teilnehmer voneinander zu entfernen. Wir sind es derart gewöhnt, das Gesicht der Personen zu sehen, mit denen wir zu tun haben, daß es einen Typ völlig dem Gefühl der Entfremdung ausliefert, wenn ihm plötzlich ein solcher visueller Kontakt entzogen wird.

Deutsches Ledermuseum:
Lederhelm mit breitem, rechteckigem Schirm und rückwärtigem Schirm und rückwärtigem Zierstück in Form eines vergoldeten Schnabels.

Paul-Ernest Joset:
Sobald der Novize sich zur Einweihung bereitgefunden hat, wird er auf eine Lichtung geführt, wo sich die Panthermänner gewöhnlich treffen. Jedes Mitglied hat sich mit einer Kappe aus Leopardenfell unkenntlich gemacht. Er trägt an seinen Händen fünf Eisenspitzen, deren Form an die Klauen der Wildkatze erinnert. Ein Zaubermeister verabreicht dem Novizen magische Medizinen; danach muß letzterer sich mehreren Prüfungen unterwerfen, um seinen Mut zu bekunden. Man befiehlt ihm, in eine Art Tunnel einzudringen und alles, was er im Innern findet, herauszubringen. Der Novize zittert vor Angst. Er findet sich von heulenden Männern eingekreist, die frenetisch ihre Eisenkrallen

erheben. Er dringt in den Tunnel ein. Er findet einen Fetisch, das Skelett einer Ziege, und schließlich den Leichnam eines Mannes, der an der Gurgel und an der Brust tiefe, von den Eisenspitzen der Leopardenmänner hervorgerufene Wunden trägt. Der Neophyt weiß, daß er verloren ist, wenn er zögert, daß man ihn ebenfalls hinrichten würde.

Er ergreift den blutenden Körper und erreicht in einigen Minuten den Ausgang des Tunnels.

Deutsches Ledermuseum:
Kriegshelm aus einer Löwenmähne. Massai.

Larry Townsend:
Der Gebrauch einer Peitsche sollte am besten auf das Hinterteil beschränkt bleiben, und weil es einen unerfahrenen M zum Ausflippen bringen könnte, würde ich ihre Anwendung sehr einschränken. Zur Drohung kann sie natürlich jederzeit sehr wirksam sein.

Probieren Sie sie an einem unbelebten Gegenstand aus, ehe Sie damit an ein menschliches Subjekt herangehen.

Deutsches Ledermuseum:
Zeremonialpeitsche. Aus Lederriemen geflochten und mit Knoten aus breiten Lederbändern. Tibet. Sehr altes Stück.

Paul-Ernest Joset:
Die Kandidaten gehen auf die vielen Tänzer zu, die ihnen so viele
Peitschenschläge wie nur möglich austeilen. Sie schlagen vor al-
lem an die Beine.

Larry Townsend:
Ein sehr fest genähter Stift aus Leder, etwa so dick wie ein Blei-
stift. Er darf nur an einem sehr erfahrenen M angewendet werden
und von einem S, der weiß, was er tut.
Der Stift kann vorne in den Penis hereingesteckt werden – anläßlich einer sehr schweren Szene der Erniedrigung.
Wenn er drin ist, hat der S volle Kontrolle über etwas, das sonst
dem persönlichsten Bereich des M zugehört.
Der M kann zum Pissen gebracht werden, wenn der S es will.

Paul-Ernest Joset:
Der Fetischmeister ergreift eine Nadel von fünf bis sieben Zentimeter Länge und führt sie in den Penis des Bewerbers ein. Die
Nadel bleibt für eine Viertelstunde darin. Es bedarf zur Heilung
zweier Monate.

Larry Townsend:
Auf der gleichen Linie, nur nicht auf den Vorderteil unseres M
bezogen, liegen die Klistiere etc.

Paul-Ernest Joset:
Die folgende Nacht war angefüllt mit unzüchtigen, ekelerregenden Szenen und skatophilem Exhibitionismus.

Larry Townsend:
Einige Ledermänner tragen Handschuhe.

8.
Sprecher
Larry Townsend
Deutsches Ledermuseum
Paul-Ernest Joset

Sprecher:
Larry Townsend..
Larry Townsend:
Vielleicht macht es Ihnen Spaß, einen Körper ganz zu rasieren
oder Teile davon, vor allem die Haare an den Eiern und den
Schamteilen. Wenn Sie das einem M antun, wird er sich wochenlang an Sie erinnern. Sie drücken ihm Ihren Stempel auf für eine
lange, wenn auch für eine begrenzte Zeit. Den ganzen Körper
einschließlich des Kopfes zu rasieren, ist etwas grob – extrem, um
es sanft auszudrücken. Ich habe wiederholt einen S äußern hören: »Bindet den verdammten Hippie fest und schert ihn kahl!« –
gesehen habe ich es selten. Wenn Sie keinen Langzeitsklaven haben, werden Sie es wahrscheinlich nie tun. Es ist allerdings eine
der extremeren Formen der Erniedrigung, und vielleicht finden
Sie einen M, der es erwartet. Ich glaube, eine der aufregendsten
Arten der Durchführung ist es, wenn es mit einem großen Rasiermesser gebracht wird, besonders in der Nähe der Nille und der
Eier. Da es nur wenige Männer gibt, die damit umgehen können,
wird diese Kunst bald aussterben.

Deutsches Ledermuseum:
Skalplocke. Mittelteil der menschlichen Kopfhaut mit Haaren.
Alte indianische Siegestrophäe. Urprünglich nur im Osten hei-

misch, wurde das Skalpieren durch die Skalpprämien (bis zu 100 Dollar) der Weißen stark verbreitet. Der Indianer mußte sich unter die Feinde stürzen, sein Opfer niederschlagen, einen Kreisschnitt auf dem Schädel machen, den Rand der Kopfhaut an einer Seite anheben und mit den Zähnen herunterreißen. Der Skalp wurde dann von den Frauen bearbeitet, auf einen Reifen gespannt und beim Siegestanz, an einer Stange befestigt, herumgetragen – mit Federn, Perlen und einem Tierzahn geschmückt.
Auf dem Zahn ein Hirsch eingraviert.

Paul-Ernest Joset:
Einige Zeit nach der Ankunft Kimbiros entdeckten die Batangi den Leichnam eines der ihren, Matete, mit skalpiertem Kopf.

Deutsches Ledermuseum:
Tsanta. Kopftrophäe der Jivaro-Indianer in Ekuador. Der Kopf des getöteten Feindes wurde mit einem Messer (gespaltener Bambus oder Muschelschale) möglichst nahe an Schultern und Rumpf abgetrennt und in feierlicher Handlung präpariert. Nach Entfernung der Knochen, dem Sitz der Seele des Erschlagenen, mit bestimmten Pflanzen gekocht, wobei die Haut schon etwas schrumpfte. Dieser Prozeß wurde durch Einfüllen von heißem Sand und Steinen fortgesetzt, bis die Kopfhaut Faustgröße erreichte. Die Lippen wurden dreifach vernäht, damit der Tote seinen Besieger nicht verfluchen konnte. Je einflußreicher die Erschlagenen, desto größer die Zauberkraft der Trophäen, von deren Zahl Glück und Gedeihen des Stammes abhing.

Holzmaske, die Schädeldecke mit Leder bespannt, Oberkiefer aus Metall eingesetzt. Batak, Sumatra.

Frühgeschichtliche Lederarbeiten. Mumienkopf. Mumienkopf eines Priesters mit Resten von Vergoldung. Ägypten. Zweites Jahrtausend vor Christi.

9.
Sprecher
Larry Townsend
Deutsches Ledermuseum
Marcel Proust
Maurice Sachs
George D. Painter
Paul-Ernest Joset

Sprecher:
Larry Townsend . .
Larry Townsend:
Wesentlich für die Lederszene sind das Motorrad und der Typ,
der es fährt. Die Kleidung, die wir alle so aufregend finden, ist
ehemals für den Motorradfahrer entworfen worden, und die organisierten In-Groups sind weitgehend Motorradclubs.
Der Sexappeal eines ledergekleideten Motorradfahrers auf seiner
großen, ratternden Maschine steht außer Frage. Als ein Symbol
phallischer Macht, ist der Motorradfahrer der Inbegriff, die lebendige Verkörperung unseres Fetisches.

Deutsches Ledermuseum:
Zeremonialgewand aus Vogelbälgen. Hemdartiges Gewand, aus
rechteckigen Vogelbalgstücken zusammengesetzt. Sibirische Es-
kimos.

Larry Townsend:

In der Lederbar gucken die Nichtfahrer voller Bewunderung, wenn die Motorradleute reinkommen und ihre knackigen Helme dem Barkeeper geben. Das Management der Bar achtet darauf, daß die Helme an einem gut sichtbaren Ehrenplatz aufgehängt werden.

Deutsches Ledermuseum:

Schamanenmantel der Jakuten. Ledermantel mit Amuletten aus nichtrostendem Eisen, das mit Holzkohle gewonnen wird. Vorn links menschliche Figur mit deutlicher Skelettzeichnung. Mit Hilfe von Gesängen, Rasselgeräuschen und dem Schlagen der Schamanentrommel kann sich der Schamane in Trance versetzen. In diesem Zustand löst sich seine Seele vom Körper und kann mit dem Jenseits verkehren. Man spricht von Seelenreise.

Larry Townsend:

Ich kenne einen Typ, der in einem Apartment im zweiten Stock lebt. Wenn es möglich ist, krallt er sich einen kernigen Motorradfahrer und bringt den Typ nach Hause, und beide würgen die 700 Pfund schwere Harley die Treppe hoch in den Livingroom. Der Typ leitet eine Röhre vom Auspuff bis zum Fenster, und sie bringen es auf dem Motorrad, während die Maschine unter ihnen knattert und vibriert.

Deutsches Ledermuseum:
Darstellung der Seelenwanderung aus Leder.
Bühnenumrahmung mit Höllenrichtern, Dämonen etc.
Die Brücke zur Unterwelt mit dem Baum, an dem die Kleider abgelegt werden.
Tor mit Inschrift: »Die Stadt der Unterwelt.« Ein Abt, der durch unermüdliche Meditation immer höhere Stufen erreicht hat, befreit seine sündige Mutter aus der Unterwelt.
Die Höllenrichter der zehn Regionen, die die Guten von den Bösen scheiden, flankiert von den Teufeln mit ihren langen Tierohren.
Ein Stier klagt seine Mörder an.
Ein Kaiser wird von drei Generälen, die er zu Unrecht hat enthaupten lassen, vor den Richter gezerrt.
Goldflußdrache. Der Drache – ein Dämon der Unterwelt – ist durch das Versagen des Kaisers hingerichtet worden und klagt diesen bei den Richtern der Unterwelt an.
Folterszenen. Die Seele ist immer noch mit dem verstorbenen Körper verschmolzen, und die Folterung des Körpers gilt somit der Seele. Zu den Foltermethoden gehören der Messerberg, das Flammenmeer, das Zersägen, Zerhacken, Zerpressen, Bauchaufschneiden usw. Oft müssen die Seelen mehrere Strafen über sich ergehen lassen.
Blick in die Heimat. Von einem Turm können die Eltern sehen, wie ihre Kinder den Ahnenkult vernachlässigen. Dies ist eine seelische Strafe.
Trunk der Vergessenheit.
Zuteilung eines neuen Lebens, d. h. eines neuen Körpers für die Seele. Die seelenlosen Körper sind auf der Stange noch ein Nichts, hier wird die Seele durch einen Unterweltsdiener dem Körper eines Kaninchens zugeteilt. Die neue Bestimmung richtet sich nach dem vergangenen Leben, der Gott der Unterwelt kontrolliert dies in einer langen Schriftrolle.
Tor mit Inschrift: »Grenze zwischen Unterwelt und Welt.« Die Seelen verlassen mit ihrem neuen Körper, Pferd und Hund, die Unterwelt, ein neues Leben liegt vor ihnen.

Marcel Proust:
Diese Alpträume mit ihren Alben voller ausgefallener Phantasien. Unsere verstorbenen Eltern erleiden einen schweren Unfall, der jedoch eine schnelle Heilung nicht ausschließt.
Während wir darauf warten, halten wir sie in einem Rattenkäfig gefangen. Sie sind kleiner als weiße Mäuse und über und über mit dicken roten Pusteln bedeckt, in jeder Pustel steckt eine Feder, und sie halten uns ciceronische Reden.

Sprecher:
Maurice Sachs . .
Maurice Sachs:
Proust wurde ein lebendige Ratte gebracht, und während er zusah, stach man auf sie mit Hutnadeln ein.

Sprecher:
George D. Painter:
Painter:
Fay berichtet, daß diese Ratten von jungen Männern verfolgt und geschlagen werden mußten.

Marcel Proust:
Wenn sie mich gehört hätte, hätte sie glauben können, daß ich dort verborgen war, um sie zu belauschen.
Sie war ganz in Schwarz, denn ihr Vater war vor kurzem gestor-

ben. Gewiß, in Mademoiselle Vinteuils Gebaren war der Anschein des Bösen so vollständig, daß man Mühe gehabt hätte, es bis zu diesem Grad der Vollkommenheit bei einem anderen als einem Sadisten realisiert zu finden. Man sieht eher als in einem echten Landhaus im Rampenlicht der Boulevardtheater ein Mädchen einer Freundin befehlen, daß sie das Bild ihres Vaters, der nur für sie gelebt hat, anspeien solle, und nur der Sadismus gibt der Ästhetik des Melodramatischen eine Rechtfertigung im alltäglichen Leben.

Eine Sadistin wie sie war eine Künstlerin des Bösen, was eine gänzlich schlechte Kreatur nicht sein kann, denn ihr wäre das Böse nicht fremd, es erschiene ihr ganz natürlich, würde sich von ihr nicht einmal unterscheiden lassen; und die Tugend, das Angedenken der Toten, das Zartgefühl der Tochter zu profanieren, würde ihr, die keinen Kult daraus machte, kein tempelschänderisches Vergnügen bereiten. Die Sadisten von der Art Mademoiselle Vinteuils sind so ungetrübt empfindungsvoll, so natürlich tugendhaft, daß ihnen sogar das sinnliche Vergnügen als etwas Schlechtes erscheint, als das Privileg des Bösartigen.

Paul-Ernest Joset:
Die Erklärungen, die Ranbotyn nach den Verbrechen von 1926 gab, lassen uns vermuten, daß der Ursprung der Leopardenmänner in einigen Beerdigungsriten lag.

Wir stellen fest, daß die zwei Kriege der Leopardenmänner bei Nzumbia beide das gleiche Motiv haben:
Die Toten zu beweinen und sie zu rächen.

10.
Sprecher
Larry Townsend
Marcel Proust
Paul-Ernest Joset
George D. Painter

Sprecher:
Larry Townsend ..
Larry Townsend:
Die Goldene Dusche, der Gebrauch von Pisse, ist eine der popu-
lärsten Ausdrucksmöglichkeiten, um den M zu erniedrigen. Für
den S bietet es die Möglichkeit, seine Macht auf eine Weise zu
demonstrieren, die weder schmerzhaft noch zerstörerisch ist. Für
den M kann das Gefühl der flüssigen Entladung, warm und
ätzend, aus dem Schwanz des Meisters, derart wichtig für die Er-
füllung seines Liebesbedürfnisses werden, daß eine Szene ohne
unvollständig ist.

Marcel Proust:
Ein kleines Zimmer, das nach Iris roch. Es war zu einem besonderen und vulgäreren Gebrauch bestimmt und diente mir lange
als Refugium, da es das einzige war, das ich abschließen durfte,
und so bot es allen meinen Beschäftigungen eine unverletzliche
Einsamkeit, der Lektüre, der Träumerei, den Tränen und der
Wollust.

Larry Townsend:
Ich finde, man sollte keinen Spargel essen, wenn man den Mund eines anderen mit Pisse überfluten will – aber vielleicht wollen Sie ja, daß es ekelhaft schmeckt.

Marcel Proust:
Diese köstliche Essenz, die ich noch die ganze Nacht, welche auf das Diner folgte, während dessen ich Spargel gegessen hatte, wiederfand, spielte ihre groben und poetischen Farcen, wie in einem Feenstück von Shakespeare, und verwandelte meinen Nachttopf in eine Phiole Parfüm.

Paul-Ernest Joset:
Ein Nga Ngo klettert als erster das Netz hoch und richtet sich oben auf dem Ast ein. Er hält eine Schale in der Hand, die er mit dem Inhalt einer Kalebasse füllt. In der Kalebasse hat man Palmwein, Urin eines alten Nga Ngo, Scheiben von einem Palmenherzen, Schuppen von der Haut einer Boa, ein Stück ihres Magens gemischt.
Unten im Netz ist der Kopf des Vaters oder des Onkels oder eines anderen Verwandten inmitten von Spießen und Messern, die mit den Spitzen nach oben stehen, hingelegt worden. Der Eingeweihte klettert wie eine Eidechse hoch. Ist er oben angekommen, läßt ihn der Nga Ngo den Inhalt der Schale trinken. Dann sagt er: Du hast dir ein langes Leben verdient, wie der Alte, dessen Urin du getrunken hast.
Während die Gemeinde singt, steigt der Eingeweihte wieder herunter und muß die Füße auf den Totenkopf stellen. Wenn er versagt, wird er verachtet und muß eine hohe Entschädigung zahlen.

Prousts Vater war in dem Klosett eingeschlossen und antwortete nicht. Sie brachen die Tür auf und fanden den Professor am Boden zusammengebrochen, gelähmt und der Sprache nicht mehr mächtig.

Dr. Proust starb 36 Stunden später, am frühen Morgen des Donnerstag, den 26. November 1903, ohne das Bewußtsein wiedererlangt zu haben.

Proust benützte die Umstände des Krankheitsverfalles seines Vaters bei der Schilderung des Schlaganfalles der Großmutter des Erzählers in einer öffentlichen Bedürfnisanstalt auf den Champs Elysées.

Marcel Proust:

Die feuchten und alten Mauern des Eingangs (zur öffentlichen Bedürfnisanstalt), wo ich auf Françoise wartete, sendeten einen frischen Geruch nach Abgestandenem aus, der mich mit einem Vergnügen durchzog, das nicht von der Art anderer Vergnügen war, die uns unruhiger zurücklassen, unfähig, sie zu fassen, sie zu besitzen, im Gegenteil, mit einem gehaltvollen Vergnügen, auf das ich mich stützen konnte, köstlich, friedvoll, reich an fortwährender Wahrhaftigkeit, unerklärt und sicher.

Und mitten in der Gymnastik, die ich aufführte, fast ohne daß die Atemlosigkeit, die mir die Muskelübung brachte, erhöht worden wäre, und die Hitze des Spiels, vergoß ich, wie einige Tropfen Schweiß, die mir die Anstrengung abpreßte, mein Vergnügen, bei dem ich mich nicht einmal aufhalten konnte, um seinen Geschmack kennenzulernen.

11.

Sprecher
Paul-Ernest Joset
Patricia Alldridge
Richard Dadd
Der Gouverneur
Marcel Proust
Henri van Blarenberghe
Friedrich Hölderlin
Larry Townsend
Hauptmann Bourke
Dr. Dorsainvil
Céleste Albaret

Paul-Ernest Joset:
Die Alten bezeichneten ihnen die Personen, welche getötet werden sollten. Es handelte sich oft um die eigene Mutter des neuen Leopardenmenschen, oder um seine Frau, oder einen nahen Verwandten. Die Einweihungspriester hatten dabei zwei Ziele im Auge: Erst einmal wollten sie die Reaktionen des Mörders vor seinem Opfer studieren; er durfte nicht zittern und mußte alle Aufträge, die man von ihm verlangte, ausführen. Und man wollte den Wahokohoko in der Hand haben, auf Grund ihres grauenvollen Verbrechens würden sie es nie wagen, die Geheimgesellschaft zu verraten.

Sprecher:
Patricia Alldridge, Archivarin des Bethlam Royal Hospital, über den Maler Richard Dadd..

Patricia Alldridge:

Montag, den 28. August, forderte Dadd seinen Vater auf, mit ihm eine Landpartie zu unternehmen. Nachdem sie in der Ship Inn gegessen hatten und Betten für die Nacht reserviert, gingen sie gemeinsam im Cobham Park spazieren, und nicht weit von der Straße tötete Richard seinen Vater.

Sprecher:

Richard Dadd . .

Richard Dadd:

Ich stamme vom ägyptischen Gott Osiris ab, und dies führte mich dazu, seiner Existenz ein Ende zu setzen . .

Ich lockte ihn unter falschen Vorspiegelungen nach Cobham in den Park und schlug ihn mit demselben Messer, mit dem ich ihn erstach, nachdem ich vergebens versucht hatte, ihm die Gurgel durchzuschneiden.

Sprecher:

Der Gouverneur . .

Der Gouverneur:

Dadds Geist ist eine äußerste und nicht wieder aufzurufende Öde; seine einzige Beschäftigung, auf dem Hofe zu stehen und das Gestirn der Sonne anzustarren, das er seinen Vater nennt.

Marcel Proust:

Als Monsieur van Blarenberghe, der Vater, vor einigen Monaten starb, erinnerte ich mich, daß meine Mutter seine Frau gekannt hatte. Seit dem Tod meiner Eltern bin ich in einem Sinn, den hier zu präzisieren nicht angebracht ist, weniger ich selbst und in höherem Maße ihr Sohn. Ich wende mich nicht von meinen eigenen Freunden ab, aber wende mich stärker den ihren zu. Und die Briefe, die ich schreibe, sind in der Mehrzahl solche, von denen ich glaube, daß meine Eltern sie hätten schreiben wollen . .

Also als nun Madame van Blarenberghe ihren Gatten verlor, lag mir daran, daß sie ein Zeugnis von der Trauer erhielt, die meine Eltern empfunden hätten.

Antwort des Sohnes, Monsieur Henri van Blarenberghe..
Henri van Blarenberghe:
Ich weiß, wie sehr mein Vater den Ihren schätzte und mit welchem
Vergnügen meine Mutter die Ihre besuchte. Ich empfinde es als
äußerst zartfühlend, daß Sie uns eine Botschaft Ihrer Eltern von
jenseits des Grabes gesendet haben.

Marcel Proust:
Unsere Augen haben einen größeren Anteil als man glaubt an
dieser aktiven Erforschung der Vergangenheit, welche man Erinnerung nennt.
Wenn Sie im Augenblick, wo sein Geist etwas in der Vergangenheit sucht, um es zu fixieren, um es einen Moment ins Leben
zurückzuführen, wenn Sie die Augen dessen betrachten, der eine
solche Anstrengung unternimmt, werden Sie sehen, daß seine
Augen sofort aller Formen, die sie umgeben, entleert sind, die sie
einen Augenblick vorher noch widerspiegelten.
»Sie haben einen abwesenden Blick. Sie sind woanders«, sagen
wir, und dabei sehen wir nur die Rückseite des Phänomens, welches sich in diesem Moment im Geist ereignet. Dann berühren
uns die schönsten Augen dieser Welt nicht mehr durch ihre
Schönheit, sie sind nichts anderes mehr als – um den Sinn eines
Ausdrucks von Wells zu verdrehen – »Maschinen, um die Zeit zu
erforschen«, Teleskope für das Unsichtbare, die desto weiter reichen, je älter sie sind. Man fühlt so deutlich, wenn man den verro-
steten Blick der Alten steif werden sieht zur Erinnerung, müde
von so vielen Anpasssungen an so viele unterschiedliche Zeiten,
die oft so fern sind, man fühlt deutlich, daß die Bahn, welche den
Schatten der gelebten Tage durchläuft, einige Schritte vor ihnen
auf der Erde, wie es scheint, zurückgelangen wird und in Wirklichkeit fünfzig oder sechzig Jahre nach hinten entfernt endet.

Ob nun ein Tiefdruckgebiet »sich den Balearen nähert«, wie die Zeitungen schreiben, oder nur Jamaika zu beben beginnt – im selben Augenblick haben die Migräneanfälligen, die Rheumatiker, die Asthmakranken, ohne Zweifel auch die Irren in Paris ihre Krisen; so sind die Nervösen der entferntesten Punkte miteinander durch die Bande einer Solidarität verknüpft, von der sie oft hoffen möchten, daß sie weniger eng sei.

Als ich aufwachte, entschloß ich mich, Henri van Blarenberghe zu antworten. Aber bevor ich es tat, wollte ich einen Blick in den Figaro werfen, diesen verabscheuungswürdigen und wollüstigen Akt begehen, den das Zeitunglesen darstellt und durch den alle Unglücksfälle und Kataklysmen der Welt für uns, die wir nicht beteiligt sind, und zu unserem persönlichen Gebrauch herbeiverwandelt werden zu einem morgendlichen Genuß, der sich ausgezeichnet und auf besonders anregende und aufregende Weise mit unserer Verdauung und einem Schluck Milchkaffee verbindet.
An diesem Morgen jedoch war mir die Lektüre des Figaro nicht lind. Ich hatte mit verzaubertem Blick die Vulkanausbrüche, die Ministerkrisen und die Duelle der Apachen überflogen und begann ausgeruht die Lektüre eines Fait Divers, dessen Titel: Ein Drama des Irrsinns – die morgendlichen Energien besonders nützlich stimulieren konnte, als ich plötzlich sah, das Opfer war Madame van Blarenberghe, der Mörder, der sich in der Folge getötet hatte, war ihr Sohn Henri..
Außer Wunden, die er sich mit seinem Messer zugefügt hatte, war seine linke Gesichtshälfte von einem Schuß zerpflügt. Das Auge hing auf dem Kopfkissen.
Der Unglückliche ist nicht tot. Der Kommissar faßt ihn an die Schulter und spricht ihm zu:
Hören Sie mich? Antworten Sie!
Der Mörder öffnet das heile Auge. Blinzelt einige Male und fällt ins Koma zurück.

Sprecher:
Friedrich Hölderlin..
Friedrich Hölderlin:
Gewaltig stürzt als unter einem Treiber
Und trat auf beide Türen er, und sprengte
Die hohlen Schlösser aus dem Grund und stürzt
In das Gemach, wo hängend wir die Frau sahn.
In Stricken hättst du sie verstrickt gesehen.
Wie er sie sieht, lautbrüllend, der Arme löst
Das hängende Seil, und auf die Erde fiel er,
Der Leidende. Drauf wars ein Anblick schrecklich.
Die goldnen Nadeln riß er vom Gewand,
Mit denen sie geschmückt war, tat es auf,
Und stach ins Helle seiner Augen sich und sprach,
So ungefähr, es sei, damit er sie nicht säh
Und was er leid, und was er schlimm getan.
Damit in Finsternis er anderer in Zukunft,
Die er nicht sehen dürft, ansichtig werden mög
Und, denen er bekannt sei, unbekannt.
Und so frohlockend stieß er öfters, einmal nicht,
Die Wimpern haltend, und die blutigen
Augäpfel färbten ihm den Bart, und Tropfen nicht,
Als wie von Mord vergossen, rieselten, sondern schwarz
Vergossen ward das Blut, ein Hagelregen.

Larry Townsend:
Als alleräußerste Szene würde ich folgendes vorschlagen: Der
Doktor, in schwarzem Leder, das ihn nicht von den anderen S
unterscheidet, geht auf das Bett zu.
Der M zittert, unwillkürliche Spasmen durchzucken seinen Kör-
per.
Wenige Augenblicke später macht der Doktor mit einer Nadel am
Hodensack einen Versuch. Der M reagiert nicht. Seine Haut ist

171

empfindungslos, abgestorben durch den Spray. Die Hände des Doktors werden noch mal sterilisiert, und eine frische Kollektion von Instrumenten wird auf das Bett gelegt. Seine Finger bewegen sich schnell und sicher. Er nähert die Klinge dem enthaarten Hodensack und macht einen Einschnitt. Der Doktor sucht und findet die Hoden und drückt sie aus der Öffnung. Dort hängen sie, zwei kleine, rote Orben. Der Doktor schneidet die dünnen Gefäße durch, welche die Testikel mit dem Körper des M verbinden. Er hebt die Hoden hoch und steckt sie dem M in den Mund.

Dann werden die Testikel wieder eingesetzt, die Gefäße zusammengenäht und das Skrotum wieder geschlossen.

Sprecher:
Hauptmann Bourke..
Hauptmann Bourke:
Ein Ritus noch fürchterlicherer Art wird von den Hottentotten anläßlich der Initiation zum Krieger aufgeführt – eine Zeremonie, die bis zum achten oder neunten Jahr des Novizen durchgeführt sein muß. Sie besteht hauptsächlich darin, daß der Medizinmann ihm den linken Hoden herausoperiert, daraufhin entleert der Medizinmann seinen Urin auf die Eingeweide.

Sprecher:
Dr. Dorsainvil, Haitianischer Arzt und Anthropologe..
Dr. Dorsainvil:
Auf dem Paroxysmus der Krise führen die Aissoaua den Finger in die Augenhöhle ein, drücken die Augäpfel über die Wangen herunter und schneiden die Wangenhaut mit Hilfe von langen Nadeln ein.

Paul-Ernest Joset:
Der Häuptling ließ den Novizen vor sich niederknien, durchschnitt die Gurgel des Opfers, und sobald das Blut hervorsprang,
nahm er eine Handvoll zermörserter Blätter aus dem Topf und
ließ damit das Menschenblut über die Augen des Novizen rin-
nen.
Er sprach den Blättern zu, daß sie sein Herz kalt machen sollten.

Gewissen Aussagen nach schlagen die Leopardenmänner mit ge-
schlossenen Augen; daher rührt wahrscheinlich auch ihre Prak-
tik, die Augen ihrer Opfer auszureißen und daraus eine Flüssig-
keit herzustellen, in welche sie die Schneiden ihrer Messer tau-
chen. Sie gaben an, daß dies ihren verbrecherischen Waffen Geschicklichkeit verleihe.

Marcel Proust:
Ein Schlachterjunge, sehr groß und sehr schlank, mit blonden
Haaren – sein Hals sprang aus einem himmelblauen Kragen –
legte mit schwindelerregender Eile und mit religiöser Gewissenhaftigkeit auf die eine Seite exquisite Rinderfilets und auf die
andre Schwanzstücke der mindersten Qualität, legte sie auf blen-
dende Waagschalen, die von einem Kreuz überragt wurden und
von denen schöne Kettchen herniederhingen, und wenn er dann
auch nur Nieren, Tournedos und Entrecôtes dekorierte, vermit-
telte er doch eher den Eindruck eines schönen Engels am Tage
des Jüngsten Gerichtes, der für Gott ihrer Qualität nach die Tei-
lung in Gute und Böse vorbereitet und die Wägung der Seelen.

Paul-Ernest Joset:
Die Ethnologen scheinen vorauszuahnen, daß man vielleicht der Alternative: Besessene, neurotische Simulanten oder Gemeinverbrecher entkommen müsse und anderen Orts suchen – bei totemistischen Konzepten nämlich.

Marcel Proust:
Meine Liebe Céleste, was ich heute abend gesehen habe, ist unvorstellbar.
Céleste Albaret:
Monsieur, das ist nicht möglich. Das kann nicht existieren.
Marcel Proust:
Aber ja, Céleste, ich habe nichts erfunden.
Céleste Albaret:
Aber, Monsieur, wie haben Sie so etwas mit ansehen können?
Marcel Proust:
Eben weil es nicht vorstellbar ist.
Céleste Albaret:
Und haben Sie teuer bezahlt, um das zu sehen?
Marcel Proust:
Ja, Céleste, aber das mußte sein.
Céleste Albaret:
Also, Monsieur, wenn Sie mir sagen, daß dieser gräßliche Mensch seine Zeit im Gefängnis zubringt, so bin ich der Meinung, daß er dort verrecken sollte.
Marcel Proust:
Er vergötterte seine Mutter. Er hat enorm viel getan, damit sie ein glückliches Leben habe. Sie ist tot. Als ich es erfuhr, habe ich ein banales, kurzes Wort geschrieben. Wissen Sie was, Céleste? Als Antwort schickte er mir einen langen Brief, wo er von ihr in Worten redete, die mich tief bewegt haben. Es ist vielleicht sogar einer der schönsten Briefe, die ich über den Tod einer Mutter gelesen habe. Das beweist, daß er doch eine Art Herz hat, trotz seines üblen Berufes. Im Grunde ist er ein armer Junge.

San Pedro Claver

1975

Personen:

San Pedro Claver
Manuel Biafara, genannt El Moreno, Der Mohr
Ignatius von Loyola, genannt Iñigo
Alonso Rodriguez
Alonso de Sandoval
Las Casas
1. Turistenführer
2. Turistenführer
1. Turistin
2. Turistin
1. Turist
2. Turist
3. Turist
4. Turist
5. Turist

Klappern.
Metallbecher gegen Tischplatte.
Zweites ähnliches Klappern dazu.
Laut aufschwellend:
Monteverdi: L'Incoronazione di Poppea.
Concentus Musicus, Wien. Nikolaus Harnoncourt.
Prologo. Fortuna, Virtù, Amore.
Vom Klappern untermischt.
Die Arien liegen später leise unter den Szenen.

Pedro Claver:
Licht?
Schon Licht?
Ist das nicht zuviel?

Manuel Biafara:
Im Licht wird das Klappern weniger.

Pedro:
Laß
mich klappern;
Wenn es ihm gefällt,
mich in Paralysis
und Schüttellähmung
zu führen,
klapper ich
Ihm zu Ehr.
Pater de Sandoval klappert auch,
in seiner Zelle.
Ich hör ihn bis her.
Stört es Dich
beim Genuß der linden Musik?

Manuel:
Es ist etwas Modernes. Es kommt aus Venedig. Und es ist so
schön, daß sogar die Patres der Heiligen Inquisition es mit eini-

gen jungen Ketzern einüben, obgleich es die Geschichte einer
Kebse in Tönen ausdrückt, die zur Kaiserin gekrönt wird.

Pedro:
Als ob
ich neugierig darauf wäre.
Töte
die Neugier
ab,
Manuel,
und die Schwatzsucht!

Manuel:
Der es gemacht hat, heißt Montebeldi.

Pedro:
Montebeldi.
Ich erinnere mich, als ich Student war, brachten uns die Cara-
vellen den Orfeo nach Barcelona.
Quäl
mich nicht mit deinen Informationen.
Bläh
mich nicht.
Bläh dich nicht,
Manuel Biafara.

Manuel:
Genau so ist es. Wenn ich nicht reden kann, während ich Sie wa-
sche, füttre und auf den Topf setze, ist es, als müßte ich platzen. Es
schmerzt, wie es Ihnen beim Harnen schmerzt.

Pedro:
Ja,
du,
mein Herr
Mohr.
Ich bin ein geifernder Hund auf der Straße,

schlimmer als ein vor sich hinpestendes Hunde-
aas.
Noch der Hund mit seinem verknoteten Glied
ist inniger in
Jesu
als ich,
ist mehr Preis
als ich
der Schöpfung,
Manuel.

Monteverdi, Poppea: Laut Beginn der Arie des Ottone, Atto Primo,
Scena Prima: E pure io torno qui.
Später leise.

Manuel:
Übrigens, es hat sich eine Reisegruppe aus Hamburg angesagt.
Sie sind mit der letzten Caravelle gekommen und weisen Emp-
fehlungsbriefe von den Afrikahändlern aus Frankfurt und Bremen vor. Sie finden es erbaulich, nachdem sich die Verladung der
Afrikaner so fruchtbar ausgewirkt hat, den Segner der Verlade-
nen zu begrüßen.

Pedro:
Zeig mich ihnen
klappernd
zur
Mortifikation.

Knabe:
Die Reisegruppe aus Hamburg.

Die Reisegruppe tritt ein: Ohs, Ahs, Daten.

1. Turist:
Er zittert wieder wie schon das letzte Mal.

2. Turist:
Ja, das ist schon echt und stark.

1. Turistenführer:
Hier sehen Sie den weltberühmten, zu seinen Lebzeiten heiligen Pedro Claver, der wenigstens 300 000 Äthiopen, das sind Mohren, taufte. Sein Blut in Egeln und Binden, vom Schröpfen, heilt Blindheit, Kropf, Fußpilz, Schizophrenie, Impotenz, Frauenleiden. Er kann Tote erwecken und geborstene Eier wieder zusammenfügen. Ein Haar von ihm in der Börse sichert dem Besitzer ewigen Reichtum.

2. Turistenführer:
Gesicherte Abenteuer haben wir Ihnen garantiert. Caravelle und öffentliche Pönitenz. – Caravelle: der bekannte Service, Burgunderweine verschiedener Jahrgänge, Aromatensteaks und persische Störeier. Öffentliche Pönitenz: Eine Frühjahrsauspeitschung in Cartagena de Indias, dem Hauptumschlagplatz westafrikanischer Sklaven in der Neuen Welt, ein paralytischer Jesuitenpater, Negeraufstände, Monteverdi, Kastration, Inquisition, Blutegel, Haie, ohne Aufschlag – Caravelle Reisen!

1. Turistenführer:
Sie befinden sich hier im Jesuitenkollegium, zwischen den Quais, wo die Äthiopen abgeladen werden, der Hinrichtungsstätte der Inquisition, dem Peitschplatz und unserer Kathedrale. Es spricht zu Ihnen Manuel aus Biafara, genannt Der Mohr, was nicht zu übersehen ist, frischgewaschen und in tadellosem Hemd, das Faktotum unseres Heiligen.

Manuel:
Pscht! Pscht! Pscht!
Hören Sie das doppelte Klappern?
Das Knirschen?
Der da entfernter klappert, höher oben, ist der weltberühmte Jesuitenobere und Schriftsteller Alonso de Sandoval, der Anno 41 von der Pest angesteckt wurde und von Perlesia gelähmt zittert.

Der hier unten klappert, ist der gleichermaßen weltberühmte
Heilige Pedro Claver, der
300 000
Äthiopen
bekehrte,
das sind vor allem
Mohren, Schwarze, Neger, Nigger, Afrikaner, Blackies, Dachpappen,
300 000,
keinen mehr und keinen weniger.
Angesteckt hat er sich mit Pater de Sandoval zusammen Anno 41.
Durch eine allgemeine
Infestation Westindiens,
durch eine Pestilenz
der Luft
oder durch Röcke,
er,
dessen weiße Hand auf 300 000 schwarzen Köpfen
geruht hat –
oder durch Lecken
mit seiner weißen Zunge
an den Beulen
der
Hitzigen.
Die Krankheit läßt vorerst noch
den Brägen
intakt,
aber sie schüttelt
alle
Extremitäten,
die Kiefer zittern,
Zahn
um
Zahn
fliegt heraus.
Die Kräfte stürzen ab.
Und die Qual im Urin

wächst.
Oft konteniert er sich nicht einmal mehr,
und der Kot fällt unter ihm
wie die Essenbissen oben heraus,
mit Zähnen gemischt.
Die Kinnladen erzeugen
ein nicht endendes Geräusch.

1. Turistenführer:
Für solche,
die mit dabei sein wollen,
hat der Heilige
hier
zur Hand
seine Kollektion
von Seltenheitswert und
musealer Vollständigkeit:
Peitschen, Knuten, Striemen, Ketten,
Ruten, Stricke, Gerten,
Nägel, Klemmen, Seile, Kordeln,
Klammern, Sägen, Feilen, Drähte,
die er alle mit seiner weißen Hand geweiht hat und die man sich
bitte bei Manuel abholen möchte.

Manuel:
Ein Kind
wurde geborn
in Verdú,
Spanien,
1580
so um den 25. Juni,
in einer Kätnerskate,
Pedro Claver.
Es war der Benjamin.
Seine Brüder:
Juan und Jaime.
Eine Schwester:

Isabel.
Der Vater konnte kaum
den eigenen Namen schreiben.

2. *Turistenführer:*
Übrigens
wurde schon am 9. Februar 1573 von Philipp dem Zweiten den
Äthiopen das Tragen von Waffen, Messern, spitzen Gegenstän-
den etc. verboten, wurde einer einmal damit angetroffen, erhielt
er hundert Peitschenschläge, wurde einer zum zweiten Mal damit
angetroffen:
Schwanz
ab!

Manuel:
Die Clavers
lebten
bescheiden aber wohlhabend.
Sie besaßen
18
Klitschen.
Zwei schmerzliche Ereignisse sollten auf schmerzliche Weise die
Laufbahn des Heiligen bestimmen. Am 17. Januar 1593
starb
seine geliebte Mutter;
am ersten Februar sein Bruder Jaime im hoffnungsvollen Alter
von zwanzig Jahren.
Pedro war 13.
Es bedeutete eine Sternstunde, als der Erzbischof
Pedro
am 8. Dezember 1594 in der Kirche von Verdú
die erste Tonsur
gab
oder
schnitt oder
rasierte oder
so.

Pedro
sollte die Heiligen Schriften in der Benefizgemeinde der Pfarre
von Santa Maria studieren. Im nahen Tárrega erwirbt er die
ersten Kenntnisse
des Griechischen
und vom
Latein.

1. Turistenführer:
Schlagen Sie bitte im kurzgefaßten psychologischen Führer
durch die Karibik
nach
und was Ihnen von der Kindheit des Heiligen unverständlich
bleiben könnte, wird sich Ihnen mühelos entschlüsseln:
Adam und Eva,
Kain und Abel,
Hamlet und Ödipus,
Orest,
Überich, Ich und Es,
Oral und banal,
Tonsur gleich Kastratur,
kurz,
es liegt auf der Hand:
Es ist der Todestrieb!

Manuel:
Wir finden
Pedro Claver
in den Jahren 96, 97 in Barcelona. Er studierte auf der Universität.

1. Turistenführer:
Was man damals
nannte:
Das Studium Generale.

2. Turistenführer:
1598
gab es eine große

Rebellion
der
Äthiopen
in Zaragoza,
die jedoch
ein Jahr später
von den königlichen Truppen
nieder-
geworfen war.

1. Turist:
Zaragoza in Kolumbien!

Manuel:
Klar.
Pedro
ging
mit einigen Kollegen zum Kloster Unserer Lieben Frau von den
Engeln, welches in einem Dorf namens Mataró liegt. Zwischen
Kloster und der sogenannten Pforte des Heiligen Daniel hatte vor
77 Jahren eine Bande von
Rockern
den
Heiligen Ignatius von Loyola
und seinen Begleiter Mosén Pujol
mit Stöcken geschlagen und
blutend
liegengelassen.
Ein
paar
Windmüller,
die vorüberkamen, luden den Heiligen und seinen Begleiter
auf ihre
Gäule
und transportierten ihn zum Portal Sankt Daniel, was unnütz ist
zu bemerken, aber immer bemerkt wird, und von dort zu seiner
Wohltäterin Inés Pacual. Als nun der

Heilige Peter
nach so vielen Jahren vorbeikam, bildete er geistlich die ganze
Szene nach. Der Kollege rief:
Bruder,
hier wars!
Hier wars.
Pedro
gerann
wie Eis
oder
Quittensaft,
hing die Augen am Himmel auf
und hatte eine ganze Weile eine
Ekstase,
und so groß war die Wirkung
dieser Vibration,
daß sie noch hier in Amerika, als er schon schüttelte, seinen Geist
bewegte und ihm die Zunge
wellte
und er ausführlich anfing
zu heulen.

1. Turistenführer:
An dieser Stelle pflegt den Teilnehmern der Pönitenz meistens
der Heilige Ignatius zu erscheinen und sich in den entsprechenden Idiomen verständlich zu machen.

Ignatius von Loyola, genannt Iñigo:
Nach zwölf oder fünfzehn Tagen
ließ ich mich in einer Sänfte in die Heimat bringen.
Dort erwies sich mein Zustand als sehr schlecht.
Deshalb ließ man aus vielen Orten
Ärzte und Chirurgen kommen.
Ihre Meinung war,
man müsse das Bein noch einmal brechen
und die Knochen ein zweitesmal einrenken.
Bei dem Eingriff

verkrampften sich meine Fäuste.
Später meinte ich,
daß ein hervorstehendes Knochenstück
mich entstellte,
und ich erkundigte mich bei den Chirurgen,
ob man es nicht entfernen könnte.
Sie antworteten,
es ließe sich schon abschneiden,
aber die Schmerzen seien schlimmer als alles,
was ich bisher durchgemacht hätte,
da die Knochen jetzt fest miteinander verwachsen seien
und man eine gute Zeit für die Operation brauche.
Trotzdem blieb ich dabei.
Nachdem nun das Fleisch
und das überstehende Knochenstück abgeschnitten waren,
wendete man verschiedene Mittel an,
damit das Bein nicht gar so kurz bliebe.
Man rieb es mit vielerlei Salben ein
und streckte es beständig mit Vorrichtungen.
Aber Unser Herr schenkte mir die Genesung.
Was ich nach meiner Genesung sofort zu unternehmen plante,
war eine Wallfahrt nach Jerusalem,
mit Bußübungen und Entsagungen.
Ich befürchtete nämlich,
ich könnte den Haß,
den ich gegen das eigene Ich gefaßt hatte,
sonst nicht ganz befriedigen.
Seit dem Tage meiner Abreise aus der Heimat
gei-
ßel-
te
ich mich
re-
gel-
mä-
ßig
jede Nacht.

Es gibt nicht so viele Fußfesseln und Handschellen, daß ich nicht aus Liebe zu Gott noch mehr verlangte. Der Mensch ist geschaffen, um Unserem Herrn zu dienen und dadurch seine Seele zu retten.

Die anderen Dinge auf dem Erdenrund
sind für den Menschen geschaffen,
und daß sie ihm helfen,
das Ziel zu erreichen,
für das er geschaffen wurde.
Daraus
folgt,
daß er sich ihrer bediene,
wenn sie ihm zur Erlangung seines Ziels hilfreich sind,
daß er ihrer entrate,
wenn sie ihm zum Obstakel werden.
Derart,
daß
wir Gesundheit nicht mehr wünschen als Krankheit,
Reichtum nicht mehr als Armut,
Ehre nicht mehr als Unehre,
Langes Leben nicht mehr als kurzes.
Unterdrücken wir den Überfluß der Nahrung,
ist es nicht Pönitenz, sondern Mäßigung.
Pönitenz ist, wenn wir das Gemäße unterdrücken,
je mehr desto besser,
vorausgesetzt, daß unsere Kräfte nicht schwinden
und nicht ernstliche Krankheit daraus folge.
Noch weniger bedeutet es Pönitenz,
wenn man den Überfluß des Schlafes unterdrückt.
Pönitenz ist, wenn man das Gemäße unterdrückt.
Je mehr desto besser.
Die Kasteiung des Fleisches bedeutet,
Schmerz
zu-
zu-
fü-
gen. Hä-

rene Hemden tragen, Stricke und Eisenketten,
sich geißeln, sich Wunden schneiden
und andre Arten von Durchlauchung,
daß der Schmerz im Fleich gefühlt werde,
aber nicht ins Gebein vordringe.
Daß zwar Schmerz erzeugt werde,
doch keine Krankheit.
Unter-
werfungen sind nützlich
zum ewigen Heil.
Das bedeutet, daß ich mich erniedrige und unterwerfe,
Nachlei-
de, was Christus, Unser Herr
lei-
det.
Mit viel Kraft beginnen.
Alle Anstrengungen aufbieten,
um zu leiden, einzutrauern, zu wei-
zu wei-
nen,
um das Ziel zu erreichen,
müssen wir immer bereit sein zu glauben,
was ich als weiß sehe, ist schwarz,
wenn die hierarchische Kirche es so entscheidet.
Ganz
und
gar
wahr
ist,
niemand kann sich erretten,
wenn er nicht vorherbestimmt wurde.
In der letzten Nacht durch schlechten Schlaf sehr geschwächt.
Beim Gebet am Morgen mit ruhigem Sinn und ziemlicher Andacht,
dabei eine geistliche Bewegung mit Wärme und zum Weinen
drängend.
Danach beim Aufstehen verlor ich vor Schwäche zweimal das
Bewußtsein.

Als ich dann zur Messe gehen wollte,
hatte ich beim Gebet Andacht.
Dasselbe beim Herrichten der Gewänder,
und eine Regung, daß ich weinen wollte,
zur Messe ständig Andacht und Schwäche;
ich hatte verschiedene geistliche Bewegungen während der Messe,
und es drängte mich zum Weinen.
Ebenso nach der Messe.
Den ganzen Tag über war ich ruhig,
immer mit dem Willen, nichts zu besitzen.
Dieses Verspüren und Schauen nahm noch zu –
und es liefen mir in einer großen Fülle Tränen übers Gesicht.
Ich hatte ein großes Vertrauen auf den Vater,
als würde die bisherige Verbannung aufhören.
Unter Weinen und Schluchzen machte ich auf den Knien
dem Vater das Anerbieten, nichts zu besitzen.
Es liefen mir dabei so viele Tränen das Gesicht herunter
und ich mußte so sehr schluch-
zen,
daß ich nicht mehr aufstehen konnte.
Schließlich stand ich doch auf,
aber auch, als ich mich schon erhoben hatte,
blieb mir noch immer die Andacht mit dem Schluchzen.
Und immer wieder konnte ich lange nicht sprechen,
ohne die Sprache gleich wieder zu verlieren.
Ich hatte von der Mitte an in einer großen Fülle
Tränen voller Wärme und innern Wohlgeschmack,
doch ohne irgendwelche Einsichten.
Desgleichen schien es, als könnte ich spürbar
meine Adern oder Teile meines Körpers wahrnehmen;
dabei eine gewisse und fast neue und nicht in dieser Weise
                                        gewohnte Wärme
und nach außen rote Andacht
und vieles Aufatmen wegen der vielen Andacht.
Gib mir doch liebevolle De-
mut!
Ich fürchte das Augenlicht zu verlieren.

Und ununterbrochene Tränen.
Nimm auf, o Herr,
und empfange zurück
alle meine Freiheit,
mein Gedächt-
nis. Mei-
nen Intellekt
und meinen ganzen Willen,
alles,
was ich
bin
und habe.

Manuel:
Ohne Zweifel dürfen wir behaupten, daß der Gedanke an Montserrat für Pedro Claver –

1. Turistenführer:
Wie für Ignatius von Loyola –

Manuel:
zu den gnadenreichsten und fruchtbarsten seines geistlichen Lebens zählte.

1. Turistenführer:
Montserrat,
Zauber-
berg!
Berg
des Glaubens,
der Geschichte
und der Schönheit!

Manuel:
Pedro Claver wallfahrte nach Montserrat wie alle seine Kollegen
auch.

2. Turistenführer:
Anno 1600
steht
der kühne –

1. Turistenführer:
und gefürchtete –

2. Turistenführer:
Domino Bioho
auf,
afrikanischer König,
König Benkos,
mit dreißig
Mohren und
Äthiopinnen
im Staate
Matuna.

Manuel:
Im Jahre 1601
hatte Pedro das Studium der Rhetorik beendet. Er besuchte das
Kollegium von Belén,

1. Turistenführer:
Das heißt Bethlehem –
Manuel:
das von den Jesuiten geführt wurde.

2. Turistenführer:
Am 16. November 1602
erheben sich die
Cimarronen
in den westindischen Provinzen.

Manuel:
Am 7. August 1602

trat Pedro Claver das Noviziat der Gesellschaft Jesu an.

2. *Turistenführer:*
Am 16. Februar 1603 finden Kämpfe mit Sklaven und geflohenen
Mohren statt. Am 25. Januar 1604 wird gegen Domingo Bioho,
den afrikanischen König,
König Benkos,
in der unabhängigen Siedlung von San Basilio gekämpft.

Manuel:
Zwei Jahre lebt Pedro Claver in Tarragona. Am 8. August 1604
legt er das Gelübde der Gesellschaft Jesu ab. Im Oktober kommt
er in Gerona an. Dort vervollkommnete er sein Latein. Und studierte weiterhin Rhetorik. Am 11. November 1605
traf
ein einfacher Student im Kollegium von Montesión in Palma de
Mallorca ein, um Philosophie zu studieren. Die Pforten des Kollegiums von Montesión wurden
47
Jahre lang
von derselben mildtätigen Hand
geöffnet
und
geschlossen.
Der Pförtner hatte einen seltsamen Glanz in den Augen, wenn er
die Besucher empfing. Er sagte:
Ja,
Herr,
ich komme.
Er sah
in
jedem,
der kam und ging,
die Gestalt
Christi.
Der Pförtner war von mittlerer Statur. Seine Tränenwinkel waren
entzündet vom fortwährenden Weinen.

Pscht!
Der Heilige Peter
will sich ein Wort
hervorzittern.
Pscht!

Pedro:
O,
du,
mein
Alonso!

Manuel:
Alonso Rodriguez, 25. Juli 1531 bis 31. Oktober 1617. Einziger
Beruf: Pförtner des Kollegiums von Montesión.
Pscht!

Pedro:
O, du, mein Alonso! Was soll ich tun, um wirklich meinen Herrn
Jesum Christum zu lieben? Was soll ich tun, um ihm zu gefallen?
Er gibt mir
dringlichste Begier,
ganz sein zu werden, und ich weiß nicht, was ich tun soll!

Alonso Rodriguez:
Iß
nie
Süßes!
Wach viel!
Schlaf wenig!
Leere
dein Herz
von allen Kreaturen
und füll es aus
allein
mit dem Herrn.
Der gute Geistliche sei

wie
Melkisedek
ohne Vater,
ohne Mutter,
ohne Stammbaum,
ohne Verwandte.
Er behandle sie,
als habe er sie
nicht.
Um Gott zu lieben,
ist es nötig,
daß der Mensch
als erstes
seinen Willen
entferne und
ihn reinige
von allen irdischen
und fleischlichen
Lieben und Zuneigungen,
daß er niemanden liebe
als
Gott,
und sollte er etwas anderes lieben,
so
sei es
durch Gott
und nicht auf andre Weise.
Daß er
nicht
nur nicht
das Böse wolle,
sondern auch nicht
das Gute,
es sei denn das,
welches
Gott
wünscht.

Studiere aufmerksam das Nützliche, nicht das Überflüssige. Die
gemäße Wissenschaft fördert, die überflüssige
bläht.
Sprich
nie von Essen und Kleidung.
Sprich
gut von allen und schlecht von dir selbst.
Sprich
wenig mit den Menschen und mit Gott viel. Um Recht zu gewinnen,
Schweig,
wenn sie dich beleidigen, verbessern, mißhandeln, seist du unschuldig oder schuldig. Gib keine Erklärungen ab, und wenn sie
eigensinnig sind, laß dich schweigend erniedrigen.
Unter-
wirf
dich jeder Kreatur. Tu was du kannst mit großem Frieden, und
wenn du es nicht tun kannst und man fragt dich, antworte: Ich
konnte nicht. Alles weitere kommt nicht gut heraus. Unterbrich
dein großes Schweigen nicht. Antworte
nichts, nichts, nichts.
Schweig, schweig, schweig!
Und antworte keinen Buchstaben weiter.
Ge-
nie-
ße die Beleidigungen und halte die Schandmale in Ehre.
Über-
flie-
ße in der Kenntnis deiner selbst. Sie ist firme Kenntnis.
Wer sich kennt,
verachtet
sich!
Käu
dein Ende wider und deinen
Tod.
Nimm
das Bittre
für

süß
und das
Süße
für bitter.
Und stell deine Seele hin vor Unseren Herrn Jesus Christus am
Kreuz, sieh ihn voller Schmerzen, wie er sein Blut über den gan-
zen Körper ausgießt.
O,
Foltern!
O,
die große Kasteiung!

Manuel:
Pedro Claver mußte nach Barcelona zurück.
Sein Herz teilte sich.
Seine Zunge löste sich.
Seine Augen ergossen sich
ausgiebig,
als er von seinem Meister Alonso Rodriguez scheiden mußte, den
er so sehr liebte.

2. Turistenführer:
1608 erneuter Aufstand der Äthiopen in den westindischen Provinzen.

Manuel:
Pedro Claver studierte von November 1608 bis Ende Januar 1610
in Barcelona Theologie.
Er sprach immer mit Gott.
Im Jahre 1609 erhielten die Provinzoberen der Gesellschaft Jesu
von ihrem Superioren, dem General Pater Claudio Aquaviera,
den Befehl, jedes Jahr einen Missionar in die junge Provinz des
Neuen Königtums von Granada zu entsenden. Sechs der kühn-
sten und begeisterungsfähigsten Novizen zusammen arbeiten das
nicht weg, was
Pedro Claver,
sagte Pater José de Villagas und bestimmte ihn als Missionar.

Der
Obere
hatte einen
Befehl
erteilt. Gehorcht
mußte werden. Pedro Claver klammerte sich an jeden Buchstaben.
Er
zog
los
ohne
seine Familie zu verständigen
ohne
sich zu
ver-
abschieden.
Am 15. April schiffte er sich nach Neu-Granada ein. Wohlbehal-
ten erreichte er den Hafen von
Cartagena
im Juni. Er sprang ans Land und küßte das Ufer. Er hatte die Ideale
eines
Konquistadoren.
Aber ihn trieb nicht die Begierde nach Gold oder Silber, sondern
nach dem Schatz der
Seelen.
Fünf Monate nachdem er Sevilla verlassen hatte, erreichte er
Santa Fé de Bogotá. Das Klima bekam ihm nicht. Es rasselte in
seiner Brust. Er hatte Migränen. Er versuchte es in Tunja, in
Mompax, am Fluß Magdalena. 1615 kehrt er endgültig nach
Cartagena zurück.
Er sieht die
schwarze
Flagge der Sklavenschiffe.

Las Casas:
Den Christen kann sicherlich geholfen werden,
wenn
Eure Majestät

jeder dieser Inseln
fünf
oder
sechs
hundert
Neger
leihen möchte.

2. *Turistenführer:*
1616 erneuter Aufstand der Äthiopen.

Manuel:
Wenn Pater de Sandoval, der ein paar Zeilen weiter
zittert,
klappert,
rasselt,
knirscht,
wenn Pater de Sandoval, dem Pedro Claver unterstellt war,
einen Äthiopen sah,
flossen
ihm die Augen über. Wenn er hörte, daß ein Schiff mit Mohren
ankam,
zitterte
sein Körper, bäumte
sich
auf.

Alonso de Sandoval:
Wie groß ist es nicht, diese
Äthiopen
aus dem Abgrund der Sünde zu heben und sie zur Gnade
des Herrn zurückzuführen!
Wäre es nur für
eine Nacht.
Wenn ein schwarzflaggiges Schiff
anlegt,
müssen wir

sofort
hin.
Wie viele
sind es?
Welcher
Nation?
Aus welchen
Häfen?
Wer
ist krank?
Woran?
Welche
gefährlich?
Wie viele
Kinder?
Die Kinder müssen behandelt werden!
Welche
tragen Wasser mit?
Wem
müssen wir gleich Wasser geben?
Sie sind
starr
vor Durst.
Todkrank
und
tot.
Das sind die meisten.
Sie können uns nicht bitten.
Die Mütter wagen nichts zu sagen.
Wenn sie uns sehen, schluch-
zen sie auf.
Hält man ihnen den Krug hin,
leeren sie
einen,
zwei,
drei –
wie ich es selbst erlebt habe.

Zur Taufe
stellen wir sie
immer zehn
und zehn
auf.
Wir lassen sie niederknien,
wie schon der Heilige Francisco Xavier
niederknien ließ,
es sei denn,
Gebrechlichkeit verböte
es einem, niederzuknien.
Die Hände demütig falten!
Rundherum um ein Silberbecken
oder eine Schüssel,
wenn nichts anderes da ist,
in die das Taufwasser
abfließen kann.
Der Pater der Gesellschaft Jesu
legt sich die Stola um
und fragt jeden einzelnen
und prüft durch den Übersetzer,
ob
der Äthiop
die Absicht hat,
die Taufe
zu empfangen,
ob
er
Glauben,
Hoffnung,
Barmherzigkeit,
Zerknirschung empfinde
oder wenigstens
Reue.
Und ist dann der Pater überzeugt,
daß sie hinreichend empfänglich,
verleiht er ihnen,

immer zehn
und zehn,
einen
der gebräuchlichsten Namen,
der sich leicht aussprechen läßt.
Sie müssen ihn,
immer zehn
und zehn,
wiederholen,
damit sie ihn nicht vergessen.
Und sollten sie ihn doch
aus irgendeinem Grund vergessen,
kann ihn der eine dem andren praktischerweise
wieder ins Gedächtnis zurückrufen.
Ihnen wird gesagt,
daß sie sich mit diesem Namen zu nennen hätten,
als Christ und Sohn Gottes.
Haßt und vergeßt
den,
mit dem
ihr euch ehedem nanntet
in euren Heimaten;
er ist Äthiopenname,
er ist Mohrenname,
Dämonensohnsname.
Ich wunderte mich jedoch,
was mit dem Wasser in der Schüssel geschah,
und der Gehilfe gestand,
daß er es ausgeschlürft hätte,
so groß ist der Durst
dieser erbarmungswürdigen Menschen.

Manuel:
So taufte Pater de Sandoval mit seinen Untergebenen jedes Jahr
mehr als 6000 Äthiopen, ohne daß die geringste Unschicklichkeit
dabei gefunden wurde.
Pscht!

Pedro:
Wie die Schlange die Haut wechselt,
müßt
ihr
euer Leben auswechseln,
eure Sitten ablegen,
eure Laster ablegen,
eure Erinnerung auswechseln.

Manuel:
Riß
sich bei diesen Worten an der eigenen Haut, als wollte er aus der
Haut fahren, und die Mohren taten desgleichen
eifrig.
War die Instruktion beendet, holte er ein Kruzifix aus der Brust
hervor und erklärte die Kraft der
Er-
lö-
sung, und sie riefen die Gnade Gottes an, und er schlug sich mit
der Linken ans Herz, und die Mohren taten
desgleichen.
Pscht!

Pedro:
Jesus Christus
Gottes
Sohn
Du
bist mein Vater,
Du bist meine Mutter.
Herr,
ich liebe dich,
sehr,
sehr,
sehr!

Manuel:
Und weinte und geißelte sich mit den Täuflingen.
Anschließend gab er ihnen
Bonbons
und haute ihnen
mit einem Knüppel
vor den Kopf,
ein bißchen.
Seine Grundsätze
beim Beichtigen
waren klar:
Erst
die armen Sklaven,
die keinen sonst fanden, der ihnen die Beichte abnahm.
Die Mohrinnen am Tage.
Die Mohren nachts.
5000
zu jeder Fastenzeit.
Am 19. März 1616 wird Pedro zum Priester geweiht.
Gegen Mittag
nahm er für gewöhnlich
einen Teller Reis
zu sich,
Brotsuppe,
Wassersuppe,
höchstens eine Idee Wein drin.
Abends ein bißchen Reis.
Oft
tagelang
nur Brot und Wasser.
Ging, wenn das zweite Mal aufgetragen wurde,
und brachte zum Essen immer ein Bitterkraut mit,
das er kaute,
um den Geschmack der Nahrung zu vernichten,
und mischte Asche
in seine Bissen.
Auch aß er mit den Armen, Schamlosen, Gebresthaften

am Boden,
aus der Schale,
nahm von
ihrem
Mundvoll.
Pscht!

Pedro:
Ich schlafe zuviel.
Ich
tu
nichts!

Manuel:
Den Armen
fegte er die Hütten,
wusch die Bedürftigen
mit klarem Quellwasser.
Wusch ihnen
gründonnerstags
die Füße.
Nie
nahm er klares Quellwasser,
um sich selbst zu reinigen,
sondern wusch sich
mit Spülicht.
Scheren ließ er sich den Bart,
wenn das Messer
stumpf war
von den Bärten der anderen.
Auch die Schreibfeder
war verstilzt,
mit der er schrieb.
Sein Schreibpapier
suchte er vom Müll.
Brauchte nur
gebrauchte Sutanen und Schuhe.

Sogar
seine Hostien
waren Wegwurf.
Blind
war sein Gehorsam.
Er fragt nicht nach Neuigkeiten,
wenn die Caravellen aus Europa anlegen.
Niemanden
sieht
er
an.
Außerdem fädelte
Pater Pedro Claver
täglich Rosenkränze auf
aus Kernen und Samen.
Bis zum heutigen Tag
hat er für seine Mohren
9000
Rosenkränze aufgefädelt.
Pscht!

Pedro:
Ich will sein
wie Metall:
Hämmerbar!

Manuel:
In den stillen,
heißen Nächten
durcheilt
Pater Peter
die engen Korridore
dieses Kollegiums,
auf dem Haupt
die Dornenkrone,
auf der Brust
das Nesselhemd,

auf der Schulter
das schwere Kreuz,
schleppt er sich
über die Tribünen
in die Kirche hinunter.
Dreimal geißelt
er sich blutig
jede Nacht
und einmal
jeden Morgen.
Geschnürt
und mit
Schnüren
aus Schweineborsten
gegürtet
von der Zehe
bis zum Scheitel,
um den Hals
ein Hundehalsband
mit Stahlstücken.
Die Arme schnürt er sich
mit den rauhesten Schnüren
aus
gekochten Schweineborsten.

2. Turistenführer:
1619 die bekannte große Rebellion der Mohren.

1. Turistenführer:
Pedro Claver wurde in das Haus eines reichen Reeders aus Lima
gerufen. Dort lag im Abfall zwischen Hühnern und Ratten ein
kranker Äthiop, den sie schon aufgegeben hatten.
Peter
drehte
durch!
Raus
zog er das Bronzekreuz. Entnacktete die Brust.

Raus
die Peitsche, die mehrschwänzige mit den Eisenkügelchen, und
regnete Schläge auf sich selbst, bis ein Regen von Blut seine Haut
feuchtete.

Manuel:
Pscht!

Pedro:
Weigerst dich,
Pedro,
dich deinem Nächsten zu nähern?!

Manuel:
Näherte sich
dem Aufgegebenen,
küßte
und
leckte
zärtlich
den Kranken
und gab ihm Frieden.

1. Turistenführer:
Er leckte
und küßte vielen
die Pickel, die Schwären, die Beulen, die Primäraffekte.

1. Turistin:
Basta! Pater! Basta!

Manuel:
Pscht!

Pedro:
Nicht!
Basta!

1. Turistenführer:
Seine Mildtätigkeit war einfallsreich. In seiner Zelle stapelte er
Duftwässer, Biskuits, Bonbons und vor allem die berühmten,
wunderbaren Datteln des Heiligen Peter, die heutzutage ja auch
schon bei uns in Reformhäusern geführt werden.

2. Turistenführer:
Am 16. März 1621 wird
Domingo Bioho,
afrikanischer König,
König Benkos,
hier
auf dem Schandplatz
aufgehängt.

Manuel:
Viele nützten Pater Pedro Clavers Geduld und Bescheidenheit
aus, nannten ihn simpel, ignorant, impertinent, ungebildet, ohne
Umsicht.

1. Turist:
Halt den Mund, Pater! Bleib bei deinen Negern. Du bist dumm
und du kannst kein Latein.

Manuel:
Wenn er in das schwammige Delta des Flusses Magdalena vor-
drang, entblößte er seinen Körper bis zum Gürtel, daß er bedeckt
würde von Fliegen, Mücken, Moskitos.
Pscht!

Pedro:
Geht, ihr da!
Ihr habt euren Anteil gehabt!
Geht in Frieden und laßt den andren Geflügelten Euren Platz.

Manuel:
Am 13. März 1622
brannte

zum ersten Mal in Cartagena ein Mensch zum Auto da Fé,
Adán Edon,
ein protestantischer Ketzer.
Pedro sahs,
und sein Eifer
wuchs,
mit den Seelen der Verurteilten zu arbeiten.
Er wurde zum Vermittler, zum Verteidiger vor der Inquisition,
zum großen Beichtiger.
Am 3. April 1622 legte
Pedro Claver
sein Gelübde ab.
Das zweite Auto da Fé fand am 17. Juni 1622 statt.
Pedro
sahs.
22
waren die Pönitenten.
Am Nachmittag vor dem Auto da Fé sammelte er Almosen für die
Verurteilten. Er achtete nicht der Sonne, nicht des tropischen
Regens, wenn er zur Richtstätte mußte, um die Verurteilten zu
stärken. Er beichtigte sie, sprach ihnen Tage hindurch Trost zu,
und war es vorbei, sang er Responsorien mit Orgelbegleitung,
und seine Äthiopen spielten auf Querpfeife, Baß und Zinken.
1634
wurde
Pedro
Claver
schwer
krank.
Geschröpft –
der Obere sammelte die Leintücher
voller
Blut
und vergab sie als Reliquien.
So
groß
war Pedro Clavers Ruf.

1640 wurde ein Kapitän zum Tode verurteilt, weil er Geld ge-
fälscht hatte. Ganz Cartagena war auf den Beinen. Der Schuldige
saß auf einem Schemel neben dem Pfahl, an dem er hängen sollte. Als der Henker die Garotte zudrehen wollte, fiel er
in Ohn-
macht, und Pedro Claver fing den Schuldigen auf.

1. Turistenführer:
Hier sind die Chroniken wirr. Einige sprechen von Halseisen,
andre von einem Strick. Sagen aus, daß Pedro Claver zweimal
den Schuldigen in seinen Armen hielt, trotz der Stimmen, die ihn
bezichtigten, mitschuldig zu werden.

Manuel:
Pscht!

Pedro:
Mit-
schuldig
nicht.

Manuel:
Und er stützte den Fälscher, bis er in seinen Armen verschied.
1641 tauft Pedro Claver eine kranke Mohrin und wird krank.

1. Turistenführer:
Pater de Sandoval
folgt ihm
und folgt ihm in der Erkrankung.

Manuel:
Im letzten Jahr
starben
an der Pest
hier
im Kollegium
neun
Patres.

Die Zukunft
birgt für Pater Peter kein Geheimnis.
Oft
hebt er die Augen auf
und bewegt die Hände
und
schwebt
von der Gnade Gottes
ssssst
durch die Zellen.
Wie
Christus
Lazarus
weckte,
weckte
er die Mohrin Argentina
von
den
Toten
auf.
Pscht!

1. Turistenführer:
Der Heilige stellt eine seiner drei berühmten
neugierdelosen
Fragen:

Manuel:
Pscht!

Pedro:
Ist
Friede?

1. Turist:
Jaja!
Vorpommern, mit Stettin, Usedom und Wollin, Wismar, Bremen,

Verden an Schweden. Sundgau, Metz, Toul, Verdun an Frankreich. Die Lausitz an Sachsen. Hinterpommern –

Manuel:
Cammin, Halberstadt, Minden an Brandenburg.
Das
wissen wir
alles längst.

1. Turistin:
Karl der Erste von England ist hingerichtet worden.

Manuel:
Pscht!

Pedro:
Ist Friede?

1. Turist:
Die französischen und englischen Truppen ziehen sich aus Deutschland zurück.
2. Turist:
Man züchtet jetzt Birnen an Gittern!
1. Turistin:
Und ein Herr Thomas Bartholin hat große Blasen verbotenerweise im Körper aller Kreaturen entdeckt. Sie enthalten einen weißen Saft, eine Milch, die wichtiger für das Leben ist als sogar das Blut!

Manuel:
Pscht!

Pedro:
Wie befindet sich der Heilige Vater?

2. Turist:
Innozenz der Zehnte verdammt den Westfälischen Frieden!

Manuel:
Pscht! Pscht!
Pscht!

Pedro:
Wie arbeitet die Gesellschaft Jesu?

1. Turist:
Gut.
2. Turist:
Gut
1. Turistin:
Gut
3. Turist:
Gut, gut!

1. Turistin:
Es ist wirklich eine fabelhafte Führung!

2. Turist:
Kommen Sie mal her da.
Das ist ein Dollar.
Machen Sie doch ruhig auch ein paar Angaben zur eigenen
Person.

Manuel:
Ich bin Manuel aus Biafara, genannt El Moreno, Der Mohr. Mein
Vater verschlang, neben mir angeschmiedet, seine eigene Zunge,
um daran zu ersticken, was ihm gelang. Ich bin Haussklave im
Jesuitenkollegium und wurde als Mitarbeiter, Raumpfleger und
Fremdsprachenkorrespondent eingekauft. Ich habe keinen guten
Ruf. Man behauptet, ich äße Erde und würde dem Heiligen die
Butter vom Brot schlecken. Deshalb muß ich eine Maske aus

Korbgeflecht tragen. Meine Geschichte ist die eines jeden Äthio-
pen – es ist keine Geschichte.
Meine Götter – keine Götter.
Mein Land –
kein Land.
Mein
Nam –
kein
Nam.
Pscht!

Pedro:
Manuel,
Mohr,
Hilf mir nun auf und hoch!

Manuel:
Schon wieder?! Es ist nicht Freitag und nicht Ostern!
Pscht!

Pedro:
Du quälst
mich,
zögerst
du.

Manuel:
Quäl ich dich,
Quäl ich dich nicht;
Quäl ich dich nicht,
Quäl ich dich.
Reicht das nicht genug hin?
Pscht!

Pedro:
Genug ist nicht genug!

Manuel:
Ich möchte lieber nicht wieder.
Pscht!

Pedro:
Hol den Hammer, die Schnur, die Kugel, die Ros!

Manuel:
Es liegt noch alles da von gestern nacht.
Pscht!

Pedro:
Nimms
auf!
Setzs
ein!

Manuel:
Ach,
ich!
Ich bin noch nicht fertig.
Pscht!

Pedro:
Was suchst du den Sardinenofen hervor?
Ich brenn röter.
Kohlen?
Schwärzer meiner Sünden Schatten.
Das nicht kantige Eisen bin ich selbst.
Schärfe will ich, die mich schnitte!

Manuel:
Hier sind die Zangen zum Anpassen der Hufeisen.
Pscht!

Pedro:
Wozu die,

mein
Herrknecht,
mein
Knechtherr?

Manuel:
Heute spielen wirs anders herum?
Pscht!

Pedro:
Ich spiel
nicht.

Manuel:
Noch
ich!
Pscht!

Pedro:
Auf, auf!
Was zögerst du noch,
brauner
Sünder,
schwarzer Sünder,
mich zu zerknirschen,
zu zerrütten,
zu zerfasern?!
Tus, tus, tus!
Du
Dreck
den Dreck.
Gott tuts –
tus!

Manuel:
Ich Dreck?
Sau du!

Du ungewaschene Sau!
Schneidst dir kein Haar,
Wäschst dir nicht das unbeschnittne Fleisch.
Dir Ruß ins Gesicht, da!
Mir weißes Mehl.
Du schwarz!
Schnauf!
Auf die Knie.
Grunz! Wühl.
Ich, weiß, ganz weiß!
Weh, wenn ich dich krieg!
Fliehst du wohl
mit deiner schwarzen Brut,
Hottentott!
Dachpappe!
Wirst du wohl gleich zur Dachpappe
und fliehst!

1. Turistin:
Aber das ist doch fürchterlich!
Ich will hier raus!

1. Turistenführer:
Es ist inbegriffen.

Manuel:
Pscht!

Pedro:
Ja, ich bin der schwarze Hottentott und wühle mich ein, mit den
Zähnen beiß ich mich fest in den Falten meiner Äcker, um mich
meine Sündenbrut und die wippenden Brüste meiner Weiber-
scharen. Ich fresse an den Wurzeln meiner Früchte von unten.

1. Turistenführer:
Dahinten ist das Hottentottendorf. Männer mit dicken Säcken
und muskulösen Fortpflanzungswerkzeugen und viele Jungfraun

mit zurechtgeschnittenen Schamlefzen und aufrechten Milch-
drüsen und viele Würfe, zwischen acht und zwölf Stück je. Aber
sie haben sich eingebissen unter der Erde, und wir müssen sie
ausräuchern, ausbeizen mit Frettchen.
Pscht!

Pedro:
Massa, Mister, Senhor, Herr,
laß mir meinen
kleinen Xango,
meine kleine Oya,
meinen kleinen Olorun!
Ich schenk dir Yansa.
Ich schenk dir Oschum.
Laß mir meine
geliebte
Avlekete.

Manuel:
Dein kleiner Xango ist zu schwach, deine kleine Oya, dein
kleiner Olorun.
Sie würden den Gang durch den Wald nicht überstehn.
Darum verbrennen wir sie lieber gleich.
Avlekete fehlt ein Zahn.
Oschum wiegt nicht genug.
Mit Yansa wollen wir es versuchen.

1. Turist:
Wie ist es überhaupt mit Dir,
Peter Klapper?!
Aber du zitterst ja! Du machst dich selbst feucht. Laß mal sehn,
was du in der Hose hast!

Manuel:
Pscht!

Pedro:
Erbarm!

Manuel:
Aber Pedro, wie willst du denn mit einem solchen Schwänz-
chenklein ein anständiger Sklave sein.
Schiffsraum ist teuer geworden.
In die Feuerhütte!
Pscht!

Pedro:
Erbarm!

Manuel:
In die Feuerhütte,
sag ich!
Zum kleinen
Xango,
zur kleinen
Oya,
zum kleinen
Olorun,
zu Avlekete und Oschum!

1. Turistenführer:
Es ist ein mächtiger Zauberer, und es könnte Ärger geben!

Manuel:
Meinetwegen! Stempelt ihn!
Pscht!

Pedro:
Nicht brandmarken!

Manuel:
Auf die Stirn
oder auf die Brust-

warzen.
Pscht!

Pedro:
Nicht brandmarken!

Manuel:
Will ich dich brandmarken?

1. Turistin:
Stem-
pel
ihn!

1. Turistenführer:
Die Frauen wurden übrigens nur leicht gebrandmarkt, um der
Wahrheit das Recht zu geben!

Manuel:
Pscht!

Pedro:
Nicht brandmarken, der Pater Obere könnte unwillig werden.

Manuel:
Geh
von
Meer zu Meer.
An Bergen von Kobalt vorbei.
Wate
durch Asphaltseen.
Gefiederte Nashörner.
Frösche groß wie Häuser.
Sintfluten
und singende Karnickel.
Götter aus Korallen.

2. Turist:
Was hast du uns mitgebracht?

Manuel:
Ich habe einen alten Zauberer,
Schwänzchenklein.

2. Turist:
Was kann er Besonderes?

Manuel:
Rosenkränze machen!

2. Turist:
Was soll er kosten?

Manuel:
Drei Schafe.

2. Turist:
Right-o!

Manuel:
Aber du darfst ihn nicht brennen, der Pater Obere könnte unwillig werden.

2. Turist:
Hottentott
zu verkaufen!
Einflußreicher Zauberer!
Schwänzchenklein – Schwänzchengroß!
Macht 1000 Rosenkränze am Tag!
Anlage!

3. Turist:
Ich biete ein Gewehr!

2. Turist:
Right-o!

1. Turistin:
Ich biete einen Ballen Stoff!

3. Turist:
Right-o! Right-o!

Manuel:
Rein in die Baracke zu den anderen!
Wartet, bis der Schiffsarzt kommt.

4. Turist:
Er ist über 35. Schieß ihn übern Haufen, zu den anderen!

Manuel:
Er ist ein einflußreicher Zauberer und stellt am Tag 1000 Rosenkränze her!

4. Turist:
Er kann sich nicht kontenieren. Wenn man ihn prügelt, wird er
feucht.

Manuel:
Er kann in Zungen reden.

4. Turist:
Fühl die Knoten in seinem Körper und die Schlaffheit des
Schließmuskels.

Manuel:
Er hat in einem halben Jahr, das wir ihn durch Afrika gehen ließen von der geheimnisvollen Sansibar im Stillen Ozean nach der
schlangentempligen Ouidah, Portugiesisch gelernt, Deutsch und
Englisch.

4. Turist:
Und was ist das hier?
Faß ich ihm an die Zunge, liegen mir fünf Zähne auf dem Hand-
rücken.
Nein, nein!
Schwänzchenklein.
Kein verwendbares Krankengut. Schieß ihn über den Haufen, zu
den anderen!

Manuel:
Er kann schreiben.

4. Turist:
Kann er Ibo?

Manuel:
Kannst du Ibo?
Pscht!

Pedro:
Ein bißchen!

4. Turist:
Schmiedet ihn zwischen zwei Ibos an.
Sie hängen sich wegen jeder Lappalie auf.
Wenn sie keinen Strick haben, rennen sie sich den Kopf ein oder
werfen sich zu den Haien ins nasse Bett.
Lassen wir sie die ganze Überfahrt angeschmiedet,
verweigern sie die Nahrung
oder ersticken sich an der eigenen Zunge.
Laß den alten Sack neben ihnen angeschmiedet leben,
solange unsere Ibos frisch bleiben.
Sterben
sie unter irgendeinem Vorwand,
schmeiß
ihn
ihnen nach!

Manuel:
Kaum ist der Vertreter der Sklaven-, Schnaps-, Tabakskompagnie
weg, kommt
schon der afrikanische Vertreter der Kompagnie Jesu.
Ich bin der Pater Täuferich
und rette vor der Hölle dich.
Mund auf!
Salz rein!
Ysop auf den Kopf!
Was tue ich?
Pscht!

Pedro:
Ich weiß es nicht.

Manuel:
Du dummer, kleiner Kanakerich,
Du weißt es nicht?!
Ich taufe dich!
Pscht!

Pedro:
So ist es nicht!

Manuel:
Sprich
demütig:
Ich taufe dich!
Pscht!

Pedro:
Du tauftest mich.

Manuel:
Sprich:
Ich werde keine Hunde, Ratten, Ameisen und Kakerlatschen mehr
essen.
Pscht!

Pedro:
Ich habe sie nie gegessen.

Manuel:
Demütig!
Pscht!

Pedro:
Ich werde keine Hunde, Ratten, Ameisen und Kakerlatschen mehr
essen!

Manuel:
Und wozu nützt die Tauf?
Pscht!

Pedro:
Daß
ich lustwandle
mit meinem himmlischen Bräutigam auf
himmlischer Aue.

Manuel:
Das ist mir eine poetische Dachpappe!
Sprich:
Es ist, weil Ihr mich fressen wollt, Herr!
Pscht!

Pedro:
Nie!

Manuel:
Soll ich dich erniedrigen, Heiliger Pedro Claver, und fürchtest du
die Erniedrigung in Gedanken, im Sprechen, in Figuren des Aus-
drucks und der Phantasie?
Wiederhols!
Pscht!

Pedro:
Es ist, weil Ihr mich fressen wollt,
Herr!

Manuel:
Weil Ihr mein –
Pscht!

Pedro:
Weil Ihr mich marinieren wollt, durchlauchen, mein Fleisch
scharfmachen, um Schießpulver daraus zu mahlen, es gerben,
um Pergament daraus herzustellen, Dachpappen.

Manuel:
Das ist mir ein gelehriger Blackie, der seine Historie und seine
Reiseberichte gelesen hat. Und jetzt wirst du zum Zeichen, daß
wir dich nun endgültig mit hinübernehmen wollen, noch einmal
mit dem Siegel des Königs gebrannt. Nein, ich brenn dich nicht,
der Pater Obere könnte unwillig werden.

1. Turist:
Sahara.
(Arabische Aussprache: Sáchara – ..)

2. Turist:
Wasser.

1. Turist:
Sahara.

3. Turist:
Wasser.

1. Turist:
Sahara.

4. Turist:
Wasser.

1. Turist:
Sahara.

5. Turist:
Wasser.

1. Turist:
Sahara.

Manuel:
Und was sagst du dazu, Peter Dachpappe?!
Pscht!

Pedro:
Die Sahara ist eine Wüste.
Wir sind mitten auf dem Meer.

1. Turist:
Sahara.

2. Turist:
Eine Tasse Wasser alle drei Tage ist zu wenig.

1. Turist:
Sahara.

3. Turist:
Wie lange noch?

Manuel:
Und was sagst du dazu, Peter Dachpappe?
Pscht!

Pedro:
Fünf Wochen noch,
Sieben Wochen,
Zehn Wochen
noch.

1. Turist:
Sahara.

2. Turist:
Wie lange schon?

1. Turist:
Sahara.

Manuel:
Peter Dachpappe!
Pscht!

Pedro:
Fünf Wochen.

1. Turist:
Sahara.

Manuel:
Pscht!

Pedro:
700
waren wir bei der Ausfahrt.
300 sind wir jetzt.
Keiner bleibt übrig
zur Ankunft.

Manuel:
Wurdest du dazu engagiert, Dachpappe?!

1. Turist:
Sahara.

5. Turist:
Ich sterb nicht. Ich hab ein Schriftzeichen im Darm.

1. Turist:
Sahara.

5. Turist:
Allah!

1. Turist:
Sahara.

4. Turist:
Ich habe Gott
Gu
aus Holz im Darm.

1. Turist:
Sahara.

4. Turist:
Gu! Gu! Gu!

1. Turist:
Sahara.

2. Turist:
Wasser.

1. Turist:
Sahara.

4. Turist:
Gu!

1. Turist:
Sahara.

5. Turist:
A –

1. Turist:
Sahara.

2. Turist:
Wa –

1. Turist:
Sahara.

4. Turist:
Gu.

1. Turist:
Sahara.

5. Turist:
– llah.

1. Turist:
Sahara.

2. Turist:
– sser.

1. Turist:
Sahara.

Manuel:
Dachpappe!
Pscht!

Pedro:
Tränen.

Manuel:
Haben wir dich dafür engagiert, Schwänzchenklein?!
Ich bin kein Kind von Traurigkeit.
Los, Dachpappen, auf!
Vitamin D.
Gegen Skorbut hilft Tanz und Geselligkeit.
Sing mir das Lied von Ogum!
Pscht!

Pedro:
Das schlimme Lied von Ogum.
Das Ketzerverslein.

Manuel:
Meine
Nilpferdpeitsche,
deine
Nilpferdpeitsche
sind der Finger Gottes,
und deinem Gott gefällt es,
dich in die Finsternis des Ketzerversleins von Ogum zu geleiten.
Los,
Dachpappe,
sing!
Pscht!

Pedro:
Chi man congo.

1. Turist:
Sahara.

Manuel:
Pscht!

Pedro:
Chi man luango.

1. Turist:
Sahara.

2. Turist:
Wasser.

Manuel:
Pscht!

Pedro:
Chi man ri luango de Angole.

1. Turistin:
Aber das ist doch nicht der eigentliche Vodounkult. Das ist so ein
richtiger Turistenwudu!

Manuel:
Ich bin der Heilige Pedro Claver
in Cartagena.
Ich höre,
ein neues Mohrenschiff ist angekommen.
Ich zitter!
Ich fliege!
Pater de Sandoval
zittert,
fliegt
auch.
Wir lieben die Äthiopen.
Ach, mein liebes Schwänzchenklein.
Ich liebe dich.
Ich lecke dir die Schwären.
Ich lecke dir das Schwänzchenklein.
Ich taufe dich für das Herzjesulein.
Ich kaufe dich für das Jesuitenkollegium ein

als Übersetzerlein!
Pscht!

Pedro:
Wurden
wir
gefangen,
unsere Familien gemetzelt,
unsere Götter gehäutet,
reisten wir von einer Welt in die andre,
um diesem schwulen Hund ausgeliefert zu werden,
wurden wir in Ställen zum Verkauf genudelt,
mit Schuhwichse nachgeschwärzt,
daß er uns leckt?!

Manuel:
Nein!
Antreten!
Immer zehn und zehn!
Das sind Bonbons.
Das ist die Bibel.
Das ist die Barmherzigkeit.
Händewaschen. Knie beugen. Köpfe senken.
Heilig! Heilig! Heilig!
An die Arbeit.
Du ans Übersetzen.
Ihr zur
Sklaveneinkaufszentrale.

2. Turistenführer:
Peter Dachpappe Schwänzchenklein wurde jedoch gegen einen
Koch von Doña Jeronima eingetauscht.

1. Turistenführer:
Übrigens hatte der Mann von Doña Jeronima einen Sklaven namens Sebastian. Pater Pedro Claver flehte die Doña an, daß sie
den alten Sklaven Sebastian freiließe.

2. Turistin:
Aber wir können ihn noch so gut gebrauchen!

Manuel:
Er wird ihnen nicht mehr von großem Nutzen sein.

1. Turistenführer:
Sagte Pater Pedro Claver streng.

2. Turistenführer:
Wenige Tage darauf wurde der Sklave krank, und Doña Jeronima
fühlte sich veranlaßt, ihn freizulassen.

Sandoval:
Denn um die kranken Sklaven
nicht zu behandeln,
pflegten die Besitzer
die Sklaven zu befreien,
solange sie krank sind.
Unter der Bedingung,
daß sie zurückkehren,
sobald sie genesen.

2. Turistenführer:
Der von Doña Jeronima war aber so alt, daß mit einer Genesung,
beziehungsweise mit einer Wiedereinstellung nicht gerechnet
werden konnte. Sie war ihn also los.

1. Turistenführer:
Auf der Ranch von Doña Jeronima schloß Pater Peter alle Sklaven in sein Gebet ein. Er schrie auf:

Manuel:
O,
der Arme!
O,
der
Arme!

2. Turistenführer:
In diesem Augenblick züchtigte nämlich anderen Orts der
Mayordomus von Doña Jeronima einen Äthiopen derart, daß er
an der Züchtigung verschied.

1. Turistenführer:
Peter Dachpappe kam also zu der Doña auf den Hof.

Sandoval:
Und das Essen, das man den Äthiopen reicht, kann man es Essen
nennen. Es ist so wenig. So viel Strafe. So viele böse Worte. Nicht
bedeckende, unwürdige Kleidung. Und läßt man wenigstens den
Mohren schlafen? In den Minen arbeitet er vom Aufgang des
blendenden Gestirns bis zum Niedergang und einen großen Teil
der braunen Nacht. Mit unzulänglichem Wasservorrat. Vor Ungeziefer kommen sie nicht zur Ruhe, und um drei Uhr morgens werden sie schon wieder vorgeschnallt. Um den geringsten Fehler
federt man sie, pellt sie, zeichnet ihnen die Haut mit glühenden
Äxten. So daß die Christen die Äthiopen in einer Woche mehr
schlagen, als die Mohren ihre Sklaven in einem Jahr. Ich erinnere
mich, daß ich einmal zwei Verreckte im Abfall liegen sah, in den
sie von den Zwangsarbeitern auf dem Fort gestürzt waren.

1. Turistenführer:
Peter Dachpappe flieht.

2. Turistenführer:
Schwänzchenklein
kommt
nicht
weit.

1. Turistenführer:
Die Strafe wurde in Portionen von je 50 Schlägen an den Werk-
tagen verabreicht, gemäß Artikel 60 des Strafgesetzbuches.

Monteverdi, Poppea. Atto Secondo. Scena Duodecima.
Arnalta: Adagiati, Poppea.
30 Peitschenschläge.

Manuel:
Kann ich weitermachen, Herr Doktor?

1. Turistenführer:
Ja. Sein Leben ist nicht in Gefahr.

10 Peitschenschläge.

Manuel:
Kann ich weitermachen, Herr Doktor?

1. Turistenführer:
Ja.

1. Turistin:
Da sieht man die Grausamkeit der Äthiopen. Wie er es genießt,
den weißen Folterknecht zu spielen.

10 Peitschenschläge.

1. Turistenführer:
Für heute ist es genug.
Bringt ihn bis morgen
ins Krankenhaus Unserer Lieben Frau zurück.

2. Turistenführer:
Nachdem Dachpappe auf dem Schandplatz halbtot geprügelt
worden war und im Krankenhaus Unserer Lieben Frau halbwegs
am Leben gehalten, gab man ihn Doña Jeronima zurück. Er
mußte jedoch ein Joch tragen und Ketten an den Füßen. Es sei
denn, Doña Jeronima verkaufte ihn nach weiter weg.

1. Turistenführer:
Erneute Aufstände.

Manuel:
Gegen Ungeziefer kann keine
Maßnahme
drastisch
genug gewählt werden . .

2. Turistenführer:
Eine dieser Methoden bestand darin, daß man den Schuldigen
an zwei feurige Pferde band und diese dann in entgegengesetzter
Richtung auseinandertrieb.

1. Turistin:
Am Fluß Magdalena wurden bei dieser grauenhaften Strafe die
Pferde durch Kanus ersetzt.

2. Turistenführer:
Die Aufständischen wurden mit Messern zerschnitten, zerhackt,
verstümmelt,
da
Assessor Wehlau
den Befehl gegeben hatte, die Gewehre beim Töten nicht zu gebrauchen.

Manuel:
Dachpappe flieht ein zweites Mal.

1. Turistin:
Er wird ein zweites Mal eingefangen.

Manuel:
Pscht!

Pedro:
Ich kenne meine Strafe:

Jetzt wirst du mir die
Kniekehlen durchtrennen.

Manuel:
Das war einmal,
Schwänzchenklein.
Schwanz
ab!
Pscht!

Pedro:
Tus!
Den wilden Stachel,
stech
ihn
aus!

1. Turistenführer:
Der Doktor in schwarzem Leder, daß ihn nichts von den Äthiopen
unterscheidet, geht auf das Schandbett zu. Der Äthiop zittert. Unwillkürliche Spasmen durchzucken seinen Körper.
Wenige Augenblicke später macht der Doktor mit einer Nadel am
Hodensack einen Versuch. Seine Finger bewegen sich schnell
und sicher. Er nähert die Klinge dem enthaarten Hodensack und
macht einen Einschnitt. Der Doktor sucht und findet die Hoden
und drückt sie aus der Öffnung. Der Doktor schneidet die dünnen
Gefäße durch, welche die Testikel mit dem Körper des Äthiopen
verbinden.

Pedro schreit auf.
Manuel schreit auf.

Manuel:
Bin ich ein Jesuitenledermann?
Soll ich dich schinden,
weil du das
Schindluder,

239

das man mit mir trieb,
imitieren
möchtest,
Luder!

1. Turistenführer:
Halten Sie gefälligst Ihre Rolle durch. Schinden Sie den Heiligen
Pedro Claver, der nachempfinden möchte, wie die Äthiopen ge-
schunden wurden zu unserer Erbauung.

Manuel:
Die Dornenkrone, schnell,
die Dornenkrone!
Manuel!
Ich fühle, es kommt
über mich!
Schnell die Dornenkrone!

2. Turistin:
Ein geriebener Hund!

Manuel:
Die Säul, Manuel!
Und nun das Kreuz!
Pscht!

Pedro:
O, Pedro,
wozu zwingst du mich.
Aufladen soll ich dir das Kreuz?!
Aber ich dien dir auch da.

Manuel:
Den Essigschwamm.
Pscht!

Pedro:
Ysop, Ysop!

Manuel:
Den Stich ins Herz, Manuel!

2. Turistin:
Eine ganz neue Variante des
Jesuitentheaters.
Wo sonst mit Hackfleisch gefüllte Pappfiguren von
Schäferhunden
auf der Bühne zerrissen werden,
sehen wir hier
verschiedene Stadien
der
Gewissenhaftigkeit!

Manuel:
Tus doch,
Stich mich,
Manuel!
Pscht!

Pedro:
Still! Still! Der Pater Obere könnts merken!
Ich schweb!
O
Johannes vom Kreuz!
O
Heilige Therese!
O
Iñigo!

Manuel:
Ja, dann schwebst du!
Bist du nun wie ein Mohr oder nicht?
Stich!

Ich erlös dich doch auch.
Mein Vater hat mich geschickt.
Und du darfst mich imitieren!
Pscht!

Pedro:
Veräppelst
du
mich?!
Du
Glu Glu Glu
Gu Gu Gu
Knirsch,
Ratter,
Zappel,
Du?!
Gu Gu Gu?
Chi man congo?
Chi man luango?
Chi man ri luango de Angole?

Manuel:
Ich
bin der unterwürfige Pater Pedro Claver,
der gelegentlich schwebt,
aber
der,
treff ich auf der Straße
im pestilenziösen Cartagena
Manuel Biafara,
Peter Dachpappe,
Peter Schwänzchenklein,
die singen:
Glu Glu Glu
Gu Gu Gu
Eeee
Ooo!

Komm, Gu Gu Gu!
Sag, Gu, o!
Blut, Gu, o!
Laß die Kanonen donnern!
Ogum arbeitet, o!
Ogum gibt sein ganzes Geld bei den Damen aus.
Gestern ist Ogum ohne Essen ins Bett gegangen.
O!
Gu Gu Gu!
Juckts dich?
Ich bin der barmherzige
Pater Pedro Claver,
der auf
Peter und Manuel
mit der Peitsche einschlägt,
wenn
Manuel Biafara
und Peter Schwänzchenklein
und
Peter
Schwänzchengroß
singen:
Ogum arbeitet, o!
Schlag mich!
Schlag mich doch!
Ich singe an deinem Kreuz von Golgatha:
Gu Gu Gu
Ooo
Eeee
Gombe manciale
Yansu melaco
Ario Neger congo chimbumbe.
Wags!

Pedro:
Ach,
ich!

Leerte ich mich nicht von mir selbst.
Blicklos ging ich.
In meinen Augen nur den anderen.
In meinem Mund nur das Leid der anderen.
Wurde ich nicht dünn,
daß ich anlag
dem Herrn
wie ein Jubelkleid,
ihn
umflatterte
bei seinen Reisen durch Höllen und Erden?!
War
ich
nicht
so
enticht,
daß ich
war
wie die,
die
ich aufrichten wollte?!
Erreichte
ich
dich,
Biafara?
Mein Fraß war wie der deine, Biafara,
schlimmer,
voll Aschenflug,
voll
Bitterwurz.
Mein Gewand war wie deins, Biafara,
schlimmer,
aus Schweinsborst,
aus
Kette und Fessel.
Mein Schlaf war wie deiner, Biafara,
schlimmer,

ich schlief auf den feuchten Fliesen,
ich schlief im Hühnerkot,
ich schlief bei meinen Freundinnen,
den Ratten,
bei meinen Gespielinnen, den Wespen.
Mein Trank war wie dein Trank, Biafara,
schlimmer,
Eiter.
Du lechztest
den hochschenkligen
Könniginnen
von Sine
nach –
ich liebte Galgenstricke,
Henker,
Falschmünzer,
Geräderte und
Gebrochene mit himmlischer Liebe.
Liebst du, Biafara?
Habe
ich
dich
erreicht?

Manuel:
Gu Gu Gu!
Chi man congo
Chi man luango
Chi man ri luango de Angole!
Ich
bin
Gu!
Ich umflattere nicht!
Ich bin Gu!
Ich schicke nicht meinen eingeborenen Sohn!
Ich bin Gu.
Ich mache nicht die hochheilige Imitatio nach!

Ich bin Gu!
Ich bin
Ich bin
Ich bin
Gu Gu Gu!
Eeee calunga lunga manqui se
Gombe manciale
Yansu melaco
Ario Neger congo chimbumbe!
Jetzt
will ich Karossen,
Gu!
Jetzt
will ich Karaffen,
Gu!
Jetzt will ich Kanonen,
Gu!
Jetzt will ich
Silbersäcke, Nasenbohrer, Beinebrecher,
Schondeckchen, Lederbücher, Unterteller,
Fensterschleier, Sklaventreiber, Krinolinen,
Bettpfannen!
Pscht!

Pedro:
Da hast du etwas Rechtes!

Manuel:
Wollte ich Bettpfannen,
ehe du mich tauftest?
Wollte ich Krinolinen, Fensterschleier,
Ehe du mich tauftest?!
Ich,
Gu!
Ich bin ein wichtiger Mohr,
Gu!
Ich gebe viel Geld bei den Damen aus!

Ich,
Gu!
Jetzt will ich
Puderdosen, Rennpokale, Regenschirme,
Krawattennadeln, Chapeaux
Claques!

Knabe:
Die schwarzen Leprakranken wünschen bei dem Heiligen Peter
vorzusprechen.

Manuel:
Gu Gu Gu,
Chapeaux
Claques!

1. Turist:
Ich habe das Gefühl, es wird jetzt eine ganze Weile so weiterge-
hen, ohne daß etwas Starkes geschieht.

2. Turist:
Ich möchte niemanden drängen, aber ich habe in einer Viertel-
stunde eine Führung durch das Fort, das, wie Toynbee sagt, den
Pyramiden von Gizeh durchaus zu vergleichen ist.

1. Turistin:
Ich glaube, wir müssen jetzt alle gehen!

Turisten:
Dankeschön,
Auf Wiedersehen!

Knabe:
Die schwarzen Leprakranken treten ein.

Pedro:
Kommt ihr nun alle!

Lieb Fingerlos,
Lieb Naslos,
Lieb Augfraß.
Euer Bruder Nesselhemd ruft euch,
Euer Bruder Bluterguß.
Datteln und Orangenwein,
Mandeln und Zuckerbein,
Montebeldi, Gesualdo und Samuel Schein,
Zinken, Trumpett und Sackpfeiflein,
Zitterpeter
lädt die schwarzen Könige von Sankt Lazarus
zum Karneval ein!

*Monteverdi, Poppea. Atto Terzo. Scena Ottava. Consoli e
Tribuni: A te sovrana Augusta..*

Manuel:
An einem
der Jungfrau
Maria
geweihten Tag
starb
der Heilige Pedro Claver
jungfräulich
im Kollegium
von Cartagena de Indias
im Alter von 71 Jahren.
Es war Dienstag
der 8. September 1654.
Die Haussklaven
rissen
sein Hemd in Fetzen,
schoren ihm die Haare
ab,
schnitten ihm die Zehennägel
ab.
Sein Gesicht war schöner als je zuvor.

Sie küßten ihm die Füße,
die rochen gut.
Das Volk plünderte sein Zimmer.
Es wollte Reliquien.
Es liebte ihn.
Die Siedlungen der Cimarronen
sind nicht unterworfen worden.

Monteverdi, Poppea. Schluß. Nerone e Poppea: Pur ti miro . .

Großes Auto für den Heiligen Pedro Claver

1980

Personen:

Hubert Fichte
Gero von Wilpert
Gott
Mose
Abram
Noah
Mirjam
Aaron
Hiob
Jesaia
Jeremia
Hesekiel
Hosea
Jesus Syrach
Luther
Jhesus
Paul
Peter
Johannes
Der Chronist Azurara
Antam Gonçalvez
Las Casas
Papst Alexander VI.
Kaiser Karl V.
Padre Angel Valtierra
Pater Nicolas Gonzales

Ignatius von Loyola
Alain Guillermou
San Alonso Rodriguez
Ein Klosterbruder
Pedro Claver
Ein Zeuge
Padre Gonzalo de Lira
Alonso de Sandoval
Mehrere Sklavenhändler
Achill Escalante
Philipp II.
Ein Richter
Ein Ausrufer
Miss Friedmann
Gouverneur Martín de Zevallos y la
    Cerda
Jesuitengeneral Vitelleschi
Ein Pater
Pater Manuel
Pater Andres
Eine Kranke
Pater Juan
Alvaro Barbosa Salazar
Caspar de los Reyes
Pedro Mercado
Pater Hazareño

Hubert Fichte:
Gero von Wilpert!

Gero von Wilpert:
Auto!
spanisch-portugiesisch, von lateinisch actus, Akt, Handlung, in
Spanien und Portugal Bezeichnung feierlicher religiöser oder ge-
richtlicher Handlungen,
dann kurzer, einaktiger Schauspiele zur Verherrlichung kirch-
licher Feiertage in Kirchen und auf öffentlichen Plätzen der größeren Städte. Aus mittelalterlichen Mysterien, Mirakeln und
Moralitäten entstanden, wurden sie im 12., 13. Jahrhundert
Lieblingsunterhaltung des Volkes, jedoch 1765 als angebliche
Entweihung des Heiligen untersagt und mühevoll verdrängt.

Hubert Fichte:
Gott!

Gott:
Es werde Liecht.

Hubert Fichte:
Mose!

Mose:
Vnd es ward Liecht.
Vnd Gott segnet sie /
vnd sprach zu jnen /

Gott:
SEID FRUCHTBAR VND MEHRET EUCH VND FÜLLET
DIE ERDEN /
vnd macht sie euch vnterthan. Vnd herrschet vber Fisch im Meer /

vnd vber Vogel vnter dem Himel /
vnd vber alles Thier das auff Erden kreucht.

Mose:
VND zum Weibe sprach er /

Gott:
Ich wil dir viel schmertzen schaffen wenn du schwanger wirst /
Du solt mit schmertzen Kinder geberen /
Vnd dein wille sol deinem Man vnterworffen sein /
Vnd Er sol dein Herr sein.

Mose:
Abram aber sprach zu Sarai /

Abram:
Sihe /
Deine Magd ist vnter deiner gewalt /
thue mit jr wie dirs gefelt.

Mose:
NOah war funffhundert jar alt /
vnd zeuget Sem /
Ham vnd Japhet //
DJE söne Noah /
die aus dem Kasten giengen /
sind diese /
Sem /
Ham /
Japheth /
Ham aber ist der Vater Canaan. Das sind die drey söne Noah /
von denen ist alles Land besetzt.
NOah aber fieng an vnd ward ein Ackerman /
vnd pflanzte Weinberge. Vnd da er des Weins tranck /
ward er truncken /
vnd lag in der Hütten auffgedeckt. Da nu Ham /
Canaans vater /

sahe seines Vaters scham/
saget ers seinen beiden Brüdern draussen. Da nam Sem vnd
Japheth ein Kleid/vnd legten es auff jre beide Schulder/
vnd giengen rücklings hin zu/
vnd deckten jres Vaters scham zu/
Vnd jr angesicht war abgewand/
das sie jres Vaters scham nicht sahen.
ALS nu Noah erwacht von seinem Wein/
vnd erfur/
was jm sein kleiner Son gethan hatte/
sprach er/

Noah:
Verflucht sey Canaan/
vnd sey ein Knecht aller knecht vnter seinen Brüdern.

Mose:
Vnd sprach weiter/

Noah:
Gelobet sey Gott der HERR des Sems/
Vnd Canaan sey sein Knecht. Gott breite Japheth aus/
vnd las jn wonen in den Hütten des Sems/
Vnd Canaan sey sein Knecht.

Mose:
NOAh aber lebet nach der Sindflut drey hundert vnd funffzig jar/
Das sein gantz Alter ward/
neunhundert vnd funffzig jar/
Vnd starb.
DJe kinder Ham sind diese/
Chus/
Mizraim/
Put/
vnd Canaan. Aber die kinder von Chus/
sind diese/
Seba/

Heuila /
Sabtha /
Raema /
vnd Sabtecha. Aber die kinder von Raema sind diese /
Scheba vnd Dedan. Chus aber zeuget den Nimrod /
Der fieng an ein gewaltiger Herr zu sein auff Erden.
Vnd war ein gewaltiger Jeger fur dem HERRN /
Da her spricht man /
Das ist ein gewaltiger Jeger fur dem HERRN /
wie Nimrod. Vnd der anfang seins Reichs war /
Babel /
Erech /
Acad vnd Chalne im land Sinear.
Von dem Land ist darnach komen der Assur /
vnd bawete Niniue vnd RehobothJr vnd Calah /
da zu Ressen zwischen Niniue vnd Calah /
Dis ist eine große Stad. Mizraim zeuget Ludim /
Anamim /
Leabim /
Naphtuhim /
Pathrusim /
vnd Casluhim /
Von dannen sind komen die Philistim vnd Caphthorim.
CAnaan aber zeuget Zidon seinen ersten son /
vnd Heth /
Jebusi /
Emori /
Girgosi /
Hiui /
Arki /
Sini /
Aruadi /
Zemari /
vnd Hamathi. Da her sind ausgebreitet die Geschlecht der Cana-
niter.

Vnd jre Grentze waren von Zidon an /
durch Gerar / bis gen Gasa /

bis man kompt gen Sodoma /
Gomorra /
Adama /
Zeboim /
vnd bis gen Lasa. Das sind die kinder Ham in jren Geschlechten /
Sprachen /
Lendern /
vnd Leuten.
Vnd er sprach:

Gott:
Nim Jsaak deinen einigen Son /
den du lieb hast /
vnd gehe hin in das land Morija /
vnd opffere jn da selbs zum Brandopffer auff einem Berge /
den ich dir sagen werde.

Mose:
Er sprach:

Gott:
Lege deine hand nicht an den Knaben /
vnd thu jm nichts /
Denn nu weis ich /
das du Gott fürchtest vnd hast deines einigen Sons nicht verschonet /
vmb meinen willen.

Mose:
Der HERR is der rechte Kriegsman /
HERR ist sein Namen.
Spricht aber der Knecht /
Jch hab meinen Herrn lieb /
vnd mein weib und kind /
ich wil nicht frey werden /
So bring jn sein Herr fur die Götter /
vnd halt jn an die thür oder pfosten /
vnd bore jm mit einer Pfrimen durch seine ohre /

vnd er sey sein Knecht ewig.
Wer seinen Knecht oder Magd schlegt mit einem stabe /
das er stirbt vnter seinen henden /
Der sol darumb gestrafft werden. Bleibt er aber einen oder zween
tage

Fichte:
– am Leben –

Mose:
so sol er nicht darumb gestrafft werden /
denn es ist sein geld.
WJltu aber leibeigen Knechte vnd Megde haben /
So soltu sie keuffen von den Heiden /
die vmb euch her sind /
von den gesten /
die fremdlinge unter euch sind /
vnd von jren Nachkomen die sie bey euch in ewrem Lande zeugen.
Die selben solt jr zu eigen haben /
vnd solt sie besitzen vnd ewre Kinder nach euch /
zum eigenthum fur vnd fur /
die solt jr leibeigen Knechte sein lassen.
Aber vber ewr Brüder die kinder Jsrael /
sol keiner des andern herrschen mit der strenge.
VND MIRJAM VND AARON REDET WIDER MOSE /
vmb seines Weibes willen der Morinnen die er genomen hatte /
darumb /
das er eine Morinne zum weibe genomen hatte /
vnd sprachen:

Mirjam und Aaron gemeinsam:
Redet denn der HERR alleine durch Mose? Redet er nicht auch
durch vns?

Mose:
Vnd der HERR hörets.

Aber Mose war ein seer geplagter Mensch vber alle Menschen
auff Erden.
Vnd der Zorn des HERRN ergrimmet vber sie /
vnd wand sich weg /
Dazu die Wolcke weich auch von der Hütten. Vnd sihe /
da war MirJam aussetzig wie der schnee.
Vnd so der Gottlose schlege verdienet hat /
Sol jn der Richter heißen niderfallen /
vnd sollen jn fur jm schlahen /
nach der mas vnd zal seiner missethat. Wenn man jm /
vierzig Schlege gegeben hat /
sol man nicht mehr schlahen /
Auff das nicht /
so man mehr schlege gibt /
er zu viel geschlagen werde /
vnd dein Bruder scheusslich fur deinen augen sey.

Fichte:
Hiob!

Hiob:
SJhe /
selig ist der Mensch /
den Gott straffet /
Darumb weger dich der züchtigung des Allmechtigen nicht.
Denn er verletzet / vnd verbindet /
Er zuschmeißt /
vnd seine Hand heilet.
Gott hat mich vbergeben dem Vngerechten /
vnd hat mich in der Gottlosen hende lassen komen. Ich war
reich /
Aber er hat mich zu nicht gemacht /
Er hat mich beim Hals genomen vnd zustossen /
vnd hat mich jm zum Ziel auffgericht.
Er hat mich vmbgeben mit seinen Schützen /

259

Er hat meine Nieren gespalten vnd nicht verschonet /
Er hat meine Gallen auff die erden geschut.
Er hat mir eine wunde vber die andern gemacht /
Er ist an mich gelauffen wie ein Gewaltiger.
ICh habe einen Sack vmb meine haut geneet /
vnd habe mein Horn in den staub gelegt.
Mein andlitz ist geschwollen von weinen /
Vnd mein augenliede sind verrunckelt.
Die Verwesung heis ich meinen Vater /
vnd die würme meine Mütter vnd meine Schwester.
Denn die sich demütigen /
die erhöhet er /
Vnd wer seine augen niderschlegt /
der wird genesen.

Fichte:
Jesaia!

Jesaia:
DJS IST DIE LAST VBER EGYPTEN. SIHE /
DER HERR wird auff einer schnellen wolcken faren /
vnd in Egypten komen. Da werden die Götzen in Egypten fur jm
                                                        beben /
vnd den Egyptern wird das Hertz feige werden in jrem leibe.

Fichte:
Gott!

Gott:
Vnd ich wil die Egypter an einander hetzen /
das ein Bruder wider den andern /
ein Freund wider den andern /
eine Stad wider die ander /
ein Reich wider das ander streiten wird.
Vnd der mut sol den Egyptern vnter jnen vergehen /
vnd wil jre Anschlege zu nicht machen.
Da werden sie denn fragen jre Götzen vnd Pfaffen /

vnd Warsager vnd Zeichendeuter /
Aber ich wil die Egypter vbergeben in die hand grausamer Herrn /
Vnd ein harter König sol vber sie herrschen /

Fichte:
Jeremia!

Jeremia:
Er hat auff mich gelauret /
wie ein Beer /
wie ein Lewe im verborgen /
Er lesst mich des weges feilen /
Er hat mich zerstücket vnd zu nicht gemacht /
Er hat seinen Bogen gespannen /
vnd mich dem pfeil zum Ziel gesteckt.
Er hat aus dem Köcher in meine nieren schiessen lassen.
Ich bin ein spot allem meinem Volck /
vnd teglich jr Liedlin. Er hat mich mit bitterkeit gesettigt /
vnd mit Wermut getrenckt.
Er hat meine Zeene zu klein stücken zurschlagen /
Er weltzet mich in der asschen.
Es ist köstlich ding einem Man /
das er das Joch in seiner Jugent trage.

Fichte:
Hesekiel!

Hesekiel:
VND des HERRN wort geschach zu mir /
vnd sprach:

Gott:
Du Menschenkind /
Du solt dein brot essen mit beben /
vnd dein Wasser trincken mit zittern vnd sorgen.

JCh wil meinen Eiuer vber dich gehen lassen /
das sie vnbarmhertziglich mit dir handeln sollen /
Sie sollen dir Nasen vnd Ohren abschneiten /
vnd was vbrig bleibt /
sol durchs Schwert fallen.
Sie sollen deine Söne vnd Töchter wegnemen /
vnd das vbrige mit Fewr verbrennen.

Fichte:
Der Prophet Hosea!

Hosea:
Ich lies sie ein menschlich Joch zihen /
vnd in seelen der Liebe gehen /
vnd halff jnen das Joch an jrem Hals tragen /
vnd gab jnen futter /

Fichte:
Jesus Syrach!

Jesus Syrach:
Er hat etliche auserwelet /
vnd geheiliget fur andern tagen. Gleich wie alle Menschen aus
der Erden /
vnd Adam aus dem Staube geschaffen ist /
vnd doch der HERR sie vnterschieden hat /
nach seiner manchfeltigen Weisheit /
vnd hat mancherley weise vnter jnen geordnet. Etliche hat er gesegnet /
erhöhet vnd geheiliget /
vnd zu seinem Dienst gefordert /
Etliche aber hat er verflucht /
vnd genidriget /
vnd aus jrem Stande gestürzt. Denn sie sind in seiner Hand /
wie der Thon in des Töpffers hand. Er macht alle seine werck /
wie es jm gefellet.

DEm Esel gehört sein futter / geissel vnd last /
Also dem Knecht sein brot / straffe vnd erbeit. Halt den Knecht
zur erbeit /
so hastu ruge fur jm /
Lessestu jn müssig gehen /
so wil er Juncker sein.
DAs joch vnd die seile beugen den hals /
Einem bösen Knechte /
stock vnd knüttel. Treibe jn zur erbeit /
das er nicht müssig gehe. Müssiggang leret viel böses. Lege jm
erbeit auff /
die einem Knecht gebüren /
Gehorcht er denn nicht /
so setze jn in den Stock. Doch lege keinem zu viel auff /
vnd halt masse in allen dingen.

Fichte:
Doktor Martin Luther!

Luther:
Biblia: Das ist: Die
gantze Heilige Schrifft /
Deudsch /
Auffs new
zugericht.

Fichte:
Jesus Christus!

Jhesus:
Ergert dich aber dein rechts Auge /
So reis es aus /
vnd wirffs von dir. Es ist dir besser /
das eins deiner Gelied verderbe /

vnd nicht der gantze Leib in die Helle geworffen werde.
Ergert dich deine rechte Hand /
So haw sie abe /
vnd wirff sie von dir. Es ist dir besser /
das eins deiner Gelied verderbe /
vnd nicht der gantze Leib in die Helle geworffen werde.
Ir solt nicht wehnen /
Das ich komen sey /
Friede zu senden auff Erden /
Jch bin nicht komen Friede zu senden /
Sondern das Schwert.
Da trat auch erzu /
der einen Centner empfangen hatte /
vnd sprach /
Herr /
Jch wuste /
das du ein harter Man bist /
Du schneittest /
wo du nicht geseet hast /
vnd samlest /
da du nicht gestrawet hast /
Vnd furchte mich /
gieng hin /
vnd verbarg deinen Centner in die erden /
Sihe /
da hastu das deine.
Sein Herr aber antwortet /
vnd sprach zu jm /
Du Schalck vnd fauler Knecht /
wustestu das ich schneitte /
da ich nicht geseet habe /
vnd samle /
da ich nicht gestrawet habe /
So soltestu mein geld zu den Wechslern gethan haben /
vnd wenn ich komen were /
hatte ich das meine zu mir genomen mit wucher.
Darumb nemet von jm den Centner /

vnd gebets dem /
der zehen Centner hat.
Denn wer da hat /
dem wird gegeben werden /
vnd wird die fülle haben /
Wer aber nicht hat /
Dem wird auch das er hat genomen werden.
Vnd den vnnützen Knecht werfft in die finsternis hin aus /
Da wird sein heulen vnd zeenklappen.

Fichte:
Die Epistel des Heiligen Paul an die Römer!

Paul:
JEDERMAN SEY VNTERTHAN DER OBERKEIT /
DIE gewalt vber jn hat. Denn es ist kein Oberkeit /
on von Gott /
Wo aber Oberkeit ist /
die ist von Gott verordnet.
Wer sich nu wider die Oberkeit setzet /
Der widerstrebet Gottes ordnung /
Die aber widerstreben /
werden vber sich ein Vrteil empfahen.
Denn die Gewaltigen sind nicht den guten Wercken /
Sondern den bösen zu fürchten.
Wiltu dich aber nicht fürchten fur der Oberkeit /
so thue gutes /
so wirstu lob von derselbigen haben /
Denn sie ist Gottes Dienerin /
dir zu gut. Thustu aber böses /
so fürchte dich /
Denn sie tregt das Schwert nicht umb sonst /
Sie ist Gottes Dienerin /
eine Racherin zur straffe vber den /
der böses thut. So seid nu aus not vnterthan /
nicht alleine umb der straffe willen /
Sondern auch vmb des Gewissens willen.

Deshalben müsset jr auch Schos geben /
Denn sie sind Gottes diener /
die solchen schutz sollen hand haben.

Fichte:
Die Epistel des Heiligen Paul an die Epheser!

Paul:
DJe Weiber seien vnterthan jren Mennern /
als dem HErrn.
JR Knechte seid gehorsam ewren leiblichen Herrn /
mit furchte vnd zittern /
in einfeltigkeit ewers hertzen /
als Christo /

Fichte:
Die Epistel des Heiligen Paul an Titum!

Paul:
Den Knechten /
das sie jren HErrn vnterthenig seien /
in allen Dingen zugefallen thun /
Nicht widerbellen /
nicht veruntrewen /
sondern alle gute trew erzeigen /
Auff das sie die lere Gottes vnsers Heilandes zieren in allen stücken.

Fichte:
Die erste Epistel des Heiligen Peter!

Peter:
IR Knechte seid vnterthan mit aller furchte den Herren /
nicht allein den gütigen vnd gelinden /
sondern auch den wünderlichen.

266

Fichte:
Die zweite Epistel des Heiligen Peter!

Peter:
ALlermeist aber die /
so da wandeln nach dem Fleisch /
in der unreinen Lust /
Vnd die Herrschafften verachten /
thürstig /
eigensinnig /
nicht erzittern die Maiesteten zu lestern /
Aber sie sind wie die vnuernünfftigen Thier /
die von natur dazu geborn sind /
das sie gefangen vnd geschlacht werden.

Fichte:
Die Offenbarung des Heiligen Johannes!

Johannes:
Vnd aus dem rauch kamen Hewschrecken auff die Erden /
Vnd jnen ward macht gegeben /
wie die Scorpion auff erden macht haben. Vnd es ward zu jnen
gesagt /
das sie nicht beleidigen das Gras auff erden /
noch kein grünes /
noch keinen bawm /
Sondern allein die Menschen /
die nicht haben das siegel Gottes an jren stirnen. Vnd es ward jnen
gegeben /
das sie sie nicht tödten /
sondern sie queleten fünff Monden lang /
Vnd jr qual war /
wie ein qual vom Scorpion /
wenn er einen Menschen hewet.
Vnd in den selbigen tagen werden die menschen den Tod suchen /
vnd nicht finden /

267

werden begeren zu sterben / vnd der Tod wird von jnen fliehen.
Vnd jm folgete nach das Heer im Himel auff weissen Pferden /
angethan mit weisser vnd reiner Seiden.
Vnd aus seinem Munde gieng ein scharff schwert /
das er damit die Heiden schlüge /
Vnd er wird sie regieren mit der eisern Ruten /
Vnd er trit die Kelter des weins des grimmigen zorns des allmech-
tigen Gott
Vnd hat einen Namen geschrieben auff seinem Kleid /
vnd auff seiner hüfften /
also /
EIN KÖNIG ALLER KÖNIGE /
VND EIN HERR ALLER HERRN.

Fichte:
1402:
Der Negus von Abessinien schickt Leoparden und Spezereien
nach Venedig.
1415:
Heinrich der Seefahrer, der Infant von Portugal, wird Gouverneur von Ceuta in Nordafrika.
Alfons V., der Weise, schickt eine Botschaft an den König der Könige und will die Infantin Doña Juana mit dem Negus verheiraten.
1427:
Eine Delegation des Negus besucht Spanien und Lissabon.
1434:
Nach dem 15. Versuch umsegelt der portugiesische Seefahrer Gil
Eanes das Kap Bojador.
1441:
Äthiopische Gesandtschaft beim Konzil von Florenz.
Nuno Tristão erreicht Kap Blanco.
Papst Eugen IV. verleiht Portugal alle zu entdeckenden Länder
an der afrikanischen Küste »von Kap Bojador bis Indien.«

Fichte:
Der Chronist Azurara!

Azurara:
Im Auftrage Heinrichs des Seefahrers segelt Antam Gonçalvez,
ein sehr junger Mann, an der Westküste Afrikas südwärts, um
Tierhäute, Tieröl von »Seewölfen«, Seelöwen einzukaufen.

Fichte:
Antam Gonçalvez!

Gonçalvez:
Wie schön wäre es, wenn wir, die wir nun in dieses Land gekommen sind, um relativ unwichtigen Kleinkram an Bord zu nehmen,
das Glück hätten, unserem Prinzen Heinrich die ersten afrikanischen Gefangenen vorzuführen.

Azurara:
Als sie (nachts) etwa eine Meile landeinwärts gegangen waren,
stießen sie auf einen Pfad, auf dem sie ihren Weg in der Hoffnung
fortsetzten, dort irgendeinem Mann oder einer Frau zu begegnen,
die sie gefangennehmen könnten.
Sie sahen einen nackten Mann mit zwei Wurfspießen hinter einem Kamel herschreiten; als unsere Männer nun die Verfolgung
aufnahmen, da war auch nicht einer unter ihnen, der auch nur
eine Spur von Müdigkeit gefühlt hätte.
Aber obwohl der Afrikaner allein war und erkannte, daß die anderen in der Überzahl waren, hatte er doch den Mut, die Kraft
seiner Waffen zu erproben, und er begann, sich nach besten Kräften zu verteidigen.
Affonso Goterres aber verwundete ihn mit einem Speer, und das
flößte dem Mauren solche Furcht ein, daß er seine Arme wie ein
geschlagener Mann herunterhängen ließ.
Als sie dann ihren Weg fortsetzten, erblickten sie eine schwarze
Maurin und nahmen sie ebenfalls mit.

Fichte:
Nuno Tristão schließt sich dem kleinen Schiff von Antam Gonçalvez an.

Azurara:
Und so ereignete es sich, daß sie – nach ihrer gemeinsamen Landung – in der Nacht in eine Gegend kamen, wo die Eingeborenen sich in zwei voneinander getrennten Lagern aufhielten.

Als unsere Männer sich ihnen genähert hatten, griffen sie entschlossen an und schrien aus vollem Halse »Portugal!« und »Santiago!«; das Geschrei verwirrte den Feind und flößte ihm solche Furcht ein, daß es zu einer Panik kam.

Und so suchten die Eingeborenen in ihrer Verwirrung ihr Heil in einer regellosen Flucht. Nur die Männer machten einigermaßen Miene, sich mit ihren Wurfspießen zu verteidigen.

Besonders einer von ihnen, der direkt mit Nuno Tristão kämpfte, verteidigte sich hartnäckig, bis er den Tod fand.

Außer diesem Mann, den Nuno Tristão selbst erschlug, töteten die anderen noch drei weitere und machten zehn Gefangene, unter ihnen Männer, Frauen und Kinder.

Fichte:
Die zwölf Gefangenen werden nach Lissabon verschleppt. Der Infant Heinrich schickt einen Sonderbotschafter zu Papst Eugen IV. Der Papst begrüßt diesen neuen Feldzug und erteilt allen, die an weiteren Expeditionen teilnehmen, die Absolution aller ihrer Sünden.

1443 bis 1444:
Nuno Tristão kommt bis Arguim und nimmt 29 Afrikaner gefangen.

Der Infant Heinrich rüstet drei Expeditionen aus.

Senegal.

Kap Verde.

Sklaven.

Lanzarote und Eanes bringen auf sechs Schiffen 235 Afrikaner nach Portugal zurück.

Die Companhia de Lagos gegründet.
1452:
Papst Nicolas V. verleiht den Portugiesen das Monopol des Skla-
venhandels.
1456:
Luís de Cadamosto gelangt bis zum Gambia.
1460:
Pedro de Sintra bis Sierra Leone.
João II. nennt sich, mit Einverständnis des Papstes, »Herr von
Guinea«.
Bau der Festung Minah.
1482:
Portugiesen in Begleitung des deutschen Ritters Behaim in den
Kongo.
1486:
Diaz entdeckt die afrikanische Südspitze.
Er nennt sie »Stürmisches Vorgebirge«.
João II. tauft sie »Kap der Guten Hoffnung«.
Die katholischen Könige schenken Innozenz VIII. hundert mau-
rische Sklaven, die der Papst mit Freuden akzeptiert.
1491:
Ignatius, Iñigo von Loyola geboren.
1492:
Kolumbus entdeckt Amerika!
In seiner Crew soll ein Neger gewesen sein: Pedro Alonso Niño.
Las Casas!

Las Casas:
Die Zahl der Indianer auf Hispaniola betrug drei Millionen.

Fichte:
Am 12. April 1493 kehrt Kolumbus von seiner ersten Reise zurück.
Am 3. Mai:
Papst Alexander VI. erkennt Spanien in der Bulle Inter Cetera I.
alle Rechte über die neuentdeckten Gebiete im Westen zu.
Am 4. Mai ändert Papst Alexander VI. die Bulle Inter Cetera I.
durch die Bulle Inter Cetera II.

Portugal erhält die Westküste Afrikas zuerkannt.
Papst Alexander VI.!

Papst Alexander VI.:
Uns die vorgenannten Länder und Inseln und ihre Bewohner und
Eingeborenen zu unterwerfen und zu reduzieren mit der Hilfe
der göttlichen Milde auf den katholischen Glauben.

Fichte:
1493:
Wahrscheinlich brachte Kolumbus auf seiner zweiten Reise
schon Negersklaven nach Jamaika.
8. Juni 1497:
Ausfahrt Vasco da Gamas nach Calicut.
1498:
Juan de Ojeda durchzieht den Norden des heutigen Kolumbien,
um Indianer für die Arbeit in den Goldminen zu fangen.
1502:
Las Casas trifft in Hispaniola ein.
Die Indianer sterben in den Goldminen.
1510:
Don Fernando beschließt, Negersklaven nach Hispaniola zu
schicken.
1511:
Die ersten 50 Negersklaven kommen an.
1517:
Die Hieronomiten auf Hispaniola fordern mehr Negersklaven.
Dem Priester Las Casas wird eine Lizenz zur Einfuhr von Neger-
sklaven erteilt.
Jedem Siedler werden 12 Negersklaven zugebilligt.
Beginn der lutherischen Reformation.
1518:
Papst Leo X. erhält den Gefangenen Leo Africanus zum Ge-
schenk.
Mai 1520:
Freibrief für Las Casas von Karl V.!

Karl V.:
Ihr, der Genannte, Bartolomé de Las Casas, und die genannten
50 Männer könnt aus unseren Königreichen, jeder von Euch, drei
Sklaven zu Euren Diensten mitnehmen und nehmt sie mit.
Ihr könnt jeder weitere sieben Sklaven zu Eurem Dienst mitneh-
men.

Fichte:
1522:
Revolte von 20 Woloff auf der Plantage des Admirals Diego
Colón.
1527:
Sklavenaufstand in Puerto Rico.
12. November 1528:
Karl der Fünfte schließt mit den Deutschen Heinrich Ehinger
und Hieronymos Sayller einen Vertrag, der sie verpflichtet, in vier
Jahren 4000 Negersklaven in die Neue Welt zu liefern.
1529:
Sklavenaufstand in Santa Marta.
Der Priester Las Casas am 20. Januar 1531!

Las Casas:
Das Mittel für die Christen ist ganz sicherlich dieses, wenn Eure
Majestät die Güte haben würde, jeder dieser Inseln 500 oder 600
Neger zu leihen.

Fichte:
Sklavenaufstand in Panama.
1533:
200 Eroberer, mit 45 Pferden und Jagdhunden, gründen Cartagena de Indias.
Pedro de Heredia bittet Karl V. um Negersklaven.
1536:
Arbeitermangel in Cartagena.
Ein Sklave und ein Pferd kosten dasselbe:
500 Dukaten.
15. April 1540: Kaiser Karl der Fünfte!

Karl V.:

Wir befehlen, daß in keinem Falle den schwarzen Cimarronen zur Strafe die Teile abgeschnitten werden, die man anständigerweise nicht nennen kann.

Fichte:

Also war es die Regel.

1540 wird die Gesellschaft Jesu gegründet.

10000 Negersklaven werden jährlich nach Westindien verschleppt.

Las Casas schreibt den »Kurzgefaßten Bericht von der Verwüstung der westindischen Länder«. Las Casas!

Las Casas:

Der Priester Las Casas hat als erster dazu geraten, daß man Afrikaner nach Westindien einführe.

Er wußte nicht, was er tat.

Als er vernahm, daß die Portugiesen wider alle Rechtlichkeit in Afrika Menschen einfingen und sie zu Sklaven machten, bereute er bitter seine Worte..

Das Recht der Schwarzen ist dem Recht der Indianer gleich.

Fichte:

Glaubte der Priester Las Casas 1520, daß die drei und sieben Sklaven, die ihm zu seinem eigenen Dienst zuerkannt wurden, rechtlich in Afrika gefangen worden waren?

Glaubte der Priester Las Casas 1531, daß die 500 und 600 Sklaven rechtlich den Christen geliehen würden?

1547:

Jesuitenmissionare im Kongo.

1548:

Jesuitenkollegien in Marokko.

1549:

Jesuitenkollegien in Brasilien.

1550:

Es leben noch 150 Indianer, von drei Millionen, auf Hispaniola.

1557:
Jesuitenkollegien in Äthiopien.

1571:
Philipp II. verhängt exemplarische Strafen über flüchtige Neger-
sklaven: 15 Tage Abwesenheit – 100 Peitschenschläge.
Einen Monat Abwesenheit – Abschneiden des Geschlechtsteils
und Ausstellen, aufgespießt, in der Stadt.
Ein Jahr Abwesenheit – Strafe des natürlichen Todes.

1573:
Gleiche Strafen für das einmalige oder wiederholte Tragen von
Waffen.
Padre Angel Valtierra, Gesellschaft Jesu!

Valtierra:
Im Juni 1580 wird der Heilige Pedro Claver in Verdú geboren.
Und am 26. Juni getauft.
Die Familie – wohlhabende Bauern.
Sie besitzen 18 Anwesen und sind an 11 weiteren beteiligt.
Der Vater kann eben seinen Namen schreiben.
Als Pedro Claver 12 ist, stirbt seine Mutter, und vierzehn Tage
später der Bruder Jaime.

Fichte:
Der ewige ältere Bruder.

Valtierra:
Mit 14 läßt Pedro Claver sich von Erzbischof Dom Pedro Jaime
die erste Tonsur schneiden.
Er absolviert das Studium Generale in Barcelona.
Mit 21 tritt er in das Jesuitenkollegium von Belén ein.

Fichte:
Das heißt Bethlehem.

Valtierra:
Claver beginnt sein Noviziat bei den Jesuiten in Tarragona.
Sonntags pflegt er die Kranken des Hospitals Santa Cruz.

Er pilgert nach Montserrat zum Berg der Heiligen Jungfrau.
Mit 24 legt er sein erstes Gelübde ab.

Fichte:
Pater Nicolas Gonzales vom Jesuitenkollegium in Cartagena!

Gonzales:
Nie, während all der Zeit, die ich den Pater begleitet habe, sah ich
ihn, absichtlich, eine Regel der Gesellschaft Jesu verletzen.

Fichte:
Erscheinung des Heiligen Ignatius von Loyola, genannt Iñigo!

Ignatius:
Bis zum Alter von 26 Jahren war ich den Eitelkeiten der Welt
ergeben, und hauptsächlich fand ich aus einem unbändigen und
eitlen Verlangen, mir Ruhm zu gewinnen, mein Gefallen an
Waffenübungen.
Ich gehörte damals zur Besatzung einer Zitadelle, welche die
Franzosen berannten.

Als die Beschießung eine gute Zeit gedauert hatte, traf mich ein
Kanonenschuß an einem Bein und brach es vollständig, und da
die Kugel auf der Innenseite des Beins durchging, wurde dabei
auch das andre Bein schwer verwundet.

Nach zwölf oder fünfzehn Tagen, die ich noch in Pamplona blieb,
ließen sie mich in einer Sänfte in meine Heimat bringen.
Dort erwies sich mein Zustand als äußerst schlecht.
Deshalb ließ ich aus vielen Orten alle möglichen Ärzte und Chirurgen kommen. Ihre Meinung war, man müsse das Bein noch
einmal brechen und die Knochen ein zweites Mal einrenken.
Daher machte man sich erneut an die Schlachterei.

Dabei – wie auch bei allen anderen Eingriffen, die ich zuvor schon durchgemacht hatte und später noch durchmachen sollte – kam kein Laut über meine Lippen, und ich ließ mir den Schmerz nur dadurch anmerken, daß ich meine Fäuste fest ineinander verkrampfte.

Als nun die Knochen wieder fest miteinander verwachsen waren, blieb unterhalb meines Knies ein Knochenstück über das andre geschoben. Deshalb war dies Bein kürzer als das andre, und das Knochenstück stand derart heraus, daß es ein häßlicher Anblick war.
Das konnte ich nicht anstehen lassen, da ich entschlossen war, meine weltliche Karriere fortzusetzen.
Da ich nun meinte, daß jenes hervorstehende Knochenstück mich entstellte, erkundigte ich mich bei den Chirurgen, ob man es nicht entfernen könne. Sie antworteten, es ließe sich schon abschneiden, aber die Schmerzen dabei seien schlimmer als alles, was ich bisher durchgemacht habe, da die Knochen schon fest miteinander verwachsen seien und man eine gute Zeit für die Operation brauche.
Trotzdem blieb ich dabei, mich auf eigenen Wunsch martern zu lassen. Ich ertrug das Ganze geduldig wie immer.
Nachdem nun das Fleisch und das überstehende Knochenstück abgeschnitten waren, war man darauf bedacht, verschiedene Mittel anzuwenden, damit das Bein nicht gar so kurz bliebe.
Man rieb es mit vielerlei Salben ein und streckte das Bein beständig mit Vorrichtungen, die mich viele Tage lang quälten.

Ich befürchtete nämlich, ich könne .. nicht den Haß, den ich gegen das eigene Ich gefaßt hatte, ganz befriedigen.

Seit dem Tag der Abreise aus meiner Heimat geißelte ich mich regelmäßig jede Nacht.

Und da ich früher, entsprechend der Gepflogenheit jener Zeit, sehr auf die Pflege meiner Haare bedacht war und ich noch immer eine schöne Frisur hatte, beschloß ich nun, sie einfach wachsen zu lassen, wie sie wollten, ohne sie zu kämmen oder zu schneiden oder irgendwie während der Nacht oder bei Tag zu bestecken.

Aus dem gleichen Grund ließ ich auch die Zehen- und Fingernägel wachsen, da ich ebenfalls dafür besondere Sorgfalt aufgewendet hatte.

Auf dem Ölberg gibt es einen Felsen, von dem aus unser Herr gen Himmel auffuhr, und man sieht dort heute noch die eingedrückten Fußspuren.

Das war es wohl, was ich noch einmal sehen wollte.

So trennte ich mich von den übrigen, ohne etwas verlauten zu lassen und ohne einen Führer zu nehmen – dabei läuft jeder große Gefahr, wer ohne einen Türken als Führer unterwegs ist – und ging ganz allein auf den Ölberg.

Die Wache wollte mich nicht hereinlassen.

Ich gab ihnen ein Federmesser aus dem Schreibzeug, das ich bei mir hatte. Wie ich nun dort mit großem inneren Trost mein Gebet verrichtet hatte, kam mir der Wunsch, noch nach Bethphage zu gehen. Als ich dort war, fiel mir wieder ein, daß ich auf dem Ölberg nicht genau hingeschaut hatte, an welcher Stelle der rechte Fußabdruck und wo der linke war. So kehrte ich dorthin zurück und gab, soviel ich weiß, meine Schere den Wächtern, damit sie mich noch einmal eintreten ließen.

Wie ich da auf einen Kranken traf, sprach ich ihm Trost zu und berührte mit meiner Hand die Pestbeulen.

Nachdem ich ihn so getröstet und ein wenig aufgemuntert hatte, ging ich allein weg.

Da spürte ich Schmerzen in meiner Hand, so daß ich glaubte, von der Pest angesteckt zu sein.

Diese Einbildung war so groß, daß ich ihrer nicht Herr werden konnte. Schließlich steckte ich mir mit aller Heftigkeit die Hand in den Mund, bewegte sie dort mehrmals hin und her und dabei sagte ich mir:

Wenn du wirklich die Pest an der Hand hast, sollst du sie auch im Mund haben.

Und kaum hatte ich dies getan, verschwanden auch die Einbildungen und gleichzeitig auch der Schmerz in der Hand.

Fichte:
Alain Guillermou!

Guillermou:
Schon zu Anfang seines Pariser Aufenthaltes hatte Ignatius den Plan gefaßt, eine Schar junger Leute um sich zu sammeln, die nach Höherem strebten.
. .
Die Vorgesetzten waren darüber entsetzt, und Ignatius wurde zum ersten Mal verwarnt. Nach weiteren Mahnungen mußte er sich der entehrenden Strafe der salle unterziehen.
Das war eine öffentliche Auspeitschung durch die Präfekten im Speisesaal des Kollegs.

Fichte:
Das läßt der Pilger Iñigo im »Bericht des Pilgers« aus.

Ignatius:
Der Mensch ist geschaffen, um Gott zu loben, ihm Reverenz zu erweisen und zu dienen, und dadurch rettet er seine Seele.
Und die anderen Dinge auf dem Antlitz der Erde sind geschaffen für den Menschen.
Daraus folgt, daß der Mensch sie in soweit benützen soll, als sie ihm in seiner Bestimmung helfen, und sie in soweit lassen, als sie in daran hindern.
Deshalb ist es notwendig, uns allen erschaffenen Dingen gegenüber gleichgültig zu machen.

Jedesmal, wenn der Mensch in solche Sünde oder besonderen Schaden fällt, lege er die Hand auf die Brust und bedaure, daß er gefallen sei; das kann man auch vor vielen tun, ohne daß sie bemerkten, was geschieht.

Nichts Infamierendes sagen oder murmeln; denn wenn ich eine Todsünde aufdecke, die nicht öffentlich bekannt ist, sündige ich tödlich.

Viertens: Ansehen meine Fäulnis und körperliche Häßlichkeit.
Fünftens: Mich ansehen als eine Wunde, und Geschwür..

.. damit, wenn ich der Liebe des ewigen Herrn vergesse durch meine Fehler, wenigstens die Furcht vor den Strafen mir helfe, nicht in Sünde zu fallen.

Nicht lachen.

Den Blick bremsen.

Die erste betrifft das Essen, das heißt, wenn wir das Überflüssige lassen, ist es nicht Pönitenz, sondern Mäßigung, Pönitenz ist, wenn wir das Nötige lassen und je mehr desto mehr und besser, nur, daß das Subjekt nicht geschädigt werde, noch heftige Erkrankung folge.

Die zweite betrifft die Art des Schlafens.

Die dritte, das Fleisch zu strafen, das heißt, ihm empfindlichen Schmerz zuzufügen, der zugefügt wird durch das Tragen von härenen Hemden oder Strängen oder Eisenbarren über den Fleischteilen, sich geißelnd oder verwundend und andre Arten der Härte.

Der Schmerz sei empfindlich in den Fleischteilen und daß er nicht in die Knochen vordringe, derart, daß er Schmerz verursache und keine Krankheit.

Der Feind macht es wie eine Frau, er ist schwach vor der Kraft und stark vor der Schwäche.

Wir müssen uns immer daran halten, in allem zu bestätigen, daß das Weiße, das ich sehe, schwarz zu glauben sei, wenn die hierarchische Kirche es so bestimmt.

Gegeben ist, es ist sehr wahr, daß niemand sich errette, ohne vorbestimmt zu sein.

Guillermou:
Zuerst waren es die Skrupel, die ihn trotz seiner Beichte quälten, die Erinnerung an seine Sünden, die ihn unablässig verfolgte, und der Zweifel an seiner Lossprechung.
Dann kamen Trockenheit und Überdruß am Religiösen über ihn und schließlich sogar die Versuchung zum Selbstmord.

Ignatius:
Unterwerfungen sind nützlich zum ewigen Heil.
Das bedeutet, daß ich mich erniedrige und unterwerfe, nachleide, was Christus, Unser Herr leidet.
Mit viel Kraft beginnen.
Alle Anstrengungen aufbieten, um zu leiden, einzutrauern, zu weinen, um das Ziel zu erreichen.
In der letzten Nacht durch schlechten Schlaf sehr geschwächt.
Beim Gebet am Morgen mit ruhigem Sinn und ziemlicher Andacht,
dabei eine geistliche Bewegung mit Wärme und zum Weinen drängend.
Danach beim Aufstehen verlor ich vor Schwäche zweimal das Bewußtsein.
Als ich dann zur Messe gehen wollte, hatte ich beim Gebet Andacht.

Dasselbe beim Herrichten der Gewänder, und eine Regung, daß ich weinen wollte.

Zur Messe ständig Andacht und Schwäche.

Ich hatte verschiedene geistliche Bewegungen während der Messe, und es drängte mich zum Weinen.

Ebenso nach der Messe.

Den ganzen Tag über war ich ruhig, immer mit dem Willen, nichts zu besitzen.

Dieses Verspüren und Schauen nahm noch zu – und es liefen mir in einer großen Fülle Tränen übers Gesicht.

Ich hatte ein großes Vertrauen auf den Vater, als würde die bisherige Verbannung aufhören.

Unter Weinen und Schluchzen machte ich auf den Knien dem Vater das Anerbieten, nichts zu besitzen.

Es liefen mir dabei so viele Tränen das Gesicht herunter und ich mußte so sehr schluchzen, daß ich nicht mehr aufstehen konnte.

Schließlich stand ich doch auf, aber auch, als ich mich schon erhoben hatte, blieb mir immer noch die Andacht mit dem Schluchzen.

Und immer wieder konnte ich lange nicht sprechen, ohne die Sprache gleich wieder zu verlieren.

Ich hatte von der Mitte an in einer großen Fülle Tränen voller Wärme und innern Wohlgeschmack, doch ohne irgendwelche Einsichten.

Desgleichen schien es, als könnte ich spürbar meine Adern oder Teile meines Körpers wahrnehmen; dabei eine gewisse und fast neue und nicht in dieser Weise gewohnte Wärme und nach außen rote Andacht und vieles Aufatmen wegen der vielen Andacht.

Gib mir doch liebevolle Demut.

Ich fürchte, das Augenlicht zu verlieren.

Und ununterbrochene Tränen.

Nimm auf, o Herr, und empfange zurück alle meine Freiheit, mein Gedächtnis!

Meinen Intellekt und meinen ganzen Willen, alles was ich bin und habe.

Valtierra:
Mit 24 wird Pedro Claver ins Kollegium nach Gerona gesendet, damit er während eines Jahres sein Griechisch und sein Latein verbessere – und zum Studium der Rhetorik.
Am 11. November 1605 tritt er im Jesuitenkollegium von Montesión auf Mallorca ein, um Philosophie zu studieren.
Dort lebte der Schutzheilige von Mallorca, San Alonso Rodriguez, und auch Pedro Claver. 47 Jahre lang wurden die Pforten des Kollegiums von derselben mildtätigen Hand geöffnet und geschlossen.
Der Pförtner hatte einen seltsamen Glanz in den Augen, wenn er die Besucher empfing. Jemand hörte ihn sagen:

Rodriguez:
Ja, Herr, ich komme!

Valtierra:
Er sah in jedem, der kam und ging, die Gestalt Christi.
Der Pförtner war von mittlerer Statur.
Eines Tages saßen beide – San Alonso und Pedro – zusammen im Patio des Kollegiums, nahe an der lichtüberfluteten Bucht von Palma, und Alonso sagte mit vergeistigter Stimme:

Rodriguez:
Wie viele gehen müßig in Europa, die als Apostel nach Amerika gehen könnten!

Valtierra:
Und seine Augen füllten sich mit Tränen.

Rodriguez:
Großes! Großes!
Sind denn diese Seelen drüben nicht das Leben eines Gottes wert?
Ist er denn nicht schließlich auch für sie gestorben?
Ach, Pedro, mein geliebtester Sohn!
Warum gehst nicht auch du, das Blut Jesu Christi auffangen.

Der weiß nicht, was lieben ist, der nicht zu leiden weiß!
Dort wartet er auf dich und! O! Wenn du den großen Schatz kenntest, den er dir bereitet hat!

Valtierra:
Am 31. Oktober 1617 liest man in der handgeschriebenen Geschichte von Montesión:

Klosterbruder:
Dies Land hat das beste Klima, darum trat in diesem Jahr keine bedeutende Krankheit bei denen aus dem Haus auf.
Unser gesegneter Bruder Alonso Rodriguez endete gegen Ende des Jahres, ich meine, am 31. Oktober.

Valtierra:
Er hinterließ 22 Erinnerungsregeln.

Rodriguez:
Iß nie Süßes!
Wach viel!
Schlaf wenig!
Leere dein Herz von allen Kreaturen und füll es aus allein mit dem Herrn!
Der gute Geistliche sei wie Melkisedek, ohne Vater, ohne Mutter, ohne Stammbaum, ohne Verwandte.
Er behandle sie, als habe er sie nicht.
Denn Liebe wird mit Liebe bezahlt.
Um Gott zu lieben, ist es nötig, daß der Mensch als erstes seinen Willen entferne und sich reinige von allen irdischen und fleischlichen Lieben und Zuneigungen; daß er nichts liebe außer Gott, und wenn er etwas andres liebt, sei es durch Gott und niemanden anders.
Daß er nicht nur das Böse wolle, sondern auch nicht das Gute, das Gott nicht will.
Studiere mit Vorsicht das Nützliche, nicht das Überflüssige:
Die gemäße Wissenschaft fördert, die überflüssige bläht!
Sprich nie von Essen und Kleidung!

Sprich gut von allen und schlecht von dir selbst!

Sprich wenig mit den Menschen und mit Gott viel!

Verlier nicht durch Reden, was du verdient hast durch Schweigen!

Um recht zu gewinnen, schweig, wenn sie dich beleidigen, verbessern, mißhandeln, seist du unschuldig oder schuldig.

Gib keine Erklärungen ab, und wenn sie eigensinnig sind, laß dich schweigend besiegen.

Unterwirf dich jeder Kreatur um Gottes willen.

Tu was du kannst mit großem Frieden, und wenn du es nicht tust und man fragt dich, antworte:

Ich konnte nicht.

Alles weitere kommt nicht gut heraus.

Unterbrich dein großes Schweigen nicht.

Anworte nichts, nichts, nichts.

Schweig, schweig, schweig.

Und antworte mit keinem Buchstaben.

Genieße die Beleidigungen und halte die Schandmale in Ehre.

Überfließe in der Kenntnis deiner selbst. Sie ist firme Kenntnis.

Wer sich kennt, verachtet sich.

Käu dein Ende wider und deinen Tod!

Nimm das Bittere für süß und das Süße für bitter.

Und stell deine Seele hin vor unseren Herrn Jesus Christus am Kreuz.

Sieh ihn voller Schmerzen, wie er sein Blut über den ganzen Körper ausgießt.

O, Foltern!

O, die große Kasteiung!

Valtierra:

Zwei Jahre lang studiert Pedro Claver Theologie in Barcelona.

Er wanderte mit einem Freund nach Llacuna.

Dort waren vor 77 Jahren Ignatius von Loyola und sein Freund

Mosén Pujol von jungen Männern überfallen worden und ver-
prügelt.
Hier –

Fichte:
Bei der Erinnerung an Prügel!

Valtierra:
– überkommt Claver die Ekstase.

Fichte:
Der Heilige Pedro Claver!

Claver:
Bruder, hier war es, hier zermühlten sie ihn mit Stöcken, unseren
Vater, den Heiligen Ignacio! Hier war es! Hier war es!

Valtierra:
Und noch Jahre später, in Cartagena, bricht er, bei der Erinne-
rung daran, in Schluchzen aus.
Als Dreißigjähriger wird er von seinen Oberen nach Amerika be-
ordert.
Er gehorcht, ohne sich von seiner Familie zu verabschieden.
Am 15. April 1610 segelt er auf der Galeone »San Pedro« aus
Sevilla ab. Er trifft im Juni oder Juli in Cartagena ein, reist nach
Bogotá weiter, lebt ein Jahr in Tunja und von 1615 an für den Rest
seines Lebens im Jesuitenkollegium von Cartagena de Indias.

Zeuge:
Wenn er von der Ankunft eines neuen Sklavenschiffes hörte, be-
gannen seine Augen zu glänzen, und sein Gesicht wurde rot wie
Feuer.

Valtierra:
Er befreundete sich mit Alonso de Sandoval. S. J.

Zeuge:
Wenn Alonso de Sandoval einen Neger sah, gingen ihm die Augen über, und wenn er konnte, blieb er stehen und sprach mit ihm, auch, um ihn im Glauben und in der Religion zu unterrichten. Sobald er in der Stadt Cartagena ankam, ging er auf die Suche nach Negern.

Fichte:
Padre Gonzalo de Lira berichtet über Sandoval:

Gonzalo:
Er hat eine große Zuneigung zu dieser Arbeit, die so wichtig ist. Und er geht so vorsichtig auf den Fischfang der Seele, daß er weder tags noch nachts ruhen will, derart, daß die Oberen ihm in den Arm fallen müssen, damit er seine Arbeit mäßige.

Fichte:
Die Stadt Cartagena de Indias war noch jung, noch nicht hundert Jahre alt.

Valtierra:
Alle heroischen Städte sind mystisch und alle mystischen Völker sind heroisch!

Fichte:
Wie?

Valtierra:
Im Panorama des physischen Schmerzes gab es zu diesen Zeiten immense Abstufungen.

Fichte:
1498 fährt Kolumbus auf seiner dritten Reise an der Bucht von Cartagena vorbei, ohne an Land zu gehen.

Juan de Ojeda zieht durch den Norden Kolumbiens, um Indianer zu fangen.

Am 1. Januar 1501 entdeckt Don Rodrigo de Bastidos die Bucht, an der die Stadt heute liegt.

Kämpfe mit Turbaco Indianern und Canapotes.

1522 Oviedo konstruiert –

Valtierra:

– zur Pazifikation –

Fichte:

– ein erstes Fort.

1532 erobert Pedro de Heredia die Provinz Cartagena für die spanische Krone.

1533 gründen 200 Kolonisatoren, mit 45 Pferden und Jagdhunden, die Stadt Cartagena de Indias.

Pedro de Heredia bittet Karl V. um Negersklaven.

Die Goldminen sollen ausgebeutet werden.

Es sind die Grabstätten der Sinues Indianer, wo man ein goldenes Stachelschwein gefunden hat, das mit 40 000 Dukaten aufgewogen wird.

Valtierra:

Es waren bereits 200 000 Indianer bekehrt worden.

Sandoval:

Es gibt vier Haupthäfen, aus denen gewöhnlich die Neger zu diesem Hafen Cartagena de las Indias geschafft werden, wo der hauptsächliche und rechte Umschlagplatz für alle ist.

Sie kommen von den Flüssen Guineas und aus den Häfen des Festlands, von der Insel Cabo Verde, von der Insel San Tomé und aus dem Hafen von Loanda oder Angola.

Und vom Hafen Cartagena aus werden sie nach Peru und an andere Plätze geschafft.

Die Europäer stacheln die afrikanischen Könige gegeneinander auf, versprechen beiden Kontrahenten ihre Hilfe, erhalten Sklaven dafür und nach den Kriegszügen die Kriegsgefangenen auch als Sklaven.

Ein andrer Sklavenhändler sagte mir:

Sklavenhändler:
Es gäbe unter den Negern nicht die Hälfte der Kriege, wenn sie nicht wüßten, daß die Spanier kommen *müssen* und Neger besorgen.

Fichte:
Achill Escalante!

Escalante:
Viele bringen sich um, ehe die Auswahl beginnt.
Während der Arzt auswählt, werden die Ausgewählten mit rotglühenden Eisen gebrandmarkt.

Fichte:
Verzweifelt essen sie Erde.
Sie stecken sich die Zungenspitze in die Luftröhre und würgen sie so lange hinunter, bis sie daran ersticken.

Sandoval:
Ein Zeuge bestätigte mir:

Zeuge, ein Sklavenhändler:
Und dann ist der katholische Priester zum Schiff gekommen und hat einen kleinen Napf hervorgeholt und schüttete daraus Wasser auf die Köpfe der ausgewählten Sklaven.
Diesen Tag waren so viele Neger zu taufen, daß der Pater, der sie taufte, müde wurde und sich setzte und sitzend weitertaufte und ihm auch dabei die Arme müde wurden.
Ich mußte ihm helfen. Der Neger kam und kniete sich vor dem Napf oder Topf nieder, und ich packte ihn am Nacken und stupfte ihn in den Topf, und wenn er dann wieder hochkam, hielt der Pater ihm die Hand auf den Kopf.

Sandoval:
Die Sklavenfänger sichern ihre Stücke oder Ladungen mit sehr langen Ketten, die sie Corrientes nennen.
Diejenigen, die sie herüberschaffen, sagten mir selbst, daß die

Neger so eng, so ekelhaft, so schlecht gehalten werden, daß sie immer sechs mit Halseisen an langen Ketten fesseln –

Escalante:
50 bis 60 an langen Ketten!

Sandoval:
– und dazu, immer zwei und zwei, mit Fußeisen.
Unter Deck, wo sie nicht Sonne noch Mond sehen, daß es keinen Spanier gibt, der es wagen würde, den Kopf unter die Luke zu stecken, ohne sich zu übergeben, geschweige denn, eine Stunde da unten zu verweilen, ohne schwere Erkrankung zu riskieren.

Escalante:
Man zwingt sie, auf Deck zu tanzen.
Viele stürzen sich über Bord, sie werden von den Haien gefressen.

Sandoval:
Ausflucht und Trost sind, daß sie einmal alle 24 Stunden essen.
Nicht mehr als einen halben Napf voller Maismehl oder Mijo oder Millo, roh, das ist so etwas wie bei uns der Reis, und mit einem kleinen Becher voller Wasser, und nichts andres . .

Escalante:
Wenn sie das Essen verweigern, werden ihnen die Lippen mit glühenden Kohlen weggebrannt.

Fichte:
Und sie verweigern das Essen.

Sandoval:
Vor allen Dingen, wenn ein Schiff ankommt und die Neger ausgeladen werden, müssen wir gleich sie aufsuchen und uns unterrichten, wie viele es sind und was für welche, aus welchen Ländern und Häfen sie kommen, was für Krankheiten sie mitführen, wie viele Schwerkranke es gibt und an welchen besonders schweren Krankheiten sie leiden, und wie viele Kinder. Sie müssen wir

mit sehr genauem Eifer behandeln und uns erkundigen, welche kein Wasser mehr haben, und auch denen zu trinken geben, die starr vor Durst sind, zum Sterben liegen oder sterben. Das sind die meisten. Das ruft großes Mitleid hervor.

Denn sie wissen nicht zu bitten. Die traurigen Mütter wagen nicht, die äußerste Bedürftigkeit ihrer Söhne anzuzeigen. Sie verströmen sich im Weinen, und weinend beim Katechismus setze dem Jungen die Kanne an den Mund, und er trinkt eine leer, zwei und drei, wie es mir unzählige Male vorgekommen ist.

Das Wasser rinnt vom Kopf des Täuflings in die Schale, und ich wunderte mich, was aus dem Wasser geworden sei, und begriff, daß er es getrunken hatte, bis auf den letzten Tropfen.

So groß ist der Durst und das Bedürfnis, das gewöhnlich diese bedauenswerten Menschen erleiden.

Wenn die Gesunden dort nicht krank werden, wird befohlen, sie zu mästen, damit man sie mit mehr Gewinn verkaufen kann.

Aber da die Armen derart gelitten haben, ist es nicht zu vermeiden, daß viele noch bei der Ankunft erkranken, vor dem Überfluß selbst, wie groß er auch sein mag, nach so großem Hunger, er hilft nur dem Übel, das in kurzer Zeit, als wäre es die Pest, in der ganzen Ladung aufflammt. Es hat das Gute, daß es die Geduld der Herrn übt, die, wenn sie arm sind, die Neger zu behandeln pflegen und zu beschenken – und wenn sie reich sind, übergeben sie sie ungläubigen und grausamen Hausverwaltern, da die reichen Herren selbst wichtige Geschäfte haben, und Haus und Schiff, einige wenige Tage später, sind ein Krankenhaus, ein Universum von Toten; die einen enden an Durchfall, an Seitenschmerzen, an Hitze, andre an Blattern, an Typhus und Scharlach und an einer Krankheit, die sie Luanda nennen, unheilbar, der ganze Körper schwillt an, und es fault das Zahnfleisch.

Und es ruft großes Bedauern hervor und Mitleid, so Kranke zu sehen, so Hilfsbedürftige, mit so wenig Erquickung und Erfrischung von seiten ihrer Herren, denn die lassen sie für gewöhnlich am Boden liegen, nackt, ohne Dach, ohne Schutz, da und dort, elendiglich, sie sterben, ohne daß einer sich um ihren Körper noch um ihre Seelen kümmre, so daß man sich fragen muß, ist der Grund ihres Todes das Ausgeliefertsein oder die Krankheit.

Mein Beweis soll sein, was ich mit meinen Augen gesehen habe und weinte: In einigen Häusern dieser Schiffsherren gibt es Unterkünfte aus Brettern, Bretterverschläge, wo die Männer und Frauen getrennt nachts zum Schlafen eingesperrt werden ..

Dort endlich, von Fliegen verzehrt, einige auf Brettern, andre darunter, sterben sie ..

Und das nur, nachdem die Herren sie mit einiger Rücksicht behandeln, früher ließ man sie nackt in den Patios, in den Ausläufen fürs Vieh, an den Ecken, wo die Schwere der Krankheit sie geschlagen hatte.

Valtierra:
Ein Zeuge!

Sklavenhändler:
Die Augen müssen examiniert werden, der Mund, die edlen Teile, die Sklaven müssen gehen, sie müssen heftig husten, damit man feststellen kann, ob sie Brüche haben. Keine Alten, mit herunterhängenden Häuten, keine engen Brustkästen, schielende Augen, dämlicher Gesichtsausdruck, das alles verrät eine Disposition zur Epilepsie. Die Kapitäne sind gerissen, um die Neger zum Verkauf vorzubereiten, stopfen sie Drogen in sie hinein. Um die Haut zum Glänzen zu bringen, reiben sie sie mit Kanonenpulver ein, mit Öl oder Zitronensaft. Um das Alter wegzutäuschen, rasieren sie ihnen den Bart ab, denn sie wissen, daß das Ideale ein Junge von 15 Jahren ist. Die Käufer ihrerseits lassen sich nicht täuschen, sie gehen mit der Zunge an die Stelle, wo die Haut wachsen soll und finden damit heraus, was den Augen und den Händen entgeht.

Escalante:
Jeder Neger wird über der rechten Brust mit dem Siegel des Königs gebrandmarkt.

Und danach wird ein Brandmal verursacht, daß man jeden einzelnen im Falle der Flucht wiedererkennt!

Einige Herren brandmarken die Sklaven mitten auf der Stirn.

Sandoval:

Dann, wenn wir das Essen betrachten, das ihnen für gewöhnlich gegeben wird, kaum daß man ihm diesen Namen geben kann, denn es ist so wenig.

Und wenn, bei soviel Strafen und bösen Worten, bei so schlechter Kleidung und Verpflegung, die Herren sie schlafen ließen, es scheint, als ruhten sie ihr halbes Leben aus, um die andre Hälfte zu leiden. Aber so ist es nicht, sondern, wenn der Neger in den Minen arbeitet, arbeitet er von Sonnenaufgang bis Sonnenuntergang und auch einen guten Teil der Nacht, und wenn sie sich ausruhen, sollten sie einen Ort haben, wo sie es können, und sollten die frechen und grausamen Mücken sie lassen– um drei Uhr morgens müssen sie wieder ans Werk.

Arbeitet der Neger auf den Plantagen, ist es fast das gleiche.

Auch haben die Herren die Angewohnheit, damit sie sie nicht behandeln lassen müssen, ihnen die Freiheit zu geben, solange sie krank sind, mit der Auflage, daß sie zum Dienst zurückkommen, sobald sie genesen.

Sie lassen sie in ihren Exkrementen sterben.

Fichte:

1534 bittet Heredia den Kaiser erneut um Negersklaven, da die ersten bereits zerschunden oder geflohen sind.

Der Papst erklärt Cartagena de Indias zur Erzdiözese.

1535 – der Kaiser erteilt die Erlaubnis, zwei weiße Sklavinnen nach Cartagena einzuführen.

Arbeitermangel in Cartagena.

Ein Sklave und ein Pferd kosten dasselbe: 500 Dukaten.

Am 15. April 1540 erklärt Karl V.:

Karl V.:

Wir befehlen, daß in keinem Falle den flüchtigen schwarzen Sklaven die Teile abgeschnitten werden sollen, die man anständigerweise nicht nennen kann.

Fichte:

Am 11. Februar 1571 erklärt Philipp II.:

Philipp II.:
Es soll exemplarisches Gericht ergehen.

Richter:
Item .. wenn jener Neger oder jene Negerin nicht in einem Monat
in den Dienst der Herrschaft zurückgekehrt ist, soll dem Neger
das Geschlechtsglied abgeschnitten werden, und abgeschnitten
auf den Schandpfahl gesteckt, in dieser Stadt, daß sich die Neger
und Negerinnen daran ein Beispiel nehmen.

Fichte:
Ausrufer!

Ausrufer:
Kein Neger trage Waffen oder Messer oder Macheten oder Keulen oder andre Waffen zum Angreifen. Wenn er einmal damit angetroffen wird, soll man ihn an den Schandpfahl stellen und 100
Peitschenschläge geben.
Wird er zum zweitenmal mit den genannten Waffen angetroffen,
soll ihm nach Ermessen des Richters das Geschlechtsglied abgeschnitten werden.

Sandoval:
Die Behandlung, der die Herren sie für gewöhnlich wegen sehr
geringer Sachen unterwerfen, ist: Federn, Sengen, bis sie ihnen
die Haut abreißen und damit das Leben, grausame Peitschenschläge und schwerste Foltern.
Vor Furcht sterben sie und faulig und voller Würmer.
Und wer würde nicht zerbrechen über der Tatsache, daß eine no-
ble Herrin ihre Sklavin tötete, um die zu strafen, und zwei andre,
das macht drei.
Die erste hing sie an einen Balken ihres Hauses, sagend, sie habe
sich erhängt. Sie legte sie in einen Kasten, befestigte zwei Steine
und befahl einem Neger, daß er sie ins Meer werfe, damit man
ihre Sünde nicht kennte, aber sie wurde herausgeholt, und die
Wunden bezeugten die nie gehörte Unmenschlichkeit.
Die Christen strafen ihre Sklaven in einer Woche mehr als die
Mauren die ihren in einem Jahr.

Fichte:
Am 1. Mai 1595 bestimmt Philipp II. Cartagena de Indias zum Hauptumschlagsplatz für Negersklaven in der Neuen Welt.
Es werden mehr als 38 verschiedene afrikanische Völker gezählt.
Mehr als anderthalb Millionen Neger sind mit Erlaubnis der spanischen Könige nach Cartagena gebracht worden, nicht gerechnet die eingeschmuggelten.

Valtierra:
Im ganzen rechnet man 15 Millionen Afrikaner.

Fichte:
1598 oder 1599 flieht Domingo Bioho, auch König Benkos genannt, von den Galeeren vor Cartagena.
Er stammt aus Guinea Bissao.

Valtierra:
Zwölf- bis fünfzehntausend Sklaven in der Provinz Cartagena.
5000 Weiße.

Fichte:
1600 Aufstand der Neger unter Domingo Bioho im Palenque de Matuna.
1602 Bioho tötet im Cimarronendorf von Matuna vier spanische Soldaten.
Strafexpedition des Gouverneurs Geronimo de Souza.
Die Truppen bringen dem Gouverneur den Kopf des Königs Bioho und seines Generals Lorenzillo.
In anderen Cimarronensiedlungen stehen andre auf, die sich Bioho nennen, Domingo Bioo, Domingo Criollo, Domingo Padillo, König Benkos.
Oft mehrere zur gleichen Zeit.
Miss Friedmann!

Friedmann:
Fünf Köpfe von flüchtigen Negern werden dem Gouverneur

übergeben, der sie mit Applaus entgegennimmt und befiehlt, daß
man sie auf dem Platz aufspießt.
Zur gleichen Zeit wird in der Kathedrale eine besondere Messe
gefeiert und das Tedeum laudamus gesungen.
Der Gouverneur befiehlt, daß man einen der gefangenen Neger
erschießt, daß man die Leiche an den Schwanz einer Mauleselin
bindet und durch die Straßen der Stadt zieht. Der Neger Antonio
Nolu muß hinterhergehen und wird dabei zweihundertmal ge-
peitscht. Vierzig Negersklaven begleiten ihn.
Der Gouverneur Martín de Zevallos y la Cerda schreibt an den
König:

Zevallos:
Es war ein Tag voller Applaus für die Stadt!

Fichte:
Siebzehn Neger werden geviertelt und an den Plätzen und Wäl-
len der Stadt ausgehängt.
Am 3. Februar 1603 wird die Einfuhr von 200 Negersklaven für
den Bau von weiteren Befestigungsanlagen erlaubt.
Die Mauern stehen bis heute.
Der Kalk wurde erst im Augenblick der Anwendung gelöscht.
Den afrikanischen Sklaven brannten die Finger bei der Arbeit
weg.
Am 16. Februar 1603 Kämpfe in den Palenques.
Waffenstillstand.
1604 kommen die Jesuiten nach Cartagena und errichten ein
Kollegium.

Valtierra:
In Cartagena wurde das große soziologische Experiment des Paters Sandoval durchgeführt.

Fichte:
Kämpfe gegen Bioho.
Die Cimarronen verbinden sich in Urabá mit den Indianern.
Neue Jesuitenprovinz in Neu-Granada.

Alonso de Sandoval in Urabá.
1608 – Aufstand der Neger in allen Westindischen Provinzen..
Der Priester Recoleto vertreibt auf dem Berg der Popa den Teufel,
der von den Indianern in Gestalt eines Bockes angebetet wird.
1610 kommt die Inquisition nach Cartagena.
1610 kommt Pedro Claver nach Cartagena.
Der General der Jesuiten:

Jesuitengeneral:
Der Pater Sandoval soll mit dem gebührenden Respekt mit den
Vertretern der Inquisition reden.

Fichte:
Szene: Pater Sandoval soll Pater Claver einweisen.
Sie schweigen lange.
Alonso de Sandoval!

Sandoval:
Mein lieber Bruder Pedro, unter anderen ausgezeichneten Ei-
genschaften, welche die Historie hat, sind es zwei, die sie über das
Gewöhnliche hinaus begleiten:
Wahrheit und Vergnügen.

Fichte:
Sie schweigen lange.
Pedro Claver!

Claver:
Ich darf nie lachen?

Sandoval:
Nichts ist erstaunlicher, will sagen: monströser!

Claver:
Ich muß sein, wie dies Metall, hämmerbar?

Sandoval:
Es ist eine bekannte Sache, daß zu Beginn der Welt Gott, der
Herr, die Erde nicht mit Herren und Sklaven bevölkerte. Der Arme und der König, sagt Salomon, der Monarch und der kleine
Schäfer wurden unter gleichem Los geboren. Sie sind Gesetzen
unterworfen. Die Natur gab dem Adeligen nicht mehr Augen als
dem Sünder, noch mehr Füße und Hände.
Große und Kleine haben wir alle einen Beginn und müssen sterben.

Claver:
Muß ich nicht immer, wie unser Patriarch, der Heilige Ignatius,
sagt –

Sandoval:
Iñigo, von dem der schönste Mond, der Heilige Francisco Xavier,
sein göttliches Licht erhielt, unsere Sonne, Ignatius von Loyola!

Claver:
– bestätigen, daß das Weiße, das ich sehe, schwarz zu glauben ist,
wenn die hierarchische Kirche es so bestimmt?

Sandoval:
Um die Leute in Schrecken und Furcht zu versetzen, gibt es keinen der afrikanischen Galla, der nicht einen Fuß, eine Hand oder
irgendein anderes menschliches Glied quer zwischen den Zähnen hat, dieser Anblick und seine Wildheit sind genug, um ganze
Heere zur Flucht zu bewegen.
Daraus können wir folgern, was ein unterwürfiger Christ, Sohn
der Kirche, Soldat der Miliz Christi, unseres Herrn, könnte, das
Fleisch Gottes im Munde mit sich führend.

Claver:
Muß ich mich, wie unser Bruder Alonso Rodriguez mir aufgab,
von jeder Liebe reinigen?

Sandoval:
Diese Neger sind keine Tiere, wie man sagt.

Fichte:
Am 21. Dezember 1615 wird Pedro Claver Subdiakon.
Am 23. Februar 1616 Diakon.
Am 19. März 1616 erhält er die Priesterweihe.
Auf die Vier Gelübde will er verzichten.
Der Pater General teilt ihm mit:

Pater:
Fügen Sie sich Ihren Oberen!

Claver:
Petrus Claver Aethiopum semper Servus.

Fichte:
Schreibt er unter die traditionelle Formel.

Valtierra:
Man sah sich gezwungen, Sklaven als Übersetzer zu kaufen.
Das konnte paradox erscheinen.
Pedro Claver, der Verteidiger der Sklaven selbst als Sklavenauf-
käufer.

Fichte:
Im Bericht über Pedro Claver aus dem Jahre 1616 steht:

Pater:
Ingenium:
Unter der Mittelmäßigkeit.
Prudencia:
Wenig.

Bildung aus Büchern:
Kärglich.
Leibesbeschaffenheit:
Natürlich.
Cholerisch.
Begabung, die Beichte abzunehmen und mit den Indios zu verhandeln.

Valtierra:
Er beherrscht das Angolesische, das am meisten von den Sklaven gesprochen wird.

Pater:
Er umarmt und küßt die Übersetzer, mit denen er zur Taufe der Sklaven schreitet, um ihnen sein Feuer zu übertragen.

Pater Manuel:
Er füttert die neuankommenden Sklaven.
Er gibt ihnen Wasser zu trinken.
Dann erst beginnt er mit der Religion.
Er errichtet einen Altar und lehrt sie, das Kreuz zu schlagen.
Manchmal sind es 300, 400.

Pater Andres:
Den Begriffsstutzigen schlägt er mit dem Kreuz an den Kopf, den Bereitwilligen gibt er Tabak.

Pater Nicolas:
Er tauft sie immer zehn und zehn, gibt ihnen allen, zehn und zehn, den Namen eines Heiligen und schenkt ihnen ein kleines bleiernes Medaillon.
Dann schlägt er sich selbst unter Tränen mit dem Kreuz an die Brust.

Valtierra:
Er tauft auch die Mohren.
Manchen bearbeitet er 30 Jahre lang.
Einer bekehrt sich erst nach 40 Jahren.

Fichte:
1616
Aufstand der Afrikaner.

Pater Nicolas:
Pedro Claver pflegt die Kranken, die Pestkranken, die Leprösen,
die Aufständischen und die Freibeuter.
Er geht, ohne sich vorzusehen, in die Hospitäler, mit entflamm-
tem Gesicht.
Als man einen Ofen aufstellt, um gegen den Gestank aromatische
Kräuter zu verbrennen, verbietet er das.
Er nimmt die Kranken mit auf sein Zimmer und erbettelt für sie
die teuersten Medizinen.
Er leckt die Wunden der Neger.
Eine Kranke sagt:

Eine Kranke:
Basta! Padre! Basta!

Pater Nicolas:
Ganzen Schiffsladungen von Negern leckt er die Wunden sau-
ber.
Einmal verlassen ihn die Kräfte.
Da geißelt er sich.

Pater Juan:
Er leckt die Schwären der Leprakranken.

Fichte:
Alvaro Barbosa Salazar!

Salazar:
Ich bin ein syphilitischer Bettler.
Pedro Claver leckt mir den brandigen Arm.

Fichte:
Aber Pater Sandoval ist schlecht bei Kasse.

Valtierra:
Er denkt, daß die Lösung darin liegt, einen ihm behilflichen Klosterbruder in die Region von Cabo Verde zu senden, um Linnen und Salben zu verkaufen.
Er hat kein Glück.
Auf dem Rückweg wird das Boot von Holländern angegriffen, er verliert alles und rettet mit harten Mühen das Leben.

Fichte:
Der Jesuitengeneral Vitelleschi!

Vitelleschi:
Ich befehle, daß als Erstes die Fakten untersucht werden.
Wenn es stimmt, verdient der Rektor Pater Sandoval, daß er seines Amtes enthoben werde und daß man ihm eine andre harte Strafe auferlege. Wir aber dürfen verstehen, daß Gott, Unser Herr, beabsichtigte, die Habsucht des Paters Sandoval zu bestrafen.

Fichte:
1619 veröffentlichte Sandoval eine Übersetzung der Biographie des Heiligen Francisco Xavier.
1619:
Aufstand der Afrikaner.
1620:
Cartagena wird von Seeräubern angegriffen.
1621:
Philipp II. verbietet nochmals das Tragen von Waffen.
Unter dem Gouverneur García Giron wird wieder ein Domingo Bioo hingerichtet.
Er nannte sich König von Matuna und hatte die Befestigung von Cartagena gestürmt.
Der Friedensvertrag mit den Palenques wird bestätigt.
Die Bewohner der Cimarronensiedlungen betreten die Stadt Cartagena mit Waffen.
1622:
Adán Edon wird von der Inquisition verurteilt.

Zum ersten Mal verbrennt man in Cartagena einen Menschen.
Pedro Claver ist dabei.
1626:
Juan Vicente von der Inquisition verurteilt und hingerichtet.
Pedro Claver ist dabei.
1632:
Raubzüge der Afrikaner im Termino de María.
1633:
Pest.

Pater:
Pedro Claver erkrankt und wird zur Ader gelassen.
Die Oberen tränken Stoffbäusche mit seinem Blut und verteilen
sie an die Gläubigen als Reliquien.

Pater:
Er hat zerbrochene Eier wieder heilgemacht.

Pater:
Er hat Tote zum Leben erweckt.

Pater:
Ich sehe ihn schweben.

Pater:
Er wischt sich nie nicht den Schweiß ab.

Fichte:
1636:
Pest.

Pater:
In den Sümpfen entblößt er sich bis zum Gürtel und läßt sich
stechen!
Er spricht mit den Mücken.

Claver:
Geht!
Ihr habt eure Ration herausgesogen.
Geht in Frieden und laßt den Platz den anderen.

Pater:
Er liebt die Musik.

Pater:
Sein Chor singt auf den Banketten, die er den Leprakranken
gibt.

Claver:
Ich mache meinen Karnaval mit den Kranken des Heiligen Lazarus.

Pater:
Er trocknet den Verurteilten den Schweiß von der Stirn.
Er tröstet die Bestraften und gibt ihnen Geschenke.

Pater Nicolas:
Ein Kapitän wird wegen Falschmünzerei hingerichtet.
Claver bringt Weihwasser, Parfüm, Wein und Biskuits.
Zweimal reißt der Strick.
Zweimal fängt Claver den Falschmünzer auf, und er stirbt in sei-
nen Armen.

Pater:
Bei dem Räuber und Mörder Melón reißt der Strick dreimal.
Dem Henker wird übel.
Claver stärkt den Henker mit dem Wein und den Biskuits, die er
für den Verurteilten mitgebracht hat.

Pater:
Der Pater Pedro Claver äußert bisweilen rätselhafte Wörter.

Pater:
Er ging an einem Neger vorbei und sprach:

Claver:
Er dauert mich, dieser Ärmste. Aber nun müssen sie seinen ganzen Körper in Stücke schneiden.

Pater:
Claver sorgt dafür, daß die Hingerichteten und die Sklaven mit Pomp bestattet werden.

Caspar de los Reyes:
Eine tote Sklavin, die ohne Sarg liegt, hüllt er in seinen Mantel und trägt sie zur Leichenkarre.

Pedro Mercado:
An die Ecken des Grabes legt er vier Orangen, steckt Kerzen hinein und holt das Musikkorps der Kathedrale für ein Requiem.

Valtierra:
1639:
Pest.
Pedro Claver bekehrt 400 englische Kriegsgefangene und einen anglikanischen Bischof.

Fichte:
Im Bericht über Pedro Claver aus dem Jahre 1616 steht:

Pater:
Ingenium:
Mittelmäßig.
Urteilskraft:
Mittelmäßig.
Prudencia:
Kläglich.
Fortschritt in der Literatur:
Gut.

Leibesbeschaffenheit:
Natürlich.
Sehr melancholisch.

Valtierra:
1643:
Pockenepidemie.

Fichte:
Im Bericht über Pedro Claver aus dem Jahre 1649 steht:

Pater:
Der Dreißigjährige Krieg ist aus!

Pater:
Ingenium:
Gut.
Urteilskraft:
Mittelmäßig.
Prudencia und Erfahrenheit:
Null.
Bildung:
Gut.
Charakter:
Melancholisch.
Aufgaben:
Ausgezeichnet im Umgang mit den Äthiopen.
Geistiger Fortschritt:
Ausgezeichnet.

Pater Nicolas:
Sieben Stunden beichtigt er morgens die Sklaven – vier Stunden
nachmittags.
Manchmal wird er dabei ohnmächtig.
Er läßt die Herren warten und zieht die Neger vor.
Im Beichtstuhl steckt er den Schwachen Datteln und Rosmarin zu.
Er segnet eine Negerin, die fliehen will.

Pater:
Er schläft im schlechtesten Zimmer des Kollegs. Man kann ihn Tag und Nacht rufen.
Seine Nahrung mischt er mit Asche und Bitterkraut.
Er trägt nur abgetragenes Zeug.
Er rasiert sich als letzter mit dem stumpfgewordenen Messer, um mehr zu leiden.
Er benützt nur zerbrochene Hostien.
Zweimal in der Nacht geißelt er sich bis aufs Blut.
Er hat Süßigkeiten und Medikamente im Zimmer für die Neger und eine Sammlung von Peitschen und Knuten.
Er trägt ein Borstengewand unter der Soutane.
Nachts setzt er sich eine Dornenkrone auf und schleppt ein Holzkreuz in die Kirche hinunter.

Fichte:
Das war nichts Besonderes.
Pater Hazareño!

Hazareño:
Abends wird ein Miserere zu Instrumenten und Orgelgesang gesungen.
Das bewirkt eine allgemeine, große Zerknirschung und Devotion, während derer eine rigorose Disziplin durchgeführt wird.
An vielen Stellen in der Kirche hinterläßt dies Blutlachen.
Das sind deutliche Zeugen der heiligen Härte.
Da hört man Schreie und Stöhnen, von Tränen begleitet.

Fichte:
Ein Ausrufer!

Ausrufer:
Niegesehenes Monstrum.

Monströs.
Niegesehen!
Neger!
Kaste Ardra.
Mit Brüsten.
Hat seine siebzehn Kinder selbst gesäugt, weil seine Frau in den Wehen starb.
Große Neuigkeit.
Alle eilen, ihn zu sehen!
Eilen Sie!
Denn es wird so viel mit ihm herumgerannt, daß er gar nicht mehr herauskommen will und sich sehen lassen.
Monströs!

Sandoval:
Das Monströse ist nicht mehr als erstaunlich.
Eine Sünde der Natur.
Ich wundere mich nicht so sehr darüber, denn unser Pater Juan de los Santos in seinem Buch Das östliche Äthiopien schreibt von einem Kaffern namens Pedro, der, als seine Frau starb, seine Töchter säugte, mit Milch, die in seine eigenen Brüste eingeschossen war.
Nach einem Jahr versiegte er.

Fichte:
Szene:
Der Pater Alonso de Sandoval und zwei Sklavenhändler!

1. Sklavenhändler:
Pater, ich fahre nach Angola, um Neger zu holen. Ich erdulde unterwegs große Mühen, Ausgaben und viele Gefahren; schließlich fahre ich mit meiner Ladung aus, seien es zu Recht versklavte Neger oder zu Unrecht. Ich frage: Trage ich zur Rechtfertigung

ihrer Gefangennahme durch die Mühen, Ausgaben und Gefahren bei, die ich auf der Hin- und Rückfahrt hatte, bis ich ankomme und sie verkaufen kann, in christlichen Ländern, wo sie ihr ganzes Leben lang Heiden bleiben?

Sandoval:
Gehen Euer Gnaden von hier bis zur Kirche San Francisco, die ziemlich weit ist, und wenn Sie ankommen, schneiden Sie die Kordel der Lampe ab und nehmen Sie sie mit nach Hause, und sollte die Justiz Sie als Dieb verhaften und hängen wollen, wie neulich einer gehängt wurde, weil er die der Kirche Santo Domingo geraubt hat, und ließe Sie ledig, weil Sie ihr sagen, daß Sie nicht die Lampe geraubt hätten, sondern genommen, um sich für die Mühen zu entschädigen, die Sie aufbrachten, um von hier nach dort und wieder zurückzugelangen. Wenn daraufhin, wie ich sage, das Gericht die Rechtfertigung Ihrer Arbeit anerkennt und Sie nicht strafen wird, würde ich sagen, daß Sie in gutem Glauben Ihre Neger herbeischaffen und daß der Grund, auf dem Sie bauen, gut sei.

2. Sklavenhändler:
Um Gottes willen! Habe ich nicht gesagt, daß Sie diese Patres nach nichts fragen sollen?!

Valtierra:
Pedro Claver tauft 300000 Negersklaven in Cartagena de Indias.

Fichte:
Jährlich 7500.
Täglich 20.
Stündlich mehr als zwei.
Sieben Tage die Woche.
40 Jahre lang.

Valtierra:
Pedro Claver tauft 300 000 Negersklaven in Cartagena de Indias.

Fichte:
Mit dem Kreuz schlägt er den Begriffstutzigen auf den Kopf.
In die afrikanischen Zeremonien schlägt er mit der Peitsche hin-
ein. Sprechen ein Neger und eine Negerin auf dem Markt mitein-
ander, müssen sie ihm eine Buße zahlen.
Im Bericht über Pedro Claver aus dem Jahre 1651 steht:

Pater:
Ingenium:
Gut.
Urteilskraft:
Mittelmäßig.
Prudencia:
Kärglich.
Erfahrenheit im Leben und in den Dingen:
Mittelmäßig.
Bildung durch Bücher:
Gut.
Leibesbeschaffenheit:
Natürlich.
Melancholischer Sanguiniker.
Begabung für die Arbeit:
Gut.
Geistlicher Fortschritt:
Ausgezeichnet.

Fichte:
1651 bricht eine heftige Pest in Cartagena aus.
Im Jesuitenkollegium erkranken Pedro Claver und Alonso de
Sandoval.
Neun Ordensbrüder sterben.
Ein eiternder Tumor bedeckt den Körper des Paters Sandoval.
Schüttelgelähmt sitzt Pedro Claver in seinem Zimmer.

Fichte:
Alonso de Sandoval!

Sandoval:
Warum weinst du, Pedro?

Fichte:
Pedro Claver!

Claver:
Ich kann nicht mehr taufen.
Aber du weinst auch, mein Bruder Alonso.

Sandoval:
Weil ich zuviel getauft habe, mein Bruder Pedro, um es in eine
rhetorische Form zu gießen.
Das ist mein Ende.
Was war mein Leben?
Ausgerissen aus dem süßen Sevilla in dies Land voller Mücken
und Indianer.
Höchstens die Bibliothek in Lima – meistens nur die Bibliothek
hier.
Die Bände verschimmeln.
Ich hätte so gern einmal den Petron exzerpiert.
Und dann diese Ladung von Äthiopen, mit ihren fürchterlichen
Gliedern, die uns erdrücken.
Pedro, sie sind ungebildet und hinterwäldlerisch, ohne einen
menschlichen Zug, barbarisch; sie leben ohne jeden menschlichen Umgang, häßlich, ohne Seele, miserabel, wie wilde Tiere;
sie sind schwarz und haben gekräuseltes Haar, dumm, miserabel
und brutal, ohne Höflichkeit und unsauber, Bestien; man kann
sie nur mit den Tieren vergleichen, wie Katzen, wie brutale Tiere,
wie wilde Tiere, unmenschlich und grausam, schwarz, mit ge-
kräuseltem Haar, wie Tiere, wie Bestien; sie waren immer häßlich; sie riechen so schlecht; schlechter Geruch; mit fettigem und
schmutzigem Haar, schwarz und häßlich am Körper und an der
Seele; Tiere, Bestien, ohne Fähigkeiten.

Fichte:

Alonso de Sandoval stirbt am ersten Weihnachtstag des Jahres
1652.

Ein Jahr später erleidet Pedro Claver eine Nierenkomplikation.
Er kann sich nicht mehr selbst versorgen.

Er muß von Manuel Morena, auch Manuel Biafara, einem jungen Sklaven des Jesuitenkollegiums, gefüttert und gereinigt werden.

Manuel Biafara vernachlässigt den Heiligen.

Oft bleibt Pedro Claver einen Tag lang ohne Wasser.

Aber auf einer Sänfte läßt er sich ins Gefängnis tragen, wenn er
von einem zum Tode Verurteilten verlangt wird.

Einige Tage vor seinem Tode läßt er sich an den Hafen tragen,
aber er ist zu schwach zum Taufen und weint.

Er reitet noch einmal zu den Leprakranken, die Sänfte verweigert
er, als zu eitel; das Pferd scheut, aber der Heilige stürzt nicht.

Am 6. September 1654 läßt er sich in die Kirche tragen, um zu
kommunizieren.

Als er an der Sakristei vorbeikommt, sagt er:

Claver:

Ich sterbe.

Fichte:

Am 7. morgens kann er nicht mehr sprechen.

Zwischen eins und zwei, am Morgen des 8. September stirbt er –

Pater:

– in großer Süße und ohne äußere Qual.

Pater:

Die Bewohner der Stadt plündern sein Zimmer und zerreißen
seine Kleider als Reliquien.

Pater:

Seine Arme bleiben beweglich. Die Gläubigen ergreifen sie und
führen die Hände des Heiligen an ihre Stirn.

Pater:
Sie küssen seine strahlenden Füße.

Pater:
Don Pedro de Estrada, Contador der Caja Real, schickt alles
Wachs, das für die konvenierende Schicklichkeit des Körpers des
Heiligen nötig ist.

Fichte:
Auch die Haitianer und die Schwarzen Kariben verstopfen, wie
die Ägypter, die Körperöffnungen der Toten mit Wachs.
Pedro Clavers Leben, sein Tod, seine Grablegung ähneln jenen
afrikanischen Riten, zu deren Ausrottung er in Cartagena de Indias das meiste getan hat.

Das Volk von Grenada

Hörspiel in zwei Teilen

1984

Personen:

1. Sprecher	Journalist A.
2. Sprecher	Seine Frau
Hubert Fichte	Journalist H.
Leonore Mau	Leroy
Vida, Zimmermädchen	Reporter der Financial Times
Rasta (ein Rastafari)	John R. Groom
Marktfrauen	Raymond P. Devas
Jack Nightwood, Pflanzer	Du Tertre
Georgie, genannt Toad	Labat
Ein Kleinbauer	Raynal
Baptistenbischof Edmund	John Scott
Maurice Bishop	Hugh O'Shaugnessy
Alimenta Bishop, seine Mutter	1. Mädchen
Rupert Bishop, sein Vater	2. Mädchen
Der Onkel	3. Mädchen
Phyllis Coard	1. Junge
Bernard Coard	2. Junge
Sir Eric Matthew Gairy	3. Junge
Lady Gairy	1. Pflanzer
Winston Masanto	2. Pflanzer
Hudson Austin	3. Pflanzer
Herbert Preudhomme	1. Lastenträger
Wellington Friday	2. Lastenträger
Milton Cato	Ein Seemann
Parteigenosse James	Sir William Young
Forbes Burnham	MacMahon als alter Mann
Sir Paul Scoon	Ein Arbeitsloser
Fidel Castro	Ein gläubiger Student
Frank Ortiz	Mistress Evans
Alister Hughes	Lynn, eine Freundin von
George Louison	Maurice Bishop
The Nation	Ein Polizist
Albert Xavier	1. deutscher Journalist
Nick Joseph	2. deutscher Journalist
New Jewel	Ein Inder

Oberpostdirektor
1. Arzt
2. Arzt
Ein Festredner
Ein Arbeiter
Ein Reporter
Governor Greene
Ein Landarbeiter
Eine Hausangestellte
Ein Gefangener
Gefangener Norris Stephen

Ein Hotelbesitzer
Ein Medizinstudent
Ein Soldat
Ein Abgesandter
Ein Redner
Barbara
PRA
Ein Taxifahrer
Dessen Freund
Eine Frau

Musik:

Schwere indianische Trommel
Afrikanische Trommeln
Kleine Trommeln der Kolonialmächte
François Couperin: Leçons des Ténèbres. hm 210
Gesang der Spiritual Baptists
Die englische Nationalhymne

Erster Teil

Vida:
Ich arbeite acht Stunden täglich.
Als Hausangestellte.
Sechs Tage in der Woche.
Ohne Krankenversicherung.
Ich bin sechzig.
Ich habe zehn Kinder.
Das jüngste ist zwanzig, das älteste vierzig.
Wir haben einen Gemüsegarten.
Mein Mann war Lastwagenfahrer.
Er hat eine Verletzung am Bein.
Heute macht er nur noch den Garten.
Für eine Ziege haben wir nicht genug Land.
Jedes Stück Land gehört jemandem.
Der läßt niemanden anders drauf.
Hühner haben wir auch keine.
Wir kaufen uns Hühnerklein.
Hühnerbrust können wir uns nicht leisten.
Nur zu Weihnachten essen wir ein paar Pfund Fleisch.
Wir essen dreimal am Tag.
Wenn wir nichts Gekochtes haben, trinken wir Tee.
Eier essen wir manchmal.
Ich hatte über 200 Blutdruck.
Ich hatte neulich 160 zu 248.
Ich arbeite damit.

Baptistenbischof:
Ich habe sieben Kinder aus zwei Ehen.
Das jüngste ist zehn Monate alt, der älteste vierzehn Jahre.
Mein Vater ist an der Prostata operiert worden.
Meiner Mutter haben sie das Bein amputiert.

Ich könnte in den Staaten Arbeit finden.
Aber ich bleibe hier.
Wegen der Eltern.
Ich habe elf Monate in New York gearbeitet und war nur einmal im Kino.
Ich habe das ganze Geld nach Hause geschickt.

Georgie, genannt Toad:
Die Regierung hat nie etwas gegen die Schwulen unternommen.
Nur die Bevölkerung ist dagegen.
Alle machen es.
Aber geheim.
Mir ist die Reaktion der Leute egal.
Mir ist nur meine Mutter wichtig, und die weiß es und hat sich damit abgefunden.
Ich bin Zuhälter.
Ich will, daß alle glücklich sind.
Ich vermittle.
Ich vermittle auch Gras.
Ich baue mein eigenes Gras.
Zu mir sind alle nett.
Wenn ich auf den Markt gehe, muß ich alle Marktfrauen küssen.
Jeder sagt mir Guten Tag.
Ich habe sehr gute Beziehungen zur Polizei.
Ich ziehe mich immer sehr elegant an.
Ich gehe auch immer sehr elegant angezogen auf die Polizeiwachen.
Dann achten sie nämlich auf meine Kleidung und nicht auf mein Gras.
Ich brauch nicht mehr als ein kleines Holzhaus für mich und einen Freund und für meine Eltern.
Da spar ich drauf.
Ich tanze übrigens Limbo und mache Vorführungen in den Hotels.

Rasta:
Es ist nichts andres als jede andre Religion.
Wir wollen die Haare lang tragen.
Gras rauchen.
Und meditieren.
Sex nicht mal so viel.
Gemüse.
Ohne uns wäre die Revolution gar nicht möglich gewesen.
Wir waren die ersten, die sich die Gewehre abholten, als Bishop seinen Coup gelandet hatte.
Sie winkelten uns mit Holzstückchen die Zähne auseinander und stopften uns das Fleisch in den Rachen.

Marktfrau:
Wir besitzen ein Stück Land.
Ich verkaufe hier, was wir auf dem Land erzeugen.
Ich habe fünf Kinder.
Ich liebe Kinder.
Ich habe noch eins von meiner Schwester dazugenommen.

Kleinbauer:
Vier Tage durften wir das Haus nicht verlassen.
Sie hätten uns einfach abgeknallt, Austin und Coard.
Wissen Sie, was das Schlimmste war?
Wir konnten die Tiere nicht füttern.
Und nicht melken.
Und wir konnten nicht in die Kirche gehen.
Sie wissen, was das heißt, wenn man die Kühe vier Tage lang nicht melken kann!

Marktfrau:
Come my boy, you want nice Paradise-Apple?

1. Sprecher:
Selleriekraut.

Yam.
Bananen.

1. Marktfrau:
Plantain.

2. Marktfrau:
Schalotten.

Fichte:
Thymian.

1. Marktfrau:
Möhren.

2. Marktfrau:
Calulu.

1. Marktfrau:
Okra.

1. Sprecher:
Clementinen.
Limonen.
Zitronen.
Apfelsinen.

1. Marktfrau:
Orangen.

1. Sprecher:
Grapefruit.

Fichte:
Rote Früchte, die ich nicht kenne.

1. Marktfrau:
Christophinen.

2. Marktfrau:
Kartoffeln.

1. Marktfrau:
Brotfrucht.

1. Sprecher:
Algen.

2. Marktfrau:
Tomaten.

1. Sprecher:
Tonga-Bohnen.

2. Marktfrau:
Safran.

Fichte:
Kleine Auberginen.

1. Marktfrau:
Kürbisse.

2. Marktfrau:
Bohnen.

1. Marktfrau:
Knoblauch.

2. Marktfrau:
Zwiebeln.

Fichte:
Papaya.

2. Marktfrau:
Nein.
Papaya heute nicht.

1. Sprecher:
Mace.

1. Marktfrau:
Muskatnüsse.

2. Marktfrau:
Nelken.

1. Marktfrau:
Pfeffer.

Fichte:
Nelkenpfeffer.

1. Sprecher:
Bayrum-Blätter.

1. Marktfrau:
Gurken.

2. Marktfrau:
Weißkohl.

Schwere indianische Trommel – ein Schlag.

1. Sprecher:
Grenada.

Trommelschlag.

1. Sprecher:
Fichte.
Hubert Fichte:
12 Meilen breit.
21 Meilen lang.

1. Sprecher:
John R. Groom.
Groom:
Der vulkanische Ursprung Grenadas wird deutlich an Felsen und an der Bodenbeschaffenheit und an erloschenen Kratern.
Die dem Besucher am bekanntesten sind – der Hafen von St. George's..

1. Sprecher:
Ach, ja!

Groom:
.. der Grand Etang, Lake Antoine und die Punch Bowl.
40 wenigstens.

1. Sprecher:
Ja.

Groom:
Diese kleine ozeanische Insel hat sich in den feuchtigkeits-schwangeren Tradewinds ein individuelles Klima erschaffen – mit üppiger Vegetation und einer reichen marinen Fauna, luv und lee.

1. Sprecher:
Das ist ja interessant.

Groom:
Da gibt es die Tuberose, den Bambus, das Basilikum gar, die wilde Lilie und das Zuckerrohr, Nelken, Litchie, Bohnen, den Kakao, den Ingwer und die Passiflora..

1. Sprecher:
Und so weiter..

Groom:
Wissen Sie denn, daß mehr als jedes andre Tier sich die Koralle
der Szenerie unserer Erde aufgeprägt hat?

1. Sprecher:
Hum, hum!

Groom:
Wir treffen den sogenannten Portugiesischen Krieger, Physa-
lie..

1. Sprecher:
Ja – hum!

Groom:
Die großen blauen gasgefüllten Flöße können an unseren Küsten
gefunden werden und mögen die Gegenwart von losgerissenen
Fangarmen anzeigen, die eine Länge von 45 Fuß erreichen können.
Diese sind dem Schwimmer nicht unbedingt voraussehbar und
haben, wenn auch abgestorben, die Fähigkeit zu verbrennen beibehalten. Wenn sie sich um den Körper eines Schwimmers
schnüren, können sie schwere Herz- und Atemstörungen hervorrufen.

1. Sprecher:
Ja – hum!

Groom:
Wir finden den Seeigel, das Weiße See-Ei, die Seegurke, Holo-
thuria, den Crayfish, den Lobster.

1. Sprecher:
Ja – hum!

Groom:
Palinurus.
Auch der Erdwurm kann beobachtet werden.
Es gibt keine Wasserschnecken. Glücklicherweise! Sie ist der zweite Wirt von Schistosoma mansoni, welcher die Bilharziose hervorruft.

1. Sprecher:
Jahm.

Groom:
Deshalb ja auch Schistosomiasis.
Den Peitschenskorpion werden Sie nicht erwartet haben.
Es gibt blaue und rote Landkrabben.
Es gibt Käfer. Ameisen. Termiten.

1. Sprecher:
Und so weiter!

Groom:
Die Feuerfliege!
Die Gottesanbeterin!
Mörderläuse.
Den Riesenskarabäus.

1. Sprecher:
Jahm!

Groom:
Den Ammenhai!
Den Tigerhai! Den Olivenhai! Den Sandhai!

1. Sprecher:
Jahm! Jahm!

Groom:
Unglücklicherweise verlor Ostern 1970 ein Schuljunge sein Leben, als er an der Ostküste badete.
Er wurde geköpft, und ein Arm war völlig abgetrennt.
Körper und Arm wurden am nächsten Tag angespült.
Dies scheint nicht das typische Verhalten des Hais zu sein.
Den Flying Fish.
Den Bonito.
Snappers.
Über dreihundert Fischsorten in den Wässern Grenadas.
Die Riesenkröte.
Eidechsen.
Gekkos.
Iguane.
Die Baumboa.
Schildkröten.
Fregattenvögel.
Den Ibis.
Den roten Ibis.
Jawohl!

1. Sprecher:
Ja!

Groom:
Den Kuckuck.
Die Eule.
Kolibris in ungeahnter Vielzahl!
Das Opossum.
Die früchteverzehrende Fledermaus.
Und die fischverzehrende Fledermaus.
Die Seekuh wurde ausgerottet.

1. Sprecher:
Jahm!

Groom:
Sie wird noch erwähnt.
Und ich habe mich gefragt, wie ein derart wehrloses Tier unter
den blutdürstigen Kariben..

1. Sprecher:
Jahm!

Groom:
.. bis in historische Zeiten überleben konnte.
Du Tertre gibt die Antwort:
Die Kariben kannten ein Tabu, welches das Essen vom Fleisch
der Seekuh untersagte..

1. Sprecher:
Jahm!

Groom:
Den Wal.
Ratten.

1. Sprecher:
Jahm!

Groom:
Mäuse.
Mongoose.
Primaten.

1. Sprecher:
Jahm!

Groom:
Den Mona-Affen.

1. Sprecher:
Jahm.

Groom:
Homo sapiens.

1. Sprecher:
Jahm.

Groom:
Der Mensch hat Wälder gerodet und Weidetiere eingeführt, die letzteren können den botanischen Charakter der Insel völlig verändern.
Der Mensch hat unbedachterweise Ratten und Mäuse eingeführt und den Affen und das Mongoose.
Sie sind Landplagen geworden.
Straßen und Wellblech bedecken die Erde der Insel.
70 % der Bevölkerung sind unter 17.
Eine alarmierende Situation, die durch die Fortschritte der Tropenmedizin eingeleitet wurde – zusammen mit jenem unerschütterlichen Glauben an einen antiken Fruchtbarkeitsfetischismus.

1. Sprecher:
Und so weiter.

Trommelschlag.

2. Sprecher:
700 vor Christus.

1. Sprecher:
Die Ciboney-Indianer.
Raymond P. Devas.

Devas:
Lebten in Höhlen und unter Felsvorsprüngen.
Sie ernährten sich vor allem von Fisch.

2. Sprecher:
700 nach Christus.

Groom:
Die Arawak.
Sie scheinen ein freundliches, kultiviertes und künstlerisches
Volk gewesen zu sein.

Devas:
Sie bauten Hütten.
Ihre Ernährung bestand aus Fisch, Cassavabrot und sogar
Fleisch.

2. Sprecher:
Kurz vor Kolumbus.

1. Sprecher:
Die Kariben.

Trommelschlag.

Fichte:
Sie töteten die Männer der Arawak und nahmen die Frauen als
Konkubinen oder als zweite Frauen.

2. Sprecher:
Am 15. August 1498.

Trommelwirbel.

1. Sprecher:
Kolumbus.

Fichte:
Er nennt die Insel Concepción.

2. Sprecher:
Von 1523 an ..

Fichte:
.. wird die Insel auf allen Karten als Grenada bezeichnet.

2. Sprecher:
1608.

Fichte:
Die Kapuziner-Mönche wollen die Kariben zivilisieren.

1. Sprecher:
Du Tertre.
Du Tertre:
Als die Europäer landeten, fanden sie zwei Sprachen:
Eine Sprache der Männer –

Fichte:
Der Kariben.

Du Tertre:
Und eine der Frauen.

Fichte:
Der Arawak.

1. Sprecher:
Labat.
Labat:
Die Frauen beherrschten die Sprache der Männer und verständigten sich darin mit ihnen.
Die Frauen sprachen untereinander in ihrer eigenen Sprache.
Die Frauen wurden wenig besser als Sklaven gehalten.

Groom:
Die Frauen folgten vielleicht noch eine Zeitlang den Idealen der

alten Töpferkunst – aber sie wurden kaum von ihren neuen Herren ermutigt.

Du Tertre:
Die Kariben töteten ihre Feinde und rösteten sie, bis sie ganz trocken waren.
Sie verjagten alle Fremden und betrachteten diese seltsamen Weißen als ihre Feinde.
Die Kariben bestellten ihre Äcker und ernährten sich von Schalentieren, Krebsen und kleinen Vögeln.

Groom:
Alle diese Völker scheinen sich von Seetieren ernährt zu haben, und es ist interessant, wie sie die Muschelschale des Strombus gigas behandelten:
Sie hatten weder Eisen noch Stahl, und sie konnten an das Fleisch – Lambie – nur herankommen, indem sie die Spitze der Muschel abschlugen, wahrscheinlich mit einem Stein. Die Fischer der historischen Zeit erreichten dasselbe, indem sie eine Einsägung an der Spitze vornahmen, mit einem alten Taschenmesser.
Der Muschelhaufen in Lower Woburn, der viele hundert Jahre alt sein muß, weist ein ungefähres zeitliches Abbild auf: Muscheln ohne Spitze liegen auf dem Grund; Muscheln mit Einsägungen obenauf.

Du Tertre:
Waren die Kariben Menschenfresser?

Devas:
Ich fürchte ja.

2. Sprecher:
1. April 1609.

Devas:
203 Engländer landen.

333

1. Sprecher:
209!

Devas:
Priester, Seeräuber, Galgenvögel, Desperados.

1. Sprecher:
Raynal.
Raynal:
Die Neigung zu Diebstahl und Verrat und Massenmord lernten
die Kariben von den Europäern.

1. Sprecher:
John Scott.
Scott:
Die erste Kolonie wurde bald zerstört.
Nur wenige Mitglieder dieser ersten Expedition waren so glück-
lich, nach London zurückzugelangen.

2. Sprecher:
Am 25. Dezember desselben Jahres.

Labat:
Die Missionare kamen zu dem Schluß, daß es Zeitverschwen-
dung sei, den Kariben das Evangelium zu predigen.

2. Sprecher:
1626.

Fichte:
Richelieu gründet die Compagnie des Isles d'Amérique und führt
Grenada als französische Besitzung auf.

2. Sprecher:
1627.

1. Sprecher:
Charles der I. von England . .

Fichte:
. . schenkt Grenada dem Earl von Carlisle.

2. Sprecher:
1638.

1. Mädchen:
Monsieur le Commandant de Poincy, der Gouverneur von
St. Kitts, versucht, Grenada für Frankreich zu erobern und wird
von den Kariben vertrieben.

2. Sprecher:
1650.

2. Mädchen:
Messieurs Houel und Du Parquet erwerben als Aktionäre der
Compagnie des Isles die Inseln Martinique, St. Lucia und Grena-
da.

1. Mädchen:
Am 20. Juni 1650 empfängt der Kaieruann von Grenada Monsieur du Parquet mit großer Freude.

1. Junge:
Der Kaieruann verkauft die Insel Grenada an Monsieur Du Par-
quet für eine Menge Tuch, zahlreiche Äxte, Sicheln, Messer,
Glasperlen, Spiegel und anderen Kleinkram.

Trommelschlag.

2. Junge:
Dazu gab Du Parquet zwei Viertel Branntwein.

Trommelwirbel.

1. Junge:
Du Parquet begann mit großen Pflanzungen.
Er gab allen Land, die darum baten, unter der Bedingung, daß
diejenigen, die keine Diener oder Knechte hatten, sich mit zwei
oder drei anderen zusammentaten und gemeinsam für ihr Wohl
arbeiteten.

Trommelschlag.

2. Sprecher:
1651.

Trommelschlag.

3. Junge:
Die Kariben lehnen sich auf.

1. Junge:
Die Verräter!
Du Parquet kommt mit 300 Mann von Martinique, um die Wilden im extremen Norden zusammenzutreiben und von der Insel
zu jagen.

1. Mädchen:
Die Kariben hatten Verstärkung aus Dominica und St. Vincent
erhalten.

2. Junge:
800 Kariben griffen das französische Fort St. Georges an.
Man ließ sie nahe herankommen, und erst dann wurden die Kanonen und die Gewehre abgefeuert.

Trommelwirbel.

2. Mädchen:
Die Kariben verteidigten sich mit großer Tapferkeit.
Aber ihre Pfeile, obgleich vergiftet, vermochten nichts gegen die
Feuerwaffen.

Die Franzosen verfolgten sie bis hoch in die Berge.
Am Versammlungsplatz der Kariben wurden weitere 80 getötet.
40 flohen.

Trommelschlag.

1. Junge:
Sie schlitterten am Steilhang hinunter und fanden sich endlich an
einem von der See umspülten Kliff.
Dort sprangen sie hinab.

Trommelschlag.

3. Junge:
Ihre Augen mit der Hand bedeckend.

Trommelschlag.

Du Tertre:
Der Berg, von dem sie in den Tod sprangen, heißt Morne des Sau-
teurs, das ist Leapers Hill, der Hügel der Springer.

Trommelschlag.

2. Sprecher:
1654.

Devas:
Versuch, Kariben als Sklaven zu verschiffen.
Die Kariben entschließen sich, jeden Weißen zu töten.
Nicht einmal die Missionare wurden verschont.

Labat:
Monsieur le Comte selbst nahm die Waffen, und ohne Ansehen
von Alter und Geschlecht wurde jeder Karibe zerstückelt.

2. Sprecher:
1657..

Devas:
.. hatte Monsieur Du Parquet das ganze Geschäft derart über, er hatte soviel Geld verloren, daß er sich entschloß, Grenada so schnell wie möglich loszuwerden und zu verkaufen.

2. Sprecher:
1657..

Fichte:
.. verkauft Du Parquet die Insel Grenada an den Comte de Ceril-lac für 1890 Pfund.

2. Sprecher:
1665..

Devas:
.. verkauft an die Compagnie des Isles für 10 000 Kronen.

Afrikanische Trommeln.

2. Sprecher:
1700.

Labat:
257 Weiße auf Grenada.
53 freie Mulatten.
525 schwarze Sklaven auf drei Zuckerplantagen und 52 Indigo-pflanzungen.

2. Sprecher:
1714.

Devas:
Kakao, Kaffee, Baumwolle, Tabak.

338

2. Sprecher:
1753.

1. Sprecher:
Zensus.

Devas:
1263 Weiße.
175 freie Farbige.
11 991 Sklaven.
83 Zuckerplantagen.

2. Sprecher:
1756.

Fichte:
Der Siebenjährige Krieg.

2. Sprecher:
1762.

Devas:
Swanton besetzt Grenada, ohne daß ein Schuß fällt.
Grenada wird Besitz der englischen Krone.

2. Sprecher:
15. April 1766.

Devas:
Erste Sitzung des Abgeordnetenhauses von Grenada und den
Grenadines.

2. Sprecher:
21. Mai 1766.

Devas:
Das Abgeordnetenhaus wird wieder geschlossen.

Afrikanische Trommeln.

2. Sprecher:
1767.

Afrikanische Trommeln.

Fichte:
Truppen gegen Sklaven.

Afrikanische Trommeln.

2. Sprecher:
1700.

1. Sprecher:
Labat.
Labat:
Die Engländer behandeln ihre Sklaven nicht gut und ernähren
sie schlecht.
Gewöhnlich war es den Sklaven erlaubt, am Sonnabend für sich
selbst zu arbeiten und für ihre Familien zu sorgen.
Aber an den fünf Arbeitstagen der Woche holten die Aufseher
jede Unze Arbeit aus ihnen heraus, schlugen sie ohne Erbarmen
wegen des geringsten Fehlers und schienen das Leben eines Ne-
gers weit weniger zu achten als das Leben eines Pferdes.
Es ist wahr, sie erwerben ihre Sklaven sehr billig.
Denn außer den englischen Handelsgesellschaften in Afrika, die
eine enorme Menge Sklaven nach Westindien schicken, bringen
die Schmuggler noch viel mehr und verkaufen sie billiger als die
Handelsgesellschaften.
Die Geistlichen unterrichten die Sklaven nicht und taufen sie
nicht, und die Neger werden eher als Tiere angesehen, denen jede
Ausschweifung erlaubt ist . .

Man billigt ihnen mehrere Frauen zu.

Der geringste Ungehorsam wird hart bestraft und noch härter die Aufstände.

Trotz dieser Strafen sind diese häufig, denn die armen Teufel werden oft mehr durch ihre betrunkenen, ignoranten und grausamen Aufseher zum Äußersten getrieben als durch ihre Herren, und sie verlieren endlich die Geduld.

Sie stürzen sich dann auf den Mann, der sie geschunden hat, und reißen ihn in Stücke, und obgleich sie sicher sind, schreckliche Strafen zu erleiden, freuen sie sich, daß sie Rache an diesem erbarmungslosen Unmenschen nahmen.

Bei solcher Gelegenheit greifen die Engländer zu den Waffen, und es gibt ein Massaker.

Die Sklaven, die ergriffen werden, kommen ins Gefängnis und werden verurteilt.

Man dreht sie durch die Zuckermühle oder verbrennt sie bei lebendigem Leibe, oder sie werden in eiserne Käfige gesteckt, ohne jede Bewegungsfreiheit, und in die Zweige der Bäume gehängt, bis sie vor Hunger und Verzweiflung sterben.

Die Engländer nennen diese Folter:

Einen Mann zum Trocknen aufhängen!

Fichte:
Am 1. Oktober 1767 wird Henri Christoph auf Grenada geboren.

2. Sprecher:
Wer?

1. Sprecher:
Henri Christoph, der haitianische Revolutionär.

2. Sprecher:
Der haitianische König?

Fichte:
Der Herr der Zitadelle.

2. Sprecher:
1768.

1. Sprecher:
Religionsstreit zwischen Franzosen und Engländern.
Die Franzosen dürfen nur ins Abgeordnetenhaus gewählt werden, wenn sie einen Revers gegen die Transsubstantiation unterschreiben.

Devas:
Die protestantischen Geistlichen versuchen, den katholischen Negern zu predigen.
Die Neger kehren den Protestanten den Rücken und sagen:
Wir haben unsere Religion am liebsten.

2. Sprecher:
1770.

1. Sprecher:
Die Kleine Rote Ameise wird eingeschleppt.

Pflanzer:
Ihre Menge ist unglaublich!
Die Straßen sind über Meilen hin rot.
Der Abdruck eines Pferdehufes ist nur zwei Minuten lang zu sehen, dann wird er sofort von den Ameisen wieder angefüllt.

2. Sprecher:
Am 27. Dezember 1771 . .

1. Sprecher:
. . wird St. George's vom Feuer zerstört.

2. Sprecher:
1775.

1. Sprecher:
St. George's brennt.

Devas:
Gesetz: Steinhäuser und Ziegeldächer.

1. Sprecher:
Der amerikanische Unabhängigkeitskrieg bricht aus.

2. Sprecher:
1778.

1. Sprecher:
Krieg zwischen England und Frankreich.

2. Sprecher:
3. Juli 1779.

Devas:
Comte d'Estaing belagert Grenada mit 25 Linienschiffen, zehn
Fregatten und einer Truppe von 10000 Mann.

Trommelwirbel.
Kindergeschrei.

1. Junge:
Du bist D'Estaing.

2. Junge:
Du bist Macartney.

1. Mädchen:
Menschlichkeit und persönliche Wertschätzung, welche der
Comte d'Estaing für Lord Macartney empfindet, lassen es gera-

ten erscheinen, ihn auf das Feierlichste und Dringlichste zur Übergabe aufzufordern – Lord Macartney sollte eigentlich unsere kräftemäßige Überlegenheit erkannt haben.

Im Falle er sich nicht ergibt, muß er persönlich haftbar gemacht werden für alle Konsequenzen, welche seine Hartnäckigkeit zeitigt. Er sei auch darüber unterrichtet, daß alle diejenigen Bewohner und Kaufleute, die in Waffen getroffen werden, unwiderruflich Güter und Besitz verlieren und die freien Farbigen als Sklaven verkauft werden. Im Hauptquartier am 3. Juli.
Gezeichnet:
D'Estaing.

2. Mädchen:
Der englische Gouverneur kann nur antworten:
Ich kenne nicht die Kräfte des Grafen D'Estaing, aber ich kenne die meinen, und ich werde alles tun, um die Insel zu verteidigen.
3. Juli 1779.
Gezeichnet:
Macartney.

2. Sprecher:
Am 5. Juli . .

1. Sprecher:
Kapitulation der Engländer.

2. Mädchen:
Der Graf D'Estaing ließ alle Schiffe im Hafen versenken.
Die Plünderung der Stadt wurde mit Zurückhaltung durchgeführt, auf Grund der freundlicheren Haltung des Grafen Dillon und seiner irischen Truppen.

1. Junge:
Charles Hector D'Estaing war bei der Belagerung von Madras durch die Engländer gefangengenommen worden und so schlecht behandelt, daß er den Engländern ewigen Haß schwor.

1. Mädchen:
Ich bin nicht zu den Westindischen Inseln gesegelt, um dem König von England keine Insel mehr zu lassen, sondern um den Engländern nicht genug Zucker zu lassen, um ihren Early Morning Tea zu süßen.

Devas:
Indessen – eine blutige Schlacht mußte auf See geschlagen werden, vor den Augen der Bewohner der Insel.

2. Sprecher:
6. Juli 1779.

Devas:
Admiral Byron, der Großvater des Dichters, Schmuddeljack genannt, kreuzt mit 21 Linienschiffen und einer Fregatte auf und verliert die Seeschlacht.
Das Handbook of Grenada verzeichnet 1200 gefallene Franzosen und 2000 Verwundete.
Aber das ist Wunschdenken.
Die offiziellen Zahlen sind 190 oder 186 Gefallene und 759 Verwundete.
Die Engländer verzeichneten nur 183 Gefallene und 346 Verwundete.

2. Sprecher:
1783..

Fichte:
.. ist Grenada durch den Vertrag von Versailles wieder englisch.

Afrikanische Trommeln.

Fichte:
Im Januar 1784 wird die erste Zeitung auf Grenada gegründet.

Afrikanische Trommeln.

1. Sprecher:
The Grenada Chronicle!

2. Sprecher:
1787.

1. Sprecher:
Export.

1. Lastenträger:
175 548 Zentner Zucker.

2. Lastenträger:
Also doppelt gepackt, ich meine in Doppelzentner.
Das ist nicht weiter schwer.
Es sind ja sehr kleine Säcke.
Also Zucker wiegt ja schwer und wir haben Haken.

1. Lastenträger:
670 390 Gallonen Rum.

2. Lastenträger:
2716 Zentner Kakao.
Das ist schon unangenehmer, weil das ja so furchtbar stinkt.

1. Lastenträger:
2810 Pfund Indigo.

2. Lastenträger:
2 Millionen Pfund Baumwolle.

1. Sprecher:
Es wurden 188 Schiffe von insgesamt 25 764 Tonnen zum Transport benötigt.

Anfang der Leçons des Ténèbres von François Couperin.

2. Sprecher:
1789.

Afrikanische Trommeln.

1. Junge:
La Prise de la Bastille!

Afrikanische Trommeln.

Fichte:
24 000 Sklaven auf Grenada – das heißt 24 000 verschleppte Afrikaner.

1. Sprecher:
Die Encyclopaedia Britannica.

2. Junge:
Als der gleichmacherische Geist der Französischen Revolution jede rationelle Freiheit und Unterordnung vom Antlitz der Erde zu verbannen drohte, entkam die unglückselige Insel Grenada nicht der Ansteckung.
Die Sklaven der Insel waren schon früh von den Prinzipien, welche die französische Monarchie stürzten, gefärbt.
Sie waren zur Revolte bereit – unter dem Einfluß republikanischer Sendboten, die auf Guadeloupe in großer Zahl gelandet waren.
Viele Sklaven zögerten zuerst noch, eine aktive Rolle in dieser widernatürlichen Rebellion gegen die britische Regierung zu spielen; jedoch ihre Standhaftigkeit wurde schließlich erschüttert durch die verführerischen Angebote, die ihnen vorgegaukelt wurden, nämlich: daß sie den Besitz ihrer geplünderten Meister zu eigen erhalten würden und durch das schmeichelhafte Versprechen totaler Emanzipation.

2. Sprecher:
Im März 1792 . .

1. Sprecher:
. . besucht Sir William Young eine Woche lang die Kolonien.

Young:
St. George's ist eine hübsche Stadt, hauptsächlich aus Ziegeln
erbaut, und besteht aus recht vielen Häusern.
Da gibt es die Baytown mit einer hübschen breiten Straße und
dem Markt und die Careenagetown, wo die wichtigsten Lager-
häuser liegen und die Schiffe.
Die Kirche ist sehr einfach, mit einem hübschen Turm und einer
Turmuhr.
Die ist eine Stiftung von Governor Matthew.

2. Sprecher:
Am 15. März 1792 . .

Afrikanische Trommeln.

1. Sprecher:
. . verbrennt ein Drittel der Stadt und ein Schiff voll Rum am Hafen.

2. Sprecher:
1793.

Groom:
Kapitän Blight bringt 300 Brotfruchtbäume von Tahiti in die Karibik.

Trommelwirbel.

Fichte:
Drei Kompagnien von Kings Negroes werden von Nordamerika
nach Grenada verlegt.

1. Sprecher:
Bulam Fieber durch Schiffe eingeführt.

2. Sprecher:
1794.

1. Sprecher:
Governor Home erklärt den Ausnahmezustand.

Afrikanische Trommeln.

2. Sprecher:
Am 2. März 1795 bricht eine Rebellion der Franzosen und der schwarzen Landarbeiter unter dem Mulatten Julien Fédon aus.

1. Junge:
Ich bin Fédon.

2. Junge:
Ich bin Fédon.

1. Mädchen:
Ich bin Julien Fédon.

3. Junge:
Fédon war der Sohn einer Sklavin und eines Franzosen.
Er soll in England studiert haben.

2. Junge:
Er besaß eine Plantage, Belvidere, in St. Johns.

2. Mädchen:
Februar 1795 kehrten Charles Nogues und Jean Pierre La Valette aus Guadeloupe zurück, wo sie dem Leiter der Französischen Revolution in der Karibik, Victor Hugues, Rapport abgestattet hatten.

3. Junge:
Fédon wurde zum Generalkommandanten ernannt.

1. Mädchen:
Sie brachten Waffen und Munitionen mit.

2. Mädchen:
Und Freiheitskäppies und Kokarden und eine Fahne.

Afrikanische Trommeln.

1. Junge:
Liberté, Égalité ou la Mort!

Trommelwirbel.

2. Junge:
Was heißt denn das?

1. Junge:
Freiheit, Gleichheit oder Tod!

Afrikanische Trommeln.

1. Mädchen:
In der Nacht vom 1. auf den 2. März..

2. Mädchen:
Revolution!

3. Mädchen:
Fédon landete mit hundert Leuten in Grenville und plünderte die
Wohnhäuser und die Lagerhäuser und schleifte die erstaunten
Engländer durch die Straßen und stellte sie als Zielscheiben
auf.
Als sie umgefallen waren, wurden sie mit Macheten zerstük-
kelt.

Grenville hatte zur Zeit 14 englische Einwohner.
Nur drei konnten entkommen.

2. Junge:
Am frühen Morgen verließ der Haufe mit Beute beladen Grenville.

2. Mädchen:
Sie machten in Rose halt und nahmen Mister Rose gefangen.

3. Mädchen:
Zur selben Zeit wie Grenville wurde Gouyave angegriffen, an der Westküste, und alle englischen Bewohner gefangengenommen.

3. Junge:
Unter ihnen John Hay, der Doktor.

2. Mädchen:
Die Gefangenen wurden alle nach Belvidere geführt.

3. Junge:
Und Francis MacMahon, der anglikanische Rektor von Gouyave.

1. Mädchen:
Die Rebellen waren über die Gegenbewegungen des Gouverneurs durch Orinoko unterrichtet, einen Sklaven, der bei der Planung lauschte und, sobald er konnte, zu den Rebellen überlief.

2. Junge:
Der Gouverneur wurde mit vier seiner Begleiter gefangengesetzt und in Morne Vauclair mit den anderen eingelocht.

2. Mädchen:
Der Feind marschierte auf St. George's zu.

3. Mädchen:
Wir verlangen die Übergabe der Insel in zwei Stunden!
Gezeichnet Victor Hugues.

1. Junge:
Auf Grund des Erfolges, den unsere Waffen bereits in der Kolonie
gezeitigt haben, sind der Tyrann Ninian Home, der ehemalige
Gouverneur der Insel, Alexander Campbell und eine große Zahl
von Engländern unsere Gefangenen.
Wir verlangen die Übergabe der Insel in zwei Stunden.
Im Falle der Weigerung wird Kriegsrecht verhängt.
Wir fordern jeden auf, sich zu ergeben, ansonsten die Todesstrafe
verhängt wird.
Jeder, der in Waffen angetroffen wird, soll mit dem Tode bestraft
werden.
Seine Besitztümer werden verbrannt.
Wenn Brüder oder Freunde der Republik Opfer von Mißhand-
lungen durch britische Staatsangehörige werden, soll solche
Mißhandlung doppelt an den britischen Staatsangehörigen ver-
golten werden und im Falle des Todes durch den Tod von zwei
Engländern vergolten werden, von welcher Farbe er auch sei und
auf welcher Insel immer, vergolten werden durch den Tod von
zwei englischen Offizieren.
Diesen 4. März.
Im dritten Jahr der französischen Republik.
Lager Belvidere.
Gezeichnet:
Julien Fédon.

1. Sprecher:
Die beiden Boten wurden zurückgeschickt mit der Antwort des
Präsidenten McKenzie.

2. Junge:
Julien Fédon, wenden Sie sich von Ihrem Irrweg ab und kehren
Sie und Ihre Anhänger zur Pflicht zurück, sonst müssen Sie sich
selbst die Härte und Unerbittlichkeit der Bestrafung zuschrei-
ben!

1. Sprecher:
Die ganze Insel ist in der Hand der Rebellen, der Gouverneur sitzt unter den Gefangenen in Belvidere.

1. Junge:
Herr Gouverneur, unterschreiben Sie die Kapitulation der Insel!

2. Junge
Nein, das mach ich nicht!

1. Sprecher:
Zum ewigen Ruhm Ninian Home's muß gesagt werden, daß er antwortete, nie würde er etwas unterschreiben, was sein Andenken verunzieren könnte.

2. Junge:
Meine Machtbefugnis endet seit meiner Gefangensetzung!

1. Junge:
Schreiben Sie!

2. Junge:
Jeden Abend ist uns mitgeteilt worden, in dem Augenblick, wo das Gefangenenlager angegriffen wird, soll ein Gefangener nach dem anderen erschossen werden.

1. Junge:
Sie haben meine Gedanken nicht klar genug ausgedrückt..
Schreiben Sie:
Ich erwarte, daß alle Befestigungsanlagen mir in einer Kapitulation – in einer ehrenvollen Kapitulation übergeben werden.

1. Sprecher:
Der Brief wurde von 43 Gefangenen unterzeichnet.

1. Mädchen:
Zwei weißhäutige Boten, ich schäme mich, es zu sagen, brachten diesen Brief des gefangenen Gouverneurs nach St. George's zum Präsidenten.
Diese zwei Weißen hatten sich als Boten eines farbigen, niedrigen Schmierengenerals erniedrigt.

2. Mädchen:
Wir sind bereit, bis auf den letzten Tropfen Blut zu kämpfen.
Wir werden uns niemandem beugen, der es wagt, uns ein solches Angebot zu machen.

2. Junge:
Am 12. März..

3. Junge:
Am 13. März..

2. Sprecher:
Am 12. März..

2. Junge:
..landet General Lindsay auf Grenada und zieht gegen die Rebellen.

3. Mädchen:
Bäche von Regen stürzen hernieder und dämpfen nicht nur den Kampfesgeist der Soldaten und ihres Führers, sondern strecken viele von ihnen durch Fieber hin.
Unter diesen war unglücklicherweise auch der General selbst, der in einem Anfall von Delirium am 22. seiner Existenz ein Ende setzte und damit auch der Expedition.

3. Junge:
Am 8. April wird Fédons Lager von Colonel Campbell angegriffen.

1. Mädchen:
Der Angriff schlug fehl.

2. Junge:
Tragisch besonders deswegen, weil die Rebellen bereits so knapp an Munition waren, daß sie Steine nehmen mußten, um die Kanonen zu laden.

3. Mädchen:
Am Morgen des 8. April fiel Fédons Bruder.

3. Junge:
Früh am Morgen des 8. begann die Attacke gegen das Haus von Belvidere.

Wir sahen, daß die Tür hastig geöffnet wurde, und ein lauter Befehl erscholl: Kapitän Joseph, General Fédon befiehlt Ihnen, alle Gefangenen zu töten.

Es kann uns trösten zu hören, daß, mit Ausnahme einiger weniger, die Gefangenen ihr Schicksal mit Stärke und Gelassenheit ertrugen.

Ich sah Dr. Hay ruhig durch die Tür hinausgehen, aber ich hörte die Muskete nicht. In diesem Augenblick kam ein Mulatte mit Namen Regis herein, und ich bat ihn, mich zu verschonen; aber er sagte, er könne nicht.

Mister Thompson, der Manager des Anwesens von Woddford, folgte Dr. Hay, und wir hörten die Muskete, aber wir konnten ihn nicht fallen sehen, da er von der Tür aus etwas nach rechts gegangen war, wo das Terrain etwas absinkt und eine Kuhle bildet.

Als nächster Mister Coal und dann ein alter Mann aus Charlotte Town, namens Davis.

Da sprach mich Mister Muir an, ein Bewohner von Charlotte Town, der mich fragte, ob wir nicht, da es keine Rettung gebe, gemeinsam sterben könnten.

Ich sagte ihm, nein; ich würde noch versuchen, jemanden zu entdecken, der mich kenne und der mich retten könne; und er ging hinaus und fiel.

Da kam Regis wieder herein und sagte: Geben Sie mir die Hand, und nahm meine Linke. Mister Cummins sah das, drängte sich an mich heran, und wir gingen durch die Tür.

Mister Cummins wurde in die linke Schulter geschossen.

Mister Oliver – das heißt Olliviere – sah mich und sagte zu Fédon: Das ist der Pfarrer, wollen Sie ihn nicht verschonen? – Fédon wendete den Kopf und rief: Laßt ihn leben. Laßt ihn leben. – Mister Oliver kam ein paar Schritte auf mich zu und nahm mich bei der Hand und führte mich zu Fédon, der schüttelte mir die Hand und sagte: Ich freue mich, daß Sie am Leben sind . .

Und er führte mich zu Dr. Hay, der in tiefer Verzweiflung dastand mit gefalteten Händen.

Jedesmal, wenn wir eine Muskete hörten, wußten wir wohl, daß einer unserer Freunde unter den Gefangenen gefallen war. Ich denke, es hat wohl 40 Minuten gedauert, bis alle tot waren.

Gegen acht waren alle erschossen und lagen in einem unordentlich gemischten Haufen, in einem kleinen Haufen nahe der Tür.

Ich hatte den Eindruck, daß unsere Truppen gewannen, und Fédon sagte: Vielleicht werde ich von meinen eigenen Landsleuten getötet.

Wenn unsere Truppen gewonnen hätten, wären wir von ihnen getötet worden, so wie wir da stehen mußten, auf Fédons Anweisung.

Es ging auf Mittag und es wurde heiß.

Die großen Fliegen fingen an, sich auf dem Haufen der Toten zu sammeln.

Und einige der Rebellen rapportierten Fédon, daß einige der Gefangenen noch am Leben waren. Unter ihnen konnte ich deutlich Mister Farquhar sehen, der seinen Kopf bewegen konnte und seine Hände in einer flehentlichen Weise.

Fédon wollte, daß einige seiner Leute diejenigen erledigten, die noch Lebenszeichen von sich gaben, und ich sah einen großen, kräftigen Burschen aus Charlotte Town, einen gewissen Jean B. Cotton, über die Toten steigen und mit einem großen Messer allen denen ins Gesicht und auf den Kopf schlagen, die noch das geringste Zeichen von Leben gaben.

Eine Frau mit Namen Este war so liebenswürdig, mir ein Stück

Schweinekeule zu geben, und ein gewisser Du Parquet ergriff die Gelegenheit, als Fédon abwesend war, Dr. Hay, Mister Kerr und mich in seine Hütte zu bringen und uns etwas Madeira einzuschenken.

Devas:
Dieser Pfarrer war eine interessante Persönlichkeit und ein ausgezeichneter Erzähler.
Als alter Mann erzählte er eine blühende Version seiner Rettung, die, wenn sie schon nicht wahr ist, wenigstens gut erfunden erscheint:

MacMahon als alter Mann:
Ich sah alle meine Genossen hinausgehen.
Einer um den anderen wurde erschossen.
Aber da ich das Glück des Odysseus hatte und als letzter drankam, versuchte ich einen kühnen Streich, um mein Leben zu retten.
Ich war groß und ungewöhnlich stark.
Ich ging hinaus und hängte mich an den Hals des Sklavengenerals.
Sie konnten mich lange nicht losmachen und wegbringen.
Das unterbrach die Exekution.
Es wurde gefragt, wer ich sei, und als man erfuhr, ich sei Geistlicher, vereinten sich alle in dem Ruf, mich zu verschonen, da ich immer ein freundlicher, barmherziger Mann gewesen war.

1. Sprecher:
Dr. Hays Beschreibung der Tragödie.

2. Junge:
Bald nachdem die englischen Truppen das Lager der Rebellen angegriffen hatten, wurde allgemein der Ruf laut: Die Gefangenen müssen erschossen werden.
Einige verstanden kein Französisch und fragten mich, was das bedeute. Ich antwortete nicht.
Jemand sagte, es würde nicht losgehen, bis General Fédon selbst hochgekommen sei.

Während dieser Zeit wurde die Tür wiederholt mit großer Wucht geöffnet und geschlossen.

Einige Gefangene riefen: Gnade.

Niemand antwortete.

Andre, die nicht angeschlossen waren, lagen auf den Knien und beteten.

Die Tür wurde geöffnet.

Der Rebellengeneral Fédon stand jetzt etwa 20 Yards entfernt.

Er rief mich.

Joseph, ein Neger, der die Wachen kommandierte, hieß mich hervortreten und sagte zu gleicher Zeit, wer ich sei. Ich hörte eine Muskete, bevor ich ihn erreichte; als ich hinter mich sah, sah ich Peter Thompson zwei Schritte machen und dann niederfallen, anscheinend bewegungslos. Ich floh zu Fédon, ich wollte versuchen, ihn zu beschwören, daß er Gnade mit den Unschuldigen habe. Sie haben keine mit uns, sagte er.

Die englischen Truppen kämpften jetzt schon mit den Farbigen gemischt zwischen den Häusern von Belvidere. Ich wandte mich an Verdet, Clozier und Papin, die erwiderten, sie hätten keinen Einfluß auf Fédon, und dann an Olliviere, der Fédon inständig bat, die Gefangenen zu begnadigen, oder, wenn ihr Urteil gesprochen sei, sie an einem künftigen Tag erst hinzurichten.

Fédon war unerbittlich.

Er begann das blutige Massaker in Gegenwart seiner Frau und seiner Töchter.

Er rief das Wort Feu selbst bei jedem Gefangenen, sobald er herauskam, und von 51 Gefangenen wurden nur der Pfarrer MacMahon, John Hay und William Kerr verschont.

1. Sprecher:
Am 22. März 1796 griff General Nichols mit etwa 1000 das Lager von Royal Hill an.

2. Sprecher:
9. Juni 1796.

1. Sprecher:
Sir Ralph Abercromby selbst landet auf Grenada.

Fichte:
Abercromby, der Oberbefehlshaber der Streitkräfte in den Karibischen Inseln, hatte alle Feldzüge Friedrichs des Großen genau studiert.

1. Sprecher:
Die Rebellen hatten zu diesem Zeitpunkt vier Stützpunkte im Innern der Insel.

3. Mädchen:
Graf Heilleimer und seine Lowenstein Jagers und Royal Etrangers, die für Gebirgs- und Urwaldkämpfe geschult waren, entzündeten am 18. bei Einbruch der Nacht unten ihre Lagerfeuer.

2. Mädchen:
Sie wollten die Rebellen täuschen und den Eindruck erwecken, als würden sie die Nacht über biwakieren.

1. Mädchen:
Statt dessen schlichen sie den Berg hinauf, und die erstaunten Rebellen leisteten am Morgen nur wenig Widerstand.

3. Mädchen:
Als die Truppen Mount Qua Qua erreichten, bot sich ihnen ein entsetzliches Schauspiel. 22 weiße Gefangene wurden vor den Augen der heranstürmenden Truppen niedergemetzelt. Ihre Arme auf dem Rücken gefesselt, wälzten sie sich in ihrem Blut.

1. Sprecher:
Den Rebellen wurde kein Pardon gewährt.

Devas:
Der Mulattengeneral Fédon und die meisten seiner Männer ent-

kamen, indem sie sich den Steilhang hinunterwarfen, der mit dickem Wald bewachsen war – genau wie die Kariben es über hundert Jahre zuvor auch getan hatten.

1. Sprecher:
Fast alle Führer der Rebellion fielen in die Hand der Eroberer.

Devas:
Außer Fédon, dessen Schicksal für alle Zeiten ein Rätsel bleiben wird.

Marktfrau:
Er ertrank.
Er wollte nach Trinidad.
Sie haben seinen Kompaß gefunden, festgebunden in einem Boot, das kieloben trieb.

Kleinbauer:
Ach, was! Er ist in Kuba.

Devas:
MacMahon, der Gottesmann, dem wir die beiden farbigen Schilderungen der Geiselerschießung und seiner Errettung verdanken, berechnet die Schäden der Rebellion im einzelnen wie folgt:

3. Junge:
Zucker- und Rumfaktoreien und andre Gebäude auf 65 Plantagen zerstört – 390000 Pfund.
Rinder, Pferde und Maulesel auf dito – 65000 Pfund.
Ein Viertel der Sklaven getötet, gestorben oder sonst verloren ungefähr 7000 à 50 Pfund – 350000 Pfund.
Verlust der Ernte von 1794 und Verluste bei den drei folgenden Jahren – anderthalb Millionen Pfund.
Im Ganzen rundgerechnet zweieinhalb Millionen Pfund.
Der Herr sei uns gnädig.

Seemann:
Im Hafen von St. George's liegen 200 Schiffe.
Sie sind bis obenhin voll Zucker, Kaffee, Baumwolle.
Für die Seeleute ist kein Platz.
Sie müssen sich in jedem Wetter an Deck aufhalten und auch auf
Deck schlafen.
Nur wenn noch etwas Platz zwischen den Ballen, Säcken und
Fässern blieb, durften sie sich dazwischen quetschen und kamen
morgens steif und betäubt zur Arbeit hervor.
Ganz vergiftet von den Ausdünstungen des Zuckers.

2. Sprecher:
1808.

1. Junge:
Sie haben einen Hauptmann von Fédon gefangen.
Er heißt Jacques Chadeau.
Sie haben ihn auf Mount Eloi in einen Käfig gesperrt und jeden
Tag das Essen vor den Käfig gestellt.
Er konnte nicht drankommen.
So verhungerte er.

Choral der Spiritual Baptists.

2. Sprecher:
Dienstag, den 31. Januar 1978.

1. Sprecher:
Hubert Fichte.
Fichte:
Von oben eine ganz bewaldete Insel.
Wolken.
Kühl.
Schnelle Paß- und Zollkontrolle.
Der Zollbeamte sucht nicht nach Waffen.

Der Inselnapoleon, wie ihn der Spiegel nennt, Sir Eric Matthew Gairy, scheint nicht viel Angst zu haben.

Der Zollbeamte macht nur ein Kreidekreuz an jeden Koffer.

Die Taxifahrer sind sich gegenseitig beim Einladen der Koffer behilflich.

Afrikanische Zöpfchenfrisuren.

Alle lächeln.

Kein einziges saures Gesicht.

Wer nicht lächelt, ist tot, ein Zombie.

Die Weißen werden von den Schwarzen gegrüßt.

Sie zeigen mit dem Zeigefinger schräg nach vorn zur Begrüßung.

Swinging – die Bewegungen der Wanderer auf den Landstraßen.

Viele Löcher im Asphalt.

Nur gebrauchte, ältere Wagen.

Kakaopflanzungen.

Bananen.

Die Bananenstauden werden mit Bambusstäben gestützt.

Der Vulkansee, umgeben von nebeligem Tropenwald.

Ärmliche Behausungen.

Keine Favelas.

Immer feinere Hotels.

Das Horseshoebay, voll mit Antiquitäten, hat gerade noch etwas frei.

Den Monatslohn eines Arbeiters für einen Tag Vollpension.

1. Sprecher:
Ein Arbeitsloser.
Arbeitsloser:
Oben auf dem Berg, das ist das Gefängnis.
Vielleicht 200 Insassen.
Kloppen und Klauen.

1. Sprecher:
Baptistenbischof.
Baptistenbischof:
Ich habe sieben Kinder aus zwei Ehen.

Das jüngste ist zehn Monate alt, das älteste vierzehn Jahre.
Mein Vater ist an der Prostata operiert worden.
Meiner Mutter haben sie das Bein amputiert.
Ich könnte in den Staaten Arbeit finden.
Aber ich bleibe hier.
Wegen der Eltern . .
Ich habe elf Monate in New York gearbeitet und war nur einmal im Kino.
Ich habe das ganze Geld nach Hause geschickt.
Zum Geburtstag von Gairy werde ich eingeladen.

1. Sprecher:
Georgie, genannt Toad, die Kröte.
Georgie:
Alle machen es.
Aber geheim.
Mir ist die Reaktion der Leute egal.
Mir ist nur meine Mutter wichtig, und die weiß es und hat sich damit abgefunden.
Ich nehme nie Geld dafür.
Ich mache es aus Liebe oder gar nicht.
Ich bin Zuhälter.
Ich will, daß alle glücklich sind.
Ich vermittle.
Ich vermittle auch Gras.
Ich baue mein eigenes Gras.
Die wollten, daß ich in New York Zuhälter bin.
Aber ich sehe genau die Gefahren.
Ich habe mal mit einer Frau.
Da mußte ich kotzen und war drei Tage krank.
Mein Halbbruder hat mich verführt.
Ich war viel mit Gairy zusammen.
Gairy nicht.
Hinter Gairy sind die Frauen her.
Zu mir sind alle nett.
Wenn ich auf den Markt gehe, muß ich alle Marktfrauen küssen.

Jeder sagt mir Guten Tag.

Ich habe sehr gute Beziehungen zur Polizei.

Ich ziehe mich immer sehr elegant an.

Das ist sehr wichtig.

Ich gehe auch immer sehr elegant angezogen auf die Polizeiwachen.

Dann achten sie nämlich auf meine Kleidung und nicht auf mein Gras.

Ich habe es all den anderen Pushern erzählt, wie wichtig es ist, elegant angezogen zu sein.

Auf einem Touristenschiff wollte mich einer als Heroinpusher anmachen.

Die haben mir was gegeben, da konnte ich durch das Meer sehen.

Das wollte ich nicht.

Ich brauch nicht mehr als ein kleines Holzhaus für mich und einen Freund und für meine Eltern.

Da spar ich drauf.

Ich tanze übrigens Limbo und mache Vorführungen in den Hotels.

Ich baue mir eine eigene Tanzgruppe auf.

Ich suche einen Mann ohne Knochen, der alle Buchstaben des Alphabets vorführen kann.

1. Sprecher:
Ein gläubiger Student:
Student:
Es gibt Anglikaner, Katholiken, Adventisten, Moslems neuerdings, Shango, Shangobaptisten, also Baptisten, wie wir hier sagen, und richtige amerikanische Baptisten.

Fichte:
Unicorn Church – die Einhornkirche.
Ein kleines Holzhaus.
Innen crèmefarben, rote Holzmaserungen mit Hilfe von Schablonen draufgemalt.
Ein Labyrinth aus Blutgerinnseln und Sahne.

Gewaltiger Gesang.

Meine Oma, schwarz und langsamer und lauter.

Edmund, der Bischof der Spiritual Baptists, trägt einen roten Turban.

Ansprachen.

Schütteln.

Aufstoßen.

Wörter hervorschleudern.

Afrikanische Wörter.

Ausatmen.

Einatmen.

Ausatmen.

Einatmen.

Edmund zuckt stöhnend zwischen den Besessenen umher, aber sein Gesicht bleibt unbewegt.

Er liest leise in zwei Büchern und dreht zwischendurch eine Socke um.

Während die anderen beten und stöhnen, führt der Bischof das Kontobuch.

1. Sprecher:

Jack Nightwood, Pflanzer.

Jack:

Gairy soll Waffen von den Chilenen gekauft haben.

Die Berater von Pinochet waren zwei Tage auf der Insel.

Gairy baut sich im Militär eine Hausmacht auf.

Gairy soll Potenzschwierigkeiten haben.

Die Leiterin einer Autovertretung soll ihm einen Godmiché besorgt haben.

Gairy ist Anhänger der Shangobaptisten.

Er hat Sondereinheiten und besetzt damit die Plantagen.

Die Südkoreaner haben Gairy ein Auto geschenkt.

Das chilenische Folterschiff Esmeralda lag wochenlang im Hafen.

Gairy erhielt Waffen für seine Mongoose Gang.

Die Mongoose Gang hat Rupert Bishop erschossen.

Das ist der Vater von Maurice Bishop.

Die Opposition ist von den Kubanern beeinflußt.
Gairy glaubt, wie Carter, an die UFOs und will in der UNO das Studium der UFOs fördern.
Das nehmen sie ihm alle übel.
Er redet oft nur flüsternd oder Französisch – also Patois.
Tatsächlich ist Gairy der einzig fähige und mögliche Staatschef.
Auf Grenada gibt es kein Elend.
Kaum Kriminalität.
Keine Folter.
Für gewöhnlich auch keine Prügeleien.
Es ist ein bißchen gefährlich, den Duffusreport über die Gewalttätigkeiten unter Gairy zu besitzen.
Aber sonst.
Es gibt keine Briefzensur.
Die Freundschaft zu Gairy ist vielen zum Verhängnis geworden.

Fichte:
Der Bischof Edmund geht mit seinen Gläubigen von der Einhornkirche in das Gefängnis von Richmond Hill und predigt und singt für die Gefangenen.

Baptistenbischof:
Am Sonntag von 8 bis 10 Gefängnis.
Um 11 Uhr sonntags Gottesdienst.
15 Uhr Sonntagsschule.
Abendgottesdienst 19 Uhr.
Montags:
Meetings in anderen Baptistenkirchen.
Krankenbesuche.
Beratungsdienst.
Dienstags von 16 bis 18 Uhr ins Gefängnis.
Mittwochs 19 Uhr Gottesdienst.
Donnerstags und freitags ins Gefängnis.
Freitags auch noch Chorsingen.
16 bis 18 Uhr Jugendgottesdienst und freie Aussprache.
Sonnabends Vorbereitungen für den Sonntag. Open Air Gottesdienst auf dem Markt.

Abends Dankgottesdienst und Essen.
Sonntags 8 bis 10 Gefängnisgottesdienst.
Das hatte ich ja schon.

Fichte:
Mistress Evans legt uns zwei Einladungskarten zum Empfang bei
Gairy hin.

1. Sprecher:
Mistress Evans.
Mistress Evans:
Gairy ist nie von der Bourgeoisie der Insel akzeptiert worden.
Er blieb immer der kleine schwarze Mann aus Grenville, der sich
empört hatte, daß die Großgrundbesitzer den Arbeitern nur einen
Shilling am Tag bezahlten.
Gairy will nur eins.
Er will geliebt werden.
Er lädt die Bourgeoisie in den Evening Palace ein, aber sie laden
ihn nicht zu sich.
Wenn sie es täten, würde sie niemand anders aus ihrer Kaste
mehr besuchen.
Deshalb hat Gairy seine Nachtbars.
Er will mit den Leuten reden.
Aber wehe, es kränkt ihn einer!
Er ist so rachsüchtig.
Maurice Bishop, der Oppositionsführer, und seine Mutter und
sein Onkel gehören dieser Bourgeoisie an.
Rupert Bishop, der Vater von Maurice Bishop, gehörte dieser
Bourgeoisie an.

2. Sprecher:
7. Februar 1978.

1. Sprecher:
Unabhängigkeitstag.

Fichte:

Wir gehen früh zum Empfang, denn wir wollen noch einen Platz im Schatten.

Zuerst treten die dicken Polizisten auf mit ihren Ehrenstöckchen.

Wenig Weiße.

Man wird am Eingang nach dem Namen gefragt und, wenn man ihn genannt hat, reingelassen.

Auch Leute in abgerissener Kleidung.

Nach anderthalb Stunden frage ich einen dicken Polizisten.

Ist der Prime-Minister schon da?

Polizist:

Gairy?

Ja, hier stand er doch eben.

Fichte:

Ein Junge pinkelt in das Eis für die Cola.

Ein Bariton singt: Grenada! Grenada!

Als wir gehen, fangen die Festredner an, die Leute im Ton vaterländischer Veranstaltungen anzuschimpfen.

Afrikanische Trommeln.

2. Sprecher:

8. Februar 1978.

1. Sprecher:

Maurice Bishop.

Maurice Bishop:

Die Gairy Gang macht das Parlament von Grenada zum Gespött.

Wir verlassen das Parlament.

Wir verlangen, daß das Parlament des Volkes ein Ort sei, wo die Probleme des Volkes gelöst werden.

2. Sprecher:
Freitag den 10. Februar.

1. Sprecher:
Zwei deutsche Journalisten unterhalten sich.

1. Journalist:
Wissen Sie, in Deutschland wird es auch immer putziger.

2. Journalist:
Also wie Sie so reinkamen, wir hielten Sie glatt für jemanden aus New York, so understated wirkten Sie.
Wir dachten, Sie seien vom New Yorker.

1. Journalist:
Nein, es ist nur Gruner und Jahr.
Also, Axel Springer geht schon gar nicht mehr raus.
Augstein soll sein Haus an der Elbe verkauft haben.
Die Polizei soll angeblich erklärt haben:
Ihr Haus können wir nicht mehr schützen. Das müssen Sie schon selber machen.
Wie war's denn noch gestern abend?

2. Journalist:
Das Essen war fabelhaft.
Man bezahlt vier Dollar pro Person und hat Anrecht auf das Buffet.
Man muß sehr früh kommen, denn die Leute stürzen sich drauf.
Der Rumpunch ist billig und zu süß.
Aber die kreolischen Gerichte!
So was hab ich noch nie gegessen.
Gürteltier, Geflügel, Calulu, Wild, Krebse.
Als wir gehen, kommt uns ein untersetzter Mann in maßgeschneidertem Anzug entgegen und wartet:
There are people coming out, sagt er, ohne Akzent.
Der Prime Minister.

1. Journalist:
Haben Sie mit ihm geredet?

2. Journalist:
Ich habe ihm die Fabel von den Haien erzählt.

1. Journalist:
Von den Haien?

2. Journalist:
Der Hai ist ziemlich dumm und blind.
Er kann sich nur am Blut orientieren – sonst reagiert er auf nichts.
Er würde verhungern.
Jetzt gibt es aber kleinere Fische, die ritzen die größeren an, daß sie zu bluten beginnen und der Hai sie wahrnehmen kann und auffressen.

1. Journalist:
Was hat er gesagt?

2. Journalist:
You are a philosopher.

Fichte:
Weißt du, wer nachts, in offenem weißen Hemd, mit aufgekrempelten Ärmeln vor dem Evening Palace rumwimmelt, ohne Turban, zwischen den Chauffeuren und den Leibwächtern von der Mongoose Gang?
Edmund, der Baptistenbischof.

1. Sprecher:
Leonore Mau.
Leonore Mau:
Er liest ja auch das Kontobuch, wenn die anderen in Trance fallen.

Fichte:
Edmund, der Baptistenbischof, schenkte uns zum Abschied einen Holzteller mit gemalter Blume, aus dem Gefängnis von Richmond Hill.
Agape hatte Edmund draufgeschrieben.
Agape heißt Liebe.

1. Sprecher:
Lynn, eine Freundin von Maurice Bishop.
Lynn:
Rupert Bishop, der Vater von Maurice Bishop, hat Gairy seit Aruba finanziert.
Rupert Bishop warnte Gairy.
Später entzog Rupert Bishop Gairy seine Unterstützung.
Rupert Bishop wurde von dem Polizisten Willie Bishop erschossen.
Wahrscheinlich hat der Neffe seinen Onkel ermordet.

Mistress Evans:
Eric Matthew Gairy ist nie von der Bourgeoisie der Insel akzeptiert worden.
Er blieb immer der kleine schwarze Mann aus Grenville, der sich empört hatte, daß die Plantagenbesitzer den Arbeitern nur einen Shilling am Tag bezahlten.

Afrikanische Trommeln.

2. Sprecher:
Am 28. August 1833..

1. Sprecher:
.. werden die Sklaven für frei erklärt.

1. Pflanzer:
Aber sie sollen noch sechs Jahre bei ihren alten Herren arbeiten.

2. Pflanzer:
20 Millionen Pfund Entschädigung sind uns von London zugesichert worden.
Ich glaub, ich setz mich zur Ruhe.

1. Pflanzer:
Wo denn?

2. Pflanzer:
Die Schweiz oder Cornwall.

1. Pflanzer:
Und die Hausangestellten?
Das rassige Halbblut?

2. Pflanzer:
Ach, mal ein Buch lesen.

1. Pflanzer:
Lesen kannst du auch hier.
In Europa wär mir das zu langweilig.
Und außerdem das Klima.

2. Pflanzer:
Und hier?
Das Fieber und der Durchfall?

2. Sprecher:
September 1836.

1. Sprecher:
Drei Sklavenschiffe aufgefangen.
1250 Sklaven Ladung.

2. Sprecher:
1837.

1. Sprecher:
Ein Sklavenschiff aufgefangen.
280 Sklaven.

2. Sprecher:
1. August 1839.

Afrikanische Trommeln.

1. Sprecher:
Die Sklaverei wird abgeschafft.

Afrikanische Trommeln.

3. Pflanzer:
Ein endloser Kampf der Pflanzer begann, mit dem Mangel, wie
soll ich sagen, an Arbeitskräften, ein Kampf mit dem Mangel, ich
meine, dem Mangel an Arbeitskräften, das heißt: den Arbeitskräften, mit dem Kampf, mit dem Mangel, mit den Arbeitskräften, der Mangel – also: zurechtzukommen.

1. Pflanzer:
Die Wirkung der Freiheit auf die Afrikaner in Grenada scheint
sozusagen einen Ekel in ihnen hervorgerufen zu haben, reguläre
Arbeit gegen festen Lohn zu erfüllen.
Der Zuckerpreis auf dem Weltmarkt fällt.
Das Geld wird knapp.
Die Menge brachliegenden Landes im Innern der Insel und die
Mühelosigkeit, mit der es gekauft, gepachtet, besetzt werden
kann, bedingen die Entstehung von zahlreichen, wie soll ich es
einmal nennen..

Kleinbauer:
Gärten.

1. Pflanzer:
Gärten?
.. bedingt die Entstehung von zahlreichen Gärten.

2. Sprecher:
1839.

1. Sprecher:
164 Arbeiter aus Malta.

2. Sprecher:
1841.

1. Sprecher:
Die Arbeiter aus Malta ziehen weiter nach Trinidad.
Die auf Grenada bleiben, werden Lastträger und Kleinhändler.

2. Sprecher:
1841.

1. Sprecher:
Gurney führt die Muskatnuß von der Insel Banda ein.

1. Pflanzer:
Die Muskatnuß rettete unsere Wirtschaft mehr als einmal.

2. Pflanzer:
Und der Anbau von Kakao.

3. Pflanzer:
Grenada war eben reif für ein neues Produkt.

1. Pflanzer:
Das hast du aber schön gesagt.

2. Sprecher:
Am 3. Juni 1844..

1. Sprecher:
Die erste reguläre Volkszählung.

Bischof:
29 650 Seelen!

2. Sprecher:
1846.

1. Sprecher:
438 Portugiesen aus Madeira.

2. Sprecher:
1849.

1. Sprecher:
1055 freigelassene Sklaven aus Afrika.

Fichte:
Vor allem aus dem Volk der Ischescha.

2. Sprecher:
1854.

1. Sprecher:
Asiatische Cholera – 3788 Tote.

2. Sprecher:
1856.

1. Sprecher:
47 Zuckerplantagen schließen.

2. Sprecher:
1857.

1. Sprecher:
Die Einwanderung von Indern beginnt.

Inder:
Insgesamt kamen 3033 Inder.
Besonders auf der Plantage von Mount Alexander war es gar
nicht schön.
Wir wohnten in Schweinekoben.
Wenn wir das Essen betrachten, das uns gewöhnlich gegeben
wird, kaum, daß man ihm diesen Namen geben kann, denn es ist
so wenig..
Wir arbeiten von Sonnenaufgang bis Sonnenuntergang und auch
einen guten Teil der Nacht.
Um drei Uhr morgens müssen wir wieder ans Werk.
Die Sterblichkeit unter uns auf Mount Alexander ist ziemlich
groß.

2. Sprecher:
August 1871.

Oberpostdirektor:
Die Insel wird telegraphisch dem Rest der Welt verbunden.

Afrikanische Trommeln.

2. Sprecher:
1877.

1. Sprecher:
Grenada wird Kronkolonie.

Die englische Nationalhymne.

Inder:
Dreiviertel der Leute sind an Fieber und Durchfall erkrankt.

1. Arzt:
Also Typhus?

2. Arzt:
Quatsch.
Das heißt hier nicht Typhus, das heißt Durchfall.
Punkt!

2. Sprecher:
5. November 1885.

Pflanzer:
Aufstände am Guy Fawkes Day, weil man den Leuten verboten
hatte, Holzstöße am Markt anzuzünden.
Das ist doch mal wieder typisch.

2. Sprecher:
1895.

Festredner:
Das wichtigste Ereignis des Jahres war die endgültige, die endgültige Vollendung des Sendall Tunnels, welcher den Hügel, der
beide Hälften der Stadt teilt, verbindet.

Beifall.

Festredner:
Ich meine teilt, das heißt durchsticht.

Afrikanische Trommeln.

2. Sprecher:
1897.

Festredner:
Die Diamantene Hochzeit der Königin Viktoria wird mit enthu-
siastischer Loyalität gefeiert.

Afrikanische Trommeln.

2. Sprecher:
Am 21. Januar 1901..

1. Sprecher:
.. stirbt Königin Viktoria von England, die Kaiserin von Indien.

Indianische Trommel.

Festredner:
Nirgends war die Trauer echter und tiefer als auf Grenada.

Afrikanische Trommeln.

2. Sprecher:
1901.

1. Sprecher:
Volkszählung.
63 438 Einwohner.

2. Sprecher:
Januar 1904.

Devas:
Exodus von Grenada nach Panama.

Arbeiter:
Wir waren 1534 Mann.
Wir zogen aus, um am Panamakanal Arbeit zu finden.
Nur 813 kamen Ende des Jahres wieder zurück.
Viele sind gestorben.
Aber wir haben viel Geld an unsere Familien in Grenada geschickt.

2. Sprecher:
14/18.

1. Sprecher:
446 Grenader in den Krieg.

Trommelwirbel.

Arbeiter:
Keine direkten Gefallenen.

1. Sprecher:
Sir Eric Matthew Gairy.

Gairy:
Ich wurde 1922 in Grenville, St. Andrews geboren und katholisch erzogen.
Nachdem ich die Schule verlassen hatte, war ich eine zeitlang Lehrer.
1942 ging ich nach Trinidad und arbeitete am Bau eines amerikanischen Militärstützpunktes.
Anschließend war ich auf Aruba und arbeitete für die Lago Oil Company.

Fichte:
Am 29. Mai 1944 wird Maurice Bishop auf Aruba geboren.

Lynn:
Rupert Bishop, der Vater von Maurice, hat Gairy seit Aruba finanziert.

Gairy:
Ich nahm an vielen literarischen und gesellschaftlichen Ereignissen teil, die mich auf meine spätere politische Rolle vorbereiteten.
Ich organisierte die Gewerkschaftsarbeit und erhielt ein erstes politisches Training.

Die holländische Verwaltung von Aruba sah die Gewerkschaften natürlich nicht gern.

2. Sprecher:
August 1944.

1. Sprecher:
Der Schoner Island Queen verläßt mit 56 Passagieren und 11 Mann Besatzung St. George's in Richtung St. Vincent und ist mit Mann und Maus verschollen.

Afrikanische Trommeln.

1. Lastenträger:
Ein deutsches Unterseeboot ist aufgetaucht.
Hitler selbst steht auf der Kommandobrücke.
Die SS-Leute rudern zur Island Queen hinüber und bedrohen den Kapitän mit einer V 1.
Der Kapitän ergibt sich ehrenvoll und wird gezwungen, zum Amazonas zu segeln.
Dort steigt Hitler aus.
Unsere Freunde und Verwandten werden gezwungen, den Fußmarsch durch den Urwald anzutreten.
Sie schlagen sich nach Venezuela durch und werden hier bald wieder auftauchen.

Marktfrau:
Hitler zwang die Besatzung der Island Queen, das Schiff ganz schwarz anzumalen.

2. Sprecher:
Juli 1945.

1. Sprecher:
Eine Mine am Strand von Cariacou.

Fichte:
Die Kinder versuchen sie mit einer Eisenstange zu öffnen.
Die Mine explodiert.
Neun Tote.

Gairy:
Auf Aruba hatte ich die Gewerkschaften gegen die Esso organisiert, gegen das mächtigste Kartell der Welt.
Ich wurde aus Aruba abgeschoben.
Ich stellte mir vor, daß es leichter sein müßte, Gewerkschaften auf Grenada zu organisieren.
Dezember 1949 kehrte ich nach Grenada zurück.
Die Landarbeiter verdienten 54 cents am Tag.
Die Frauen 42 cents.
Im März begann ich, eine Arbeiterpartei zu gründen.
Im Laufe eines Jahres hatte ich eine Gefolgschaft von 51 000 Männern und Frauen.
Ich organisierte in einem Jahr mehr Arbeiter, als es je ein politischer Führer in den West Indies gekonnt hatte.
Das ist die bedeutendste Tat meines Lebens.
Im Juli ließ ich die Grenada Manual and Mental Workers Union einschreiben.
Anfang August verlange ich eine Lohnerhöhung von 50 cents für alle Arbeiter in den Zuckerfabriken.
Am 24. August rufe ich zum Streik auf.
Sympathiestreik der Plantagenarbeiter.
Im September wird der Streik geschlichtet.
Ich verlange 20 cents Lohnerhöhung für alle Plantagenarbeiter.
Im Oktober verlange ich eine 45 %ige Lohnerhöhung für alle Landarbeiter und Krankengeld und bezahlten Urlaub.
Am 18. Februar 1951 rufe ich zum Generalstreik auf.
Einige Kaufleute in St. George's behaupteten, Gairy sei ein Werkzeug der Kommunisten von Trinidad.

Fichte:
Kündigte Rupert Bishop, der Vater von Maurice Bishop, ihm die
Freundschaft?

Lynn:
Rupert Bishop warnte Gairy.
Wann das war, weiß ich nicht.
Rupert Bishop entzog Gairy seine Unterstützung.
Aber das kann auch später gewesen sein.

2. Sprecher:
Am 19. Februar 1951 führte Gairy eine Masse von Demonstranten vor die Rechtsgebende Versammlung und blieb dort den ganzen Tag.

Gairy:
Ich will den Governor sprechen!

Reporter:
Gairy war gekleidet in eine Mischung aus Sportsanzug und Eve-
ning Dress.
Er hatte keinen Hut auf, trug aber seinen Spazierstock.

Gairy:
Wir kämpfen nicht gegen die Polizei, sondern gegen die Unter-
nehmer.
Die Rechtsgebende Versammlung tagt und will uns in die Sklave-
rei zurückführen.
Wir stehen zueinander.
Wir werden gemeinsam sterben.

1. Junge:
Wir stehen zueinander.
Wir werden gemeinsam sterben.

1. Mädchen:
Ich bin Gairy!

Ich will den Governor sprechen.

2. Mädchen:
Er zieht seine Uhr.

1. Mädchen:
Ich verlasse euch jetzt.
Folgt mir nicht.
Ich komme um 12 wieder.
Es ist jetzt zehn nach zehn.
Wenn ich um zwölf nicht zurück bin, sucht mich!

1. Sprecher:
Die Massen warteten bis fünf.

1. Mädchen:
Der amtierende Governor, Mister Greene, hat Angst.
Arbeitet nicht!
Schlaft nicht!

1. Junge:
Governor Greene deportiert Gairy und Blaize auf einem Kano-
nenboot nach Cariacou!

1. Mädchen:
Dies ist meine schönste Stunde!

1. Junge:
Belmont Government School brennt.

2. Mädchen:
Das Badehaus von Governor Greene brennt!

2. Junge:
Die Plantagen brennen!

3. Mädchen:
Die katholische Schule von Grenville brennt.

1. Junge:
Gairy ist frei!

1. Mädchen:
Ich verlange, daß allein mit meiner Gewerkschaft verhandelt
wird.

Governor Greene:
Also meinetwegen.

1. Sprecher:
98 Verhaftungen.

1. Pflanzer:
81 Plantagen verwüstet.

2. Pflanzer:
195 000 Pfund Schaden.

1. Mädchen:
Leute, vertraut ihr mir?

Die Kinder:
Ja.

1. Mädchen:
Leute, hier spricht euer Führer, Onkel Gairy zu euch..
Als ich am 19. Februar meinen Finger hob und sagte: Streikt! be-
gannen einige tausend mit dem Streik, weil ihr mir vertraut und
sehr gut wißt, daß Onkel Gairy weiß, wo es langgeht.
Wir sagen jetzt drei Mal:
Keine Gewalttaten mehr.

1. Junge:
Vergeblich.

Landarbeiter:
Gehaltserhöhungen!

Marktfrau:
Bezahlte Ferien!

Landarbeiter:
Allgemeines Wahlrecht!
Neue Verfassung.

1. Sprecher:
Gairy gründet die Grenada United Labour Party und gewinnt 6 von 8 Sitzen in der Gesetzgebenden Versammlung.

Fichte:
Rupert und Alimenta Bishop kehren mit ihren Kindern nach Grenada zurück.
Maurice Bishop bekommt ein Stipendium vom Presentation College, der besten höheren Schule auf Grenada.

2. Sprecher:
1954.

1. Sprecher:
Gairy wird Chief Minister.

2. Sprecher:
1956.

1. Sprecher:
Hurrikan Janet.

1. Marktfrau:
120 Menschen tot.

1. Pflanzer:
Zwei Drittel der Muskatnußpflanzungen zerstört.

2. Marktfrau:
Das Trinkwasser ist verseucht.

1. Sprecher:
Gairy verschwendet öffentliche Gelder.

2. Sprecher:
Gairy fährt mit einer Steelband durch eine Wahlveranstaltung der Opposition.

2. Sprecher:
1960.

1. Junge:
88 700 Einwohner.

1. Mädchen:
95 % Afroamerikaner.

2. Mädchen:
4 % Inder.

2. Junge:
1 % Weiße.

3. Junge:
3 % ohne Schulbildung.

3. Mädchen:
3,5 % Bevölkerungszuwachs.

Die Kinder lachen.

1. Junge:
80 % der Bevölkerung von Grenada leben auf dem Lande.

Fichte:
Nicht einmal ein Prozent der Ackerbaubetriebe verfügen über die Hälfte der Anbaufläche.

2. Junge:
97 % der Ackerbaubetriebe sind unter 5 acres groß.

Fichte:
Das sind ungefähr zwei Hektar.

2. Sprecher:
1. Januar 1960.

1. Sprecher:
Neue Verfassung.

1. Mädchen:
Neue Verfassung heißt Neuwahlen.

1. Sprecher:
Gairy wird wieder Chief Minister.

2. Mädchen:
Der Chief Minister wird der Squandermania für schuldig befunden.

3. Mädchen:
Was ist denn das?

1. Junge:
Gairy hat 4000 Pfund für die Ausstattung der Residenz des Chief Ministers verpulvert.

2. Junge:
Das Klavier hat allein 700 Pfund gekostet.

3. Junge:
Ich liebe Gairy!

1. Mädchen:
Die Untersuchungskommission klagt mich der Squandermania an.
Ich klage die Untersuchungskommission des Rassismus an.
Hinter ihren Anklagen verbirgt sich doch nichts weiter als die Auffassung, ein schwarzer Regierungschef soll in einer Residenz wohnen, die keine 4000 Pfund wert ist, der schwarze Mann soll nicht anständig untergebracht sein, der Schwarze darf nicht Klavier spielen.

1. Sprecher:
Der Bischof von Grenada.
Baptistenbischof:
Gairy wurde rausgeschmissen.
Aber er wendete sich an Cheddi Jaggan, den kommunistischen Premierminister von Guyana.

1. Mädchen:
Ich könnte mir denken, daß eine marxistische Regierungsform auf Grenada Erfolg hätte.

1. Sprecher:
Wahlen.

Marktfrau:
Gairys Anhänger säumen weißgekleidet die Hauptstraße am Hafen von St. George's.
Das sind alles die Spiritual Baptists, die Teufelsanhänger.
Sie tragen brennende Kerzen und singen Choräle.
Gairy kommt, weißgekleidet, in einem Boot.

1. Mädchen:
Ich bin der Märtyrer, der von den Judassen von St. George's betrogen wird.

2. Sprecher:
Maurice Bishop studiert Jura in Greys Inn, London.

2. Sprecher:
1966.

1. Sprecher:
Maurice Bishop heiratet die Krankenschwester Angela Redhead,
von der er zwei Kinder hat.

Bishops Mutter:
John und Nadi.

2. Sprecher:
1967.

1. Sprecher:
Grenada gewinnt Associated Statehood, das heißt völlige Selbst-
kontrolle der Inneren Angelegenheiten.

Rupert Bishop:
Maurice legt seine Examen in Lincoln's Inn ab.

1. Sprecher:
Hugh O'Shaugnessy.
Shaugnessy:
Bishop hatte einen ersten Vorgeschmack von Politik in London.
Er wurde Präsident der West Indian Student Society und eröffne-
te eine Rechtsberatung in Notting Hill, wo vor zehn Jahren die
blutigen Rassenunruhen ausgebrochen waren. Er kehrte nach
dem Studium nicht gleich nach Grenada zurück, sondern arbeitete als Steuerprüfer.
Tagsüber arbeitete er in einem Beruf, der das Rückgrat des englischen Establishments bildete, nachts lernte er die Entbehrun-
gen der Westindischen Kolonie kennen.

2. Sprecher:
1970.

1. Sprecher:
Jennifer Hosten, Miss Grenada, wird Miss World.
Gairy sitzt in der Jury.

Shaugnessy:
Maurice Bishop kehrt nach Grenada zurück.
Er hat die Welt zu seinen Füßen.
Er war nie und wurde nie ein Bewunderer des sowjetischen Systems; seine politischen Ideen hatten ihre Wurzel im schwarzen Nationalismus, in Julius Nyereres afrikanischem Sozialismus und der Idee des Ujamaa, in den Schriften von James, einem Marxisten aus Trinidad, der die Ideen Hegels, Marx', Lenins und Trotzkys für die Dritte Welt neu formulierte.

1. Sprecher:
Maurice Bishop nimmt an einem Meeting junger westindischer Intellektueller auf Rats Island teil. Es geht um Black Power.

Gairy:
Black Power kann unendlich viel Elend über jedes Land bringen.
In Grenada herrscht keine Situation, die Black Power erfordert.
Die Macht auf Grenada ist in den Händen von Schwarzen. Der Governor ist schwarz. Der Premier ist schwarz. Und der Bischof ist schwarz. Wenn Grenada Power braucht, dann ist es Arbeitspower, für die wenigen, die keine Arbeit haben, Geld Power, um den Lebensstandard zu verbessern, Brain Power für die Jugend.

1. Sprecher:
Maurice Bishop gründet die MACE-Partei, Movement for the Advance of Community Effort.

Fichte:
Gairy wirbt auf seiner Residenz Mount Royal 800 Hilfspolizisten
an.
64 davon sind wegen Überfalls, Körperverletzung, Diebstahls,
Einbruchs, Raubs vorbestraft.

2. Sprecher:
November 1970.

Shaugnessy:
Maurice Bishops erster Rechtsfall.
Die Krankenschwestern von St. George's streiken wegen der Zu-
stände im Krankenhaus.
Gairys Polizei knüppelt die Demonstranten nieder und wirft Trä-
nengasbomben.
Maurice Bishop und sein Kollege Kendrick Radix werden verhaf-
tet.

1. Sprecher:
Polizeiinspektor Belmar erschießt Edgar Joseph St. Louis.

Shaugnessy:
Maurice Bishop verteidigt die 22 angeklagten Krankenschwe-
stern.
Sein Name ist gemacht.

2. Sprecher:
1972.

1. Sprecher:
Wahlen.

Fichte:
Gairy gewinnt 13 von 15 Sitzen.
Er will die Unabhängigkeit von England.

Shaugnessy:
Auf Grenada sah man das mit gemischten Gefühlen.
Die Unabhängigkeit, fürchtete man, könnte der Diktatur die Türen öffnen.

Fichte:
Jewel Movement in St. Davids gegründet.
Joint Endeavor for Welfare, Education and Liberation. Wohlstand, Erziehung und Freiheit.
Maurice Bishop gründet die Master Assembly of the People.

2. Sprecher:
20. April 1973.

1. Sprecher:
Jerry Richardson in Grenville von der Polizei ermordet.
Radioaufruf Gairys.

Gairy:
Mehr Hilfspolizisten einstellen.

Hausangestellte:
Und dann nahm Gairy den Mann, ich meine Leonard Greenidge, an den Ohren.
Er hat ihn am Kragen festgehalten.
Und ich konnte sehen, wie der Polizist, das war Moslyn Bishop – nein, nicht Maurice Bishop – Moslyn Bishop hat den Mann auf die Ohren geschlagen.
Ja, in der Residenz des Premierministers, ja.

2. Sprecher:
27. Mai 1973.

1. Sprecher:
Die Leibwächter von Gairy schlagen den Journalisten Alister Hughes am Flughafen zusammen.

2. Sprecher:
Juli 73.

Edmund:
Gairy hat alle Shangopriester und alle Geistlichen der Spiritual
Baptists in den Queenspark eingeladen.
Da sollten sie ihre Zeremonien vorführen.

Fichte:
Jewel Movement und Maurice Bishops MAP verbinden sich zum
New Jewel Movement.
Massenmeeting gegen die Unabhängigkeit von England.

1. Sprecher:
Gairy auf dem Marktplatz von Grenville zeigt auf den Hotelier
Kenrick Milne.

Gairy:
Hier ist der Mann, der sich als Millionär bezeichnet.
Er ist ein verdammtes Arschloch.
So ein Mann muß getötet werden.

1. Sprecher:
Schüsse.

Marktfrau:
Eine Frau wird verwundet.

1. Sprecher:
Polizeiinspektor Belmar schießt Simon Charles in den Fuß.

2. Sprecher:
4. November.

Fichte:
Der Sekretär des New Jewel Movement schreibt an die Regierung, daß sie zurückzutreten habe.

2. Sprecher:
9. November.

Fichte:
Volkskongreß in St. Andrews.
Gairy wird wegen 27 Verbrechen verurteilt.
New Jewel Movement ruft zum Generalstreik auf.

2. Sprecher:
18. November.

Fichte:
Maurice Bishop und die anderen Führer der Opposition werden
in Grenville verhaftet und bewußtlos geschlagen.
Auf der Polizeiwache werden sie mit Flaschenscherben rasiert
und geschoren.

1. Sprecher:
Gairy im Gefängnis von Richmond Hill.

Gefangener:
Es waren etwa 132 Gefangene in Richmond Hill.
Der Prime Minister fragte, was sie sich zu Weihnachten wünsch-
ten.
Einige sagten, sie wollten Zigaretten, Toilettenartikel und so wei-
ter.
Gairy sagte, daß wir zu den unglücklichen Leuten in der Gesell-
schaft gehörten.
Aber daß draußen einige wären, die mehr Glück gehabt hätten,
Doktoren, Rechtsanwälte, Lehrer, die das Ansehen der Regie-
rung schädigen wollten, und daß in ein paar Tagen einige dieser
Leute ins Gefängnis kommen würden.

Gairy:
Sie sprechen von den Gefängnisinsassen als Rauhnacken und
Kriminellen.
Ich würde es gerne sehen, daß die Leute die gleiche Behandlung

erführen, ich meine, die Art, wie die Rauhnacken von den Rechtsanwälten, Doktoren und so weiter geschnitten wurden . .
Wenn einer von Euch am zehnten Januar aus dem Gefängnis kommt, soll er zu Mordred Roberts ins Ministerium gehen, damit er als Hilfspolizist eingestellt wird.

1. Sprecher:
Der Gefangene Norris Stephen.
Stephen:
Den nächsten Morgen sah ich sechs elendige Leute im Richmond Hill Gefängnis eintreffen.
Es waren Kenrick Radix, Unison Whiteman, Selwyn Strachan, Simon Daniel . .

Maurice Bishop:
Maurice Bishop.

Hudson Austin:
Hudson Austin.

2. Sprecher:
6. Dezember 1973.

1. Sprecher:
Der Governor setzt die Duffus Commission ein.
Zur
Inquiry into the Breakdown of Law and Order and Police Brutality in Grenada.

Gairy:
Ich war der Meinung, es sei im Interesse Grenadas, die Gefangenen darauf vorzubereiten, daß, wenn diese Leute da reingebracht würden, sie von den Jewel Mitgliedern wegblieben.

Shaugnessy:
Teddy Victor, einem der ersten Gründer des Jewel Movement, gefiel es nicht, daß sich die Bewegung von den Landbezirken in die

Stadt verlagerte und daß die Ideologie mehr und mehr vom kubanischen und sowjetischen Modell bestimmt wurde.

Gairy:
Ich bin bestrebt, das New Jewel Movement gänzlich auszurot-
ten.

2. Sprecher:
1. Januar 1974.

1. Sprecher:
Streik.

2. Sprecher:
9. Januar 1974.

1. Sprecher:
Protestdemonstrationen.

2. Sprecher:
21. Januar.

Fichte:
300 Hilfspolizisten in der Residenz des Prime Ministers.
In der Stadt Gewerkschaftsdemonstrationen gegen die Unabhän-
gigkeitsbestrebungen der Regierung Gairy.
Anti-Gairy-Songs.
Die Polizisten singen vor Gairy:
Jewel behave yourself, they go charge us for murder.
Jewel benimm dich, sie werden uns wegen Mordes anklagen.

Lynn:
Rupert Bishop, der Vater des Führers der Opposition, wird von
einem Hilfspolizisten, wahrscheinlich Willie Bishop, seinem Nef-
fen, angeschossen.
Er stirbt an dem Schuß oder an Schlägen.
Der Obduktionsbefund ist doppeldeutig.

Jack:
Kurz vor der Unabhängigkeit plant die Opposition einen Coup.
Abgesagt.
Angeblich verlassen kubanische Berater die Insel.

2. Sprecher:
6. Februar.

1. Sprecher:
Maurice Bishop verhaftet.

2. Sprecher:
7. Februar 1974.

Gairy:
Die Unabhängigkeit der Insel Grenada vom englischen Kolonial-
system.

1. Junge:
Unabhängigkeit.

Marktfrau:
Unabhängigkeit.

Edmund:
Unabhängigkeit.

1. Sprecher:
Maurice Bishop wird wieder freigelassen.

Fichte:
Grenada wird Mitglied der Vereinten Nationen.
Gairy fordert in der UNO das Studium der UFOs.

Mistress Evans:
Das halten sie ihm vor.
Sein Fehler war, daß er aussprach, was die anderen interessierte.

Auch Carter glaubt an die UFOs.
Die Weißen und die Mulatten benützen das, um einen schwarzen
Premier zu diskreditieren.

1. Sprecher:
Gairy erklärt die Zeitung Jewel News für illegal.

2. Sprecher:
1976.

1. Sprecher:
Gairy bereist Chile und Südkorea.

Shaugnessy:
Bernard Coard stößt zum New Jewel Movement.
Er hatte der Britischen Kommunistischen Partei nahegestanden
und führte einen guten Teil marxistisch-leninistischer Strenge in
die politische Debatte auf Grenada ein.
Dabei half ihm seine Frau Phyllis, ein Mitglied der wohlhabenden Evans-Familie, die auf Jamaika an Tante-Marias-Kaffee-Li-
kör beteiligt ist.

1. Sprecher:
Koalition der beiden Oppositionsparteien New Jewel Movement
und Grenada National Party.

Fichte:
Die Grenada National Party sind doch die Konservativen, oder
nicht?

1. Sprecher:
Gairy verbietet Lautsprecher und Megaphone bei Wahlveranstal-
tungen der Opposition.
Wahlen.

Coard:
Fälschung der Wahllisten durch Anhänger Gairys.

1. Sprecher:
Die Opposition gewinnt 6 von 15 Sitzen.

2. Sprecher:
1977.

1. Sprecher:
Die Organisation der Amerikanischen Staaten tagt auf Grenada.
Protestdemonstrationen.
Die Polizei tötet den 17jährigen Alister Strachan.

2. Sprecher:
Am 2. Oktober 1977, 11 Uhr acht..

1. Sprecher:
.. landet ein chilenisches Transportflugzeug auf Pearls Airport.

Maurice Bishop:
Waffen.

2. Sprecher:
1979.

Fichte:
Verschiedene Angaben zur Bevölkerung Grenadas.
Bei den einen steht 110 000 Menschen; bei den andern 120 000.

2. Sprecher:
Sonnabend, den 10. März 1979.

Fichte:
Die Führer der Opposition treffen sich in St. George's.
Gairy plant Haussuchungen.
Er will die Führer des New Jewel Movement verhaften lassen.

1. Sprecher:
Vincent Noel verhaftet.

Fichte:
Die anderen verstecken sich.

1. Sprecher:
Winston Masanto, der Befehlshaber der Truppen von Grenada.
Masanto:
Sie brauchen sich nicht zu wundern, wenn sie eines Morgens auf-
wachen, und die Jungens haben die Insel erobert.

2. Sprecher:
Sonntag, den 11. März.

1. Sprecher:
Sicherheitsbeamte brechen in Bernard Coards Haus ein.

Fichte:
Phyllis Coard droht mit Anzeige. Die Einbrecher fliehen.

2. Sprecher:
Montag, den 12. März.

Fichte:
Gairy verläßt Grenada, um in der UNO an Besprechungen mit
Kurt Waldheim teilzunehmen.
Gairy zwei Stunden in der VIP-Lounge des Flughafens von Bar-
bados.
US-Botschafter Frank Ortiz bespricht mit Gairy Sicherheitsfra-
gen.

Hotelbesitzer:
Gairy reiste schon früher immer mit vielen Säcken voller Geld.
Wenn er die Hotelrechnung bezahlte, griff er in die Säcke.

1. Sprecher:
Maurice Bishop, Coard, Whiteman, Austin, Louison beschlie-
ßen, Gairy zu stürzen.

Shaugnessy:
Telefonangestellte schneiden die Insel von der Welt ab.

1. Sprecher:
Codewort APPLE.

2. Sprecher:
Dienstag, den 13. März, vor Morgengrauen.

1. Sprecher:
Einheiten des New Jewel Movement in der Nähe der Militärbaracken von True Blue.

2. Sprecher:
4 Uhr 15.

Alister Hughes:
54 Männer der Peoples Revolutionary Army – PRA – unter
Hudson Austin mit Gewehren und Maschinengewehren bewaff-
net.
Keine kubanischen Berater.
Keine kubanische Beteiligung und Planung, soviel ich weiß.
Dabei war ich nicht.
Ganze Aktion in True Blue dauert 55 Minuten.
Waffen und Munitionen der Defence Force erbeutet.
Keine Toten.
Defence Force ist 320 Mann stark, davon 280 in den Baracken.
Sie ergeben sich oder fliehen.
Die Baracken werden niedergebrannt.
Hyacinth Brizan, Offizier der Defence Force, 40, hörte, wahr-
scheinlich telefonisch, von dem Feuer.
Fuhr von zu Hause nach True Blue und wurde von der PRA eine
Meile vor den Baracken angehalten.

Hyacinth Brizan, noch im Wagen sitzend, versuchte zu schießen und wurde erschossen.

Es scheint so, als wäre dann ein Feuerwehrwagen in True Blue eingetroffen.

Die Feuerwehrmänner wurden verhaftet.

Dann kamen zwei Wagen mit Polizisten.

Superintendent Raymond Bogo de Souza leistete Widerstand.

Korporal Godwin Pysadee wurde im Kreuzfeuer erschossen.

Der Polizist Barry Alexis wurde am Arm verwundet.

1. Sprecher:
Ein Medizinstudent.

Student:
Ich machte meinen Morgenlauf und sehe plötzlich drei blutüberströmte Leute oder Leichen liegen.

Hughes:
54 Männer der PRA marschieren in Richtung Radio Grenada.
Die Armee gibt vor, daß die Radiostation ohne einen Schuß eingenommen wurde.

Student:
Ich wachte auf und hörte die Knallerei an der Radiostation.
Ich denke, es ist ein Feuerwerk.
Gegen sieben gehe ich zur Hauptstraße.
Die Wächterhäuschen an der Radiostation sind umgekippt.
Viel Blut auf dem Asphalt.

2. Sprecher:
6 Uhr 15.

1. Sprecher:
Bekanntmachung in Radio Grenada.

Hughes:
Die Stimme von George Louison.

Louison:
Die Regierung des kriminellen Diktators Eric Matthew Gairy ist gestürzt worden.
Eine Revolutionsregierung ist gebildet.

Afrikanische Trommeln.

Zweiter Teil

2. Sprecher:
Dienstag, den 13. März 1979.
6 Uhr 15.

1. Sprecher:
Die Stimme von George Louison.
Louison:
Die Regierung des kriminellen Diktators Eric Matthew Gairy ist
gestürzt worden.
Eine Revolutionsregierung ist gebildet.

Indianische Trommel.

Fichte:
Jetzt kommen wir zu spät, um den Shango-Kult auf Grenada zu
erforschen.

2. Sprecher:
Dienstag, den 13. März, gegen 7 Uhr.

Fichte:
Die Frankfurter Rundschau hat es noch nicht durchgetickert be-
kommen.
Die verstehen immer nicht.
Granada.
Revolution in Spanien.
Nein.
Grenada.
Die erste Revolution in Amerika nach Kuba.
Also nach Haiti und Kuba.

Da hat man mal als erster eine News, und die verstehen einen nicht.
Granada.
Spanien.
Der Chef des Feuilletons der Zeit ist in Ferien.
Frau Schulze will sofort ein Credential schicken.
Wenn man mal ohne so ein Blatt fährt.
Ohne Credential bin ich ein nackter Mann.
Im SFB sagen sie immer wieder:
Ich kann dich nicht hören.
Hallo.
Über Satelliten.
Meine Mutter:
Wo bist du denn?
Um Gottes willen!
Eine Revolution!

2. Sprecher:
Freitag, den 16. März.

Fichte:
Reinfliegen endlich.
Das grüne Eiland.
Umgestülpt.
Am Flughafen Rastafaris mit gewaltigen Haarbergen und Maschinenpistolen.
Gelbe Schilder mit Sicherheitsnadeln am Ärmel:
Peoples Revolutionary Army – PRA.
Auch weiße Stücke Stoff.
In der Mitte ein roter Punkt.
Sie kontrollieren aufmerksamer als die Zöllner Gairys vor einem Jahr.
Eine schwarze Frau muß alles aus ihrem einzigen Gepäckstück, einem Pappkarton, vorzeigen.
Sie schmuggelt keine Waffen.
Zwei kleine Inderinnen schleppen zwei Schaumgummidoppelmatratzen an die Zollbarriere.

Draußen warten zwei Rastas auf sie, kräftig gelockt.

Sie winken zu den beiden Inderinnen herein, froh über die beiden Schaumgummidoppelmatratzen.

Die Zöllner-Rastafaris öffnen die Umschnürungen, öffnen die Nylonumhüllungen, tasten die Schaumgummidoppelmatratzen ab, in jede Ecke hinein.

Zweimal zärtlich und energisch jede der beiden Schaumgummi- doppelmatratzen.

Die kleinen Inderinnen wollen sie wieder zusammenschnüren, aber sie sind zu leicht und zu schwach, so daß die zusammenge- preßten Schaumgummidoppelmatratzen sie wieder in die Höhe schieben.

Zu zweit auf einer schaffen sie es.

Die beiden Inderinnen tragen die beiden Schaumgummidoppel- matratzen den lockigen Rastas entgegen.

Wir durchqueren die Insel.

Die Leute lachen.

Winken.

Ja.

Sie wirken fröhlicher.

Einige tanzen auf der Straße.

Nur wenige haben am Ärmel das weiße Stück Stoff mit dem roten Punkt.

Die Brücken bewacht.

An einigen Polizeiwachen hängt noch das weiße Stück Stoff der Kapitulation – oder eine weiße Hose.

Ein jeep in wilder Fahrt.

Bärte, Maschinenpistolen, gelbe Schilder PRA, Sicherheitsna- deln, weiße Stücke Stoff, rote Punkte.

Wir überholen den Wagen mit den beiden lockigen Rastas und den Inderinnen.

Der Jeep mit den Revolutionären hat sie gestoppt.

Sie tasten gemeinsam die Schaumgummidoppelmatratzen ab.

Vida:

Ich arbeite acht Stunden täglich.

Als Hausangestellte.

Sechs Tage in der Woche.
Ohne Krankenversicherung.
Ich bin sechzig.
Ich habe zehn Kinder.
Das jüngste ist zwanzig, das älteste vierzig.
Wir haben einen Gemüsegarten.
Mein Mann war Lastwagenfahrer.
Er hat eine Verletzung am Bein.
Heute macht er nur noch den Garten.
Aber das hat natürlich auch seine Vorteile.
Wir haben das Gemüse immer frisch, wenn wir es brauchen.
Das schmeckt ganz anders, wenn ich die Kartoffeln eben bevor
ich sie koche, aus der Erde hole.
Oder die Brotfrucht frisch vom Baum.
Für eine Ziege haben wir nicht genug Land.
Jedes Stück Land gehört jemandem.
Der läßt niemanden anders drauf.
Hühner haben wir auch keine.
Wir kaufen uns Hühnerklein.
Hühnerbrust können wir uns nicht leisten.
Nur zu Weihnachten essen wir ein paar Pfund Fleisch.
Wir essen dreimal am Tag.
Wenn wir nichts Gekochtes haben, trinken wir Tee.
Eier essen wir manchmal.
Ich hatte über 200 Blutdruck.
Ich hatte neulich 160 zu 248.
Ich arbeite damit.

Rasta:
Ich bin Rastafari.
Es ist nichts andres als jede andre Religion.
Wir wollen die Haare lang tragen.
Gras rauchen.
Und meditieren.
Sex nicht mal so viel.
Gemüse.
Ohne uns wäre die Revolution gar nicht möglich gewesen.

Wir waren die ersten, die sich die Gewehre abholten.

Aber wir sind Rastas von Grenada, wir wollen keine Weißen umbringen.

Wir haben nichts gegen die Weißen.

Marktfrau:

Wir besitzen ein Stück Land.

Ich verkaufe hier, was wir auf dem Land erzeugen.

Ich habe fünf Kinder.

Ich liebe Kinder.

Ich habe noch eins von meiner Schwester dazugenommen.

Fichte:

Georgie, genannt Toad, die Kröte, guckt weg.

Er will mich nicht kennen.

Er will, daß ich ihn nicht kenne.

Ich weiß, das weiß er, daß er Gairy gut kannte.

Auch das ist die Revolution.

Man grüßt sich nicht mehr.

Georgie spielt Ball.

Vor einem Jahr wollte er noch mit mir zusammenleben.

Ob er jetzt sein Holzhaus kriegt?

Ich rufe ihn.

Er kommt dann doch.

Zögernd.

Das ist sehr mutig.

Was machen denn die Schwulen jetzt?

Georgie:

Es gibt viel mehr seit letztem Jahr.

Alle die kleinen Jungen, die du siehst am Strand.

Ich sitze und warte ab.

Die Revolutionäre werden sich da nicht reinmischen.

Ich glaube nicht.

Dafür gibt es zu viele Schwule.

Ich warte ab.

Wir müssen uns noch mal sehen, bevor du fährst.

Baptistenbischof:
Ich habe sieben Kinder aus zwei Ehen.
Das jüngste ist zehn Monate alt, das älteste vierzehn Jahre.
Mein Vater ist an der Prostata operiert worden.
Meiner Mutter haben sie das Bein amputiert.
Ich könnte in den Staaten Arbeit finden.
Aber ich bleibe hier.
Wegen der Eltern.
Ich habe elf Monate in New York gearbeitet und war nur einmal im Kino.
Ich habe das ganze Geld nach Hause geschickt.

Leonore Mau:
Ich war in der Einhornkirche.
Ich traf die Lange schon auf der Straße.
Mir fuhr raus: Wo ist Bischof Edmund?
Ich hätte ja auch sagen können: Wie geht es Ihnen? oder: Wie geht es Edmund.
Sie sagte mit einem Ausdruck, den ich nicht nachmachen kann: Edmund sitzt im Gefängnis.
Er ist jetzt in Richmond Hill, wo er mich letztes Jahr mit reingenommen hat, als er die Gefangenen betreute.
Die Zeremonie wie immer.
Ich glaube schon, daß sie Bibelstellen raussuchten, die sich auf die politische Situation bezogen.
Zwei Frauen waren ganz außer sich und schrien immer: Edmund! Edmund!

Fichte:
Einhornkirche.
Sie haben vergrößert.
Beton statt der Bretter vom Vorjahr.
Die Ergüsse wieder:
Jesus Thy Blood!
Blood!
Während der Predigt sinkt die Rote mit dem Bischofsstab auf den neuen Betonfußboden und schläft ein.

Sie röchelt wie die Senegalesen unter dem Elektroschock.

Lehrer Castor zeigt die Tätigkeiten in der nächsten Woche an:

Dienstag – eine sehr wichtige Botschaft.

Die Rote weint.

Sie ruft:

Bischof Edmund!

Castor ruft zur Kollekte auf für Bischof Edmund.

Die Würdenträgerinnen der Spiritual Baptists singen, schreien, rülpsen und schnattern:

Ostern soll Eis und Sonne sein!

Wir brauchen Hilfe.

Thy Blood.

Die Rote fängt an zu grunzen:

Michael und der Drache.

Denkt an Michael und den Drachen.

Wo bist du?

Wo du auch seist, du gehst dort vorbei, du ziehst vorüber, du kommst zurück.

Eric Matthew Gairy.

Du kommst zurück.

Thy Blood.

Daniel in der Löwengrube.

Bischof Edmund.

Thy Blood.

Die Lange ergreift die Rote, tanzt mit ihr durch die Gemeinde, schlenkert sie herum.

Aus dem Gesicht der Roten wird die uralte Maske der Verbrecheraufstände in Afrika, der kotfressenden Geheimbünde, der verwandtenmordenden Revolutionäre, der rasenden Mannechinos, der Maumau, der Assassinen, der Löwenmänner.

Feinde bewußtlos mit Eisenkrallen zerfetzen.

Das geschwollene Gesicht, von keinem Wort mehr zu erreichen, mit den Knopfaugen, die nur nach Innen sehen.

Rot.

Blut.

Blood.

Dienstag, den 13. März.

Codewort APPLE.

2. *Sprecher:*
4 Uhr 15.

1. *Sprecher:*
Einheiten der PRA bombardieren die True Blue Baracken mit Petroleumbomben.
Die Defence Force ergibt sich.

2. *Sprecher:*
6 Uhr 15.

George Louison:
Die Regierung des kriminellen Diktators Eric Matthew Gairy ist gestürzt worden.
Eine Revolutionsregierung ist gebildet.
Alle religiösen Rechte und Freiheiten sind wieder eingesetzt.
Die neue Revolutionsregierung befiehlt, daß alle Polizisten in ihren Unterkünften und Polizeiwachen bleiben und weitere Anordnungen abwarten.
Leben und Besitz aller ausländischen Einwohner sind sicher.
Die neue Regierung wird weiterhin freundliche Beziehungen zu allen Ländern unterhalten.

Alister Hughes:
Die Polizeiwachen sind noch nicht erobert.
Etwa tausend junge Leute treffen in der Radiostation ein.
Sie werden bewaffnet.
Die nicht schießen können, erhalten eine halbstündige Ausbildung.

1. Sprecher:
Hudson Austin, der Befehlshaber der Revolutionsarmee.
Austin:
Als Befehlshaber der Revolutionsarmee teile ich mit, daß wir bis
jetzt auf keinen Widerstand gestoßen sind.
Wenn das Volk irgendwelchen Widerstand erfährt, wo immer auf
Grenada, rufen Sie sofort Radio Free Grenada an.
Allen Polizeiwachen wird befohlen, weiße Flaggen zum Zeichen
der Übergabe herauszuhängen.

2. Sprecher:
Kurz vor zehn.

1. Sprecher:
Bernard Coard.
Coard:
Caldwell Taylor, Kennedy Budhall, Kenneth Bushall, Kameraden
in Grenville, bitte sofort Radio Grenada – Radio Free Grenada
anrufen.
Wer diesen Aufruf hört, soll den Brüdern sofort mitteilen, daß sie
Radio Grenada anrufen.
Die Polizeiwache von Grenville hat sich den revolutionären
Streitkräften ergeben.
Mongoose Gang fährt an der Westküste auf die Stadt Gouyave
zu.
Die Kräfte der Revolution müssen sich in der Gegend darauf vor-
bereiten, sich mit der Mongoose Gang auseinanderzusetzen.
Sie muß, koste es, was es wolle, gestoppt werden.
Straßenblockaden und alles weitere.

Alister Hughes:
Im Hafen von St. George's liegt das russische Kreuzschiff Ivan
Franco. Morgens verlassen die Passagiere das Schiff und streu-
nen durch die Straßen. Die Geschäfte sind geschlossen.
Aber Gewürz- und Andenkenverkäufer stellen sich am Eingang
zu den Docks auf und machen gute Geschäfte.

2. Sprecher:
Dienstag, den 13. März 1979, 10 Uhr 45.

1. Sprecher:
Maurice Bishop.
Maurice Bishop:
Heute morgen um 4 Uhr 15 eroberten die Revolutionären Streit-
kräfte die Armeebaracken in True Blue.
Die Baracken wurden niedergebrannt.
Nach einem halbstündigen Kampf waren die Streitkräfte Gairys
völlig überwunden und ergaben sich.
Und nicht ein einziges Mitglied der Revolutionären Streitkräfte
war verwundet worden.

Fichte:
Stimmt das?

Maurice Bishop:
Kurz danach wurden mehrere Minister in ihren Betten verhaftet.
Ich rufe jetzt alle arbeitenden Menschen auf, die Jugendlichen,
die Arbeiter, die Bauern, die Fischer, die Mittelklasse und die
Frauen, sich unseren bewaffneten Streitkräften in ihrer Gemeinde anzuschließen.
Der kriminelle Diktator, Eric Gairy, der wohl begriff, daß das Ende nahte, floh gestern aus dem Land ..

Fichte:
Das stimmt doch gar nicht.

Leonore Mau:
Gairy ist nicht geflohen, er flog zu einer UNO-Konferenz mit
Waldheim.

Fichte:
Warum lügt Maurice Bishop denn jetzt in seiner ersten Ansprache
nach der Revolution?

413

Maurice Bishop:
.. Gairy hatte Anweisungen erlassen, alle Kräfte der Opposition, einschließlich der Führer des Volkes, umzubringen.

Fichte:
Das kann schon stimmen.

Leonore Mau:
Aber wenn er gleich zu Anfang lügt, dann glaubt man ihm den Rest ja auch nicht mehr.

Fichte:
Das ist wie im Märchen mit dem Fuchs.

Maurice Bishop:
Die Volksregierung wird um Gairys Auslieferung ersuchen, damit so schwere, so ernste Anklage gegen ihn erhoben werden kann, wie Mord, Betrug und Niedertrampeln der demokratischen Rechte unseres Volkes..
Lassen Sie mich den Anhängern der Gairy-Regierung versichern, daß sie in keiner Weise geschädigt werden sollen.
Ihre Häuser, ihre Familien und ihre Arbeitsplätze sind völlig sicher, solange sie nicht Gewalt gegen unsere Regierung gebrauchen..
Es soll keine Opfer der Revolution geben, das versichern wir Ihnen.
Volk von Grenada, diese Revolution geschieht für Arbeit, für Essen, für anständiges Wohnen und für die strahlende Zukunft unserer Kinder und Enkel.
Die Früchte der Revolution werden jedem zugute kommen, ohne Ansehn der politischen Meinung.
Laßt uns alle zusammenkommen zu einem großen Ganzen.
Wir wissen, Gairy wird versuchen, internationale Hilfe zu organisieren, aber wir wollen deutlich machen, daß es nach internationalem Recht ein kriminelles Vergehen ist, dem Diktator Gairy zu helfen.
Es würde eine unerträgliche Einmischung in die inneren Angele-

genheiten unseres Landes bedeuten und den Widerstand aller
Patrioten von Grenada hervorrufen ..
Lang lebe das Volk von Grenada!
Lang lebe Freiheit und Demokratie!
Lassen Sie uns zusammen ein gerechtes Grenada aufbauen.

1. Sprecher:
Gairy in New York.

Gairy:
Ich glaube, sie haben mehr Ausrüstung als wir.
Sie haben Munition aus Washington bekommen, in Fässern, die
als Petroleumgelee getarnt waren.
Ich schätze die Revolutionsarmee auf 70 Mann.
Ich verlange von den USA und Großbritannien Waffen.

1. Sprecher:
Milton Cato, der Premierminister von St. Vincent.
Cato:
England muß Waffen senden, daß der Coup rückgängig gemacht
werde und Gairy wieder in sein Amt eingesetzt werden kann.

1. Sprecher:
Masanto, der ehemalige Befehlshaber der Defence Force, in
Schutzhaft im Gefängnis Richmond Hill.
Masanto:
In Fort George war der Plan entwickelt worden, eine weiße Fah-
ne herauszuhängen und die Revolutionsarmee aus dem Hinter-
halt zu überfallen.
Ich glaube, ich vermied eine Menge Blutvergießen, als ich sie
überzeugte, diesen Plan aufzugeben.

2. Sprecher:
11 Uhr.

1. Sprecher:
Derek Knight, Minister ohne Portefeuille unter Gairy, der an der

Beratung in Fort George teilgenommen hat, verläßt die Festung.

2. *Sprecher:*
Herbert Preudhomme, Deputy Prime Minister unter Gairy.

Preudhomme:
Vor einer Stunde wurde ich mit George Hoston und anderen Mitgliedern der vorigen Regierung verhaftet.
Ich habe mich der neuen Regierung ergeben.
Sie sind in voller Kontrolle des Staates.
Ich wende mich an die Mongoose Gang und an andre Geheimpolizisten, die jetzt in Gouyave sind:
Übergeben Sie die Polizeiwache jetzt.
Grenville, St. Davids und fast alle sonst haben sich ergeben.
Wenn Sie Widerstand leisten, werden Sie ausgemerzt.
Laßt uns Blutvergießen vermeiden.
Als Deputy Prime Minister rufe ich alle Polizisten im Land auf, sich der neuen Regierung zu ergeben.
Ich fordere besonders diejenigen in Fort George auf.
Denken Sie an Ihr Leben.
Denken Sie an Ihre Familien.
Denken Sie an die Kranken in unserem Krankenhaus.
Widerstand ist nutzlos.
Hängen Sie die weiße Flagge heraus und kommen Sie unbewaffnet heraus.
Ergeben Sie sich jetzt!

2. *Sprecher:*
13 Uhr 10.

1. *Sprecher:*
Fort George hat sich ergeben.

Hughes:
Derek Knight, Minister ohne Portefeuille, flieht in einem Segelboot nach St. Vincent oder St. Lucia.

1. Sprecher:
St. Andrews und St. Patricks in der Gewalt der Revolutionäre.
Pearls Airport geschlossen.

2. Sprecher:
14 Uhr 35.

1. Sprecher:
Kampf um die Feuerwache in St. George's.

Hughes:
15 Männer nehmen am Angriff teil.
Fünf Schüsse.
Die Feuerwehrmänner kommen heraus und ergeben sich.

2. Sprecher:
15 Uhr eins.

1. Sprecher:
Die Regierung Manleys in Jamaica will der Revolution von Grenada zu Hilfe kommen.

2. Sprecher:
15 Uhr 17.

1. Sprecher:
Das Peoples Revolutionary Government – PRG – von Grenada sucht diplomatische Beziehungen zu den USA, dem United Kingdom und zu Jamaica.

Hughes:
Albert Forsythe, der Abgeordnete von St. Marks, nimmt Waffen von der Victoria Police Station und trägt sie in ein Haus in der Nähe.
Es wird vermutet, daß er von dort aus allein Widerstand leisten will.

2. Sprecher:
18 Uhr 30.

1. Sprecher:
Die PRA verhaftet Albert Forsythe und bringt ihn in Schutzhaft
ins Radio Free Grenada.
Erziehungsminister Dr. Wellington Friday in New York.

Friday:
Ich weiß nicht, ob ich noch im Amt bin oder nicht.

1. Sprecher:
Kommentar aus Guyana.
Prime Minister Forbes Burnham.
Burnham:
Es gab drei Schritte zum Sozialismus in der Karibik:
1804 die Revolution auf Haiti.
1957 die Revolution auf Kuba.
1979 die Revolution auf Grenada.

2. Sprecher:
Mittwoch, den 14. März.

1. Sprecher:
Meeting der Caricom auf Einladung von Tom Adams, Prime Mi-
nister von Barbados.
Vertreten sind Guyana, Jamaica, Dominica, St. Lucia.
Trinidad and Tobago kamen der Einladung nicht nach.

Hughes:
Die Grenader in New York haben das Büro der UNO besetzt.

1. Sprecher:
Im Finanzministerium von Grenada werden Unterlagen verbrannt.
Sir Paul Scoon, der Generalgouverneur Ihrer Majestät der Königin Elisabeth der Zweiten von England.

Scoon:
Ich möchte allen Beteiligten gratulieren zu der friedlichen Art,
mit der alle diese Periode der Veränderung begrüßt haben.
So früh wie möglich und mit gebührender Beratung und Zusammenarbeit werde ich alles tun, daß wir eine funktionierende
Übereinkunft treffen, auf die alle Grenader rechterdings stolz
sein können.
Gott segne sie alle.

1. Sprecher:
Frank Ortiz, der amerikanische Botschafter auf Barbados:
Ortiz:
Wir würden es mit Mißfallen sehen, wenn Grenada engere Beziehungen zu Kuba einginge.

2. Sprecher:
Donnerstag, den 15. März.

Hughes:
George Louison, von der Revolutionsregierung, zur Caricomkonferenz nach Barbados gerufen.
Louison:
Ich versichere Ihnen, freie Wahlen sollen abgehalten werden, sobald die Vorbereitungen dazu abgeschlossen sind.

1. Sprecher:
Jamaica und Guyana sind für die Anerkennung der neuen Regierung.
Dominica und St. Lucia sind dagegen.
Barbados ist unentschieden.
Telefongespräch mit Maurice Bishop. Bishop trifft sich mit Herbert Preudhomme, dem Deputy Prime Minister der Regierung
Gairy, der sich in Schutzhaft befindet.

Maurice Bishop:
Preudhomme sollte Derek Knight als Minister ohne Portefeuille
entlassen und statt dessen mich ernennen.

Darauf sollte Preudhomme als Acting Prime Minister zurücktreten, und der Governor General sollte mich, gemäß der Verfassung von Grenada, als Acting Prime Minister ernennen.

Fichte:
Maurice Bishop als Acting Prime Minister unter Prime Minister Sir Eric Matthew Gairy!

Maurice Bishop:
Da waren viele Fallen in einer solchen Lösung.
Jedoch unser Interesse war, so schnell wie möglich die Einheit der Nation zu gewährleisten.
Mister Preudhomme wollte nicht als Judas erscheinen.

1. Sprecher:
Barbados setzte eine Deadline um 17 Uhr 30.

Maurice Bishop:
Alle Versuche, die Angelegenheit auf diese Weise zu lösen, waren jetzt gescheitert.
Und ich kann Ihnen versichern, daß ein solcher Versuch nicht wieder unternommen wird.

Hughes:
Paket mit einem Statement Gairys in der Nation, Barbados.

Gairy:
Gott hat uns mit Glauben und Mut gesegnet.
Die Absicht des Jewel Movement war es immer, unser Land mit Waffen einzunehmen und es von einem gottesfürchtigen, demokratischen, religiösen – glückliche Leute, die alle möglichen Freiheiten genießen – ja, und es in ein von Terroristenregimentern besetztes, gewehrrasselndes Land zu verwandeln, das leer von Freiheit ist.
Die Terroristen haben über die Medien nur Lügen verbreitet.
Ich rate Ihnen, gutes Volk von Grenada, halten Sie fest aus.
Erliegen Sie nicht dem, was Sie in Radio Grenada hören.

Denn das sind nur die Hirngespinste und die Ambitionen der Je-wel-Revolutionäre, die unsere Männer mit dem Gewehr bedro-hen.

Grenada wird nie, ich wiederhole, nie ruhig sein unter einer ge-wehrdrohenden, selbst eingesetzten Jewel-Regierung.

2. Sprecher:
Sonnabend, den 17. März.

Gairy:
Wir werden nie aufgeben.
Ich wiederhole:
Wir werden nie aufgeben.
Meine lieben Grenader Bürger und Einwohner, geraten Sie nicht in Panik, werden Sie nicht weich, geben Sie nie auf.
Möge Gott Sie segnen, bis wir uns wiedersehen, bald, sehr bald, sehr bald, wirklich, sehr bald.

1. Sprecher:
Die Nation, Barbados, interviewt Gairy im New York Hilton, Zim-mer 4205.

The Nation:
Es gibt Gerüchte, daß Sie über die Männer Bescheid wußten, die Sie in Barbados trafen und die Hit Men sind, wie man annimmt, und daß Sie wußten . .

Gairy:
Was sind Hit Men?

Nation:
Männer, die Leute ermorden . .

Gairy:
My Gosh!
No! No! No!

Nation:
Es ist schade, daß Sie sich nicht an die Namen der beiden erinnern..

Gairy:
O my Gosh!
Die amerikanische Regierung würde sich nie auf so etwas einlas-
sen..

Nation:
Mit anderen Worten, es war wichtiger, diese Leute zu treffen, als
zu diesem Zeitpunkt auf Grenada zu bleiben?

Gairy:
O my Gosh, no!
No! No! No! No! No!

Nation:
Es ist auch festgestellt worden, daß das New Jewel Movement
nicht plante..
Augenscheinlich hatten sie erfahren, daß diese Leute nach Gre-
nada kamen, um sie zu töten, und deshalb mußte sich das New
Jewel Movement beeilen und den Job erledigen.

Gairy:
Well, well, well!

Hughes:
30 Personen in Schutzhaft.

2. Sprecher:
Sonntag, den 18. März.

1. Sprecher:
Die erste Nummer von Torchlight nach der Revolution.

Chefredakteur Xavier:
Provisorische Regierung von 14 Mann.
Die Regierung Gairys wurde gestürzt, aber keine kubanischen
Truppen sind gelandet.

1. Sprecher:
Das erste Massenmeeting der Revolution.

Fichte:
Im Queens Park – im Park der Königin Victoria.
Es sollte auf dem Markt stattfinden – im letzten Augenblick wird
der Ort gewechselt.
Am Markt sind zu viele Einschußmöglichkeiten.
Etwa 5000 Menschen.
Um halb vier kommt ein Zug von Lastwagen, Bussen, Privatwa-
gen am Meer entlang.
Eine Ekstatikerin schreit:
Unsere Heroen!
Sonst alles sehr gemessen.
Gegen vier trifft Maurice Bishop ein.
Wenig Presse.
Die Mikrophone stehen gesichert in einer Nische, weit hinten un-
ter einem Holzdach.
Jeeps mit Rastafaris, die Maschinengewehre hochhalten.
Das Bild der Revolution:
Revolutionäre, welche die Bilder aus Revolutionsfilmen nachstel-
len.
Zuerst spricht ein Soldat.
Nicht sehr gebläht.
Dennoch:

Soldat:
Sie sind nicht gekommen, um meine Wenigkeit zu hören!

Fichte:
Bernard Coard, der Finanzminister, der Professor der University
of the West Indies.

Bernard Coard:
Die Revolutionäre haben sich in ihrer Planung nicht getäuscht.
Das Volk war auf unsrer Seite.
Die Polizei kämpfte nicht gegen uns.
Die Arbeiter streikten nicht und sabotierten nichts.
Wir wollen unsere Gegner, die Gairy-Anhänger, überzeugen und
gewinnen.

Fichte:
Eine Frau betet neben den Revolutionären das Vaterunser.
Die 5000 beten gemeinsam das Vaterunser.
Hudson Austin, der Chefkommandant der Truppen.
Ein Abgesandter der Regierung Manley, Jamaica.

Abgesandter:
Der einzige Weg ist der Sozialismus.

Fichte:
Maurice Bishop jetzt.
Erst noch eine Frau, die Maurice Bishop ein gesticktes Herz über-
reicht und ein Gebet spricht, in das die 5000 einfallen.

Maurice Bishop:
Gairy hat mitgeteilt, daß er seinen Posten als Prime Minister nie-
derlegt.
Dennoch verhandelt er in Miami mit den Exilkubanern von El
Condor.
Die neue Regierung verlangt die Auslieferung Gairys.
Gairy kommt nur in Ketten zurück.
Wenn er mit Söldnern landet, wird er auf Sicht erschossen.
So einfach ist das!

Fichte:
Ein bißchen St. Just muß sich wohl jeder vorspielen.
Zwischendurch ein Spaßmacher, dessen Witze ich nicht ver-
stehe.
Auch Anfragen wegen im Gedränge verlorener Kinder, wegen
gefundener Dollarnoten.

Ein Redner spricht davon, daß jetzt harte Zeiten anfangen.

Redner:
Die Arbeiter müssen den Gürtel enger schnallen und 100mal soviel arbeiten wie vorher.

Fichte:
Bei einer Revolution gehören die Arbeiter ja erst einmal ordentlich ausgeschimpft.

1. Sprecher:
Guyana und Jamaica erkennen die neue Regierung auf Grenada an.

2. Sprecher:
Mittwoch, den 21. März.

Xavier:
Coup Opfer Godwyn Pysadee erhält militärisches Ehrenbegräbnis.

2. Sprecher:
Freitag, den 23. März.

1. Sprecher:
US-Botschafter Frank Ortiz trifft auf Grenada ein.

2. Sprecher:
Polizeistunde ab 22 Uhr 30.

Fichte:
Ich gehe zu Albert Xavier, dem Chefredakteur von Torchlight.
Eine Hinterstube in einem Hinterhof der schottischen Architektur von St. George's.
So stelle ich mir einen Chefredakteur aus der Zeit Chattertons vor.
Geschlagen, verschlagen der schwarze Chefredakteur Albert Xa-

vier, der Mann, der den Bericht der Duffus Commission of Inquiry into the Breakdown of Law and Order and Police Brutality unter Gairys Regierung zu drucken wagte.

Xavier ist sehr hilfsbereit, und obwohl seine Zeitung gegen den afrikanischen Aberglauben donnert, will er uns mit Shangopriestern bekanntmachen.

2. Sprecher:
Sonnabend, den 31. März.

Xavier:
Carlyle Calliste und Peter Watts geraten in Streit, weil Calliste behauptet, Gairy würde nie nach Grenada zurückkehren.

Fichte:
Am Sonntagmorgen wird Calliste mit dem Gesicht in einer Blutlache aufgefunden.

1. Sprecher:
Lady Cynthia Gairy, die Frau des gestürzten Prime Ministers.
Lady Gairy:
Mir geht es gut.
Es stimmt nicht, daß ich unter Hausarrest stehe.
Das Statement, das ich in Radio Free Grenada las, war von der PRG entworfen worden.
Aber sie fragten mich, ob ich mit dem Statement einverstanden sei.
Ich sah es durch und hatte keine Einwände.

2. Sprecher:
Montag, den 2. April.

1. Sprecher:
Die erste Nummer des hektografierten The New Jewel.

New Jewel:
Die PRG hat sich entschlossen, die Verfassung zu suspendieren.

Gut, die Verfassung von Grenada sichert unseren Bürgern gewisse Menschenrechte zu.
Natürlich hielt sich Gairy nie an die Verfassung.
Aber was würde geschehen, wenn wir uns an die Verfassung hielten?
Die Regierung müßte sofort die Mongoose Gang wieder freilassen und alle die Typen von der Geheimpolizei.
Das Volk kann sicher sein, daß alle verhafteten Personen mit derselben Menschlichkeit behandelt werden, mit der die ganze Revolution durchgeführt wurde.
Aber wir wollen nicht unsere Revolution, unsre Freiheit, unser ganzes Volk in Gefahr bringen, indem wir diejenigen in Gefahr bringen, die unser Volk bedrohen.
Das ist der Grund, weshalb wir die Verfassung für einige, wenige Monate außer Kraft gesetzt haben.

1. Sprecher:
Finanzminister Bernard Coard vor der Handelskammer:
Es wird für dieses Land unmöglich sein, sich ohne die Privatwirtschaft zu entwickeln.

Barbara:
Gairy hat bundesdeutsche Söldner angeworben.
Die sind schon im Lande.
Deutsche Söldner, das ist natürlich geschickt, bei den vielen deutschen Touristen im Lande.

2. Sprecher:
Sonnabend, den 7. April.

1. Sprecher:
Der ehemals von Gairy kontrollierte West Indian erscheint wieder unter dem Namen The Free West Indian.

Hughes:
83 Personen in Schutzhaft.

427

New Jewel:
Achtet auf Söldner!
Zeigen Sie sofort jeden, besonders jeden Fremden bei der PRA
an, der Fragen stellt, die Ihnen verdächtig vorkommen, jeden, der
sich verdächtig benimmt.

2. Sprecher:
Dienstag, den 10. April.

Xavier:
Prime Minister Cato von St. Vincent behauptet, daß 16 Männer in
Uniformen der PRA von Grenada auf Union Island gelandet sind,
um Gairy zu fangen.

1. Sprecher:
Prime Minister Maurice Bishop vor Studenten der Medical
School.
Maurice Bishop:
Glauben Sie nicht alles, was in Torchlight steht.

Medizinstudent:
Als Maurice Bishop vor uns sprach – er hatte alle Karten in der
Hand.
Gairy hat nur eine Karte.
Maurice Bishop hat alle, das fühlt man.

2. Sprecher:
Freitag, den 13. April.

1. Sprecher:
Maurice Bishop über den Besuch des US-Botschafters Frank Or-
tiz über Radio Free Grenada.
Maurice Bishop:
Ortiz sagte: Die USA sind das reichste, freieste und großzügigste
Land der Welt.
Aber die USA haben auch eine andre Seite.
Die USA würden jede Verbindung zwischen Grenada und Kuba
mit großem Mißfallen sehen.

Der Tourismus könnte leicht geschockt werden.

Ortiz riet, nicht weiter von Invasionen durch Phantom-Söldner zu reden.

Sonst würde Grenada alle seine Touristen verlieren.

Wir werden uns nicht erpressen lassen.

Ortiz will die Wirtschaftshilfe für Grenada weiter über die karibische Entwicklungsbank laufen lassen, trotz der Verzögerungen bis zu einem Jahr, die sich dabei ergeben.

Ortiz bot Soforthilfe in Höhe von 5000 Dollar an.

Wir müssen fragen, ob die kleine Summe von 5000 Dollar alles ist, was die wohlhabendste Nation der Welt einem armen, aber stolzen Volk anbieten kann.

Die Regierung verwarf den Vorschlag von Ortiz, daß Grenada militärische Hilfe von Kuba erst in dem Moment annehmen solle, wenn Söldner bereits auf Grenada landeten.

Wir haben die Absicht, uns einen Feuerlöscher zu besorgen, bevor das Feuer beginnt.

Wenn Kuba uns diese Hilfe geben will, werden wir mehr als glücklich sein und sie annehmen.

1. Sprecher:
Ortiz versicherte, daß Grenada weiterhin Geheimdienstinformationen der USA zu seiner Sicherheit erhielte.

2. Sprecher:
Sonnabend, den 14. April.

1. Sprecher:
Grenada und Kuba eröffnen diplomatische Beziehungen auf Botschafterebene.

Hughes:
Der kubanische Frachter Matanzas legt im Hafen von St. George's an.

Man vermutet, daß er Waffen und Munitionen für die Revolutionsregierung geladen hat.

Die Straße zum Kratersee Grand Etang wird gesperrt.

2. Sprecher:
Mittwoch, den 25. April.

Xavier:
Kuba wird ein Jugendprogramm bezahlen.
Das Programm soll 15000 Grenader von 16 bis 25 in Ackerbau,
Pädagogik, Gesundheitswesen, Straßen- und Hausbau schulen.
Erziehungsminister George Louison konnte gestern nicht er-
reicht werden.

2. Sprecher:
Donnerstag, den 26. April.

Fichte:
Nick Joseph sitzt am Platz von Albert Xavier in der Redaktion von
Torchlight.
Ich wollte Mister Xavier sprechen.
Joseph:
Mister Xavier ist nicht da.
Fichte:
Wann kommt er wieder?
Joseph:
Das weiß ich nicht.
Fichte:
Wo ist er denn hingegangen?
Joseph:
Mister Xavier ist außer Landes.

2. Sprecher:
Freitag, den 27. April.

Nick Joseph:
Telegramm von der US-Botschaft in Barbados.

Franz Ortiz:
Maurice Bishops Aussagen über die Begegnung mit dem US-Botschafter sind unbelegt und unwahr.

Angela Bishop, die Frau des Prime Ministers, fährt für zwei Wochen nach England und in die Bundesrepublik, um den Tourismus auf Grenada anzukurbeln.

2. Sprecher:
Sonnabend, den 28. April.

1. Sprecher:
Surinam und Grenada nehmen diplomatische Beziehungen auf.

Nick Joseph:
Wir brauchen mehr als sozialistische Rhetorik!

2. Sprecher:
Mittwoch, den 2. Mai.

1. Sprecher:
Godwyn Boney, 23, wurde bei Manövern am Grand Etang verletzt.
Er starb auf dem Weg ins Krankenhaus.

Fichte:
Ich gehe durch den Botanischen Garten, am Tierpark vorbei, zum Office des Prime Ministers, um mit der Sekretärin für Information und Kultur zu sprechen.
Das habe ich vor einem Jahr schon einmal getan.
Vor einem Jahr hieß sie Gloria Payne.
Heute heißt sie Phyllis Coard.
Gloria Payne begleitete Sir Eric Matthew Gairy nach New York.
Sie kam zurück.
Wurde am Flughafen verhört und wieder freigelassen.

Torchlight nannte sie Schmarotzer.

Sie wurde vom Staatsdienst suspendiert.

Dieselbe Telefonistin meldet mich an.

Ich warte wieder eine halbe Stunde.

An jedem Tisch sitzt derselbe Beamte.

Gloria Payne war gelangweilt, mondän.

Phyllis Coard übt einen großen Zauber aus.

Was kann sie mit diesem Zauber alles erreichen!

Was kann sie mit diesem Zauber alles verbergen!

Sie blättert Leonores Buch über die afroamerikanischen Religionen durch – nicht wie Gloria Payne, ohne es anzusehen.

Sie ist entsetzt über das Blutbad.

Begeistert von der Schönheit der Riten.

Sie versteht, was ich meine.

Wenn sie die Kulte vielleicht auch bekämpft.

Wie die Jesuiten, die die Riten, welche sie ausrotteten, begeistert beschrieben.

Ehrlichkeit ist meistens die beste List.

Ich will mich nicht verstellen.

Ich schimpfe erst einmal wahnsinnig los über die ganze Schlamperei mit meinen Briefen und dem Interview mit Maurice Bishop.

Sie ist nicht eingeschnappt, wie damals die Leute von der MIR um Allende.

Phyllis Coard sagt:

Phyllis Coard:
Wir haben keine Kader.
400 000 Grenader leben im Ausland.
Fichte:
Das Vierfache der Bevölkerung auf der Insel?
Phyllis Coard:
Ja.
Fichte:
Sind Sie sicher?
Phyllis Coard:
Ja.

Fichte:
Was soll die Beschimpfung Gairys als Obeahpriester?
Das zeigt doch nur, wie stark er ist.
Afroamerikaner, das wissen Sie, achten Priester, auch wenn sie
blutbeschmierte Hände haben.
Phyllis Coard:
Ja.
Aber wir haben auch bewiesen, daß wir stärker sind, indem wir
seinen Obeahraum geöffnet haben.
Fichte:
Wie erklären Sie sich die Gewaltlosigkeit der Revolution auf Gre-
nada?
Phyllis Coard:
Das hat mit der Kleinheit unseres Landes zu tun.
Wir versuchen auch noch zu lächeln, wenn wir mit einem Mini-
ster Gairys sprechen.
Fichte:
Ich möchte Sie vor allen ausländischen Beratern warnen.
Grenada hat fruchtbaren Boden, eine diversifizierte Landwirt-
schaft, reiche Fischgründe.
Grenada kann seine Wirtschaft ausbalancieren.
Wer kann das hier in der Gegend von sich sagen?
Wer kann das Volk von Grenada beraten?
Was braucht das Volk von Grenada ausländische Hilfe?
Das Volk von Grenada hat sich immer selbst geholfen.
Die Ausländer haben nur Elend über das Land gebracht.
Das Volk weiß, was es zu tun hat.
Machen Sie keine Großmachtpolitik.
Phyllis Coard sieht mich lange erstaunt an.
Don't make Superpowerpolitics.
Ich deute ihren Gesichtsausdruck vielleicht falsch.
Es scheint mir, daß sie froh ist, jemand spricht so etwas aus.
Phyllis Coard:
Aber wir haben keine andre Wahl.
Wir können nicht lange gucken, ob Kuba kommunistisch ist oder
nicht.
Wir haben Kanada, Amerika, England um Waffen gebeten.

Nur Kuba hat uns gegen eine Invasion mit Waffen versehen.
Im Augenblick ist kein ausländischer Berater im Land.
Fichte:
Oho!
Die langen Haare der Rastafaris sind verschwunden.
Phyllis Coard:
So?
In den ersten Tagen der Revolution ist der Prime Minister gefragt
worden, ob die Rastas in der Revolutionsarmee ihre Haare
schneiden sollten; die Entscheidung war:
Nein!

Fichte:
Phyllis Coard, das Kind aus der reichen Tia-Maria-Familie, hat
keine Visitenkarten.
Sie sucht im Nebenraum nach einem Zettel.
Sie schreibt mir ihre Adresse auf.
Heute nachmittag wird sie mit Maurice Bishop wegen des Inter-
views sprechen.

2. Sprecher:
Sonnabend, den 5. Mai 1979.

Fichte:
Der Wächter mit der Maschinenpistole wieder stumm und wü-
tig.
Er schickt einen anderen rein.
Ich höre Maurice Bishops Stimme, Bernard Coards Stimme in
einer Konferenz.
Behendes, witziges Reden.
Leichtes Lachen.
Ein junger Mann kommt.
Entsetzte Geste, als ich in den Hof treten will.
Er sieht auf mein weißes Gesicht und auf die buckelige Tasche
mit dem Cassettenrecorder.

Er geht in das Haus zurück.
Dann führt er mich auf die Veranda des Hauses.

1. Sprecher:
Unten kommt die Mutter mit Bishops Schwester und einem Gärtner.

Fichte:
Die Mutter weist dem Gärtner die Arbeit an.
Die mürrische afrikanische Maske.
Die Frau eines wohlhabenden afroamerikanischen Händlers
oder eines afroamerikanischen Rechtsanwalts, die bestimmt, wie
das Anwesen geharkt zu werden hat.
Es ist die Alimenta Bishop, die Frau des ermordeten Rupert Bi-
shop, die Mutter des Revolutionärs Maurice Bishop.
Sie begrüßt mich sehr freundlich und elegant.

Alimenta Bishop:
Möchten Sie etwas zu trinken?

Fichte:
Sie bringt mir Limonade und setzt sich zu mir.
Sie erzählt von einer organisierten Pilgerreise nach Europa.

Alimenta Bishop:
Wir waren in Rom auf dem Petersplatz.
Wir wurden vom Papst gesegnet.
Dann in Portugal.
In Fatima.
Aber der schnelle Wechsel gefiel mir nicht.
Und das Wasser in Europa konnte man nicht trinken, ohne krank
zu werden.
Es schmeckte nach Apotheke.
Es ist nicht klar und rein, wie das Quellwasser hier in Grenada.
Mein Mann, wissen Sie, Rupert Bishop ist von Gairys Polizisten
bei einer Demonstration erschossen worden.
Gairy ließ hier gegenüber, oben auf Richmond Hill, Verliese aus-
schachten.

Dies ist für Maurice Bishop.

Dies ist für Unison Whiteman und so weiter.

Mein Sohn ist so geschlagen worden, daß er in Barbados am Auge
operiert werden mußte.

Es ist immer noch nicht in Ordnung.

Wenn man genau hinsieht, kann man feststellen, daß das Auge
nicht richtig funktioniert.

Ich bringe Ihnen was zu lesen.

Fichte:
Sie bringt mir die neue Ausgabe von The New Jewel.

1. Sprecher:
Ein hochgewachsener Afroamerikaner mit weißen Haaren
kommt.

Der Onkel:
Ich bin der Onkel von Maurice Bishop.

Fichte:
Wir unterhalten uns über die Schulbildung auf Grenada, über
Latein und Griechisch in der sogenannten Dritten Welt.

Der Onkel:
Meine Tochter ist die letzte, die auf Grenada eine gründliche
Kenntnis des Latein erworben hat.

Fichte:
Senghor, als Präsident von Senegal, besteht auf Latein und Griechisch in den Höheren Schulen seines Landes – in einer Zeit, wo
in Frankreich die alten Sprachen aus dem Lehrplan gestrichen
werden.

Der Onkel:
Ich weiß nicht, ob wir jetzt auf Grenada, in der Revolution, zu so
etwas Zeit haben.

Fichte:
Ich halte es für diskriminierend, wenn man den Schülern in Afrika und der Karibik eine klassische Bildung vorenthält.
Das ist Kolonialismus von hinten.

1. Sprecher:
Die Mutter kommt noch einmal.

Alimenta Bishop:
Ich muß jetzt Essen kochen.

1. Sprecher:
Phyllis Coard fährt unten in einem kleinen Wagen vor.

Phyllis Coard:
Ich wünsche Ihnen ein gutes Interview!

Fichte:
Gegen zehn Uhr kommt Maurice Bishop aus der Konferenz.

Maurice Bishop:
I'm with you in a minute.

Fichte:
Trikothemd, braune Hose, eher nachlässig gekleidet.
Ein Bauer hält ihn fest – zwanzig Minuten lang.
Durch die Blütensträucher sehe ich, wie sich Bishop zweimal am Hemd zupft.
Er wirkt nicht neurotisch.
Eine solche Übersprungshandlung entsteht, weil er immer zu spät sein muß, weil immer schon der nächste kommt, wenn nicht gar der übernächste Besucher wartet, alles also zuviel ist, immer zu wenig und zu wichtig.
Immer, wenn er mit jemandem spricht, denkt er zwei weitere Gespräche mit.

Er kommt rauf.

Er wirkt männlich, nicht machistisch.

Von einer Autorität, die er nicht durch die kleinen Tricks der Top-manager unterstützen zu müssen meint.

Die Augen.

Die Augen fassen alles zusammen.

Ich sehe immer seine Augen an, so daß ich fast nichts andres aus seinem Gesicht erinnere.

Ihre Beweglichkeit ist so groß, daß sie den Fehler an der linken Seite überwinden.

Maurice Bishop wirkt ehrlich und sehr geschickt.

Er weiß, was er tut, wenn er ein Interview auf Band spricht.

Er redet ohne Dialekt.

Nur bei den ideologischen Erklärungen fällt er in den Jargon von Grenada.

So wichtig sind sie ihm also.

Oder so genau beherrscht er politische Wirkungen.

Maurice Bishop:
Are we already on tape?
Fichte:
Yes. –

Er will erst wissen, wie mein Interview aufgebaut ist.

Jemand also, der weiß, daß man Interviews bauen kann.

Bishop:
Gut, um elf muß ich zum französischen Botschafter.
Fichte:
Brother –
Ich sage Brother.
Ich hasse die offizielle Bezeichnung Brother.
Brother –
eine Menschenliebe voraussetzend, die durch den staatlichen Zwang, mit dem sie erreicht werden soll, schon wieder unmöglich gemacht wird.
Ich sage:
Brother Prime Minister –
Bruder Premier –

Ich bin sicher, Maurice Bishop ist geschliffen genug, um das genau zu verstehen.

Brother Prime Minister, die Revolution auf Grenada vom 13. März 1979 ist die dritte erfolgreiche Revolution in der Karibik seit 1804, wie erklären Sie die fast gänzliche Gewaltlosigkeit dieser Veränderung?

Bishop:

Erst einmal – die Disziplin der Revolutionstruppen.

Und unser Konzept von Humanität und Zivilisation.

Fichte:

Es hat keinerlei Sabotage gegeben.

Bishop:

Es zeigt das Ausmaß der Empörung des Volkes und des Hasses auf den Diktator Gairy, fast das ganze Volk war froh, daß der Umsturz kam.

Am ersten Tag der Revolution gab es mehrere spontane Unterstützungsaktionen, Telefonangestellte, die bestimmte Telefonanrufe überwachten und unterbrachen, so daß keine falschen und verleumderischen Nachrichten im Ausland verbreitet werden konnten.

Sie waren von uns nicht dazu aufgefordert worden.

Bankangestellte überwachten sehr genau die Devisentransaktionen und verhinderten so die Kapitalflucht.

Fichte:

Sie wollen Ihre Feinde, die Gairyaner, auf Ihre Seite bringen.

Welchen Erfolg haben Sie praktisch damit?

Bishop:

Die meisten Anhänger Gairys kamen von den Plantagen, es waren Landarbeiter.

Ackerbau ist die Hauptstütze unserer Wirtschaft.

Wir haben erst einmal das Ausmaß der Korruption aufgedeckt, das in Gairys Gewerkschaft existierte.

Durch seine Gewerkschaft erhielt Gairy im Monat etwa 35 000 Dollar.

9000 Dollar zahlte er davon an Löhnen – 1000 an sich selbst.

Die restlichen 26 000 Dollar verschwanden.

Sie gingen an Mister Gairy.

Wir haben einen seiner Bankauszüge gefunden – 105 000 Dollar von unserem Geld.

Wir versuchen, die Arbeiter an einer echten demokratischen Entwicklung und am Decision Making teilnehmen zu lassen – durch Landarbeiterräte zum Beispiel.

Die Landarbeiter wählen selbst ihren Repräsentanten, diese treten dann auf nationaler Ebene zusammen und bestimmen die Landwirtschaftspolitik.

Fichte:
Wie viele solcher Arbeiterräte gibt es bereits?

Bishop:
Fünfzehn.

Ein neues Kapitel unserer Verfassung wird die Frage der direkten Beteiligung der Arbeiter behandeln, welche Versammlung immer bestimmt werden wird, das Land zu regieren.

Fichte:
Die Hälfte der aktiven männlichen Bevölkerung von Grenada ist ohne regelmäßige Arbeit.

Bishop:
Nicht nur die Hälfte der aktiven männlichen Bevölkerung ist ohne Arbeit, wie Sie ganz richtig sagen, vier von fünf Frauen sind ohne Arbeit.

60 Prozent der Bevölkerung sind Jugendliche.

Wir müssen das Land wirtschaftlich auf drei Stützen stellen.

Erstens:

Zunehmende Landwirtschaftsproduktion, verbunden damit Agroindustrie, wo die Rohprodukte unserer Landwirtschaft verarbeitet werden – Kokos, Muskat, Bananen –, und so Mehrwert erstellen.

Wir wollen sogenannte Foodfarms errichten.

Der Staat besitzt etwa ein Drittel des bewässerten Ackerlandes auf Grenada.

Das meiste davon liegt jetzt brach.

Wir haben eine entsetzlich hohe Importrechnung für Nahrungsmittel.

Diese Importe sollen substituiert werden.

Wir wollen unsere Ernährung im eigenen Lande sicherstellen

und die Devisen statt dessen in Maschinen und Ausrüstungsge-
genständen anlegen.

Als zweites:

Die Fischerei.

Unsere Fischerei ist lächerlich im Augenblick.

Die Fischer fischen wie zur Zeit von Jesus Christus.

Sie werfen die Angel aus, und das ist es.

Wir wollen moderne Fischereitechnik einführen und zu einer
fischverarbeitenden Industrie kommen, wir wollen die Fische,
die hier gefangen werden, selbst eindosen.

Drittens:

Der Tourismus muß ausgebaut werden.

Wir möchten eine vertikale und horizontale Verflechtung des
Tourismus mit der übrigen Wirtschaft.

Die Touristen können unsere eigenen Nahrungsmittel essen und
unser Kunsthandwerk kaufen.

Jetzt kaufen sie Andenken, die in Hongkong und Taiwan angefertigt werden..

Fichte:

..und Gefrierfleisch, das aus Neuseeland kommt.

Bishop:

Genau.

In zweiter Linie versuchen wir, Wohnbauprojekte in Gang zu
bringen und den Straßenbau.

Fichte:

Im Augenblick arbeiten schon sehr viel mehr Leute an den Straßen als unter Gairy.

Was verdienen die Straßenarbeiter?

Unter Gairy waren es 4,50 ECDollar täglich für die Frauen und
5,25 ECDollar für die Männer.

Bishop:

6,50 und 6,00 Dollar.

Fichte:

Also keine Lohngleichheit.

Bishop:

Die Frauen selbst haben Schwierigkeiten gemacht.

Eine Frau sagte mir:

Ich kann nicht mit einer Mistgabel umgehen.

Ich kann keine schweren Lasten tragen.

Wenn ich schwere Lasten trage, kann ich keine Kinder mehr haben.

Wenn Sie mir das gleiche Geld geben, dann wollen Sie auch, daß ich die gleiche Arbeit leiste wie die Männer.

Denn das haben wir ausgedrückt: gleiche Bezahlung für gleiche Arbeit.

Fichte:

Sie hatten eine neuartige Idee, die Banken anzugehen.

Sie wollten kleinere Kredite für Bauern und Fischer erwirken.

Bishop:

Die Antwort war bis jetzt redtapish, bürokratisch.

Die üblichen Schwierigkeiten wurden gemacht.

Wir möchten mit den Banken zu einer Übereinkunft gelangen; wenn das nicht möglich ist, werden wir ein Gesetz durchbringen, daß die Banken x Prozent ihres Kapitals im Jahr zu solchen Zwecken ausschütten müssen.

Fichte:

Sie haben nicht die Absicht zu nationalisieren.

Bishop:

Nein.

Fichte:

400 000 Grenader sollen im Ausland leben – das ist fast das Vierfache der aktualen Bevölkerung der Insel.

Sie hoffen, daß ein Teil davon, nach dem Sturz des Regimes von Gairy, zurückkehrt.

Sehen Sie nicht die Gefahr der Übervölkerung?

Haben Sie die Absicht, intensives family planning durchzuführen?

Bishop:

Die Gefahr der Übervölkerung besteht.

Wir sind ein kleines armes Land.

Aber die Grenader im Ausland sind oft auch die Begabtesten.

Wenn einige zurückkämen und mithelfen würden, das Land aufzubauen, würde dadurch die Geschwindigkeit des Fortschritts beschleunigt, und die Produktion würde schneller steigen.

In dieser Hinsicht wäre also das Problem des Bevölkerungszuwachses weniger relevant.

Aber wir glauben, daß family planning ein wichtiger Faktor ist.

Fichte:

Sie mußten andre Nationen um Entwicklungshilfe angehen.
Wen haben Sie gefragt?

Bishop:

Britannien, Amerika, Kanada.

Aber wir haben darüber hinaus zwei andere Länder um technische und wirtschaftliche Hilfe gebeten, Venezuela und Kuba.

Wir werden den Blockfreien Staaten beitreten und auch bei diesen Hilfe suchen.

Fichte:

Wer gewährte Ihnen Entwicklungshilfe in diesen ersten zwei schwierigen Monaten?

Bishop:

Einige Länder in der Karibik, die ich nicht bezeichnen möchte, solange sie nicht selbst ihre Entscheidungen publik gemacht haben.

Fichte:

Man konnte lesen, daß Kuba übernommen hat, 15 000 Jugendliche auf Grenada auszubilden?

Bishop:

Das, was Sie wahrscheinlich in einer hiesigen Zeitung gelesen haben, ist nicht wahr.

Wir hoffen, daß wir auf diesem Gebiet und auch auf anderen von Kuba Hilfe bekommen – aber es ist nicht wahr, daß eine Abmachung bereits getroffen worden ist.

Fichte:

Haben Sie andre Länder um die Erstellung eines solchen Erziehungsprogramms zuvor gebeten?

Bishop:

Wir haben in den Gesprächen mit jedem Land die gleichen Punkte berührt..

Wir haben die Amerikaner gefragt, die Kanadier, die Briten, die Venezolaner, die Kubaner.

Fichte:
Sie sind dabei, eine neue Verfassung zu erarbeiten.
Wird diese Verfassung strikte Garantien geben gegen die Verletzung der Privatsphäre, gegen die Brutalität von Geheimpolizei, wie Sie sie selbst erfahren haben, gegen die Einschränkung der freien Meinungsäußerung und gegen die Verletzung der Pressefreiheit?
Bishop:
Mit Sicherheit.
Es gibt sozialökonomische Rechte, welche die Verfassung bisher ignoriert hat, und diese Rechte sind gleich wichtig wie die zivilen Rechte.
Es ist nicht genug, daß ein Mann das Recht der freien Meinungsäußerung hat, wenn er arbeitslos ist, wenn er Tag und Nacht darüber nachdenken muß, wie er sich fünf Dollar verschafft, um ein Paar Schuhe für sein Kind zu kaufen, das morgen in die Schule kommt.
Wir glauben, daß jeder, der die Menschenrechte besitzt, sie auch genießen soll, weiß, was es heißt, ein Auto zu besitzen, ein Haus, anständig angezogen zu sein und ärztliche Fürsorge in Anspruch zu nehmen.
Ein Recht wollen wir zertrümmern – das Recht, auszubeuten.

Fichte:
Hier hätte ich losgehen sollen.
Es ist delikat, mit einem Revolutionär zu streiten, der Staatschef geworden ist.
Ich hätte sagen sollen:
Kinderschuhe auf Grenada kosten keine 5 Dollar, sondern um die zwanzig.
Unkenntnis der Preise ist typisch für den Bourgeois als Revolutionär.
Die Reklame: Jedem Grenader sein Auto! macht das Spiel der Industriemächte, die ihre Umweltverschmutzung in die Dritte Welt exportieren müssen, um die eigenen Umweltprogramme finanzieren zu können; praktisch heißt das: amerikanische Wagen oder russische, die über Jamaica importiert werden konnten.

Ich frage statt dessen:
Werden Sie den Habeas Corpus wieder einsetzen?
Bishop:
Solange wir keine normalen Zustände haben, kann es keinen Habeas Corpus geben.
Sobald die Revolution hinreichend konsolidiert ist, wird der Habeas Corpus wieder eingesetzt.
Fichte:
Wird es die Todesstrafe auf Grenada geben?
Bishop:
Ich kann Ihnen noch nicht die Stellung meiner Regierung sagen.
Ich persönlich bin gegen die Todesstrafe.
Fichte:
Wird Zwangsarbeit und Auspeitschung beibehalten werden?
Bishop:
Nein.
Wir wollen zu Formen der Resozialisierung übergehen.
Wir wollen weniger abschrecken als resozialisieren.
Fichte:
Sie haben Religionsfreiheit erklärt.
Schließt das die Afroamerikanischen Religionen ein?
Sie sind auf Grenada besonders vielfältig und kaum erforscht.
Bishop:
Alle Formen der Religion können ausgeübt werden.
Fichte:
Man kann wohl sagen, daß die vorherrschende Familienstruktur die der Großfamilie sei.
Hat Ihre Regierung in irgendeiner Weise die Absicht, die Familienstrukturen umzugestalten?
Bishop:
In unserer Gesellschaft hat die Großfamilie viele Menschen vorm Verhungern bewahrt.
Wir haben nicht die Absicht, die Familienstrukturen zu verändern.
Fichte:
Am 24. April diskutierten Sie mit Vertretern von 15 Rastafari-Gruppen.

445

Kann ich das als Anzeichen werten dafür, daß Ihre Regierung sich nicht in den Lebensstil, die Haartrachten und das Sexlife von Minoritäten einmischen will?

Bishop:

Ich glaube, das ist ein angemessenes Statement.

Was die Rastas anlangt, so sehen wir einige in einer Position, die auf religiöser Überzeugung beruht.

Andere haben eher einen Lebensstil übernommen.

Diejenigen, die es als Lebensstil auffassen, hatten bereits Widerstand geleistet gegen das System, unter dem sie existierten.

Auch wir haben Widerstand geleistet.

Wir haben zu diesen Brüdern und Schwestern folgendes gesagt:

Euer Widerstand sind die langen Haare.

Unser Widerstand liegt in politischer Organisation, um das Bestehende zu verändern.

Laßt eure Haare so lang wachsen, wie ihr wollt, lebt euer Leben, aber zieht euch nicht aus dem politischen Kampf zurück, löst euch nicht von der Gesellschaft, isoliert euch nicht.

Laßt uns zusammenarbeiten.

Fichte:

Auf Ihrer ersten Massenveranstaltung im Queenspark hörte ich nun, daß die Arbeiter ihren Gürtel enger schnallen sollten und daß sie hundertmal soviel arbeiten sollten wie vorher.

Ist ein solcher Satz nicht etwas paternalistisch?

Schließlich haben auf Grenada nicht die Arbeiter versagt, sondern ein Teil der Kader.

Bishop:

Wir wollen dem Glauben an eine magische Lösung zuvorkommen.

Fichte:

Aber ist das nicht eher ein Problem der Bourgeoisie und nicht des Proletariats?

Bishop:

Wir sagen:

Ihr seid die Schöpfer der Revolution – ihr müßt jetzt ihre Hüter

sein, denn ihr mit euren Kindern werdet die Nutznießer der
Früchte der Revolution sein.

Je mehr ihr produziert, desto mehr wird für euch zurückfließen,
denn es wird nichts an der Spitze von korrupten Ministern abge-
schöpft oder in der Mitte von Beamten oder von Profiteuren im
Privatsektor.

Fichte:

Am 13. März sagten Sie:

Wir haben eine Revolution gemacht für Ernährung, Arbeit, Woh-
nung, Ausbildung und Gesundheitswesen.

Das war eine neue Idee und ein eindrucksvoll gefaßter Satz.

In letzter Zeit höre ich immer mehr vom neuen Menschen und
vom revolutionären Bewußtsein.

Was wollen Sie nun wirklich?

Bishop:

Wir sehen das nicht getrennt.

Die Leute müssen das verstehen.

Wenn sie das verstanden haben, werden sie selbst verstehen und
begreifen, warum sie arbeiten müssen.

Fichte:

Ich finde es konkreter, wenn man als Materialist eine Revolution
macht, um Essen und Arbeitsmöglichkeiten zu erstellen, als für
ein revolutionäres Bewußtsein.

Das kann alles heißen und heißt gar nichts.

Bishop:

Nur wenn wir ein revolutionäres Bewußtsein entwickelt haben,
werden wir in der Lage sein, Essen, Brot und Gerechtigkeit, Häuser zu geben.

Fichte:

Es wird viel von Beratern gesprochen.

Die Bevölkerung von Grenada hat sich als weise und arbeitsam
erwiesen.

Es gibt Wasser, die Insel hat fruchtbaren Boden und verfügt über
eine diversifizierte Landwirtschaft.

Wer könnte in der Karibik das gleiche vorweisen?

Wer ist eigentlich in der Lage, Grenada in landwirtschaftlicher
Beziehung oder in moralischer Hinsicht zu beraten?

Bishop:
Ich glaube, man muß beides haben ..
Wissenschaft ist etwas Universelles, Technologie ist universell.
Indem wir technische Beratung akzeptieren, können wir vielleicht unsere revolutionären Ziele besser vorantreiben.
Fichte:
Sie legen keinen besonderen Wert auf ideologischen Rat?
Bishop:
Sicher nicht.
Wir haben einen unabhängigen politischen Prozeß eingeleitet.
Wir betrachten uns, wie Sie wissen, als Sozialisten.
Wir definieren unsere Ideologie durch unsere soziale Praxis.
Fichte:
Es ist fast zwölf geworden.
Wo ist der französische Botschafter?

Fichte:
Jack Nightwood wieder – milde und blutrünstig.
Er bringt eine Tuberose mit.

Jack:
Tuberosen werden auf Grenada seit dem 18. Jahrhundert gezüchtet.
Wie angenehm, über Gairy reden zu können, ohne Angst zu haben.
Noch ein paar Tage vor seiner Amerikareise hat er eine Plantage besetzen lassen.
Die Plantokratie hat ihn nie akzeptiert, deshalb wollte er sie vernichten.
Offiziell ließ er verlauten:
Ich will das Land verteilen – tatsächlich ließ er es brach liegen.
Auch das Horse-Shoe-Bay-Hotel hat er enteignet.
Alles in allem hat Gairy wohl sechs Leute ermorden lassen.
1974 einen jungen Mann, der in der Nähe eines Priesterehepaares wohnte, das Obeah machte.

Die Frau rief den jungen Mann nachts zu sich.

Der Mann schlug ihm mit dem Hammer auf den Kopf, und die Frau drehte ihm die Hoden ab.

Zur gleichen Zeit lag ein schedderiges Schiff aus Haiti im Hafen von St. George's, und man nimmt an, daß Gairy einen Vaudoupriester hat rufen lassen, damit er ihm in der schwierigen Situation vor der Unabhängigkeit half.

Vielleicht hat Gairy das Herz des jungen Mannes für eine Obeahzeremonie herausgeschnitten.

Das Ehepaar ist nie für die Mordtat bestraft worden.

In letzter Zeit ist ein junger Polizeioffizier verschwunden.

Man nimmt an, daß er auf dem Boot der Küstenwache in Stücke geschnitten worden ist.

Das Boot wurde versenkt.

Gairy hat wieder die Todesstrafe eingeführt.

Zuletzt wurden im Gefängnis von Richmond Hill vier Männer gehenkt, die ein Mädchen vergewaltigt und getötet hatten.

Die Shangopriester machen jetzt alle magische Arbeiten für die Rückkehr Gairys.

Gairy hat für heute, Montag, seine Rückkehr vorausgesagt:

Ich komme durch die Luft, über die See und zu Lande.

Im Augenblick dingt er Söldner in New York.

Er hat Verbindungen zur Mafia.

Großbritannien, Kanada und die USA haben abgelehnt, ihm zu helfen.

Ob Maurice Bishop ein Kommunist ist, das weiß keiner.

Er antwortet immer ausweichend:

Was verstehen Sie unter Kommunismus etc.?

Die Revolutionäre hatten vor dem Angriff auf True Blue Verbündete in den Militärbaracken.

Es gibt Dörfer auf Grenada, die sind voll von Gairy-Anhängern.

Die warten nur darauf loszuschlagen.

Wenn es einen Bürgerkrieg gibt, wird alles verwüstet.

Zehn Kubaner haben Grenada kurz vor der Revolution besucht.

Sie haben mit Maurice Bishop die Revolution geplant, und gleich danach sind sie von einem kleinen Strand im Norden wieder gestartet.
Ich habe einen Freund in der Armee.
Am Sonnabend, dem 10. März, kam er und sagte:
Es geht los.
Am Sonntag, dem 11., kam er und sagte:
Es ist verschoben worden.
Am Dienstag, dem 13. März, kam er ein drittes Mal und drehte nur das Radio laut mit den Kundgebungen der Revolutionäre.
Er hat mir gesagt:
40 Kubaner stehen bereit, um als Berater nach Grenada zu fliegen.
Ein Cousin von Maurice Bishop, den ich aus Guyana kannte und dessen Halbbruder bei mir arbeitet, ist nach der Revolution erschossen am Strand gefunden worden.
Gairy hat erklärt, er sei überhaupt nicht zurückgetreten.
Die Revolutionsregierung hat The Bomb von Trinidad einstampfen lassen.
Die Bomb hat das geschrieben von den Kubanern bei der Revolution auf Grenada.
Die Bomb schreibt:
Die neue Buush-Regierung von Grenada.

Fichte:
Was heißt Buush?

Jack:
Bourgeois.
Raketenbasen haben sie auf Grenada eingerichtet.
Raketen mit einer Reichweite von 500 Kilometern.
Oder 50 Kilometern.
Kann auch sein.

Fichte:
Das Haus an einer steilen Treppe.
Man wird hineingelassen wie in einen Burghof.
Topfpflanzen.
Ein winziger Raum mit Tonbandgeräten.
Durcheinander.
Bulletins auf sechs Quadratmetern.
Ein Inseljournalist, der einmal einen internationalen Preis bekommen hat, und seine Frau.
Sie funken durch die ganze Welt und verschicken das Bulletin von Grenada durch die ganze Welt.

1. Sprecher:
Der Journalist A.
Der Journalist A.:
Ich habe die Geschichte von den amerikanischen oder den deutschen Söldnern in Gouyave gecheckt.
Es gibt keine Söldner.
Im Radio Antillese wurde von Sophisticated Equipment gesprochen – es waren zwei Leute, die zu einer englischen Missionsstation und mit Fotoapparaten unterwegs waren.
Revolution oder Coup.
Bishop wird wütend, wenn man von Coup redet.
54 PRA gingen zu den Militärbaracken.
54 zur Radiostation.
Dann kam der Aufruf zur Revolution.
1000 Leute meldeten sich.
Kannst du schießen?
Ja.
Stell dich da rüber.
Kannst du schießen?
Nein.
Stell dich auf die andre Seite.
Die nicht mit einem Gewehr umgehen konnten, hatten anderthalb Stunden Ausbildung.
Brizan ist erschossen worden, weil er Widerstand leistete.
Einer ist in einem Polizeiauto im Kreuzfeuer erschossen worden.

Zwei Unfälle angeblich beim Laden der Gewehre.
An Beratern gibt es:
Militärberater aus England und Barbados und Guyana.
Guyana hat auch Landwirtschaftsberater geschickt.
Aus Kuba kamen große Holzkisten, ich meine, sehr große Holzkisten.
Die wurden nachts, während der Ausgangssperre, transportiert.
Zum Grand Etang.
Zum Vulkansee.
Es sind wohl Anti-Aircraft-Missiles.
Notwendig?
Für Grenada nicht.
Aber eventuell für die Russen.

1. Sprecher:
Die Frau des Journalisten A.
Die Frau des Journalisten A.:
Wir können nur hoffen, daß die Russen nicht zu viel Einfluß auf Grenada gewinnen.

2. Sprecher:
Sonntag, den 6. Mai.

Nick Joseph:
Wurde die Lehrerin Kathleen Carberry vom Erziehungsminister entlassen, weil sie über die Pläne eines kubanischen Jugendprogramms zu Torchlight sprach?

Fichte:
Im Dunkeln plötzlich Rotlicht der Polizei.
Rechts in den Cariftabaracken Feuer.
Ein Haus brennt.
Drüben auf der anderen Seite in St. George's wieder ein Brand.
Ein dritter Brand weiter rechts.

1. Sprecher:
Curfew!
Kein Grund zur Beunruhigung!
Sabotage!
Brandstiftung!
Ein verdächtiges Boot vor der Küste!
Wachsam.
Kein Weiß tragen!
Nicht rauchen!

2. Sprecher:
Freitag, den 25. Mai 1979.

1. Sprecher:
The Nation.
The Nation:
Wie südafrikanisches Geld benützt werden sollte, um Barbados
zu erobern!
Die Regierung der Nachbarinsel Dominica verhandelte mit Süd-
afrika.

1. Sprecher:
Der Journalist H.
H.:
Die Revolutionsregierung von Grenada hat alle Investitionsange-
bote der USA zurückgewiesen und nur von Kuba, Guyana und
Jamaica Geld angenommen.
Die kleineren Investitionen der USA hätten größere nach sich ge-
zogen.
Wir haben hier in der Nation eine Liste von Organisationen und
Firmen, die Grenada helfen wollten; sie sind von Bishop systema-
tisch vergrault worden.
Daß die USA nur kleine Projekte bis zu 5000 Dollar unterstützen
wollten, ist eine Lüge.
Bernard Coard ist der zweitmächtigste Mann.
Er ist sehr von russischer Politik beeinflußt.

Es besteht keine Invasionsgefahr.
Es gibt kubanische Militärberater auf Grenada.

Fichte:
Was ist das, Dominica will mit Südafrika zusammen Barbados
erobern und Prime Minister Adams stürzen?
Der Journalist H.:
Ich weiß es nicht.
Fichte:
Hat das mit den Ölreserven zu tun, die vor den Inseln gefunden
worden sind?
Der Journalist H.:
Ich weiß es nicht.
Ehrlich, ich weiß es nicht.
Heute gab es auf Dominica zwei Tote.
Die Beamten streiken.
Die Polizei hat sich geweigert einzugreifen.
Das Heer ist auf den Straßen losgelassen.
Fichte:
Harold, gib mir ein Interview.
Der Journalist H.:
Das wage ich nicht mehr.
Du siehst, wie ich hier in der Redaktion sitze.

Fichte:
Harold greift in die Briefablage und holt einen Trommelrevolver
hervor.

Lynn:
Rupert Bishop, der Vater von Maurice Bishop, hat Gairy seit Aru-
ba finanziert.
Rupert Bishop warnte Gairy.
Später entzog Rupert Bishop Gairy seine Unterstützung.
Rupert Bishop soll von dem Polizisten Willie Bishop ermordet
worden sein.

Willie Bishop war der Neffe von Rupert.
Wahrscheinlich hat der Neffe seinen Onkel ermordet.
Jetzt ist der Sohn Maurice Bishop Prime Minister von Grenada.

Leroy:
Gairy verläßt New York und fährt nach Kalifornien zu seinem
Freund Dumally, der ihn damals mit Jim Jones aus Guyana be-
kannt gemacht hat.
Gairy soll um politisches Asyl in Venezuela ersucht haben.
Gairy soll auf St. Lucia sein.
Er will von da Grenada zurückerobern.
Gairy soll auf Antigua sein.
Man hat Gairy in New York gesehen.
Er geht unruhig mit einem Diplomatenköfferchen die Straßen
rauf und runter.

2. Sprecher:
1979.

1. Sprecher:
Kubanische Arbeiter und Ingenieure beginnen mit dem Bau eines neuen Flughafens.

Fichte:
amnesty international drückt Beunruhigung aus wegen der Verhaftung von Regimegegnern ohne Anklage.

2. Sprecher:
September 1979.

1. Sprecher:
Präsident Carter stellt eine neue Streitmacht für die Karibik auf,
die Quick Strike Caribbean Task Force.

Maurice Bishop:
Sollte jemand bösartige Gerüchte verbreiten oder bei Sabotage angetroffen werden oder bei Brandstiftung, muß er sofort angezeigt werden.

1. Sprecher:
Soft Drink von PRG verstaatlicht.

2. Sprecher:
Montag, den 12. Oktober.

Maurice Bishop:
Torchlight ist ein unverantwortliches Journal, das es immer wieder verfehlt, Dinge zu behandeln, welche das grenadische Volk interessieren.

2. Sprecher:
Donnerstag, den 15. Oktober.

1. Sprecher:
Torchlight geschlossen.
Hudson Austin.
Austin:
Torchlight veröffentlichte völlig falsche Interviews mit Rastafaris.

Fichte:
Die Rastas warfen der PRG vor, ihren Kindern den Schulbesuch zu verbieten und den Rastas nicht das versprochene Land zuzuteilen, damit sie von der Landwirtschaft leben könnten – unter dem Vorwand, daß sie ja doch nur Marihuana anbauen würden.

1. Sprecher:
20 Leute auf Grenada verhaftet, unter ihnen die Rastafaris Ras Jo Jo und Ras Nang Nang, sowie Winston Whyte, der Leiter einer Oppositionspartei.
Protestmarsch von Schülern.

2. Sprecher:
Sonntag den 9. Dezember.

1. Sprecher:
Rebellen besetzen eine Insel vor St. Vincent.
Phyllis Coard leugnet jede Beteiligung der PRG.

Phyllis Coard:
Das ist eine Angelegenheit von St. Vincent.

2. Sprecher:
1980.

1. Sprecher:
Peoples Law 18.

Fichte:
Kooperativen sollen gegründet werden, um die Tausende von
Hektar Land, die unter Gairy enteignet wurden, zu nützen.

2. Sprecher:
Donnerstag, den 19. Juni 1980.

1. Sprecher:
Bombenattentat bei einer Massenveranstaltung.
Drei Mädchen werden getötet.
Über hundert Menschen verletzt.

2. Sprecher:
Montag, den 27. Oktober.

1. Sprecher:
Vertrag mit der Sowjetunion über 5 Millionen Rubel an Waffen-
lieferungen.

Fichte:
Grenada wird Mitglied der Sozialistischen Internationalen.

Shaugnessy:
Bishop besaß aber auch das wandernde Auge.
Er trennt sich von Angela und lebt mit Jacqueline Creft zusammen, welche die Mutter seines Sohns Vladimir ist.
In der Partei geriet das sozialdemokratische Element ins Hintertreffen, als Lloyd Noel, der Oberste Richter, zurücktrat und ohne Anklage verhaftet wurde.

1. Sprecher:
Peoples Law 39 verbietet den Anbau und den Genuß von Marihuana.

2. Sprecher:
1982.

1. Sprecher:
Von 28 Landkooperativen haben 11 geschlossen; die restlichen 17 beschäftigen nur noch 274 Leute.

2. Sprecher:
Dienstag, den 27. Juli 1982.

1. Sprecher:
Erweiterung des Militärvertrages mit Moskau.
Grenadische Soldaten sollen in der Sowjetunion ausgebildet werden.
Vier Attentäter zum Tode verurteilt.
amnesty international erinnert Maurice Bishop daran, daß er ehemals gegen die Todesstrafe demonstriert hat.

Maurice Bishop:
Ich habe meine Meinung geändert.
In jeder revolutionären Situation gibt es die Konterrevolution.
Was nun die politischen Gefangenen anlangt, so haben wir die

Wahl zwischen angeblichen Schießereien auf den Hügeln, angeblichen Unfällen oder der Detention.

1. Sprecher:
Präsident Reagan behauptet, daß der neue Flughafen für militärische Zwecke gebaut wird.

2. Sprecher:
Mai 1983.

1. Sprecher:
Maurice Bishop in Washington, um das Verhältnis zu den USA zu normalisieren.

2. Sprecher:
Mai – Juni 1983.

1. Sprecher:
Bernard Coard hält sich einen Monat aus Gesundheitsgründen in Moskau auf.

2. Sprecher:
August 1983.

1. Sprecher:
Maurice Bishop auf Einladung des Black Congressional Caucus in Washington.

Fichte:
Gairy trifft in Barbados ein.

Gairy:
Ich werde nach Grenada zurückkehren, ohne Anwendung von Gewalt.
Das Volk erwartet mich.
Maurice Bishop zittert und zagt.
Er schläft nachts nicht mehr.
Er liegt am Boden.

2. Sprecher:
Am 8. September..

Fichte:
.. wird Gairy aus Barbados ausgewiesen und in ein Flugzeug
nach Amerika gesetzt.

2. Sprecher:
Mittwoch, den 14. September.

1. Sprecher:
Außerordentliches Meeting des Zentralkomitees auf Grenada.

James:
Der Kamerad Maurice Bishop hat das leninistische Niveau der
Organisation nicht erreicht, er ist kein brillanter Taktiker und
Stratege.

Maurice Bishop:
Ich danke den Kameraden für ihre offene Kritik.

James:
Wir müssen die Kräfte von Kamerad Bishop und Kamerad Coard
miteinander verheiraten.

1. Sprecher:
Gemeinsame Führung wird mit 9 zu einer Stimme, bei drei Ent-
haltungen, befürwortet.
Die Massen sollen nicht darüber unterrichtet werden.

2. Sprecher:
Sonntag, den 25. September.

1. Sprecher:
Maurice Bishop akzeptiert die Idee der gemeinsamen Führung
mit Bernard Coard.
Er verläßt Grenada und fährt nach Budapest.

Wäherend seiner Abwesenheit verspricht Bernard Coard in seiner Funktion als Finanzminister den Soldaten der PRA eine Erhöhung des Solds.

2. Sprecher:
Am 9. Oktober . .

1. Sprecher:
. . trifft Maurice Bishop in Havanna ein.

2. Sprecher:
Am 10. Oktober

1. Sprecher:
Rückkehr nach Grenada.
Nur Selwyn Strachan empfängt ihn am Flughafen.

Fichte:
Bishops Bodyguard verbreitet das Gerücht, daß Bernard Coard die Absicht habe, Maurice Bishop zu ermorden.

2. Sprecher:
12. Oktober.

1. Sprecher:
Das Zentralkomitee beschließt, Maurice Bishop unter Hausarrest zu stellen und sein Telefon zu versiegeln.
Meeting des Zentralkomitees.

Fichte:
Bishop leugnet, seine Bodyguard beauftragt zu haben, die Mordabsichten Bernard Coards zu verbreiten.
Maurice Bishop wird rausgeschickt, die Bodyguard verhört.
Die Bodyguard gesteht den Auftrag Maurice Bishops ein.
Maurice Bishop erklärt sich einverstanden, eine Radioerklärung abzugeben, daß die Gerüchte über die Mordabsichten von Bernard Coard gänzlich unbegründet seien.

Diese Erklärung wird zwischen Mitternacht und zwei Uhr morgens dreimal gesendet.

2. Sprecher:
Donnerstag, den 13. Oktober.

1. Sprecher:
Maurice Bishop unter Hausarrest.
Meeting der Partei.
250 Leute.
Einige rufen nach der Hinrichtung von Maurice Bishop.
Maurice Bishop wird seiner Posten enthoben und aus dem New Jewel Movement ausgestoßen.

Shaugnessy:
Strachan versucht, mit den Arbeitern des Free West Indian zu diskutieren, und wird aus dem Gebäude gejagt.

Arbeiter:
No Bish – no Revo!

Shaugnessy:
Coard mußte eine Botschaft zum Markt senden, in der er seinen Rücktritt erklärte.
Im Laufe des Abends scheint sich Hudson Austin entschlossen zu haben, mit der Coard-Fraktion zu gehen.

2. Sprecher:
Sonntag, den 16. Oktober, 20 Uhr.

1. Sprecher:
Ein wichtiges Statement.

2. Sprecher:
22 Uhr 30.

1. Sprecher:
Ein wichtiges Statement.

2. Sprecher:
23. 30.

1. Sprecher:
Ein wichtiges Statement kommt in Kürze.
Lassen Sie das Radio an.

2. Sprecher:
0 Uhr 20.

1. Sprecher:
Hudson Austin.
Hudson Austin:
Die Schuld für die gegenwärtige Krisis liegt bei Maurice Bishop.
Maurice Bishop ist sicher und wohlauf.
Das Zentralkomitee ist in völliger Kontrolle des Landes..
Der Kampf des Kameraden Bishop war der Kampf eines Mannes, der unbegrenzte Macht ausüben will, und so etwas kann und wird unsere Partei nicht zulassen.
Niemand liebt den Kameraden Bishop mehr als die Mitglieder unserer Partei, aber eine Entscheidung kann nur eine prinzipielle sein.

Shaugnessy:
Niemand zweifelte daran, daß diese Rede von Bernard Coard geschrieben worden sei.

Coard:
Wenn das Volk es nicht akzeptiert, muß das Volk dazu gebracht werden, es zu akzeptieren.

2. Sprecher:
Montag, den 17. Oktober.

Shaugnessy:
Die Partei fällt auseinander.
Louison, Whiteman, Ramdhanny treten zurück.

2. Sprecher:
Dienstag, den 18. Oktober.

1. Sprecher:
3000 Leute demonstrieren in Grenville.

1. Junge:
We want Maurice Bishop.

1. Mädchen:
We don't want Communism.

2. Mädchen:
We want Democracy.

2. Junge:
C for Coard, C for Communism.

2. Sprecher:
Mittwoch, den 19. Oktober, 6 Uhr 30.

1. Sprecher:
Meeting im Zentralkomitee.

Shaugnessy:
Maurice Bishop fühlt, daß er sich in einer stärkeren Position befindet, und weigert sich, die Schuld an der Krise auf sich zu nehmen; er verlangt, sowohl ins Zentralkomitee als auch ins Politbüro wiederaufgenommen zu werden.

2. Sprecher:
9 Uhr.

1. Sprecher:
Der Schulrat der Girls Anglican School entscheidet sich vor allen anderen zum Handeln.
Die Mädchen senden Boten zum Presentation College, zum St. Josephs Convent und zur Grenada Boys Secondary School.

1. Junge (Thompson Cadore):
Die Schüler fingen an, auf die Straße zu gehen.
Die Arbeiter von St. George's verfolgten jede unserer Bewegungen mit Spannung.
Wenn ihr was macht, kommen wir mit.
Die älteren Leute meinten, eine Massendemonstration würde sicherer sein, wenn wir Schüler vorangehen.
Die Armee würde nie auf uns das Feuer eröffnen.
Wir hielten uns einige Zeit am Markt auf, und dann stürmte eine immer größere Menge zum Mount Royal hoch, wo Prime Minister Maurice Bishop festgehalten wurde.
Kurz nach zehn fand die erste Konfrontation des Volkes von Grenada mit dem Zentralkomitee und der Armee statt.
Neben dem Wächterhäuschen standen zwei Panzerwagen, ein dritter blockierte den Weg.

1. Mädchen:
We want Maurice!

2. Mädchen:
No Bishop, no school!

3. Mädchen:
No Bish, no Revo!

1. Junge:
Gegen 11 Uhr kam Major Leon Bogo Cornwall, Coards Protegé und jetzt Botschafter in Havanna.

2. Junge:
Kamerad Maurice Bishop hat die Massen verraten.

1. Junge:
Er wurde ausgebuht.

Trommelwirbel.

Alimenta Bishop:
Ich durfte meinen Sohn Maurice einmal besuchen.
Ich habe meinen ganzen Mut zusammengenommen und gefordert, daß man ihn freiläßt.
Ich mache mir Sorgen um seine Sicherheit und um sein Wohlergehen.
Warum lassen die Kameraden, mit denen er zusammen gedient hat, ihn nicht seine Version der ganzen Angelegenheit dem Volk vortragen?
Ich habe alles getan, um Maurice ein zweites Mal zu sehen.
Man hat mich nicht vorgelassen.

Trommelwirbel.

1. Junge:
Sie begannen mit Maschinengewehren über unsere Köpfe zu schießen.
Ein paar Freunde und ich rannten hinter dem einzeln dastehenden Panzer herum.
Wir schlugen uns zum Zimmer durch, wo Maurice Bishop und Jacqueline Creft gefangengehalten wurden.
Maurice Bishop lag nur mit grünen Shorts bekleidet an ein Bett gebunden.
Jacqueline Creft an das andere.
Er sah so aus, als hätte er mehrere Tage lang weder Essen noch Trinken erhalten.
Seine Augen waren tief eingesunken.
Er hatte Schwierigkeiten, sich zu konzentrieren.
Er stolperte.
Langsam ließ er sich unter dem Jubel der Menge die Turrel Street hinunterfahren.
Sie kamen am Haus von Jacqueline Crefts Mutter vorbei.

Die kam heraus und küßte sie.

Jacqueline Creft sagte:

Hast du nicht was, das wir uns reinstopfen können, Mutti?

Die Mutter rannte ins Haus zurück, um für die beiden etwas zum Essen zu suchen.

Als sie mit etwas Brot in der Hand wieder rauskam, waren sie schon weiter gezogen.

3. Junge (Peter Thomas):

Sie gingen zum Haupteingang von Fort Rupert, der von zwei Soldaten bewacht wurde.

Einer war eine gewehrrasselnde Frau.

Sie wurde von den Leuten entwaffnet.

Sie betraten das Gebäude und gingen sofort in den zweiten Stock, wo sich einige Soldaten befanden, die sich der Menge gegenüber nicht feindlich verhielten.

Maurice Bishop verhandelte mit den anwesenden Ministern und erteilte einige Anweisungen.

Ich sollte mit einer Liste von Telefonteilnehmern zur Telefoncompany gehen.

Maurice Bishop wollte die beiden sogenannten heißen Drähte von Bernard Coard unterbrechen lassen.

Die beiden Anschlüsse von Fort Rupert sollten bestehen bleiben.

Auch der Anschluß von Alister Hughes, dem unabhängigen Journalisten, sollte nicht unterbrochen werden, damit Maurice Bishop mit Hilfe von Hughes Nachrichten aus Grenada herausbekäme.

Draußen begann schwere Artillerie zu schießen.

Die Kugeln gingen durch die Wände.

Alle warfen sich zu Boden.

Etwa hundert Personen wurden beim ersten Angriff getötet.

Mich streifte eine Kugel am Kopf.

Maurice Bishop befahl:

Schießt nicht zurück.

Jemand sollte hinausgehen und das Fort übergeben.

Sobald die Schießerei abnahm, steckte einer von uns den Kopf durch die Tür und sagte:

467

Kameraden, wir ergeben uns.
Eine Stimme draußen sagte:
Kommt raus mit erhobenen Händen.
Die Zivilisten drängten als erste nach draußen.
Die mit militärischer Erziehung gingen als nächste.
Bishop und die Regierungsmitglieder zuletzt.
Jemand schrie:
Verhaftet Jacqueline Creft.
Verhaftet Norris Bain.
Verhaftet Unison Whiteman.
Verhaftet Maurice Bishop.
Laßt sie nicht entkommen.
Ich hatte Angst, mich ganz umzudrehen.
Im Augenwinkel sah ich, wie ein Soldat mit einem Gewehr auf
Jacqueline Creft zurannte und sie gegen die Mauer des Erdge-
schosses stieß.
Sie hielt die Hände noch in die Luft.
Sie war schwanger.
Ich konnte nicht sehen, was mit den anderen geschah.

1. Junge:
Maurice Bishop hatte Mühe, sich zu konzentrieren.
Er befahl Peter Thomas, einem Immigrationofficer, einen Wagen
zu nehmen und Waffen zu holen.
Thomas raste los.
In einer Viertelstunde kam er mit automatischen Waffen und
leichten Maschinengewehren wieder.
Major Louison war aus dem Hausarrest geflohen.
Maurice Bishop sagte, er solle ins Arsenal gehen und Gewehre
unter die Menge austeilen, daß sie sich im Falle eines Angriffs
verteidigen könne.
Vier Panzerwagen der Armee und ein Lastwagen ostdeutscher
Fabrikation rasten die Turrel Street hinunter.
Sie wurden von Leutnant Iman Abdullah, Kadettenoffizier Con-
rad Mayers und Leutnant Raeburn Nelson kommandiert.
Mayers gab seine letzten Anweisungen.
Es war 13 Uhr 03.

Die Panzerwagen fuhren auf den Hof von Fort Rupert und begannen zu schießen.

1. Mädchen:
Mit Panzergranaten also.

2. Mädchen:
Mitten in die Menschen rein.

3. Mädchen:
Hunderte von Leuten versuchten zu entkommen.

2. Mädchen:
Sie stürzten sich über die Befestigungsmauern in die Tiefe.

1. Mädchen:
Kadettenoffizier Conrad Mayers, der sich weigerte, bei dem Morden mitzumachen, wurde von einem Soldaten des dritten Panzerwagens erschossen.

3. Mädchen:
Maurice Bishop schrie:
O God, O God, O God, they turned their guns against the masses.

2. Mädchen:
Er schrie:
Die Massen.

1. Mädchen:
Das war das letzte, was man von ihm hörte.

2. Mädchen:
Ein Soldat im Hof rief einen Jungen rüber. Er war 15 und hieß Simon Alexander und kam von der Grenada Boys Secondary School.
Der Soldat gab ihm ein Paket und sagte, er sollte es den Leuten

auf dem Marktplatz überbringen, die auf Maurice Bishop zu tausenden warteten.

Die Schießerei ging wieder los, und Simon Alexander rannte los.

Er fiel hin, und die Bombe, die man ihm in dem Paket übergeben hatte, ging los.

Simon Alexander war sofort tot.

Afrikanische Trommeln.

1. Sprecher:
Kommuniqué der revolutionären Volksarmee PRA.
PRA:
Die Einheiten, welche nach Fort Rupert entsendet wurden, handelten im Auftrag des Zentralkomitees.

Heute besiegte unsere revolutionäre Armee die rechten opportunistischen und reaktionären Kräfte, welche das Hauptquartier des Verteidigungsministeriums besetzt hatten.

Kameraden, heute, Mittwoch, den 19. Oktober 1983, wurde wieder einmal Geschichte auf Grenada gemacht.

Reporter der Financial Times:
Ironischerweise wurde Maurice Bishop auf Fort Rupert erschossen, das nach seinem Vater Rupert Bishop benannt worden war.

Rupert Bishop war bei Unruhen um die Unabhängigkeit von Grenada angeblich im Auftrag Sir Eric Gairys im Jahre 1974 von einem Polizisten erschossen worden.

PRA:
Maurice Bishop und seine Freunde aus der Petite Bourgeoisie und aus dem Großbürgertum hatten die Arbeiterklasse verraten.

1. Sprecher:
Alle Krankenschwestern und alle Schwestern und Brüder der Heilsarmee sollen sich dringend im General Hospital melden. Freiwillige erhalten freien Transport.

Hudson Austin:
Ein revolutionärer Militärrat ist eingesetzt worden.
Es herrscht striktes Ausgehverbot.
Wer auf der Straße angetroffen wird, wird auf Sicht erschossen.

2. Sprecher:
Dienstag, den 25. Oktober 1983.

1. Sprecher:
Invasion durch die Amerikaner zusammen mit Soldaten aus Jamaica, Dominica, Antigua, St. Lucia, St. Vincent und Barbados.

2. Sprecher:
14. November.

1. Sprecher:
Fidel Castro.
Castro:
Es sind unglücklicherweise die grenadischen Revolutionäre selbst, die diese Ereignisse ausgelöst haben und den Weg geöffnet zur imperialistischen Aggression.
Hyänen sind in den Reihen der Revolutionäre aufgetaucht.
Wenn der CIA es nicht gemacht hat, er hätte es nicht besser machen können.

2. Sprecher:
Sonntag, den 1. Januar 1984.

1. Sprecher:
Fidel Castro.
Castro:
Der Mord an dem ehemaligen Führer Maurice Bishop durch seine Genossen und Parteimitglieder liquidierte quasi die Revolution auf der Insel.

1. Sprecher:
Fidel Castro.
Castro:
Coard zeigte sich als ein Theoretiker, ein Intellektueller, der durch politische Theorie vergiftet war. Aber ich bin überzeugt, tief unten, innen, war es großer persönlicher Ehrgeiz.

2. Sprecher:
Sonnabend, den 22. Januar 1984.

1. Sprecher:
Eric Matthew Gairy nach Grenada zurück.

Leonore Mau:
Maurice Bishop hat erreicht, daß die Leute von Grenada sich mit russischen und amerikanischen Waffen gegenseitig erschießen.

Fichte:
Jetzt laufen die Propagandatrommeln auf Hochtouren.
Die entsprechenden Zeitschriften und Programme veröffentlichen jetzt nur noch die entsprechenden Bulletins der psychologischen Sonderabteilungen.
Desinformation heißt das auf der einen Seite; das Schweigen auf der anderen.
Wir wünschen, daß Grenada in die Stille zurücksinkt, die wir für alle unsere Freunde erhoffen, das kam aus dem State Department.

1. Sprecher:
Taxifahrer auf Barbados.
Taxifahrer:
Maurice Bishop hat gekriegt, was er verdiente.
Wer das Schwert nimmt, soll durch das Schwert umkommen.
Matthäus 26, 52.

Fichte:
Grenada.

Die Straßen löcherig wie immer.

Eine kleine frischasphaltierte Rennstrecke.

Verlassen der Vulkansee.

Ohne Radaranlagen wieder.

Ohne Wachttürme.

Ein zerborstener Militärjeep am Rande der Straße.

Die Häuser sind in besserem Zustand.

Housing!

Kaum Menschen auf den Straßen.

Soldaten in rasender Fahrt – wie immer.

Soldaten mit Maschinengewehren im Anschlag durchsuchen Wohnhäuser.

Keine weißen Fahnen mehr mit rotem Punkt.

Das zerbombte Irrenhaus.

Oben auf dem Berge das Gefängnis von Richmond Hill.

Modernisiert.

Die Revolution brachte die Modernisierung des Gefängnisses.

Jetzt sitzen Phyllis Coard und Bernard Coard in den Zellen, die Eric Matthew Gairy für die Revolutionäre befestigen ließ und die Phyllis Coard und Bernard Coard für die politischen Gefangenen modernisierten.

Als wir das erste Mal kamen, ging Edmund, der Baptistenbischof, rauf und sang für die gefangenen Aufständischen unter Gairy.

Als wir das zweite Mal kamen, hatten Bruder Maurice Bishop und Bruder Bernard Coard und Schwester Phyllis Coard den Baptistenbischof Edmund eingelocht.

Bruder Bernard Coard wollte sie alle abknallen lassen.

Jetzt sitzen Bruder Bernard Coard und Schwester Phyllis selbst da oben, und der Baptistenbischof Edmund geht wieder rauf und singt ihnen was vor.

Fichte:
Dasselbe Zimmermädchen.

1979 nannte sie sich Vida.
Jetzt heißt sie Beatriz.

Vida:
Ich hatte über 200 Blutdruck.
Mein Tee brachte das runter.
Aber richtig geholfen hat mir vor allem eine Pille.
Bromardine.
Ich nehme es jetzt seit zwei Jahren.
Außerdem bin ich an Nierensteinen operiert worden.
Ich war 14 Tage im Krankenhaus.
Mein Chef wollte gar nichts bezahlen.
Inzwischen sind wir ja krankenversichert.
Die Versicherung aber wollte auch nichts bezahlen.
Mein Arzt hat es privat gemacht.
Für 600 Dollar.
Ich hätte mich auch umsonst in ein staatliches Krankenhaus legen können.
Aber da war kein Platz.
Ich hätte ein Vierteljahr warten müssen.
Mein Arzt bestand darauf, gleich zu operieren.

1. Sprecher:
Vida, genannt Beatriz.
Vida:
Ich habe hier 1970 als Zimmermädchen angefangen.
75 Dollar im Monat.
20 Dollar Weihnachtsgratifikation.
Unter Gairy ging das auf 150 Dollar rauf und 100 Dollar Weihnachtsgratifikation.
Unter der Revolutionsregierung waren es dann 250 Dollar im Monat und ein 13. Gehalt.
Aber seit dem Coup von Austin und seit der Invasion hat sich der Chef geweigert, die Weihnachtsgratifikation zu zahlen.
Maurice Bishop hatte eine neue Gewerkschaft gegründet.
Maurice Bishop weinte oft wegen der Intrigen seiner Genossen.
Bishop war nach Ungarn gereist für sein Volk.

Als sie ihn verhafteten, haben die eigenen Genossen ihn gefesselt und unter einen tropfenden Wasserhahn gesetzt.
Sie wollten ihn auf diese Weise töten, und niemand sollte es nachweisen können.
Ach, die Fallschirmabspringer waren herrlich!

1. Sprecher:
Vida.
Vida:
Ich bin sechzig.
Ich habe zehn Kinder.
Das jüngste ist zwanzig, das älteste 40.
Eins ist in Amerika verheiratet.
Drei leben auf Trinidad.
Mit dem Rauschgifthandel ist es unter Maurice Bishop besser geworden.
Die Kubaner waren sehr beliebt.
Die Mädchen waren hinter ihnen her.
Viele kriegten uneheliche Kinder von Kubanern.
Eine hat sich sogar mit einem Kubaner verheiratet.
In jedem Distrikt gab es unter Bishop einen Distriktdoktor.
Die wiesen einen ins Krankenhaus ein, zu Röntgenaufnahmen und so weiter.
Das war alles frei.
Als ich an den Nierensteinen operiert werden sollte, waren so viele vor mir.
Mein Arzt wollte es privat sofort für 600 Dollar machen.
Die Versicherung wollte gar nichts zahlen.
Der Chef auch nicht.
Meine Tochter sagte:
Laß dich operieren.
Ich übernehme die 600 Dollar.

1. Sprecher:
Vida.
Vida:
Ich war froh, als die Amerikaner kamen und uns befreiten.

Als Austin und Coard Maurice Bishop erschossen hatten, verordneten sie vier Tage lang eine Ausgangssperre.
Ich komme aus St. Vincent.
Wir haben einen Gemüsegarten.
Mein Mann war Lastwagenfahrer.
Er hat eine Verletzung am Bein.
Heute macht er nur noch den Garten.
Für eine Ziege haben wir nicht genug Land.
Jedes Stück Land gehört jemandem.
Der läßt niemanden anders drauf.
Hühner haben wir auch keine.
Wir kaufen uns Hühnerklein.
Hühnerbrust können wir uns nicht leisten.
Nur zu Weihnachten essen wir ein paar Pfund Fleisch.
Wir essen dreimal am Tag.
Wenn wir nichts Gekochtes haben, trinken wir Tee.
Eier essen wir manchmal.
Gairy hat viel für das Volk getan.
Die Grundschule kostete nichts.
Arme Kinder kriegten die Bücher umsonst.
Auch die Oberschule war frei.
Aber da müssen alle Bücher bezahlt werden.
Die Eltern müssen auch für die Schuluniform aufkommen.
Schon unter Gairy bekamen die Kinder Milch und Kekse in der Schule.
Das kriegten sie weiter unter Bishop.
Und auch heute noch.
Erst als Gairy Maurice Bishop mißhandelt hat..
Die Köpfe mit Glasscherben kahlscheren ließ..
Und Rupert Bishop umbringen ließ..
Wir hatten nachts keine Angst unter Gairy und hörten auch keine Schüsse von der Mongoose Gang.
Die Guana bedrängten die Leute.
Man durfte nichts gegen Gairy sagen.
Guana hießen sie wegen der grünen Uniformen – Iguane.
Als wir von den Amerikanern befreit wurden, fielen die Bomben auf Woodlands.
Wir mußten fliehen.

Das Haus zitterte, als die Flugzeuge wieder zurückkamen.
Ich hatte so hohen Blutdruck.
80 zu 200.
Ich behandelte das mit Corailee-Tee.
Damit hielt ich es in Schach.
Aber erst die Pille half – Bromardine.
Es ist eine englische Pille.
Unter Bishop kriegte man alle Pillen umsonst.
Die ich umsonst kriegte, die halfen nichts.
Der Arzt verschrieb mir Bromardine.
Das gab es nur in der Apotheke.
Und da mußte ich bezahlen.
Neun Stück für fünf Dollar einmal in der Woche.
Das ist sehr teuer.
Die waren auch unter der Revolutionsregierung nicht billiger zu
haben.

1. Sprecher:
Ein Rastafari.
Rastafari:
Maurice Bishop interessierte sich für die Landwirtschaft.
Er verteilte Land.
Leute aus der Umgebung von Maurice Bishop setzten die Rasta-
faris in Konzentrationslager, weil sie sich vor uns fürchteten.
In den Lagern wurden uns die Haare geschoren.
Maurice Bishop wollte das nicht.
Das war Bernard Coard.
Es ist nichts andres als jede andre Religion.
Wir wollen die Haare lang tragen.
Gras rauchen.
Und meditieren.
Sex nicht mal so viel.
Gemüse.
Ohne uns wäre die Revolution gar nicht möglich gewesen.
Wir waren die ersten, die sich die Gewehre abholten, als Bishop
seinen Coup gelandet hatte.
Früher rauchte er selbst mit uns.

Sie winkelten uns mit Holzstückchen die Zähne auseinander und stopften uns das Fleisch in den Rachen.

Die Rastas konnten mit viel Geld aus den Konzentrationslagern freigekauft werden.

Sie mußten dann aber sofort die Insel verlassen.

Fichte:

Edmund, der Baptistenbischof wieder.

Er hat sich kaum verändert.

Das erstaunt mich.

In der Phantasie war er gewachsen.

Der Mann, der unschuldig jahrelang auf der Festung saß.

Ananke hatte er zum Andenken auf den Holzteller geschrieben – nein, Agape.

Der gewaltige archaische Schädel.

Es ist der Schädel eines nubischen Königs von Ägypten.

In der Haltung etwas Geducktes, Geschäftiges.

Das hatte er damals auch.

Während seine gläubigen Schafe in Trance fielen, rechnete er die Kontoeintragungen nach.

Der Steuereinnehmer im Horse-Shoe-Bay-Hotel.

Und abends plötzlich der Ringer mit aufgekrempelten Ärmeln in dem Pulk von Gairys Begleitern.

Nicht gerade die verrufene Majestät einer Bodyguard – der Agent eher, der Agitator von der Einhornkirche.

1. Sprecher:

Der Baptistenbischof Edmund.

Baptistenbischof:

Nein.

Gairy hat mich noch nicht angerufen.

Immerhin habe ich jahrelang wegen ihm gesessen.

Ich bin nicht zu ihm hingegangen.

Er ist mir gleichgültig.

Gairy ist zurück.

Er residiert in dem Haus direkt unter dem Governor.

Er empfängt nur selten.

Manchmal fährt er in einem dicken amerikanischen Wagen durch die Stadt.

Gairy ist dabei, seine Gewerkschaft wieder aufzubauen.

Zur Feier des Unabhängigkeitstages haben sie ihn nicht eingeladen.

Da hat er den Alten am Strand ein Essen gegeben.

Sowas kann er.

Das war natürlich sehr gute Propaganda.

Ich bin nicht hingegangen.

Ich arbeite wieder.

700 Dollar im Monat.

Davon gehen 500 ab für 15 000 Dollar Darlehn.

Auto und so weiter.

Ich wurde verhaftet, weil ich für Gairy war.

Es hat bis zu 300 politische Gefangene auf einmal gegeben.

Über die ganze Insel verstreut.

In Fort Rupert.

Richmond Hill.

Hope Vale.

Ich wurde festgesetzt, weil ich die Sicherheit des Staates gefährdete.

Anderthalb Jahre saß ich da oben, von März 79 bis Oktober 80.

Als ich entlassen wurde, fragte ich:

Und darf ich wissen, weshalb ich hier war?

Zu Ihrer eigenen Sicherheit, war die Antwort.

Gefoltert wurden wir nicht.

Wir wurden nur im Schlaf gestört.

Das kleine Schiebefenster in der Zelle wurde von den Wachsoldaten auf und zu geschlagen.

Ein Gewehrlauf durchgesteckt.

Solche Scherze.

Schlechtes Essen.

Immer Erbsen.

Und nur eine Decke, um sich da oben in der Kälte zuzudecken.

Ich fror nachts.

Bernard Coard kam und sagte, wir würden alle erschossen werden, wir seien unnütze Esser.

Ohne Anklage.

Ohne Urteil.

Ich kriegte ein Magengeschwür.

Diät gab es nicht.

Ich durfte in die Stadt zu einem Arzt, von einem Soldaten begleitet.

Ich fing an, sie zu überlisten.

Montag ging ich zum Internisten.

Jeden Montag.

Mittwochs zum Zahnarzt.

Freitags mußte ich noch zu einem anderen Arzt.

Bewacht.

Aber ich war oft draußen.

Im Gefängnis meditierte ich.

Ich betete.

Ich half den anderen durch Beten und Bibelstunden.

Einige drehten durch.

Einer schnitt sich mit einer Flasche den Hals durch.

Ich legte immer Patiencen.

Fichte:

Edmunds Ruhe – fast Gleichgültigkeit.

Kein Haß.

Keine Erregtheit.

Die Verletzung der Menschenwürde durch die Nutznießer der jeweils herrschenden Clique – eine jahrhundertealte Gewöhnung.

Jack Nightwood kommt zu früh.

Er trifft noch auf den Baptistenbischof.

1. Sprecher:

Jack Nightwood und der Baptistenbischof.

Jack:

Das sind Fotos von den Orten des Kampfes.

Ich bin noch während der Invasion nach Fort Rupert.

Das ist die Mauer, wo Maurice Bishop erschossen wurde.

Das ist ein Arbeitslager.

Das ist Hope Vale.

Da sollten die Rastafaris resozialisiert werden.

Die Rastafaris haben für Maurice Bishop mal die Revolution gemacht.

Über dem Lager die Inschrift:

Es ist Platz für jeden in der Revolution.

Die Rastas sollten rehabilitiert werden durch Sklavenarbeit.

Sie wurden gegen ihren Willen und gegen ihre Religion gezwungen, Fleisch zu essen.

In Fort Rupert waren die Zellen für die politischen Gefangenen so klein wie Schweinekoben.

Mit Stacheldraht überspannt.

Kein Schutz vor der Sonne.

Zellen, da gab es nur Beton, Pisse und Scheiße.

Baptistenbischof:

Ich sah, wie die Toten durch die Luft flogen.

Bernard Coard hatte den Befehl gegeben, mit Panzergranaten in die Menge zu schießen.

300 Leute sind verschwunden.

Die meisten Leichen wurden einfach ins Meer geschmissen.

Als dann endlich die Invasion kam – erst hatten Austin und Coard noch eine Ausgangssperre verhängt, vier Tage lang.

Dann kam endlich die Invasion.

Ich wollte nicht länger zuhause bleiben.

Ich nicht.

Die Patrouille hielt mich an.

Ich bleibe nicht drinnen.

Sie können schießen.

Schießen Sie doch.

Ich habe so für diese Befreiung gebetet.

Jeden Abend.

In jedem Gottesdienst.

Sie schossen nicht.

Und ich fing an, die verwundeten Revolutionäre in meinem Wagen ins Krankenhaus zu karren.

Jack:

Maurice hatte geahnt, wie es enden würde.

Als er in die USA fuhr, hat er versucht, das Steuer herumzurei-
ßen.
Aber da war es zu spät.
Bischof:
Da war es viel zu spät.

Fichte:
Georgie kommt wieder.
Er nennt sich jetzt Johnny.
Das ist vielleicht vorsichtiger.
Toad, die Kröte, wird er immer noch genannt.

Georgie:
Weißt du, mein Vermittlungsgeschäft war etwas ruhiger gewor-
den unter Maurice Bishop.
Rauschgift ging ja schlechter.
Ich hatte die ganze Zeit über einen Freund aus den USA.
Da hat mir auch keiner was getan.
Meine Eltern wußten Bescheid und sagten auch nichts.
Mein Vater hat es wohl auch gemacht, als er jung war.
Meine Mutter kam mal ins Zimmer, als ich mit meinem Freund
im Bett war.
Hinterher ging mein Freund zu meiner Mutter, und sie sagte ihm,
er soll etwas vorsichtiger sein und die Tür abschließen.
Ich ging den ganzen Tag nicht aus meinem Zimmer.
Ich war scheu.
Als sie mich zu fassen kriegte, sagte meine Mutter:
Die Mutter macht den Jungen, nicht den Mann.
Weißt du, da hätte ich ihr die ganze Welt schenken können.
Andre Eltern sind nicht so tolerant, und die jungen Leute müssen
auswandern.
Die Revolutionäre haben den Schwulen nichts getan.
Rauschgift, ja.
Die Rastas haben sie eingelocht.
Aber den Schwulen haben sie nichts getan.

Nein.
Ein eigenes Haus hab ich noch immer nicht.

Fichte:
Ich will zur Mutter von Maurice Bishop, wissen Sie, wo sie wohnt?

1. Sprecher:
Der Taxifahrer.
Taxifahrer:
Ich kann mich oben erkundigen.
Ich glaube nicht, daß sie in St. Pauls wohnt.
Das finden wir schon.
Da oben ist das Haus des Gouverneurs.
Fichte:
Ich weiß.
Da war ich 78 am Unabhängigkeitstag.
Gairy ließ Einladungskarten in den teureren Hotels verteilen.
Ein Bariton sang Grenada, Grenada, und ein kleiner schwarzer Junge pinkelte in das Eis für die Cocktails.
Taxifahrer:
Jetzt werden wir durchsucht.
Wissen Sie, wo die Mutter von Maurice Bishop wohnt?
1. Sprecher:
Die Wache vor dem Haus des Gouverneurs.
Polizist:
Das weiß ich nicht.
Taxifahrer:
Da rechts lebt Gairy jetzt.
In dem rosa Haus.
Er empfängt niemanden. Er läßt niemanden an sich ran. Er hat Angst.
Er wartet ab.
Von hier oben können Sie bequem auf das Gefängnis von Richmond Hill runtersehen.

Fichte:
78 ging Edmund Gilbert da rauf und predigte für die Gefange-
nen.
Gairy ließ Verliese bauen für Maurice Bishop und Unison White-
man und Bernard und Phyllis Coard.
79 ließ Bernard Coard den Shangopriester Edmund Gilbert ver-
haften und da oben einlochen.
Er wollte sie wohl alle am liebsten abknallen lassen.
Die anderen Spiritual Baptists kamen rauf und predigten für die
Gefangenen.
Jetzt sitzt Bernard Coard selbst da oben, und Edmund Gilbert
darf wohl bald wieder rauf und für ihn predigen.
Taxifahrer:
Ich frag mal einen Freund von mir.
Weißt du, wo die Mutter von Maurice Bishop wohnt?

1. Sprecher:
Der Freund.
Freund:
Bishop? Bishop?
Taxifahrer:
Die Mutter von dem, den sie erschossen haben.
Freund:
Weißt du, wo eine Misses Bishop wohnt?
Die Mutter von dem, den sie erschossen haben.

1. Sprecher:
Eine Frau.
Eine Frau:
Bishop? Bishop?
Nein.
Freund:
Nein.
Taxifahrer:
Vielleicht lebt sie wieder in ihrem Haus oder bei ihrem Bruder in
St. Pauls.

Fichte:
Wir fahren an Zuckerrohrplantagen vorbei.
In den Lehmwegen stehen amerikanische Jeeps.
Antennen.
Soldaten in Tarnanzügen mit Walkietalkies.
Ein weißes Pflanzerhaus.
Kein Mensch.
Ich gehe sehr langsam und laut, daß die Bewohner Zeit haben, mich wahrzunehmen.
Eine breite Treppe zur Veranda.
Eine alte Frau pahlt Erbsen.

1. Sprecher:
Alimenta Bishop, die Mutter von Maurice Bishop.
Alimenta Bishop:
Sie können gerne kommen.
Sie stören mich nicht.
Ich erinnere mich.
Sie waren schon einmal bei uns.
Als Maurice noch lebte.
Mein Haus ist zerschossen.
Deshalb wohne ich hier bei meinem Bruder.
Die Amerikaner weigern sich, den Schaden zu ersetzen.
Die Soldaten haben die ganze Decke heruntergerissen.
Sie suchten überall nach Waffen und Kubanern.
Sie sagen, sein Körper ist gefunden worden.
Aber ich darf ihn nicht sehen.
Nicht einmal eine Totenmesse darf ich für Maurice lesen lassen.
Erst erlaubten sie es.
Dann weigerte sich der Bischof.
Er machte Ausflüchte.
Als sie ihn unter Hausarrest gestellt hatten, durfte ich ihn zweimal besuchen.
Ich weiß nicht, ob er gefoltert worden ist.
Ich habe seltsame Flecken unter seinen Augen gesehen.
Es sah aus wie die Verbrennungen von Zigaretten.
Er nahm sich sehr zusammen, wie immer, wenn er mit mir sprach.

Aber ich merkte es immer, wenn er müde und krank war und wenn er geweint hatte.

Nein, Sie quälen mich nicht mit Ihren Fragen.

Es waren Hunderte von Journalisten hier.

Manchmal drei auf einmal.

1. Sprecher:
Der Onkel von Maurice Bishop.

Fichte:
Wir sprachen kurz nach der Revolution über Griechisch und Latein.

Der Onkel:
Ich erinnere mich.

Ich könnte mir denken, daß jemand im Zentralkomitee der Revolutionsregierung vom CIA gekauft war.

Eine kubanische Beteiligung am Coup gegen Maurice schließe ich völlig aus.

Eine russische Beteiligung mag ich nicht ausschließen.

Die unseligen Entscheidungen – die Verstaatlichung der Cocacolafabrik, die Schließung der Zeitung Torchlight – wurden angeordnet, als Maurice außer Landes war.

Maurice war betrübt, wenn man ihn einen Sozialdemokraten nannte und keinen Marxisten.

Das Verhältnis von Maurice zu Fidel Castro war das von Sohn zu Vater.

Bernard Coard wollte die politischen Gefangenen, die ohne Anklage in Richmond Hill saßen, erschießen lassen.

Maurice hat sich dem aufs Äußerste widersetzt.

Coard war ein Mann, der seine Interessen gegen das Volk durchsetzte.

Fichte:
Als ich das zweite Mal komme, fehlt die Mutter von Maurice Bishop.

Der Onkel:
Alimenta Bishop ist noch nicht da.

Sie ist mit ihren Häusern in Morne Rouge beschäftigt.

Der Pächter bezahlt seine Pacht nicht.
Das ist doch das einzige, was ihr zum Leben geblieben ist.
Heute will sie da mit der Polizei hin.
Die Cocacolafabrik wurde 80/81 nationalisiert.
Die Zeitung Torchlight wurde geschlossen und eine kleine katholische Zeitung auch.
Forum.
Alles, als Maurice außer Landes war.
Er verteidigte die Inhaftierung der politischen Gefangenen.
Es seien nur Minister und Polizisten des Gairy-Regimes.
Später waren es Dissidenten.
Vielleicht ließ er es unter Pressionen zu und verteidigte es.
Maurice gab nie zu, daß er Kommunist sei.
Er war betrübt, wenn man ihm vorwarf, daß er nicht weiter gehe als ein Sozialdemokrat.
Er hielt sich selbst für einen Marxisten.
Er war katholisch.
Katholisch erzogen.
Er war Schulsprecher in einer katholischen Schule.
Er gab die Schülerzeitung heraus.
Nach seinem Studium in England praktizierte er nicht mehr.
Irgend etwas war geschehen.
Aber noch als Premierminister besuchte er die Messen, die im Hause seiner Mutter abgehalten wurden.
Das Vaterunser beim ersten Revolutionsrallye war wohl eher eine politische Geste.
Ich war viermal mit dem Erzbischof bei Maurice wegen der politischen Gefangenen:
Entweder müssen sie angeklagt werden oder freigelassen!
Er hörte sich das an.
Maurice äußerte, er glaube nicht an die Westminster-Demokratien, sondern an Grassroot-Demokratie – Basisdemokratien.
Tatsächlich kam dann bei seiner Inhaftierung heraus, daß es ein Zentralkomitee gab, das alle Entscheidungen im Lande fällte.
Davon hatte das Volk vorher nichts gewußt.
Es bestand aus 12 Mann.
Bernard Coard, Phyllis Coard, Austin, Maurice.

Radix war ausgeschlossen worden.

Bernard Coard hat einmal das Zentralkomitee verlassen und war nach Cariacou gegangen.

Maurice schickte seine Body-Guard, um aufzupassen, daß Coard keinen Selbstmord beging.

Coard behauptete später, Maurice habe versucht, ihn umzubringen.

Die endgültige Entzweiung zwischen Maurice und Coard kam wohl wegen des Flughafens.

Im Juli war Maurice in den USA.

Er wollte versuchen, bessere Beziehungen herzustellen.

Als er zurückkam, flog Coard nach Rußland.

Nach Coards Rückkehr gab es eine Sitzung des Zentralkomitees.

Coard wollte den Flughafen den Russen als Militärbasis zur Verfügung stellen.

Dann soll viel auf den Tisch gehauen worden sein und viel:

Nur über meine Leiche!

Und so weiter.

Ich wäre bereit gewesen, unter der Revolutionsregierung den Posten des Governor zu übernehmen, als Scoon außer Landes war.

Aber nur unter der Bedingung, daß die politischen Gefangenen freigelassen würden.

Maurice hat früher einmal gesagt, wenn er zwischen dem Konservativen Blaize und dem Populisten Gairy zu wählen hätte, würde er Blaize wählen.

Rupert Bishop, der Vater von Maurice, ein Heroe der Revolution!

Das ist doch Nonsense!

Rupert Bishop war ein Geschäftsmann.

Er war sehr stolz auf Maurice, weil er ein brillanter Redner war.

Rupert Bishop war ein Kapitalist und konservativ.

Aber er sagte, wie die Mutter:

Es stimmt, denn Maurice hat es gesagt.

Gairy war immer korrupt und nahm von allen Seiten.

In den 50er Jahren fielen die Interessen Gairys und die Interessen der Massen zusammen.

Gairy wurde auch von den Geschäftsleuten unterstützt, nach dem Prinzip:

Eine Hand wäscht die andre.

Die Geschäftsleute gaben immer an alle Politiker, nach allen Seiten.

Es ist sehr wahrscheinlich, daß Bishop, ich meine Rupert Bishop, der Vater, Gairy unterstützt hat.

Von der Geschichte, daß Rupert Bishop in einer Auseinandersetzung gedroht hätte, ihm die Unterstützung aus humanitären Gründen zu entziehen, habe ich nie gehört.

Einen klaren Bruch zwischen Rupert Bishop und Eric Gairy hat es nie gegeben.

Rupert Bishop wurde von einem Polizisten ermordet.

Gairy hat wahrscheinlich gesagt:

Bishop muß weg.

Und meinte Maurice.

Und der verwechselte das, der Polizist.

Bishop, Bishop, das hieß damals Rupert.

Rupert Bishop war damals viel bekannter als Maurice.

Gairy schmuggelte den Mörder am nächsten Tag außer Landes.

Die meisten Revolutionäre waren nur halbgare Marxisten.

Sie hatten nicht viel gelesen und nicht viel verdaut.

Bernard Coard war machtgierig.

Maurice hatte eine echte Liebe für die Unterdrückten.

Jacqueline Creft auch und Unison Whiteman.

Keiner sonst.

Die meisten hatten vor der Revolution sehr einfach gelebt.

Nur Maurice, Coard, Radix kamen aus der Middle Class.

Austin war Lower Middle Class.

Die wollten jetzt auch die äußeren Attribute der Macht.

Die größten Häuser der Insel.

Große amerikanische Wagen.

Sie zwangen Maurice, in ein großes Haus zu ziehen.

Er weigerte sich.

Er fuhr noch immer seinen kleinen Wagen.

Der Umzug in das große Haus wurde gemacht, als Maurice außer Landes war.

Seit den 50er Jahren wird vom Flughafen geredet.

Es sind Konstruktionszeichnungen angefertigt worden.

Er sollte etwa 10 000 feet lang sein – der jetzige hat 11 000 feet.

Er wurde nach den alten Plänen gebaut.

Ich bin für einen neuen Flughafen.

Nicht so groß.

Tourismus?

Das kommt drauf an.

Maurice sprach von New Tourism.

Achtung vor der Kultur des Landes.

Achtung vor den Menschen, vor der Eßkultur, vor der afroamerikanischen Musik.

Keine Spielkasinos.

Maurice war ein großer Nationalist.

Vielleicht wollte er von beiden frei sein – von Kuba und von Amerika.

Möglicherweise hat es schon zu Beginn Hilfe von anderen Mächten gegeben.

Man konnte das an kleinen Zeichen merken.

Einen Tag nach der Revolution tauchten überall die weißen Fahnen mit den roten Punkten auf.

Woher kamen die so schnell?

Coard war Jamaicaner und kam aus dem Ausland zum New Jewel Movement.

Er hatte nicht auf Grenada residiert.

Es ist immer wieder behauptet worden, er sei geschickt worden, um auf Grenada die Regierung zu übernehmen.

Maurice sollte nur eine Übergangslösung darstellen, weil die Massen ihm folgten.

Maurice wußte das, aber er hatte Vertrauen zu Coard.

Als Phyllis Coard sich operieren ließ, sagte sie zu der Narkoseschwester:

Machen Sie das bloß ordentlich.

Ich werde später mal die Frau des Prime Ministers sein.

Alimenta Bishop, Maurices Mutter, ist keine sehr gefühlvolle Frau.

Ich habe sie beim Tod von Rupert Bishop nicht weinen sehen.

Und auch nicht beim Tod von Maurice.

Sie ließ nichts nach außen kommen.

Sie hat noch eine Tochter, Anne, sie ist Sekretärin, sie hat psychische Schwierigkeiten – und eine zweite Tochter, die ist auf Barbados verheiratet.

Alimenta hat Krebs – aber der ist unter Kontrolle.

Mich hielt Maurice für einen Kolonialisten.

Ja, warum hat er immer gelogen?

Brillant, klug, aber zu schwach.

Er war überall beliebt.

Der erste Aufruf der Revolution im Radio war meiner Meinung nach echt.

Ich habe fünf Töchter.

Zwei sind Kapitalistinnen und leben auf Jamaica.

Zwei sind Sozialistinnen und leben in New York.

Die jüngste saß stundenlang mit Maurice zusammen und war in allem seiner Meinung.

Sie blickte zu ihm auf.

Ich glaube nicht, daß Maurice während seiner Inhaftierung gefoltert worden ist.

Sein Hausmädchen bereitete ihm das Essen.

Einmal fummelten die Soldaten daran herum.

Das Mädchen konnte Maurice mit den Augen ein Zeichen machen; sie deutete auf das Essen.

Von Sozialismus wird hier in der Gegend wohl so bald nicht wieder die Rede sein.

Fichte:
Wieder das Haus an der steilen Treppe.

Wieder der Burghof und die Topfpflanzen.

Wieder der Raum mit den Tonbandgeräten.

Dasselbe Durcheinander.

A. hat sich verändert.

Seine Frau ist noch höflicher als früher.

Sie ist so höflich, daß man fast den Eindruck hat, man soll merken, es ist nur oberflächlich gemeint.

Dauernd kommen Besucher.

Damen von Botschaftern und so weiter.

Der Journalist A. widmet sich immer dem Neuen mit den Gesten der Geduld und der Konzentration.

Zwischendurch Witze.

Er würde sich so sehr freuen, wenn ich es einrichten könnte, anläßlich seines Besuches in der Bundesrepublik in Bonn zu sein.

1. Sprecher:
Der Journalist A.

Der Journalist A.:
Ach, wissen Sie, ein Plebiszit, damit die provisorische Regierung weiterarbeiten kann?

Die Leute wollen keine Wahlen.

Aber die provisorische Regierung will gar nicht weiterregieren.

Die sind froh, wenn sie die Bürde vom Hals haben.

Ich habe erst recht keine Lust, in die Regierung gewählt zu werden.

Ich habe jahrelang dem Staat gedient.

Ich will nicht mehr.

Das ist gar nicht so einfach, jemanden zu finden, der auf Grenada regieren will.

Außer Gairy.

Der will.

Und es wird sehr schwierig sein, ihn zu hindern.

Sie können ihn nicht anklagen, mit dem Duffhus-Report in der Hand.

Die Revolution hat vier Jahre alles versucht, eine hieb- und stichfeste Anklage gegen Gairy zusammenzukriegen; sie hat alle Archive durchgewühlt.

Es war nicht möglich.

Sie fanden nichts.

Also wenn die nichts gefunden haben – wie sollte es jetzt möglich sein.

Ich war mit meinem Bulletin nie irgendwelchen Pressionen durch Bishop ausgesetzt.

Ich war auf Kuba.

Ich habe meine Berichterstattung nicht verändert unter dem Einfluß der kubanischen Pressepolitik.

Ich glaube wenigstens nicht.

Vielleicht unbewußt.

Selbstzensur?

Ich glaube nicht.

Was die Studenten anlangt:

Ich kann mir nicht denken, daß es einen Versuch der Kubaner gegeben hat, den Campus in Grande Anse zu besetzen.

Die meisten waren doch schon nach Lance-aux-Epines evakuiert.

General Austin hatte zugesagt, daß die Studenten auf der Cunard Queen evakuiert werden könnten.

Der Dekan der Universität hat mir gesagt, daß diese Genehmigung am nächsten Tag von General Austin zurückgezogen worden sei.

Fichte:

Das würde heißen, daß Austin und Coard wohl daran dachten, die Studenten als Geiseln zu benützen?

Der Journalist A.:

Ich weiß nicht, ob Austin und Coard an so etwas dachten.

Der Bürgermeister von Fort Lauderdale ist an dem Consortium beteiligt, welches das neue 200-Zimmerhotel baut.

Ja, wir waren mit Maurice Bishop befreundet.

Die ewigen Lügen von Maurice.

Schon am ersten Tag der Revolution:

Der Tyrann Gairy floh außer Landes!

Lüge.

Es gibt 40 politische Gefangene, sagte er in den USA, wo hier in St. George's unter Eid ausgesagt worden war, es seien 78.

Die Revolutionsregierung hat das Schulgeld aufgehoben.

Lüge.

Die Schulen waren unter Gairy bereits kostenlos.

Freie ärztliche Versorgung unter der Revolutionsregierung.

Lüge.

Die ärztliche Versorgung war bereits unter Gairy für die Armen kostenlos – es war nur etwas anders organisiert.

Ich habe nicht den Eindruck wie Sie, daß sich im Häuserbau und in der Unterbringung der Grenader in den letzten vier Jahren viel gebessert hätte.

In der Landwirtschaft auch nicht.

Bishop hat es nicht geschafft, seine Idee der Agrarindustrie durchzusetzen.

Die jungen arbeitslosen Leute wollen einfach nicht auf dem Lande arbeiten.

Sie wollen Taxi fahren. Die Arbeitslosigkeit sei zurückgegangen. Lüge!

Die Kubaner und die Schafe.

Jetzt hört man lauter solche Geschichten.

Früher hat man nichts davon gehört.

Vielleicht hat es ein zwei Fälle gegeben.

Vielleicht ist Maurice in der Gefangenschaft gefoltert worden.

Wahrscheinlich ist das nicht.

Die Irrenanstalt war nicht durch ein Rotes Kreuz gekennzeichnet.

Warum auch.

Wir befanden uns nicht im Kriegszustand.

Es scheint tatsächlich so, als sei von der Irrenanstalt aus auf die amerikanischen Truppen geschossen worden.

Ich bin absolut dagegen, daß Phyllis Coard auf der Rückfahrt von einem Verhör durch einen Stein im Gesicht verletzt wird, wie es gestern geschah.

1. Sprecher:
Eine Marktfrau.
Marktfrau:
Maurice Bishop hat viel für die Bauern getan.

Man konnte jederzeit mit ihm reden.
Er hörte auf einen, wenn man ihm von den schlechten Straßen erzählte.
Wir besitzen ein Stück Land.
Ich verkaufe hier, was wir auf dem Land erzeugen.
Ich habe fünf Kinder.
Ich liebe Kinder.
Ich habe noch eins von meiner Schwester dazugenommen.

1. Sprecher:
Ein Kleinbauer.
Kleinbauer:
Vier Tage durften wir das Haus nicht verlassen.
Sie hätten uns einfach abgeknallt, Austin und Coard.
Wissen Sie, was das Schlimmste war?
Wir konnten die Tiere nicht füttern.
Und nicht melken.
Und wir konnten nicht in die Kirche gehen.
Sie wissen, was das heißt, wenn man die Kühe vier Tage lang nicht melken kann!

Ich sterb vor Durst an der Quelle

François Villon begegnet Charles d'Orléans

1985

Personen:

Gilles des Ormes, Freund von Charles d' Orléans
Anna de Hoghart, eine deutsche Verwandte von Madame
d' Orléans
Charles d'Orléans
François Villon

Musik

Josquin des Prés: Mille Regretz
Musica Reservata. Decca, Argo 2 RG 793 115 Fulham Road
London SW 3 6 RR

Der Hörer wundert sich, daß die Begegnung Charles' d'Orléans, des Herzogs, und des Räubers François Villon zu einer Musik von Josquin des Prés stattfindet.

Als die beiden Dichter um die Mitte des XV. Jahrhunderts über das Thema Je meurs de soif auprès de la fontaine kontrapunktierten, war Josquin ein Kind und hatte ganz sicher keine Chansons komponiert.

Die Künste bewegen sich nicht synchron.

Gryphius hat wenig mit der Wies gemein; die Musik der Gotik nichts mit gotischer Architektur.

Villon war Zeitgenosse von Charles d'Orléans; der eine weist in die Neuzeit, der andre zurück in den Hellenismus, ins Anakreontische.

Josquin des Prés komponierte zur Zeit der Lutherbibel, des Buchdrucks, der Entdeckung Amerikas – nichts aber scheint mir die letzte Klage des Mittelalters, dies Je meurs de soif auprès de la fontaine der Epoche Eduards des Zweiten, Jeanne d'Arcs, Gilles de Rais', Thomas von Aquins so auszudrücken wie jenes Mille Regretz des Prinzen der Musik.

Josquin des Prés:
Mille Regretz..

Gilles des Ormes und Anna de Hoghart erzeugen die Geräusche des Schäkerns.
Lachen, Girren, Glucksen.
Selten.
Weniger der Musik unterliegend als in die Pausen hinein.
Schluß der Musik.

Gilles des Ormes:
Corps feminin qui tant est tendre.
Anna de Hoghart:
Das versteh ich sogar:
Weiblicher Leib.

Gilles:
Körper . .
Anna:
der so zart ist.
Gilles:
Süß.
Anna:
Lind.
Gilles.
Der Reiz liegt in der Wiederholung.
Tant est tendre.
In diesem Stottern der Leidenschaft.
Und natürlich:
Daß es gleich klingt und etwas Verschiedenes bedeutet.
Corps feminin qui tant est tendre.
Anna:
Ist er so lind?
Gilles:
O, dites!
Die Haare.
Wie sagt mein Kollege:
Sans cheveux la dame
Ressembleroit une forêt sans rame.
Oder auch:
Das Armband der Haare.
Le Front – die Stirn.
Das Ohr.
Le Sourcil.
Das Aug.
Die Trän.
Le Nez.
Anna:
Die Nase.
Gilles:
Die Backe. Der Mund. Die Zunge. Die Zähne. Der Seufzer. Das
Lachen. Die Hand. Der Nagel. Der Hals. Der Tétin.
Die Titten.

Anna:
O!
Gilles:
O!
Titten weißer als ein Ei.
Titten von Seide.
Tout qui fait honte à la Rose.
Harte Titten.
Meine kleinen Kugeln aus Elfenbein.
Und in der Mitte sitzt
Eine Erdbeere oder eine Kirsche.
Linke Titte, niedliche Titte.
O! Titte! Nicht zu groß, nicht zu klein.
Die Titte stirbt, appetitliche Titte.
Titte der Jungfrau.
Titte der Frau ganz und schön.
Das Herz, der Bauch, le Nombril, wie sagt man?
Anna:
Nabel.
Gilles:
Le Con.
Anna:
Das ist ein ganz unanständiges Wort.
Gilles:
Wie sagt man auf Deutsch?
Anna:
Das gibt es bei uns überhaupt nicht.
Gilles:
Seltsame Frau, die ihren bedeutsamsten Körperteil nicht be-
zeichnen kann.
Petit moufflard, petit con rebondy.
Petit conin, plus que levrier hardy.
Le Cul.
Anna:
Gilles!
Sie gehen zu weit!

Gilles:
Die Seele.
Anna:
Meiner Erziehung nach bleibt mir nur, dankbar zu seufzen.
Etwa:
Ich leb, ich sterb, ich brenn und ich ertrinke.
Was würden Sie wohl sagen, es gäbe einen Aufstand, wenn ich daran ginge, Ihre Lippen zu loben.
Wenn ich ein Dit des Adamsapfels ertönen ließ oder ein Blason auf ihre Brustwarze verfaßte.
Geschweige denn auf Ihren knackigen Couillon?
Dürfte ich schwärmen von Ihrer harten Eier Gewalt?
Von Ihrem Zuckerstengel?
Sie können meinen Tétin besingen.
Und mein Trou de Cul, und das klingt sehr ansprechend.
Stellen Sie sich vor, ich sänge eine Ode an den Popo, an die himmlischen Sphären Ihrer behaarten Hinterbacken oder gar an den Arsch tout court?

Josquin des Prés:
Mille Regretz..

Gilles:
Der arme Teufel.
Nun führen Sie ihn zum Rädern.
Anna:
Da unten fahren sie einen Mann herbei.
Er hat ein putziges grüngelbgewürfeltes Kleid an.
Sie tragen Karrenräder hinter ihm drein.
Prälaten im Ornat.
Die Ministranten schwingen ihre Weihrauchfässer.
Was heißt das: Rädern?
Gilles:
Das ist der schottische Tuchhändler.

Er hat sich gotteslästerlich an einem Lehrjungen vergangen und ihm flugs danach, aus Angst, daß der Junge plaudern könnte, den Bauch aufgeschnitten, bis zur Brust hoch.

Und dabei ist er ganz wie es sich gehört verheiratet.

Das Rädern?

Hast du es noch nie gesehen?

Anna:

Nie.

Gilles:

Es ist unterhaltsam.

In letzter Zeit wird wieder viel gerädert, seit den Coquillards der Prozeß gemacht wurde.

Es war schon bei den Griechen und Römern gebräuchlich.

Und zwar band man den Verbrecher zwischen die Speichen eines Rades ausgestreckt fest und drehte dieses so schnell herum, bis jener seinen Geist aufgab.

Später wurden dem Verbrecher die Glieder, erst die Unterschenkel und die Unterarme, dann die Oberschenkel und die Oberarme – das ist das Rädern von unten – mit dem Rad zerstoßen oder zerbrochen und er dann auf das auf einen Pfahl gesteckte Rad gelegt, nachdem er in der Regel durch einen Stoß auf die Brust getötet worden war.

Das ist der Gnadenstoß.

Beim Rädern von oben werden die Stöße gegen den Kopf und die Halswirbelsäule gerichtet.

Josquin des Prés:

Mille Regretz ..

Gilles:

Der Schotte wird von unten gerädert.

Er wurde vor die Kirche St. Nicolas gefahren, um ehrliche Abbitte zu leisten, in einem gescheckten Kleid, wie ein Fol, ein Narr oder ein Jude.

Er vergoß viele Tränen und schien zerknirscht und reuig, wenn er auch mit einem ziemlich sicheren Gang einherschritt.

Anna:

Er zieht sich selbst das Kleid aus und streckt sich auf das Kreuz nieder.

Gilles:

Sehen Sie, Anna, sehen Sie genau hin.

Und beugen Sie sich ein bißchen weiter vor.

Er erhält die Schläge bei lebendigem Leib.

Anna:

Langsam.

Gilles:

Mit Pausen dazwischen.

Haben Sie einen Aufschrei gehört?

Anna:

Gilles, Sie sind ein Dichter.

Sie lieben die Grausamkeit.

Wer ist das, der einen anderen zum Rädern – von unten – verurteilt?!

Gilles:

Die Reimerei über den Wald der Sehnsucht und über den Tétin und über Merencolia kann mir nicht die Augen verschließen vor dem, was geschieht.

Anna:

Es geschieht so viel.

Es geschieht so viel andres auch.

Die Grausamkeit, setzt man sie in Verse um, verschafft eine besondere Lust.

Wer ist das, der einen lebendigen Mann zum Rädern – von unten – verurteilt?

Gilles:

Irgendwelche netten alten Herren, mit denen wir Wein trinken würden, sie haben Gicht oder Gelenktripper wie jeder andre auch, die in ihrer Freizeit Harfe spielen und ihre Enkel auf die Knie nehmen und unanständige Witze erzählen.

Anna:
Lassen Sie mich gehen.
Ich muß jetzt hinunter.
Madame erwartet mich, Frau von Kleve.
Ich bin eben aus dem Rheinland zurückgekommen und kann mich nun nicht stundenlang mit Ihnen, Gilles, verabsentieren.
Gilles:
Auch ich habe Sie erwartet.
Anna:
Es soll ein Buffet angerichtet werden.
Wenn die Instrumente unten weggeräumt sind und alles saubergewischt.
Es kommen die Dichter.
Eine Tagung.
Gilles:
Ich bin auch ein Dichter.
Anna:
Ich sterb vor Durst an der Quelle.
Gilles:
Ich sterb vor Durst an der Quelle.
Anna:
Sie fangen schon an, die Schabracken zu entfalten.
Gilles, wollen Sie nicht auch singen kommen?
Gilles:
Mit Vögeln singen?
Bleiben Sie, wie Sie stehen.
So singt es sich am höchsten.
Anna:
Der Efeu begräbt das Schloß unseres guten armen alten Herzogs Charles von Orléans.
Gilles:
Für die auswärtigen Dichter schleppen sie die Tapeten aus der Kirche des Heiligen Erlösers herbei.
Rüber über die zerbröckelnden Mauern.
Anna:
Wie die Seide schimmert.
Gilles:
Wie die Goldfäden glitzern.

Anna:
Da treten sie schon auf.
Der Hofstaat von Madame.
Und ich fehle.
Gilles, wann lassen Sie mich aus?!
Gilles:
Augenblick.
Ich bin schon soweit.
Anna:
30 Leute Hofstaat von Marie de Clèves in diesen schlechten Zeiten.
Ammen.
Zwei Närrinnen.
Und die kleine Närrin.
Und drei Waschfrauen.
Da.
Das ist sie selbst.
Sanft und melancholisch.
Sie liebt Romane und Gedichte.
Kokett, das kleine Ding.
Sie ist verrückt nach der Jagd.
Gilles:
Die ihr Mann verabscheut.
Anna:
Sie hat Hunde gern, Pferde.
Gilles:
Der gute Herzog Charles ist 66 Jahre alt.
Er reitet lieber auf einem Maulesel.
Wie unser Herr Jesus Christus.
Anna:
Und wie sein Neffe Louis.
Gilles:
Ja, es ist etwas Arrogantes in so einer Demut.
Anna:
Die Demoisellen kommen alle in Schwarz.
Mit großen grauen deutschen Hüten.
Gilles:
Was springt denn da Neues herum?

Anna:
Der Affe von Madame?

Gilles:
Der Affe von Madame ist an eine große goldene Kugel gefesselt;
eine der Närrinnen trägt ihn auf dem Arm, statt der Marotte.

Anna:
Maskottchen!

Gilles:
Es ist ganz groß und schwarz wie der Teufel.

Sehen Sie nur!

Anna:
Ist es der Bär?

Gilles:
Ein Bär kann nicht springen und Kapeister schlagen.

Überzeugen Sie sich selbst.

Anna:
Wie soll ich was erkennen, wenn Sie mir dabei den Kopf mit aller
Gewalt gen Boden drücken.

Gilles:
Ich tu es nicht, um Sie zu quälen.

Nur, daß wir gemeinsam etwas höher singen.

Anna:
Ach!

Wenn es nicht der Bär ist und nicht der Affe, dann ist es der Fol,
der Narr von Monsieur.

Gilles:
Ein Narr trägt nicht schwarz, sondern gelb und grün.

Anna:
Das stimmt nicht.

Unserem armen Herzog Charles ist etwas besonders Distin-
guiertes eingefallen.

Sein Narr trägt schwarz und violett und Pailletten am Hals.

Gilles:
Ein Unding.

Ein völliges Mißverstehen des rituellen Hintergrundes.

Ein Narr gehört sich grüngelbgescheckt.

Außerdem ist es nicht schwarzviolett sondern schwarzschwarz!

Anna:
Nicht der Bär, nicht der Aff, nicht der Fol?
O, ich weiß!
Gilles:
Nun?
Anna:
Es ist der Mohr!
Gilles:
Was ist ein Mohr?
Anna:
Ein Mohr ist ein schwarzer Mann.
In Schottland gibt es sogar eine ganz schwarze Frau.
Die schwarzen Männer leben in Libyen.
Gilles:
Sie meinen Afrika?
Anna:
Selbstverständlich.
Sie werden von der Sonne so gebruzzelt.
Der Negus schickt sie auch mit Leoparden und Spezereien nach
Venedig.
Gilles:
Das ist 50 Jahre her.
Anna:
Es war im Jahre des Herrn 1402.
Mäßigen Sie sich, Gilles.
Im Auftrage Heinrichs des Seefahrers segelte Antam Gonzalvez,
ein sehr junger Mann, an der Westküste Libyens südwärts, um
Tierhäute, Tieröl von »Seewölfen«, Seelöwen einzukaufen.
Als sie nachts etwa eine Meile landeinwärts gegangen waren,
stießen sie auf einen Pfad, auf dem sie ihren Weg in der Hoffnung
fortsetzten, dort irgendeinem Mann oder einer Frau zu begegnen,
die sie gefangennehmen könnten.
Sie sahen einen nackten Mann mit zwei Wurfspießen hinter einem Kamel herschreiten; als unsere Männer nun die Verfolgung
aufnahmen, da war auch nicht einer unter ihnen, der auch nur
eine Spur von Müdigkeit gefühlt hätte.
Aber obwohl der Libyer allein war und erkannte, daß die anderen

in der Überzahl waren, hatte er doch den Mut, die Kraft seiner Waffen zu erproben und er begann, sich nach besten Kräften zu verteidigen.

Affonso Goterres aber verwundete ihn mit dem Speer, und das flößte dem Mohren solche Furcht ein, daß er seine Arme wie ein geschlagener Mann herunterhängen ließ.

Als sie dann ihren Weg fortsetzten, erblickten sie eine schwarze Mohrin und nahmen sie ebenfalls mit.

Gilles:
Manche sind auch blau.

Sie riechen nach Brombeeren.

Und wenn ein Mohr einen Saal betritt, verfinstern sich die Spiegel.

Anna:
Ein Mohr hat einen Schwanz.

Gilles:
Den haben andre auch.

Anna:
Ich befände mich in einer schlechten Lage, es abzustreiten.

Aber der Mohr hat einen richtigen Schwanz.

Gilles:
Ist mein Schwanz kein richtiger Schwanz?

Anna:
Ich meine hinten.

Und sein Geschlechtsteil ist dreimal so gewaltig wie das Ihre.

Es ist nicht zum aushalten!

Gilles:
Woher wissen Sie?

Anna:
Er hat die Gouvernante damit erschreckt.

Er wickelt es um seinen Bauch.

Zum Liebesspiel führt er ein goldenes Drahtgestell mit.

Gilles:
Er sollte sich kappen lassen.

Anna:
Er besaß 56 Frauen in seinem fernen, fremden, wilden Land.

Und hat auf diese Weise 151 Kinder hergestellt.

Gilles:
Werden die Bettlaken nicht schwarz?
Anna:
Aus der Wäscherei ist nichts bekannt geworden.
Ich glaube, er färbt nicht ab.
Er weint schwarze Tränen des Heimwehs.
Und der Same glänzt schwarz an ihm, wie Johannisbeergelee.
Gilles:
Wie interessant.
Anna:
Bezeugt die Gouvernante.
Ich muß gehen.
Gilles:
Verharren Sie noch ein bißchen in dieser Stellung.
Es wimmelt da unten.
Da fällt es gar nicht auf, wenn Sie fehlen.
Anna:
Ganz im Gegenteil habe ich das Gefühl, ein jeder äuge hier her-
auf, um mich in unsrem Versteck auszuspähen.
Gilles:
Wie sie sich spreizen.
Brokat.
Pruzzischer Marder.
Eichhörnchenfelle.
*(Vereinzelte Töne, wie von Guitharren, die auf den Boden stoßen,
Ohs und Achs von Gilles und Anna.)*
Anna:
Oudin de Pisseleu.
Der Bastard de la Roche.
Georges der Dieb.
Gilles:
5 Priester, 13 Sänger, ein Organist, der Finanzprüfer, 3 Schatz-
meister, 3 Silberschmiede, der Marschall, 2 Apotheker, 2 Bar-
biere, die Jäger, die Stallknechte, der Herr Magister, Maistre
Estienne Le Gout, der Rauchmeister, die beiden Küchenchefs
mit 9 Küchenjungen und einem Soßenmeister, die Hunde, das
Schaf, die Pfauen..

Anna:
Sie haben die beiden Maler vergessen.

Gilles:
Die Riesen, die Frau mit Bart, die Zwerge, der Leprakranke, die Narren, der arme Irre.
80 Leute muß unser guter alter armer Herzog versorgen.
Und die Jongleure.

Anna:
Und die vielen, vielen Dichter!

Gilles:
Sie tragen lauter wertvolle Gegenstände vor sich her.
Zwei Flaschen aus vergoldetem Silber mit doppelten Ketten.
Zwei emaillierte Rasiermesser.
Drei Pfund Pignolat..

Anna:
Übersetzen Sie doch!

Gilles:
Eine Art Nougat – aber statt der Mandeln nimmt man Pistazien.
Rosenkränze, Paternoster, ein Schreibpult aus Horn, zwei Elfenbeinkämme.
Ein Silberkästchen mit drei Brillen.
57 Bücher.
Und die 103 Bücher, die er aus England zurückgebracht hat.
Einen Krötenstein und einen Schlangenstein, die sich von selbst drehen.
Um die Gifte in den Speisen anzuzeigen.
Der gute Herzog Charles fürchtet, von der französischen Partei vergiftet zu werden.

Anna:
Und warum läßt er das alles vor sich hertragen?

Gilles:
Das weiß ich auch nicht.
Weil eine Tagung stattfindet.
Und das Etui für die Gabel.

Anna:
Was ist eine Gabel?

Gilles:
Er hat es mich nie aus der Nähe sehen lassen.
Man sagt, es sei ein Körper mit zwei bis drei Spitzen, Zacken,
Zinken, und ein Stiel aus Eisen – zum Aufspießen des Bratens.
Anna:
Wie sehr umständlich!
Gilles:
Da, Triboulet, der Narr.
Anna:
König René hat ihn an unseren Herzog ausgeliehen.
Gilles:
Das ist ein Narr, wie es sich gehört.
Buntscheckig, grün und gelb.
Anna:
Ich finde diese Farben entsetzlich.
Er sieht aus wie der Sodomiter in seinem Reuekleid, den sie nun
als ein Weidengertlein durchs Rad flechten.
Dies Gelb ist ein rechtes Judengelb.
Und grün ist der Neid und die Galle, die Merencolie.
Gilles:
Triboulet mit Gouverneur und Diener.
Der kommt aus einem vernünftigen Irrenhaus, wo man Narren
ausbrütet wie Badener Stubenküken.
Sie werden in Tonkruken genudelt, und ihre Schulterblätter
wachsen sich zu Engelsflügeln aus.
Der zarte, kultivierte König René muß seinem Narren jedes Jahr
47 Paar Schuhe schenken, denn was ein Narr ist, der etwas auf
sich hält, der verbraucht wenigstens 47 Paar Schuhe das Jahr.
Charles d'Orléans bot ihm als Gastgeschenk einen Zelter.
Triboulet, das ist ein Fol!
Es kommt von dem alten französischen Verb tribouler und heißt
so etwas wie den Brägen branlieren.
Anna:
Branlieren?
Gilles:
Rütteln.
Es ist ein gewaltiger Narr.

Eine Marotte wie ein Holzhammer.

Seine Stirn ist niedrig.

Die Ohren unmäßig lang.

Die riesigen Augen quellen aus ihren Höhlen.

All dies drückt eine brutale Kraft aus, eine fast tierische Macht, die ein lächerlich enger Okziput Lügen straft.

Anna:

Genau.

Da kommt er selbst.

Gilles:

Wer?

Der alte Opapa?

Anna:

Unser armer alter guter Herzog Charles.

Gilles:

Gichtbrüchig.

Harthörig.

Er kann kaum mehr schreiben.

Seine Briefe zeichnet er mit einem Stempel.

Anna:

Ihm ist nach siebzehn Jahren Ehe von seiner jungen Frau eine Tochter geboren worden.

Gilles:

Vielleicht hat er die auch nur mit einem Stempel gezeichnet.

Anna:

Sie müssen es wissen.

Gilles:

Wieso ich?

Anna:

Sagt man nicht, daß Sie ihm nachhülfen?

Gilles:

Fi!

Üble Nachrede.

Er setzt Bauch an.

Anna:

Im Liegen sieht man es nicht.

Gilles:
Doch!
Anna:
Ich finde, er hat eine ehrfurchtgebietende Statur.
Gilles:
Wenn er läuft, sieht es aus, als laufe er im Sitzen.
Anna:
Dies sein Gesicht!
Deuten Sie an, so viel Sie wollen, von Gliederschwellung, Merencolie, Austrocknung.
Dies Gesicht können Sie ihm nicht abreißen.
Es ist ein Gesicht des Überschwangs und des Maßes.
Charles d'Orléans ist heiter, ohne fade zu sein.
Ich mag seine fleischigen Lippen.
Gilles:
Das ist eine leichte Großzügigkeit, wenn man mit seiner Gemahlin 110 Leute Personal zur Verfügung hat.
Anna:
Ist er ein schlechter Dienstherr?
Gilles:
Nicht daß ich wüßte.
Anna:
Und wäre es dem Neffen des Königs von Frankreich etwa nur immer glatt gelaufen?
Als er vier war, wurde er vom Königshof verbannt, weil sein Vater Louis, der Graf der Touraine, mit der Königin Isabella von Bayern techtelte und weil seine Mutter Valentina Visconti versucht hatte, ihren geliebten König zu vergiften.
Wissen Sie, wie der Vater unseres armen guten alten Herzogs Charles ermordet wurde?
Gilles:
Die Sänger und Pamphletisten haben es in allen Provinzen verbreitet:
Denn sie schnitten ihm eine Hand ganz ab, die im Matsch bis zum Morgen liegen blieb; dann schnitten sie ihm den anderen Arm über dem Ellenbogen ab, so daß er nur noch an der Haut hing, außerdem spalteten und zerschmetterten sie ihm den ganzen

Schädel an verschiedenen Stellen, so daß das Gehirn fast ganz in den Matsch fiel, und sie stießen ihn umher, beschmutzten ihn und schleiften ihn so lange, bis sie sahen, daß er steif war und tot.

Anna:
Es erstaunt mich nicht, daß sie es auswendig wissen.
Der kleine Charles hatte kaum Zeit, das Reiten zu lernen.
Andre lernen die Geschichte von Troja auswendig, den Roman der Rose und die Geschichte vom König Ödipus, der seiner Mutter den Hof machte und seinen Vater schlug.
Charles mußte mit 14 heiraten und fing damals schon an, Vater zu werden, von 14 bis 66, das ist eine ansehnliche Dauerhaftigkeit, lieber Gilles.
Charles mußte die Mörder seines Vaters verfolgen, Blois verteidigen, Paris besetzen.
Dann nahm König Henry ihn bei Azincourt gefangen und schleppte ihn 50 Jahre lang von einem Verlies ins andre.

Gilles:
Sie wissen, daß das falsch ist.
So erzählt man es vielleicht bei Ihnen zuhause in den rheinischen Landen.

Anna:
Falsch?
Er wurde nur zu Konferenzen rausgelassen und als Tauschobjekt vorgewiesen.
Einmal ließ man ihn bis Dover reisen, wo er sein geliebtes Frankreich am Horizont schimmern sah.
Die Jungfrau von Orléans schloß ihn in ihre Visionen ein!

Gilles:
Ja, er ist gut, ich weiß.
Doulx Seigneur.
Melior Princeps.
Cäsar.
Cato.
Er braucht nur sechs Hemden im Jahr.
Und freut sich, wenn man ihm vier violette Käppis schenkt.
Er bezahlt seinen Tagelöhnern die Miete.
Er besingt seinen kranken Jagdhund.

Er verleiht seinen Kamail-Orden den Küchenjungen.

Die Edelfrauen seines Hofes dürfen Köhler heiraten, ohne daß
der gute Herzog ein Haar in der Suppe fände.

Der Frau des verurteilten schottischen Sodomiters stellt er eine
Rente aus.

Den Bettlern wäscht er jeden Freitag die Füße.

Und wie er die Menschen hegt, hegt er auch die Bäume, seine
weiten Wäldereien um Orléans und Blois.

Anna:
Er ist ein guter Dichter.

Gilles:
Und so gut, gut, gut.
Ist es nicht auch ein bißchen fürchterlich?

Charles d'Orléans, von unten, aus einem andren Raum:
Je meurs de soif en couste la fontaine,
Tremblant de froit ou feu des amoureux;
Aveugle suis, et si les autres maine;
Povre de sens, entre saichans l'un d'eulx;
Trop negligent, en vain souvent songneux;
C'est de mon fait une chose faiee,
En bien et mal par Fortune menee.

Anna:
In Gut und Schlecht von Fortuna geführt.

Charles d'Orléans:
Je gaigne temps, et pers mainte sepmaine;

Gilles:
Gewinn ich Zeit und verlier manche Woche.

Anna:
Ich weiß.

Charles d'Orléans:
Je joue et ris, quant me sens douloureux.

Gilles:
Ich spiel und lach, wenn ich mich voller Schmerzen fühle.

Anna:
Ach?!
Charles d'Orléans:
Desplaisance j'ay d'esperance plaine.
Anna:
Verzweiflung hab in Hoffnung Fülle.
Charles d'Orléans:
J'atens bon eur en regret engoisseux.
Gilles.
Ich wart auf Glück in ängstlichem Bedauern.
Charles d'Orléans:
Je m'esjois, et cource a ma pensee.
Anna:
Das versteh ich nicht.
Charles d'Orléans:
En bien et mal par Fortune menee.
Anna:
In Gut und Schlecht von Fortuna geführt.
Charles d'Orléans:
Je parle trop, et me tais a grant paine;
Gilles:
Ich sprech zuviel und schweig nur unter Schmerzen.
Charles d'Orléans:
Je m'esbays, et si suis couraigeux;
Tristesse tient mon confort en demaine;
Faillir ne puis, au mains a l'un des deulx;
Bonne chiere je faiz quant je me deulx;
Anna:
Ich esse gut, wenn ich faste – vielleicht.
Charles d'Orléans:
Maladie m'est en santé donnee.
Gilles:
Gesund ist mir Krankheit gegeben.
Charles d'Orléans:
En bien et mal en Fortune menee.
Anna:
In Gut und Schlecht von Fortuna geführt.

Charles d'Orléans:

Prince..

Gilles:

Prinz?

Anna:

Prinz!

Gilles:

Prince?

Charles d'Orléans ist selbst Prinz.

Wer ist des Prinzen Prinz?

Anna:

Gott.

Gilles:

Wie der Prinz des Narren Narr.

Anna:

Und der Poet.

Charles d'Orléans:

Prince, je dy mon fait maleureux

Et mon prouffit aussi avantageux,

Sur ung hasart j'asserray quelque annee,

En bien et mal par Fortune menee.

Gilles:

Ich sterb, ich sterb vor Durst an der Quelle.

Anna:

Ich sterbe vor Durst an der Quelle.

Gilles:

Unserem guten armen Herzog war der Brunnen im Schloßhof
kaputtgegangen.

Er hat den Handwerkern ein Vermögen bezahlen müssen, um
wieder anständiges Trinkwasser zu haben.

Anna:

Ahnen Sie, was die Literaturgeschichte daraus machen wird?

Gilles:

Ein bißchen stockerig immerhin, was der alte Herr da vorgetra-
gen hat.

Vor ein paar Jahren hieß es noch:

Logiez moi entre voz bras

Et m'envoiez doux baisier.

Anna:

Fangen Sie schon wieder an?

Gilles:

Crevez moi les yeulx

Que ne voye goutte

Car trop je redoute

Beauté en tous lieux.

Mit dem hübschen Spondeus bei Beauté.

Anna:

Gilles, Gilles!

Sachte, sachte.

Sie rauben mir die Sinne mit Ihren Spondeen.

Gilles:

Das ist der große Charles.

Anna:

Ich kann nicht umhin, es zuzugeben.

Gilles:

Heute kann er gar nicht mehr richtig schreiben.

Und er zeichnet seine Briefe nur noch mit einem Stempel.

Anna:

Ja. Ihm ist nach 17 Jahren Ehe eine Tochter geboren worden.

Gilles:

Vielleicht hat er die auch nur noch mit seinem Stempel gezeichnet.

Anna:

Ja. Ja. Das eben wollte ich andeuten.

Aber Sie wissen sicher Genaueres.

Gilles:

Wie meinen?

Anna:

Munkelt man nicht, Sie hätten im geheimen nachgeholfen?

Und wer Sie bei der Arbeit gewahrt, will gerne glauben, daß Sie das Bett des Herzogs fähig wären in Richtung auf Madame de Clèves zuzustoßen.

Gilles, warum sprechen Sie so abfällig von unserem guten Herzog Charles?

Er hat Sie an seinen Hof geholt.
Er hat Schach mit Ihnen gespielt.
Er hat Sie zum Kunstreiter und Stallmeister gemacht.
Und, Ihre Zunge zu ehren, zum Dichter.
Gilles:
Er hat Liedlein von mir gesungen.
Anna:
Ich weiß.
Gilles:
O, es tut gut und erleichtert, daß ich zu einer Frau davon sprechen kann.
Ces beaux Mignons a vendre et a revendre,
Regardons les
Regardons les sont ilz pas a louer?
Anna:
Übersetze ich falsch mit:
Die hübschen niedlichen Jungen, die man kauft und wieder verkauft, seht sie Euch an, kann man sie eventuell ausleihen?
Gilles:
Wörtlich übersetzt.
Anna:
Ich habe nie ganz den Sinn verstanden, der sich dahinter verbirgt.
Gilles:
Ich auch nicht.

Josquin des Prés:
Mille Regretz…

Anna:
Das Liedlein kommt nun aus der Ferne.
Gilles:
Sie sind jetzt am Schindanger angekommen und beginnen mit dem Flechten.

Anna:
Ich denke, sie binden den Sodomiter und Gotteslästerer nur aufs
Rad und richten es dann hoch?
Gilles:
Oder so.
Anna:
Ist er denn gleich tot?
Gilles:
Ich glaube nicht.
Anna:
Lassen Sie mich jetzt gehen.
Gilles:
Nur ein letztes Mal.
Noch einen Kuß auf den Weg.
Anna:
Ein Tippelbruder.
Da!
Unten!
Ein Penner.
Gilles:
Das ist kein Tippelbruder.
Anna:
Doch.
Braun, wie sie immer sind, halb Sonne, halb Dreck.
Oder Ruß.
Wie komisch er den Fuß nachzieht.
Gilles:
Er kann kaum Fuß fassen auf den geschliffenen Fliesen.
Anna:
Jetzt niest er.
Jetzt spuckt er.
Gilles:
Madame und Monsieur verneigen sich vor ihm.
Anna:
Das ist die verkehrte Welt.
Der Schnodder hängt ihm wie Baumwolle in den Bartstoppeln.

Gilles:
Wissen Sie, wer das ist?

Anna:
Ein Kaiman, ein Krokodil, ein Fliegender Händler, der unserem armen, guten, alten Herzog Kämme, Unterhosen, Schreibpulte und getrocknete Kröten andrehen will.

Gilles:
Nein.

Anna:
Nein?

Gilles:
Das ist Villon.

Anna:
François Villon?

Gilles:
François de Montcorbier, genannt des Loges.

Anna:
Der Räuber?

Gilles:
Der Dichter.

Anna:
Der Mörder.
Und dabei soll er aus einer der besten Familien stammen.

Gilles:
Bettelarm war seine Familie.
Sein Vater tot, verschollen.
Seine Mutter gab ihn zum Prior von St. Benoit de Bestourné.
Der hat ihn aufgepäppelt.

Anna:
Der soll ja mütterlicher zu ihm gewesen sein als eine Mutter.

Gilles:
Auf jeden Fall hat er ihm alles von vorne und hinten reingesteckt.
Dem Tippelbruder, dem Räuber, dem Mörder, dem Krokodil Villon.

Anna:
Ist es nicht auch verständlich?
Es war die Zeit der vielen Pesten in Paris.

Wir aßen nichts als Steckrüben und Kohl.

Nachts riefen die Armen mit zarter Stimme:

Ich sterbe, ach! Süßer Herr Jesus!

Ich sterbe vor Hunger und Frost.

50 000 starben an der Großen Krankheit und am Großen Goût,
wie sie den Hunger nennen.

Die Wölfe irrten durch die Stadt und erwürgten 14 Personen.

Gilles:

François Villon hat als Kind nur Süßigkeiten gegessen und Wür-
ste und sogar Brot!

Von Ruten hat er nichts gespürt.

Mit 17 das Abitur; auch nicht gerade früh!

Mit 21 endlich Doktor.

Anna:

Doktor?

Gilles:

Maître des Arts, wenn Sie es ganz genau wissen wollen.

Anna:

So wichtig ist mir das nun auch wieder nicht.

Das ist der Schnee von gestern, wie man sagt.

Gilles:

Kaum hatte er das Abitur, beleidigte er eine feine Dame.

Der Büttel zog ihm die Hose herunter und schlug an dem Nackten
ein paar Ruten kaputt.

Anna:

Das stelle ich mir nicht sehr angenehm vor.

Gilles:

Ein lustiges Schauspiel.

Anna:

Ich möchte Sie in solchen Umständen sehen.

Gilles:

Sie können mich jetzt in diesem Umstand sehen.

Da ist die Rute.

Anna:

Still!

Es geht los.

Villon räuspert sich!

Gilles, flüsternd:
Mit 19 war er im Gefängnis.
Er schrieb seinen ersten Roman.
Ich sage Ihnen nicht, wie er heißt.
Anna:
Warum nicht?
Gilles:
Das ist viel zu anrüchig.
Anna:
Bitte!
Gilles:
Le Pet au Diable.

Anna lacht.

Gilles:
Vor fünf Jahren tötete Villon einen Priester.
Aber er wurde wieder auf freien Fuß gesetzt, weil er Verbindungen hat.
Oben.
Zum Dank brach er prompt im Navarra-Kollegium ein.
Er nahm die Kleinigkeit von, sagen wir, 5000 Goldstücken mit.
Dann mußte er weg.
Nicht ohne vorher ein langes Gedicht geschrieben zu haben.
Anna:
Und woher wissen Sie das alles so genau?
Gilles:
Weil einer seiner Komplizen geplaudert hat.
Tabary.
Es war zur Zeit des Prozesses der Coquillards.
Man hatte gerade drei Falschmünzer gekocht.
Anna:
Gekocht?
Gilles:
Ja.
Bei uns werden Falschmünzer gekocht.
Anna:
Wie.

Gilles:

Man setzt sie kalt auf und kocht sie in Wasser.

Anna:

Aber das ist entsetzlich.

Gilles:

Ja.

Es ist eine Strafe.

Möchten Sie in die Hände der Coquillards fallen?

Anna:

Nein.

Gilles:

Ehrlich?

Anna:

Ehrlich hat die Kuh gestohlen.

Sie tragen Masken und falsche Gesichter.

Bettler, Kaimane, Krokodile.

Sie stehlen Kinder und stechen ihnen die Augen aus, um besser mit ihnen zu betteln.

Sie machen Wunden nach aus Mehl und Safran und Blut.

Gilles:

Villon lebte als Zuhälter.

Anna:

Mit seiner abrasierten Birne.

Ich glaube, er liebte die Damen mit der Glut eines Mannes, der keine gute Gesundheit hat.

Er war betroffen, weil er sich so häßlich wußte, unglücklich, denn er war arm, er, dessen Körper und dessen Seele von der Lust beherrscht sind.

Gilles:

Vielleicht hatte er damals noch alle seine Haare.

Einer seiner Komplizen rühmte sich also des Raubes.

Er wurde festgesetzt, aufs kleine Streckbett geschnallt, dann aufs große, dann konnte er nicht mehr.

Und dann gestand er alles.

Anna:

François Villon räuspert sich.

Gilles:
Er kommt gerade wieder aus dem Gefängnis.
Anna:
Zweimal hat unser guter armer Herzog Charles ihn befreit.
Das erste Mal, als er im Triumph in Orléans einzog mit der kleinen Maria.
Gilles:
Aber den Sommer drauf saß der unverbesserliche François schon wieder ein.
Anna:
Beim Onkel Thibaud d'Assigny.
Gilles:
Den er gar nicht leiden mag.
Er hat fürchterliche Sachen über den Bischof veröffentlicht.
Er hat ihn mit Tacque Thibaud verglichen in einem wirklich dummen und gemeinen Wortspiel.
Anna:
Das ist mir entgangen.
Gilles:
Sie wissen nicht, wer Tacque Thibaud ist?
Anna:
Selbstverständlich.
Auch ich habe meinen Froissart im Kopf.
Gilles:
Marmouset heißt es bei Froissart.
Anna:
Marmouset?
Wir nennen es Buseron oder Busserant.
Gilles:
Bardache. Bougre. Mignon.
Anna:
Pulschemmer.
Gilles:
Persilleuse.
Anna:
Florenzer.
Praktisch ein Frauenkenner, verstehen Sie sich mit den Lippen aufs Graekistische.

Gilles:
Die Gefangenen leben beim guten Onkel Thibaud d'Assigny unter der Erde.
Angekettet.
Anna:
Als wenn die Empfindlichkeit den antiken Autoren gegenüber eine besondere Unsensibilität vor der Bevölkerung der Gegenwart bedingte.
Gilles:
Nach einigen Jahren Haft werden sie steif vor Rheumatismus.
Sie benehmen sich wie tollwütige Hunde vor Hunger.
Faul vor Würmern.
Schwarz.
Daher ist Villon schwarz.
Aufgedunsen oder dürr.
Nur Haut und Knochen.
Schnabel und Nägel.
Sie wiehern vor Durst.
Anna:
Sie haben sie gesehen?
Gilles:
Als ich am Hof von Orléans begann, hatte ich ihnen alle vierzehn Tage Stroh hinzustreun.
Anna:
Und was bedeutet das viele Wasser, das François Villon dem Bischof Thibaud d'Assigny in seinem Testament so unfair vorwirft?
Gilles:
Die Frage.
Anna:
Ja, ich stelle die Frage.
Gilles:
Sie verstehn mich nicht.
Die Frage ist die Antwort.
Anna:
Wie?
Gilles:
Die Wasserfrage.

Die Frage mit dem Wasser wird sehr oft durchgeführt.

Sie ist gar nichts Besonderes.

Man teilt sie ein in die gewöhnliche Frage und die außergewöhnliche Frage.

Die Frage mit dem Wasser wird vor der Verurteilung gestellt.

Nachdem der Körper des Angeklagten in einen Zustand äußerster Spannung versetzt worden ist –

Anna:

Nein, hören Sie auf!

Gilles:

Aber Sie haben es doch gefragt?!

mit Hilfe von Tauen, die an den Handgelenken und an den Füßen angebracht werden und dann an Eisenringen befestigt –

Anna:

Ich will die Antwort nicht hören.

Gilles:

Man schiebt ihm einen Bock unters Kreuz, damit der Körper nicht durchhängt.

Anna:

Bitte, Gilles! Gilles!

Gilles:

Stellen Sie sich nicht so an, es geht gleich vorüber.

Es geschieht jeden Tag, während Sie sich pudern, Wicken zupfen und Harfe spielen.

Lassen Sie das Damengetue, Sie haben mich gefragt.

Der Henker läßt den Patienten mittels eines hohlen Ochsenhorns, das ihm das Maul aufsperrt, vier Pinten Wasser runterwürgen.

Anna:

Wieviel ist das?

Gilles:

Gesetzlich 0,931 Liter, im Großhandel 0,951 Liter – also bei der gewöhnlichen Frage – kann man vier Liter rechnen.

Und acht Pinten bei der außergewöhnlichen Frage.

Anna:

Fast acht Liter.

Gilles:
Der Patient verwandelt sich in einen Tintenfisch, der, an trocknem Land, aus allen Leibesöffnungen Schleim und Feuchtigkeiten sprudeln läßt.
Zu Ihrer Beruhigung:
Der Arzt ist immer anwesend.
Anna:
Der Arzt?
Ach, ja, der Arzt immer.
Gilles:
Der Chirurg, damit unterbrochen werden kann, wenn der Patient zu schwach wird.
Anna:
Das haben Sie mit dem Dichter François Villon angestellt?!
Gilles:
Nein, mit dem Mörder, Räuber, Kaiman, Krokodil, mit dem Tippelbruder, wie Sie es so treffend wie volkstümlich formulierten.
Den Dichter François Villon hat der Herzog Charles d'Orléans zur Tagung eingeladen.
Anna:
Deshalb muß er immer niesen.
Deshalb der Schnodder wie Flocken von Baumwolle in seinen Bartstoppeln.
Gilles:
Ja, die Bronchien sind nach so einer Behandlung hin für den Rest des Lebens. Und ein Teil der Trachea desgleichen.
Anna:
Deshalb sieht sein Schädel aus wie eine rasierte Rübe.
Gilles:
Beruhigen Sie sich.
Unser guter alter armer Herzog Charles hat ihn ja ein zweitesmal da rausgeholt, als er mit dem frischgekrönten Louis XI. durch Meung-sur-Loire ritt und Villon wieder anläßlich eines Triumphes amnestiert worden ist.
Charles d'Orléans lädt ihn nach der Wasserfrage ein zu einem Dichtertreffen mit dem Motto:

Ich sterb vor Durst an der Quelle.
Ist das nicht geistreich?

Josquin des Prés:
Mille Regretz . .

François Villon, von unten, aus einem anderen Raum:
Je meurs de seuf auprés de la fontaine;
Chault comme feu, et tremble dent a dent;
Gilles:
Das sieht man, daß er mit seinen restlichen Zähnen klappert.
Der heiße Hase!
Villon:
En mon pays, suis en terre loingtaine;
Anna:
In seinem Land ist er in fremder Erde – nicht?
Gilles:
Genau.
Villon:
Lez ung brasier, frissonne tout ardent;
Nu comme ung ver, vestu en president;
Gilles:
Gekleidet wie ein Präsident.
Der Narren.
Der Manoligang.
Villon:
Je riz en pleurs, et attens sans espoir;
Anna:
Er lacht weinend und hofft ohne Hoffnung.
Das versteh ich.
Gilles:
Verstehen Sie, warum auf eine Zeile immer zwei widersprüch-
liche Paare kommen?

Weil als poetische Figur eine Verdoppelung keine ist, nur die doppelte Verdoppelung ist die wahre poetische Verdoppelung.

Drum schürzen Sie, schürzen Sie, Anna, vorgebeugt, damit wir das zweite Doppel noch schaffen, ehe Meister Villon geendigt ist.

Anna:

In Gottes Namen, Gilles.

Doch versichern Sie mir, daß es wirklich nur aus metrischen Rücksichten geschieht?

Gilles:

Gehen Sie nur damit um, wie Sie sich betroffen fühlen!

Villon:

Je m'es jouys, et n'ay plaisir aucun;

Puissant je suis –

Anna:

O wie!

Villon:

sans force et sans povoir;

Bien recueully, debouté de chascun.

Gilles:

Wohl empfangen.

Anna:

Und von jedem zurückgestoßen.

Villon:

Rien ne m'est seur que la chose incertaine;

Gilles:

Nichts ist ihm sicher als das Unsichere.

Villon:

Obscur, fors ce qui est tout evident;

Doubte ne fais, fors en chose certaine;

Anna:

Er zweifelt nur an den sicheren Dingen.

Villon:

Science tiens a soudain accident;

Je gaigne tout, et demeure perdent;

Gilles:

Ich erreiche alles und bleibe ein Verlierer!

Villon:

Au point du jour diz: Dieu vous doint bon soir;

Gisat en vers, j'ai grant paeur de cheoir;

J'ay bien de quoy, et si n'en ay pas ung;

Echoicte actens, et d'omme ne suis hoir:

Bien recueully, debouté de chascun.

Anna:

Wohl empfangen und von jedem zurückgestoßen.

Villon:

De rien n'ay soing, si mectz toute m'atayne

D'acquerir biens, et n'y suis pretendent;

Gilles:

Er sorgt sich um nichts und bemüht sich, Güter zu häufen.

Da sieht man es.

Die Strichvögel.

Anna:

Der Gedanke zieht sich über die Zeile rüber.

Drei Aussagen ergeben zwei Paare.

Der in der Mitte zielt nach vorne und hinten.

Gilles:

Um so mehr.

Anna:

Um so weniger vielleicht.

Er gibt beides nicht vor.

Villon:

Qui mieulx me dit, c'est cil qui plus m'actaine,

Et qui plus vray, lors plus me va bourdent;

Mon ami est qui me faict entendent

D'ung cigne blanc que c'est un corbeau noir;

Anna:

Was?

Gilles:

Sein Freund ist, wer ihm einen weißen Schwan als schwarzen Raben einredet.

Anna:

Ja!

Dunkel wars, der Mond schien helle,

Als ein Wagen blitzesschnelle
Langsam um die Ecke fuhr.
Drinnen saßen stehend Leute,
Schweigend ins Gespräch vertieft,
Als ein totgeschossner Hase auf der Sandbank Schlittschuh lief
Und ein blondgelockter Jüngling mit kohlrabenschwarzem Haar
Aus dem offnen Fenster guckte, das fest zugeschlossen war!
Es ist dasselbe poetische Kompositionsprinzip!

Villon:
Que fais je plus? quoy? les gaiges ravoir;
Bien recueully, debouté de chascun.

Anna:
Was will er jetzt?

Gilles:
Gage.
Er erinnert unseren guten armen alten Herzog an den Honorar-
rahmen vom letzten Mal; dabei sollte er doch eigentlich mit einer
Wiederholungsvergütung zufrieden sein.
Es ist seit zwei Jahren dasselbe Thema.

Anna:
Da empfängt ein vornehmer, sensibler Herr so ein Krokodil, und
dann drückt es ihn runter auf das pure Honorar.

Gilles:
So sind die Dichter alle.
Ich bin froh, daß ich mein Auskommen als Oberstallmeister habe
und meine Poesie ganz vom Lebensunterhalt trennen kann.
Ich habe Ihnen etwas mitgebracht.

Anna:
O, ich will sehen!
Einen goldenen Ring mit einem Karfunkelstein!

Gilles und Anna beginnen nun erst recht zu scherzen.

Josquin des Prés:
Mille Regretz..
Von ferne. In der Nähe das Glucksen Gilles' und Annas.

Charles d'Orléans aus einem anderen Raum, von unten:
Je meurs de soif en couste la fontaine;
Tremblant de froit ou feu des amoureux;
Aveugle suis, et si les autres maine;
Povre de sens, entre saichans l'un d'eulx;
Trop negligent, en vain souvent songneux;
C'est de mon fait une chose faiee,
En bien et mal par Fortune menee.

Je gaigne temps, et pers mainte sepmaine;
Je joue et ris, quant me sens douloureux;
Desplaisance j'ay d'esperance plaine;
J'atens bon eur en regret engoisseux;
Rien ne me plaist, et si suis desireux;
Je m'esjois, et cource a ma pensee,
En bien et mal par Fortune menee.

Je parle trop, et me tais a grant paine;
Je m'esbays, et si suis couraigeux;
Tristesse tient mon confort en demaine;
Faillir ne puis, au mains a l'un des deulx;
Bonne chiere je faiz quant je me deulx;
Maladie m'est en santé donnee,
En bien et mal par Fortune menee.

Prince, je dy que mon fait maleureux
Et mon prouffit aussi avantageux,
Sur ung hasart j'asserray quelque annee,
En bien et mal par Fortune menee.

Liebesspiel von Anna und Gilles, kurz, schrill, aus der Nähe.

François Villon von unten:

Je meurs de seuf auprés de la fontaine;
Chault comme feu, et tremble dent a dent;
En mon pays, suis en terre loingtaine;
Lez ung brasier, frissonne tout ardent;
Nu comme ung ver, vestu en president;
Je riz en pleurs, et attens sans espoir;
Confort reprens en triste desespoir;
Je m'esjouys, et n'ay plaisir aucun;
Puissant je suis, sans force et sans povoir;
Bien recueully, debouté de chascun.

Rien ne m'est seur que la chose incertaine;
Obscur, fors ce qui est tout evident;
Doubte ne fais, fors une chose certaine;
Science tiens a soudain accident;
Je gaigne tout, et demeure perdent;
Au point du jour diz: Dieu vous doint bon soir;
Gisant en vers, j'ai grant paeur de cheoir;
J'ay bien de quoy, et si n'en ay pas ung;
Echoicte actens; et d'omme ne suis hoir;
Bien recueully, debouté de chascun.

De riens n'ay soing, si mectz toute m'atayne
D'acquerir biens, et n'y suis pretendent:
Qui mieulx me dit, c'est cil qui plus m'actaine,
Et qui plus vray, lors plus me va bourdent;
Mon ami est qui me faict entendent
D'ung cigne blanc que c'est un corbeau noir;
Et qui me nuyst, croy qui m'ayde a pourvoir;
Bourde, verité, au jourd'uy m'est tout ung;
Je retiens tout, rien ne sçay concepvoir;
Bien recueully, debouté de chascun.

Prince clement, or vous plaise sçavoir
Que j'entens moult, et n'ay sens ne sçavoir;
Parcial suis, a toutes loys commun;

Que fais je plus? quoy? les gaiges ravoir;
Bien recueully, debouté de chascun.

Anna de Hoghart und Gilles des Ormes tun sich nun keinen Zwang
mehr an.
Laut aus der Nähe.

Charles d'Orléans aus einem anderen Raum, von unten:
Asourdy de Non Chaloir,
Aveuglé de Desplaisance,
Pris de goute de Grevance,
Ne sçay a quoi puis valoir.

Voullez vous mon fait savoir?
Je suis pres que mis en trance,
Asourdy de Non Chaloir,
Aveuglé de Desplaisance.

Se le Medecin Espoir,
Qui est le meilleur de France,
N'y met briefment pourveance,
Viellesse estainct mon povoir,
Asourdy de Non Chaloir.

Anna de Hoghart und Gilles des Ormes – noch einige kleine Schreie
aus der Nähe.

Josquin des Prés:
Mille Regretz..

Gilles des Ormes:
Toll waren die beiden Hähne nicht!
Der alte und der gerupfte.
Anna, wenn wir hier fertig sind, werde ich hinuntergehen und ein
heftigeres Lied singen.
Ich sterb vor Durst an der Quelle.

Noch etwas Seufzen und Glucksen; abnehmend jedoch.

Anna de Hoghart:
Und ich bin sicher, Gilles des Ormes, man wird Ihnen einen Preis
nicht verweigern können!

Ich bin ein Löwe
Und meine Eltern sind Eichen und Steine

Die Geschichte des Zaubermarktes von Bé

1985

Personen:

Der Löwe
Der Zauberer aus Abomey
Der Herr aus Basel
Empedokles
Der Zauberer aus Merseburg
Daniel Casper von Lohenstein
Johannes Bobrowski

Musik:

Couperin: Pièces de violes
Perotin: Viderunt Omnes
Monteverdi: Klavieraufnahme mit Nadia Boulanger

Geräusche:

Peitschenvogel
Gewitter
Trillerpfeife
Afrikanische Flöten
Affengekeckere
Wind
Gesänge der Wale
Orgel Covarrubias
Orgel Frederiksborg

Couperin: Pièces de violes
Peitschenvogel

Der Löwe:
Ich bin ein Löwe.

Gewitter
Trillerpfeife

Der Löwe:
Ich bin ein Löwe.

Perotin: Viderunt Omnes
Peitschenvogel

Der Löwe:
Ich bin ein Löwe
Und meine Eltern sind Eichen und Steine.

Afrikanische Flöten
Affengekeckere.

Der Löwe:
Dienstag, den 4. Juli 1978.
Ich stehe in Togo, am Rande von Lomé, im Viertel Bé.
Vor dem Zaubermarkt.

Der Zauberer aus Abomey:
Eule
Rabe
Papagei
Taube
Falke

Schwalbe
Steine
Schilde
Chamäleon
Schlange
Krokodil
Büffelhorn
Antilopenhorn
Giraffenhorn
Löwenfell
Pantherfell
Pardelfell
Hyänenfell
Schakalfell
Eselsschwanz
Affenbalg
Kiefer
Ein Meer von Kiefern
Getrocknete Köpfe
Affenschädel
Mäuseschädel
Elefantenschädel mit Zierkürbissen
Zweige
Pfeffer
Rinden
Zahnstocher
Holzpimmel
Stacheln des Stachelschweins
Adlerschwinge
Die rote Feder
Flaschen
Konservendosen
»Das geschmolzene Glas des Regenbogens«
Der Pappkarton voller chinesischer Ideogramme
Blaue Plastikschalen
Därme
Pferdehufe

Ziegenhufe
Rinderhufe

Der Löwe:
Buchstaben.
Stäbe aus Buchen, die auf den Boden geworfen werden.

Affengekeckere
Monteverdi mit Klavier in der Aufnahme von Nadia Bou-
langer

> *Der Herr aus Basel:*
> Ich komme aus Basel.
> Ich bin betroffen.
> Darf ich mitschneiden?
> Oder einen ganz langen
> Film?
> Eine einzige Einstellung.
> Nur Ihr Gesicht.
> Und dann: Laß laufen!
> Sechs Stunden lang.
> Jeden Gesichtsausdruck.
> Niemand darf wissen, was
> er tut.
>
> Nicht einmal die Kamera.
> Ich möchte etwas hinterfra-
> gen, um eine Ausstellung
> daran festzumachen.

Der Löwe:
Ich bin ein Löwe.
Meine Eltern sind die Felsen und das Meer.

> *Der Herr aus Basel:*
> Das ist ja prima!

Affengekeckere
Perotin
Afrikanische Flöten
Affengekeckere

Der Herr aus Basel:
Sie möchten ausdrücken:
Was geschieht mit mir,
wenn ich vor dem Zauber-
markt in Bé stehe.

Couperin
Wind
Peitschenvogel

Der Löwe:
Nichts. Nichts. Nichts.

Wind.

Der Löwe:
Ich stehe vor Steinen, Äsern, Blättern auf dem Zaubermarkt in Bé
und starre sie an.

Afrikanische Flöten

Der Löwe:
Ich erinnere mich nicht an das Nichts.

Wind

Der Herr aus Basel:
Das Nichts nichtet bekanntlich.

Der Löwe:
Aus Ich in Nichts?

Der Herr aus Basel:
Lohenstein?
Nein!
Hier jetzt umgekehrt, ja?

Der Löwe:
Aber damals?
Damals gab es nicht einmal ein Damals.

Der Herr aus Basel:
Geschweige denn einen
Ponton in Blankenese und
Albert Schweissguth und
den Lieben Gott und
Wolfgang Liebeneiner und
Wolfgang Borchert.

Der Löwe:
Nichts.

Der Herr aus Basel:
Nicht einmal eine Allegorie
oder Symbole oder Schatten.

Wind

Der Löwe:
Aus Nichts in Ichs.

Afrikanische Flöten

Der Herr aus Basel:
Der Anfang sozusagen nicht
das Nichts.

Das Nichts fängt nicht an
und endet nicht.
Es gibt Nichts.
Es gibt nichts.

Der Löwe:
Nichts des Nichts.
Nicht.
Und keiner kann das Nichts verneinen.

Affengekeckere

Empedokles:
ἤδη γάρ ποτ᾽ ᾽ἐνώ γενόμην κοῦρός τε
κόρη τε
θάμνος τ᾽ οἰωνός τε καὶ ἔζ αλός
ἔλλοπος ἰχθῦς.

Der Herr aus Basel:
Das erinnert mich an
Thornton Wilder.
Wir sind noch einmal
davongekommen.
Kammerspiele 1947 in der
Schlechten Zeit.

Der Löwe
Es ist Dulu Kruck.
Ich meine Empedokles.

Affengekeckere.

Der Löwe:
Ist Feuer das Fieber des Nichts?
Vor der Kundt'schen Rübe?
Vor dem Knall?
Oder ist Feuer schon etwas zu sehr?

Ein Gas oder ein Laser?
Auch Feuer ist erinnerungslos.
An die Explosion erinnere ich mich nicht.
Das ging viel zu schnell.
Im Gegensatz zur unendlichen Langsamkeit des ewigen Nichts.
Ein Augenblick nur.
Aber es gab kein Auge.
Eine tausendstel Sekunde ist eine Ewigkeit dagegen.

Der Herr aus Basel:
Sie versuchten quasisyntak-
tische Aussagen an der
Kundt'schen Rübe fest zu-
machen!

Affengekeckere

Der Löwe:
Dies Kreißen schon.
Pfeilartig nach vorn.
Ausdehnen.

Affengekeckere

Der Löwe:
Ich brenne!
Nee.

Affengekeckere

Der Löwe:
Wind weniger.
Das dauerte schon sehr lange, ging aber unbemerkt vorüber,
denn meine Erinnerung für Winde ist nicht sehr ausgeprägt.

Wind

Der Löwe:
Dann das Klumpen und das Erkalten.
Schuppen.
Ich weiß noch, als ich Tau war!

> *Der Herr aus Basel:*
> Mahabharata.

Der Löwe:
In mir spiegelte sich das All.

> *Wind*
> *Gewitter*
> *Couperin*
> *Peitschenvogel*

Der Löwe:
Um sechs Uhr früh holen die Händler ihre Bündel aus den Hütten.
Es wird gefegt.
Im Sand der Straße werden die Beete vorbereitet.
Die Gegenstände werden einer neben dem anderen angeordnet.
Ein Junge ißt ein Sandwich, während er die Totenköpfe in einer Reihe ausrichtet.
Die Nägel seiner rechten Hand sind blau lackiert.
Auch auf den Eternitdächern der Hütten liegen Affenleichen.

> *Wind*
> *Couperin*
> *Wind*

Der Löwe:
Um halb sieben packen die Händler alles zu großen Bündeln zusammen.
Die leeren Beete sehen aus wie Gräber.
Ein Freund von Thomas deutet an, daß ich mit ihm nach Hause gehen soll und die Nacht dort schlafen.

Peitschenvogel

Der Löwe:
Wie ein Stein.
Ich bin ein Stein.
Ich bin steinalt.
Auch an Wind und Wasser, aber am deutlichsten erinnere ich mich:
Ein Stein.
Ein Stein ist ein Stein ist ein Stein.

Der Herr aus Basel lacht.

Der Löwe:
Die Schwere.
Ich fiel.
Ich lag lange unbeweglich.
Endlich Ruhe.
Vor sich hin liegen.
Ich endlich unendlich viel Zeit nach der Milchstraße.
Ich bin ein Stein.
Ich darf schwer sein.
Und ich habe tausend Millionen Milliarden Jahre Zeit nachzu-
denken.

> *Der Herr aus Basel:*
> Ohne Le Monde, NZZ und
> Die Zeit und den Spiegel
> am Montag.

Der Löwe:
Beschwerte man am Rande des Kliffs die Blätter mit mir?
Ich sang ins Wasser.

> *Peitschenvogel*
> *Perotin*
> *Affengekeckere*

Der Löwe:
Auch das rötliche Brodeln.
Rülpsen.

Der Herr aus Basel:
Fürze!

Der Löwe:
Schaum.

Der Herr aus Basel:
Als Kohlenstoff verästeln
Sie sich.

Affengekeckere

Der Löwe:
Dann Hefe.
Gären im ägyptischen Topf.
Die Heilungen des Drecks.
Die Wonnen des Wegwurfs.
Im Moor.
Im irischen Brot.
Lebendige Antibiotika.

Der Herr aus Basel:
Selbstverständlich
erinnern Sie sich kaum an
dies Stadium.
Oder haben Sie schon
einmal gehört, daß das
Aureomycin über sich
nachdenkt?
Oder der Fußpilz?
Oder die Psoriasis?

Der Löwe:
Ischtar.
Nicht nur die Milch wird bei Gewitter sauer und die Mayonnaise
gelingt nicht – auch der Wein kippt um.
Da versinkt Atlantis.

> *Der Herr aus Basel:*
> Rungholt.

Der Löwe:
Ansätze der Empfindlichkeit.

> *Der Herr aus Basel:*
> Blattläuse.

Der Löwe:
Gras denkt.
Gras ist eine Sprache.
Nicht nur aufgeregt vom Wind.
Gras wird zu Buchstaben geknotet.

Afrikanische Flöten

Der Löwe:
Mein Blut sind Adonisröschen.
Der Mensch ist ein Baum.
Eichen meine Eltern.
Die Fichte.
Baumgifte.

> *Der Herr aus Basel:*
> Schmatzlaute.

Der Löwe:
Polyp.

> *Der Herr aus Basel:*
> Stülpen. Lecken. Nase.
> Löcher. Umstülpen.
> Schlappern. Schlürfen.
> Schlampen. Schlawinern.
> Schwul. Lumpazivagabundus.

Der Löwe:
Ich bin ein Löwe.
Ich erinnere mich nicht, wie ich ein stummer Fisch war in der Salzflut, wie Diels übersetzt.

> *Gesänge der Wale.*

Der Löwe:
Als Wal trat ich in den Männergesangverein Concordia ein.

> *Der Herr aus Basel:*
> Sie wollen durch die
> Gegenüberstellung deutlich
> machen:
> Der Wal ist ein Säugetier.

> *Affengekeckere*

Der Löwe:
Als Zwergschimpanse sagte ich zu Rilke:
So beknackt werde ich sein, auch noch über den Tod nachzudenken.

> *Affengekeckere einer ganzen Herde.*

Der Löwe:
Als Elefant bediente ich mich übrigens der Nase als Hand und benützte zu meinem eigenen Vergnügen Pinsel, Mundharmonika und Kautabakdose.

Gewitter

Der Herr aus Basel:
Moment mal!
Das war der Laubhütten-
vogel!

Der Löwe:
Der Laubenvogel.

Der Herr aus Basel:
Der Laubhüttenvogel.

Der Löwe:
Der Laubenvogel.

Der Herr aus Basel:
Meinetwegen.
Wenn Sie denn durchaus
recht behalten müssen.
Der bekannte Fall der Laub-
hüttenvögel sieht sehr nach
dem Hinausschießen über
das Ziel aus, das wir bei der
Evolution morphologischer
Merkmale beobachtet haben.
Diese Vögel bauen in der
Mitte runder Rasenflächen
bis zu 2,7 Meter hohe Türme
mit Innenkammern. Diese
Kammern schmücken sie mit
Blumen aus, die sie mit
frischen ersetzen, sobald
sie welk geworden sind.
Manchmal färben sie die
Wände mit Beerensaft oder
verzieren die Laube mit

Schneckengehäusen, Glas-
scherben oder Spinnenfäden.
In einer Laube fand man einmal an die tausend Kiesel-
steine, mehr als tausend
kleine Stöckchen und über
tausend Grashalme.

Der Löwe:
Genau.

Der Herr aus Basel:
Die Nester, sagt Gillard,
sind nur externalisierte
Bündel von sekundären
Geschlechtsmerkmalen.

Peitschenvogel

Der Löwe:
Geil!

Peitschenvogel

Der Löwe:
Sonntag, den 9. Juli:
Der Zaubermarkt in Bé hat doch auf am Sonntag.
Zu Grégoire, dem letzten links.
Ich möchte rote Federn kaufen, um sie in Sepia, das ich am
Strand gefunden habe, zu stecken.
Grégoire nimmt mich hinter das Sonnensegel und verhandelt mit
mir.
Er will 1500 Francs CFA für fünf schöne rote Federn.
Ich sage: Nein, das ist zuviel.
Ich solle meinen Preis sagen.

500.
Nein, 2000.
Nein, nein, nein, das ist ja noch mehr.
Ich will die Federn wieder zu den anderen legen.
Nun legen Sie doch die Federn nicht gleich wieder hin. 1000.
Nein.
Also gut, 800.
Nein.
Gut also, 600.

Trillerpfeife
Afrikanische Flöten.

Der Löwe:
Ich starre auf Steine, Hufe, Felle, Zierkürbisse, chinesische
Pappkartons, Stacheln von Stachelschweinen, getrocknete
Chamäleons, Elefantenschädel, Affenschädel, Katzenschädel,
Schlangenschädel.

Peitschenvogel
Wind

Der Löwe:
Ich bin der Löwe.
Ich rase und reise.
Ich rase einher und trample und verschlinge.
Schneller.
Bis ich mich in die Luft erhebe.
Greif.
An das Fliegen habe ich sehr genaue Erinnerungen.
Die Winde in den Weichen.
Ich steure mit gefiederten Zehen.
Ich kreise jahrtausendelang.

Von oben erkennt man deutlich die Autoschlangen und die
Mauer.
Ich erspähe Gold, Mayatempel, Ölreserven, Mäuse.

    Wind

                                        Der Herr aus Basel:
                                        Das ist die Luftreise des
                                        Schamanen.

          Peitschenvogel

Der Löwe:
Ich bin der Löwe.
Ich möchte in die Gurgel beißen.
Pranken in Schultern schlagen.
Knochen knacken.
Leber auffressen.

                                        Der Herr aus Basel:
                                        Sagen Sie mir bitte, wie
                                        Ihnen diese ausgezeichnete
                                        Bavaroise gelingt?!

Der Löwe:
Opfern.
Folter.

                                        Der Herr aus Basel:
                                        Dazu ist der Tod
                                        notwendig.

Der Löwe.
Da lag jetzt so viel Abfall herum.
Wenn man anfängt, als Affe mit den Händen, als Elefant mit der
Nase, Klöppelarbeiten durchzuführen, Mayonnaise zu rühren
und die parlamentarische Demokratie zu begründen, liegt gleich

alles voll mit Versandtaschen, Katalogen, Klarsichtpackungen.
Die Riten lagen herum, hingen an den Bäumen, klapperten
durchs Moor.
Hülsen und Angst.
Riten tauchten.
Riten standen plötzlich aufrecht.

Der Herr aus Basel:
Das Göttliche war also das
Tier.
Die Geburt der Religion
aus dem Geiste der
Säkularisation.
Wann fingen Sie an, etwas
vom Tod zu wissen?

Der Löwe:
Ich schlich um mein Junges und sah, daß es steif war.
Ich leckte es, es war kalt.
Das Sterben war mir nicht klar.
Es konnte auch Durchfall sein oder Syphilis.
Den Tod begriff ich.

Der Herr aus Basel:
Rilke ist da andrer Ansicht.
Als Elefant halfen sie
den Alten in ihr Totenbett.

Der Löwe:
Ich setzte sie auf ein Floß, mit der Ration für einen Tag.
Ich schüttelte meine Vorfahren von den Bäumen.
Wer sich festhalten konnte, durfte überleben.
Wer herunterfiel, wurde zertrampelt.

Der Herr aus Basel:
Niedergeknüppelt.
Damit haben wir die Seele.

Den Geist.
Den Schöpfer.
Das Prinzip Hoffnung.
Und Habermas.
Und die Zelle.

Der Löwe:
Acht Liter Wasser dem festgeschnallten Patienten mittels eines
Ochsenhorns einflößen.

> *Der Herr aus Basel:*
> Der Patient verwandelt
> sich in einen Tintenfisch,
> der an trockenem Land aus
> allen Leibesöffnungen
> Schleim und Feuchtigkeiten
> sprudeln läßt.

Der Löwe:
Die Generäle, die Heroen, Erwin Rohde, die Reporter, die
Schwulen, Guédé.
Die Holzpimmel der Toten.
Die Titten der Toten aus Holz.
Das Holzmesser Nanãs.
Die Spiegel.
Nanã ist der Tod.
Ich komme wieder.
Durch den Spiegel.

> *Der Herr aus Basel:*
> Steinmesser.

Der Löwe:
Ich fing an, meine Toten zu schminken.
Damit sie mich nachts nicht erschrecken.

> *Der Herr aus Basel:*
> Schrumpfköpfe.

Der Löwe:
Masken.

> *Der Herr aus Basel:*
> Handtaschen.

> *Der Zauberer aus Abomey:*
> Ich heiße Glole kándiho Azomoudo.
> Ich wurde 1918 in Lissasoume ge-
> boren.
> Ich bin Mitglied der Association des
> Guérisseurs Traditionnels de la Ré-
> publique Populaire du Bénin.
> Wir wohnen hier in Togo.
> Wir haben unser Postfach hier.
> Aber wir fahren oft in die Volksrepu-
> blik Benin.
> Über den Mono.
> Wir sind Fon.

Der Löwe:
Alle Händler des Zaubermarktes von Bé sind Fon aus Abomey in
der Volksrepublik Benin.

> *Der Herr aus Basel:*
> Dem ehemaligen Königreich
> Dahomey.

Der Löwe:
Seit 1950 kommen sie nach Bé.
Der alte Awino war ihr erster Anführer.
Er ist tot.
1969 gab es Schwierigkeiten wegen der Besteuerung.
Sie zahlten Steuern in Dahomey und sollten auch Steuern in Togo
zahlen.
Doktor Ahyi half ihnen.
Sie brauchten nur noch Steuern in Togo zu zahlen.
Jetzt zahlen sie auch hier keine Steuern mehr.
Nur noch Markttickets.

Der Herr aus Basel:
In der Küche, am
Hinrichtungsort, zwischen
Naragheizung und Gasherd,
kommt sie mir entgegen.
Ich träume, sie kommt aus
dem schlammigen Wasser,
selbst wasserartig, nicht
Loko, nicht Iroko, der Baum,
nicht das Bild der bewußt-
losen Marquise von O.,
sondern Nanã, die älteste
Mutter des Wassers und des
Schlammes, mit dem
Krötenton.

Der Löwe:
Eine Zeremonie, die auch den Eingeweihten unbekannt bleibt.
Schnell wird sie begangen, zwischen Tür und Angel, mit einzelnen, wenigen, unter Kröten und Fröschen und Schlamm schaffen
sie hastig die Welt ein zweites Mal, in einem kleinen Nebengelaß,
wo es niemand sonst bemerkt.

Der Herr aus Basel:
Nanã kommt, der Meerstern,
mit flatternden Haaren,
und ich laiche sie ein.

Der Löwe:
Nanã.
Maman.
Ich bin die Mutter des Matsches.
Ich töte, ohne zu berühren.
Ich bin eine Leopardin und esse, ohne zu rösten.
Ich bin sehr alt.
Ich schütze meine Kinder, die Fon, vor der Beschneidung.
Ich bade in Eselsmilch.
Ich bringe das Holzmesser und den Quirl.
Die Knoblauchpresse und die Hinrichtung der Bohnen.
Beete.
Speicher.
Ich bin nicht die Hündin der Kreuzwege.
Ich werde Vegetarier.

Der Herr aus Basel:
Die Wonnen der Vegetari-
schen Gaststätte.
Bei Ladage und Oelke,
im ersten Stock, mit
Blick auf das Denkmal von
Barlach.
Worte vermögen nicht, eine
Gemüsewurst zu umreißen.

Der Löwe:
Gandhi!
Baumgifte.
Triturationen.
Die Gehirnschale durchschreiben.
In Salvador da Bahia de Todos os Santos sagt man:

Er weiß ein Blatt! wenn man sagen will: Er ist klug.
Blätter, um den Verstand zu verlieren.
Der Mensch ist ein Baum.
Die Blätter sind die Gedanken.
Kränze.
Biere.

Perotin

Der Herr aus Basel:
Es ist schwierig, die Gewalt-
losigkeit durchzuhalten.
Zum Beispiel:
Sie werden als Schwuler
beschimpft, bespuckt,
ausgeraubt.
Es frißt sich die Gewalttat,
die Sie nach außen ver-
meiden, in Sie hinein und
richtet sich gegen Sie selbst.
Sie vergiften sich mit
Phantasien der Rache.
Ist das noch gewaltlos?
Nach außen tragen Sie die
Maske der Eingeweihten,
der Schrebergärtner, der
Doppelagenten.
Sie taugen für keinen Dienst
der Erde.
Mit der Gewaltlosigkeit
schließen Sie sich aus.

Der Zauberer aus Abomey:
Die Reihe der Verkäufer, bei Gré-
goire beginnend:
Grégoire, Sekretär, sein Lehrling,
Anagonou.

Jacob, sein Lehrling, Dansi.
Thomas hat keinen Lehrling.
Dansi.
Clément.
Tohossi.
Frédéric.
Deregbo.
Auf der anderen Seite, rechts beginnend:
Aynassin, seine Lehrlinge Adjapu und Sissou.
Der Chef Azomoudo.
Serverin, seine Lehrlinge Dakossi und Bessou.
Paul, sein Lehrling Ayeliwu.
Assiha, sein Lehrling Komi.
Felix, sein Lehrling Aklongbessi.
Adidan.
Aringdjassi, er ist Priester des Gottes Sagbata.
Victor.
Batremi.
Donjitang.
Victorin.
Séraphin.
Raphael.
Benoit.
Pascal.

Der Löwe:
Ich esse doch wieder Fleisch.
Ich lebe im Norden als Jäger.
Ich jage mit der Lanze aus Holz.
Vergiftet.
Ich jage vom Pferde aus.

Der Herr aus Basel:
Das ist rein geschichtlich
schon unwahrscheinlich.

Der Löwe:
Sechs Monate leben wir in den Wäldern.
Ich kehre zurück, behangen mit Löwenfellen, Schlangenhaut,
Rattenfellen, Krokodilspanzern, mit Echsen und Gefiedern.

Der Herr aus Basel:
Es handelt sich um eine
Initiationszeit und um
die Trance.

Der Löwe:
Wir töten mit den Zähnen.
Manche kleineren Tiere schütteln wir so lange im Maul hin und
her, bis sie vor Benommenheit sterben.
Andren bricht das Geschüttle das Genick.
Wir zerreißen mit den Nägeln, den Krallen.
Ich teile, was ich gefangen habe.
Ich lasse meine Jungen, meine Freunde, mein Weibchen von der
Leber fressen.

Der Herr aus Basel:
Reizend!
Die Foodsharing Society.

Der Löwe:
Seit unsere Familie nicht mehr vegetarisch lebt, werden wir ge-
selliger.

Der Zauberer aus Abomey:
Das Tier für den Gott Siete Rayos
ist der Löwe.
Hier in Miami hat ein Mayombero
einen Löwen geopfert.

Wir haben doch einen Pakt mit dem
Löwen.
Ein Kongopriester kann doch kei-
nen Löwen opfern.
Wir haben auch einen Pakt mit dem
Krokodil.

Der Löwe:
Für den Topf der Kongo genügt schon ein Totenkopf – Kiriyumba
– mit oder ohne Kinn, zur Not genügt die Schädelplatte, Caravela,
und ein Beinknochen, das Schienbein oder das Wadenbein, Pa-
kanani, und ein Finger, besser die ganze Hand, Moko.
Dann muß der Tote für einen arbeiten.
Aber man muß den Vornamen wissen und den Nachnamen, damit man ihn rufen kann. Und das Geburtsdatum, damit er einem
untertan wird.

Der Herr aus Basel:
Sie sehen, wie logisch das
System ist.
Praktisch.
Es beruht auf natürlicher
Logik.

Der Löwe:
Hand in Hand.
Streitet nicht.
Wenn ihr streitet,
endet die Welt.

Der Zauberer aus Abomey:
Moko con Moko.
No endiata.
Si endiata
acaba el mundo.

Der Merseburger Zauberer:
Udol ende Uuodan uuorun zi holza
do uuart demo Balderes uolon sin uuoz biren-
kit.
thu biguolen Sinthgunt. Sunna era suister.
thu biguolen Friia. Uolla era suister.
thu bigolen Uuodan. so he uuola conda.
sose benrenki. sose bluotrenki.
sose lidirenki:
ben zi bena. bluot zi bluoda.
Lid zi geliden. sose gilimida sin.

Der Löwe:
Ich bin ein Tier.
Das Tier ich.
Ich bin der Gott.
Ich sehe aus wie Gott.
Wie ein Tier.
Ich opfere Gott Tiere.
Ich fresse Tiere.
Ich fresse Gott.
Gott frißt mich.
Wein und Brot.

Der Herr aus Basel:
Der Löwe ist das Thema
der Identifikation und der
Imitation.
Mimesis sozusagen.
Der alte Ahne, in dem wir
uns selbst vergöttern
und töten.
Totem.
Freud.
Levi-Strauss.
The Golden Bough.

Daniel Casper von Lohenstein:
Tuch
Wasser
Cypressenzweige
Wachs
Schwefel
Wacholder Holtz
Lorber-Beeren
Kräuter
Gemsen-Wurtzel
Jungfern-Wachs
Maah-Häupter
Eisenkraut

Der Herr aus Basel:
Das ist Lohenstein.
Agrippina – nach Senecas
berühmter Hexenküche in
der Medea.

Lohenstein:
Fleisch, das man aus der Stirn
unzeitger
Pferde haut.
Wolffs-Milch
Mohrenkraut
Distel-Strauch
Zackelkraut
Osirite
Mauer-Raut
Krausemüntz

Der Löwe.
Es ist Agrippina.
Aber mit Seneca hat das wenig zu tun.
Das ist so eine Philologeninterpretation.
Zoroaster, der Priester, spricht, Zarathustra:

Lohenstein:
Frischer Knobloch
Weyrauch-Safft
Bein und schwarze Knochen
Sonnenschweiß
Schaum vom Monde
Die Augen, die an Luchss und
Basilissken gläntzen
Frische Gehirn von Molchen
Marck von ungebornen Kindern
Des Hirsches Eingeweide
Maulworffs Hertz
Hertz der Widehopffe
Bluttig Menschen-Hertz

Der Löwe:
Leonore beklagt sich über meine Methode, die Sprache der Ewe
zu lernen.
Da ich mich auf dem Zaubermarkt von Bé verständigen will, ler-
ne ich:
Der Panther
Der Löwe
Der Blitz
Das Öl
Der Knochen
Der Panzer
Die Ziege –
Und leite daraus die Zusammensetzungen ab:
Ziegenblitz
Mondenschaum
Löwenöl.

Der Herr aus Basel:
Damit erklären Sie die
Mechanik des Systems –
nicht die Wirksamkeit des
Systems.

Orgel Covarrubias

> *Der Zauberer aus Abomey:*
> Ogum.

Covarrubias

> *Der Zauberer aus Abomey:*
> Vater des Eisens.
> Die Haue ist das Kind Ogums.
> Das Gewehr ist das Kind Ogums.
> Ogum besitzt die Sichel.
> Ogum – Gewehr aus Europa.

Orgel Covarrubias
Orgel Frederiksborg

> *Der Zauberer aus Abomey:*
> Ogum erwacht und gießt Gold
> in die
> Goldschmiede.
> Ogum ist ein Blatt.
> Ogum ist eine Wurzel.

Frederiksborg
Wind

Der Löwe:
Und plötzlich war das Eisen da.
Nägel, um zu kreuzigen.

> *Der Herr aus Basel:*
> Der Schmied bringt alles
> durcheinander.

Der Löwe:
Ich bin der Schmied.

Ich werde verachtet, weil ich schwarz bin, ich meine, rußig.
Meine Tochter hat sich auf das Eisen gesetzt.
Sie sagen, die Kinder eines Schmiedes bleiben klein.
Aber ich bin mächtig.
Ich zwinge die Menschen hinunter in die Eingeweide der Erde.
Ich entvölkere ganze Inseln.
Pechblende.
Klauben, klauben, klauben, klauben.
Und dann noch eine schöne Explosion.
Sie sagen:
Friß Hunde und Klüten.
Die Schmiede sind die Schneider.
Ich schneide.
Die Schneider schneiden ihn ab.
Ich schneide den Feinden die Eier ab.
Ich brauche Eierbriketts.
Ich schneide meinen Söhnen die Vorhaut ab.
Ich schmiede Säbel, ich baue Brücken, Eisenbahnen, Luxus-
dampfer, Jugendstiltüren, Autobusse, Airbusse.
Concorde, Concorde.
Hiroshima, Hiroshima.
Aber sie verachten mich.
Den?
Den Schmied nicht.
Den Schmied als letzten.
Den Schmied da hinten in die Ecke.
Mein Vater hat nie das Eisen geschlagen.
Mein Vater ging als Sänger.
Der Sänger nimmt vom Schmied.
Der Schmied nimmt nie vom Sänger.

Der Herr aus Basel:
Irgendwie auch Dichter.

Covarrubias

Der Löwe:
Als Schmied, als Jäger, als Koch, als Löwe, als Löwenmann bin
ich dann ganz da.
In den Höhlen war es schon ganz schön toff!
Die Tierhaut an.
Die Affenhände baumelten neben meinen Händen her.
Die anderen mußten um mich herum hüpfen.
Und wenn sie nicht wollten, wie ich wollte, ins Moor, aufs Rad!
Jetzt habe ich Nägel und eiserne Krallen.
Ich bin die Nagelpuppe.
Ich bin die Eiserne Jungfrau aus Nürnberg.
Jetzt kann ich brennen und mit Zangen zwicken und nageln, na-
geln.
Ein ganzer Kochtopf steht voll da für mich mit Hämmern, Reiß-
zwecken, Büroklammern, Knochen, Sektquirlen.
Ich heiße 24-Stunden.
Wenn er nicht in 24 Stunden stirbt, kriegt der Auftraggeber sein
Geld zurück.

Wind

Der Löwe:
Einmal im Jahr feiern die Verkäufer des Zaubermarktes von Bé
das Fest ihres Schutzgottes Gû.
Dann breiten sie morgens ihre Waren nicht aus.
Es wird getrommelt.
Gû steigt in ihre Köpfe herunter.

Covarrubias
Trommeln

Der Löwe:
Mittwoch, den 12. Juli 1978.

Trommeln

Der Löwe:
Krisis.
Lügen.
Lügen zu Lügnern von Lügnern.
Schemen.

> *Der Herr aus Basel:*
> Das sind die Riten!

Der Löwe:
Wirksamkeit?
Wirksamkeit in einer so engen Gesellschaft wie der togolesischen
oder der dahomeyischen?
Der Bokonor sagt:
Diese Samenhülse bewirkt, daß der Dieb, wenn er Bananen
stiehlt, krank wird und sich selbst anzeigt.
Das glaubt der Besitzer der Bananenstaude.
Und der Dieb glaubt es auch.
Also wirkt die Samenhülse – der Dieb stiehlt nicht.
Der Besitzer glaubt zu Recht.

Affengekeckere

> *Der Herr aus Basel:*
> Was dann kommt, ist
> bekannt.

Covarrubias

> *Der Herr aus Basel:*
> Kain, wo ist dein Bruder
> Abel?

Covarrubias

> *Der Herr aus Basel:*
> Die New Yorker Unter-
> grundbahn.

Covarrubias

> *Der Herr aus Basel:*
> Schutzimpfung.

Covarrubias

> *Der Herr aus Basel:*
> Tripperepidemien.

Covarrubias

> *Der Herr aus Basel:*
> Läuseplage.

Covarrubias

> *Der Herr aus Basel:*
> Fußpilze.

Covarrubias

> *Der Herr aus Basel:*
> Biologische Kriegsführung.

Covarrubias

> *Der Herr aus Basel:*
> Biologisch-Dynamischer
> Porree.

Covarrubias

> *Der Herr aus Basel:*
> Afroamerikanische
> Religionen.

Covarrubias

> *Der Herr aus Basel:*
> Rock Hudson.

Frederiksborg

Der Löwe:
Der Eisentopf des kongolesischen Zauberers in Miami wird an
die Steckdose angeschlossen.
Wenn die Gläubigen beten, blitzt es und donnert und zischt und
dampft aus dem blutigen Eisen.

> *Der Herr aus Basel:*
> Ich trage Kleider aus
> Blumen.
> Ich wohne in Wänden aus
> Blumen.

Der Löwe:
Prêt à Porter.
Laura Ashley.

> *Der Herr aus Basel:*
> Die Dinge haben Macht
> über mich, weil ich sie selbst
> einmal war.

> *Johannes Bobrowski:*
> Raute, mein Trauergift, komm,
> Leb ich so lieb ich, die grünen
> Finger spür ich, die weißen
> Wurzeln, tiefer, die Weißen.

Afrikanische Flöten

Der Herr aus Basel:
Sie meinen, daß Johannes
Bobrowski den Bogen
spanne
vom Zaubermarkt in Bé
über das elisabethanische
Madrigal eines Thomas
Weelkes bis zu Pop, Beat
und Punk?

Empedokles:
ἤδη γάρ ποτ᾽ ἐγώ γενόμην κοῦρός
            τε κόρη τε
θάμνος τ᾽ οἰωνός τε καὶ ἔζαλος
            ἔλλοπος ἰχθῦς.

Der Merseburger Zauberer:
Ben zi bena. bluot zi bluoda
lid zi geliden. so se gilimida sin.

Daniel Casper von Lohenstein:
Es schläfft und schweigt/was Schilff/
was Laub / und Himmel decket /
Kein Fisch schwimmt durch die See/
kein Vogel durch die Lufft
Auß Schrecken der durch mich
entdeckten Todten-Grufft.

Johannes Bobrowski:
Hängt ihn kopfunter,
Dann wächst ihm der Fels in den
Mund.

Wind

Bobrowski:
Zu deiner Braue hinauf
mein Mund
trägt Federn und Zweige.

Der Löwe:
Ich stehe auf dem Zaubermarkt in Bé und starre die Steine an,
Knochen, Schädel, Wurzeln, Doppelglocken, Pappkartons.

Der Herr aus Basel:
Stäbe aus Buchenholz.

Der Zauberer aus Abomey:
Affenhände
Vogelbeine

Peitschenvogel
Gewitter
Couperin
Afrikanische Flöten
Wind.

Anhang

Produktionsdaten
der abgedruckten Hörspiele

Geschnetzeltes aus Westerland (1968)

Produktion des SWF 1968
Darsteller: Klaus Dieter Lang, Günter Schramm, Charles Wirths
Ton und Schnitt nicht mehr feststellbar
Regie: Matthias Neumann
Dauer: 43' 45"
Erstsendung: 21. November 1968

Romy und Julius (1972)

Produktion des SWF 1973
Darsteller: Magdalena Montezuma (Julius), Dietmar Kracht (Romy)
Ton: Ludwig Groß
Schnitt: Marlis von Stedman
Regie: Peter M. Ladiges
Dauer: 19'
Nicht gesendet

Überhaupt.. (1973)

Produktion des SDR mit dem SWF 1973
Darsteller: Tobias Lelle
Gesang: Barbara Müller
Ton: Walter Jost
Schnitt: Ingeborg Dessoff
Regie: Peter M. Ladiges
Dauer: 36' 55"
Erstsendung: 19. Juli 1973

Gesprochene Architektur der Angst (1973)

Produktion des WDR 1973
Darsteller: Siegfried Wischnewski, Matthias Ponnier, Edith Heerdegen, Gustl Halenke, Fritz Rasp, Rudolfjürgen Bartsch, Eva Garg, Heiner Schmidt
Ton: Ludwig Koralik
Schnitt: Evelyn Saager
Regie: Peter M. Ladiges
Dauer: 39' 45"
Erstsendung: 6. Dezember 1973

Kommen Sie doch in meinen Garten zum Hammelbraten (1974)

Produktiuon des SDR 1974
Darsteller: Michael Thomas (Tom), Gertraud Heise (Lu), Christoph Bantzer (Jürgen), Eva Garg (Giesela), Gerd Haucke (Sprecher)
Ton: Volker Schlingmann
Schnitt: Ingeborg Dessoff
Regie: Peter M. Ladiges
Dauer: 36' 35"
Erstsendung: 19. September 1974

Der Blutige Mann (1975)

Produktion des WDR 1976
Darsteller: Horst Frank (Larry Townsend), Fritz Lichtenhahn (Paul Ernest Joset), Mathias Fuchs (Marcel Proust), Gisela Trowe (Françoise), Ernst Friedrich Lichtenecker (Sprecher des Deutschen Ledermuseums) u. v. a.
Ton und Schnitt nicht mehr feststellbar
Regie: Klaus Mehrländer
Dauer: 53' 20"
Erstsendung: 5. Juni 1976

San Pedro Claver (1975)

Produktion des SDR mit dem WDR 1976
Darsteller: Fritz Rasp (Pedro Claver), Wolfgang Reichmann (Manuel Biafara, genannt El Moreno, der Mohr), Bernhard Minetti (Ignatius von Loyola, genannt Iñigo), Hans Mahnke (Alonso Rodriguez), Kurt Lieck (Alonso de Sandoval), Peter Michel Ladiges (Las Casas), Arne Stechow (ein Knabe), Matthias Ponnier und Charles Wirths (Turistenführer), Marianne Lochert, Gisela Trowe, Charlotte Weniger, Christian Brückner und Dieter Eppler (Turisten)
Musik: *L'Incoronazione di Poppea* von Monteverdi in der Aufnahme des Concentus Musicus (Wien) unter Nikolaus Harnoncourt
Ton: Karl-Heinz Stoll
Schnitt: Ingeborg Dessoff
Regie: Peter M. Ladiges
Dauer: 87' 10"
Erstsendung: 8. April 1976

Abdruck mit freundlicher Genehmigung des Qumran Verlags, Frankfurt am Main

Großes Auto für den Heiligen Pedro Claver (1980)

Produktion des SFB mit NDR/SDR 1981
Darsteller: Matthias Ponnier (Hubert Fichte), Klaus Nagel (Gero von Wilpert), Robert Rathke (Gott), Dieter Borsche (Mose), Max Grothusen (Noah), Horst Michael Neutze (Hiob, Pater Nicolas), Heinz Rabe (Jesus Syrach), Wolfgang Unterzaucher (Jhesus), Peter Heusch (Paul, Pater Andres), Friedrich W. Bauschulte (Johannes, Pater Manuel), Wolfgang Peau (Valtierra), Wolfgang Spier (Ignatius), Udo Samel (Rodriguez), Wilhelm Borchert (Pedro Claver), Joachim Nottke (Sandoval), Christian Rode (Sklavenhändler), Till Hagen (Ausrufer), Maria Körber (Miss Friedmann) u. v. a.
Ton: Günter Genz
Schnitt: Rita Verlage
Regie: Peter M. Ladiges
Dauer: 89' 25"
Erstsendung: 20. Dezember 1981
Ausgezeichnet als »Hörspiel des Monats« von der Frankfurter Akademie der Darstellenden Künste.

Abdruck mit freundlicher Genehmigung des Qumran Verlags, Frankfurt am Main

Das Volk von Grenada (1984)

I. Teil

Produktion des SFB mit BR/NDR/SDR 1985
Darsteller: Gunter Berger (Shaugnessy), Monika Bielenstein (Mistress Evans), Heinz Theo Branding (MacMahon), Hermann Ebeling (Hudson Austin), Hans-Peter Hallwachs (Bernard Coard), Joachim Nottke (Edmund), Matthias Ponnier (Fichte), Friedhelm Ptok (Devas), Udo Samel (Jack Nightwood), Martin Schwalm (Gairy), Erich Schwarz (Pflanzer), Hermann Treusch (Maurice Bishop), Walter Tschernich (Lastenträger), Gerd Wameling (John Scott), Michael Thomas und Charles Wirths (Sprecher) u. v. a.
Ton: Günter Genz
Schnitt: Ulrike Blecken
Regie: Peter M. Ladiges
Dauer: 78′ 20″
Erstsendung: 4. Januar 1986

II. Teil

Produktion des SFB mit BR/NDR/SDR 1985
Darsteller: Matthias Ponnier (Fichte), Martin Schwalm (Gairy), Hermann Treusch (Maurice Bishop), Hans-Helmut Dickow (Onkel von Maurice Bishop), Gustl Halenke (Alimeta Bishop), Hans-Peter Hallwachs (Bernard Coard), Gunter Berger (Shaugnessy), Hermann Ebeling (Hudson Austin), Joachim Nottke (Edmund), Udo Samel (Jack Nightwood), Peter Aus (Journalist), Wolfgang Condrus (anderer Journalist), Andreas Mannkopff (Taxifahrer), Gerd Wameling (Soldat), Michael Thomas und Charles Wirths (Sprecher) u. v. a.
Ton: Günter Genz
Schnitt: Ulrike Blecken
Regie: Peter M. Ladiges
Dauer: 115′ 20″
Erstsendung: 7. Januar 1986

Ich sterb vor Durst an der Quelle (1985)

Produktion des SDR 1987
Darsteller: Wolfgang Reichmann (Gilles des Ormes, Freund von Charles d'Orléans), Gustl Halenke (Anna de Hoghart, eine deutsche Verwandte

von Madame d'Orléans), Osman Ragheb (Charles d'Orléans), Daniel Kasztura (François Villon)
Musik: *Mille Regretz* von Josquin des Près
Ton: Walter Jost
Schnitt: Anita Schumacher
Regie: Peter M. Ladiges
Dauer: 48′ 10″
Erstsendung: 21. Mai 1987

Ausgezeichnet als »Hörspiel des Monats« von der Frankfurter Akademie der Darstellenden Künste.

Ich bin ein Löwe
Und meine Eltern sind Eichen und Steine (1985)

Produktion des NDR 1986
Darsteller: Michael Thomas, Siegfried Kernen, Sonja Karzan, Franz-Joseph Steffens, Felix von Manteuffel, Peter Lieck
Ton: Günter Beckmann
Schnitt: Christine Berger, Kerstin Heikamp
Regie: Hans-Gerd Krogmann
Dauer: 64′ 55″
Erstsendung: 8. November 1986

Verzeichnis der nicht in den Band
aufgenommenen Hörspiele

1. Gespräch mit einem jugendlichen Mörder
   WDR 1971, SDR 1973
2. Ich würde ein ..
   SWF 1972
3. Also ..
   Monolog eines sechzigjährigen Angestellten
   WDR 1972
4. Agrippina von Daniel Casper von Lohenstein
   Funkbearbeitung: Hubert Fichte
   NDR 1977, SWF 1979
5. Lohensteins Ibrahim Bassa
   Bearbeitet von Hubert Fichte
   SDR/NDR 1979
6. Ehen in New York
   (Vier Teile) 1982
   I   Eddie
        NDR/SFB
   II   Ich interessiere mich nicht für die Hausfrau in Shakerheights,
        Ohio
        NDR
   III Der Bürgermeister kam nicht
        SFB
   IV   Dells Tod
        NDR
7. Innen—Außen
   Zum Studium des religiösen Verhaltens
   (Drei Teile)
   NDR/WDR/SFB 1983
   I   Silbergarten
   II   Der Vater
   III Rio — Sorbonne
8. Männerlust — Frauenlob
   Akustische Anmerkungen zur Sapphorezeption und zum Orgasmus-
   problem
   SFB/NDR 1984

9. Die Geschichte der Empfindungen Augusts von Platen
   (Drei Teile)
   SFB, BR 1984
   I   Feen Hexen Nixen und Zauberer
   II   Das Übergangsjahr in Würzburg
        Platen übersetzt Sappho
   III Tod in Syrakus
10. Lustverlust
    Ansichten eines alten Mannes 1972–82
    SFB 1985
11. Théophile der Händler
    Ein Bambara aus Mali spricht
    1985
12. Hotel Garni
    Hörspieleinrichtung: Peter M. Ladiges
    (Zwei Teile)
    SFB 1987
    I   Jäcki spricht
    II   Irma spricht

Nachwort

Einem Band mit seinen Hörspielen den Titel *Schulfunk* zu geben, war noch Hubert Fichtes eigene Idee: spielerisch und wie probehalber festgehalten in den testamentarischen Verfügungen, die er in den letzten Monaten vor seinem Tod im März 1986 skizzenhaft notierte, Verfügungen darüber, wie für den Fall, daß er seine Krankheit nicht überleben werde, mit dem Bestand des Werkes editorisch umgegangen werden solle, an dem er seit zwölf Jahren arbeitete: des roman fleuve *Die Geschichte der Empfindlichkeit* samt den darum herum entstandenen literarischen Essays, Reiseberichten, ethnopoetischen Studien und Hörspielen.

Schulfunk – das war der Name einer wohl von Anfang an zugleich bespöttelten und bewunderten und gern in Anspruch genommenen Institution, die nach den zwölf Jahren deutscher Barbarei Teil einer mit dem öffentlich-rechtlichen Rundfunksystem britischer Machart von den Siegermächten importierten neuen Radiokultur war, Teil auch eines systematischen reeducation-Programms, mit der Aufgabe nämlich, nach der Zeit radikaler Kulturverödung in Deutschland erst einmal die simpelsten Fakten historischer, sozialer, kultureller europäischer Tradition ins Gedächtnis der Menschen zurückzurufen.

Das Ambiente dieser Institution Schulfunk lernte Hubert Fichte schon sehr früh kennen, und zwar hinter den Kulissen, aus der Perspektive der Rundfunkstudios, in denen die Schulfunksendungen produziert wurden. Als Kinder- und Halbwüchsigen-Darsteller verschiedener Hamburger Bühnen wurde er bald auch zu Funkproduktionen herangezogen, und seinem schnellen Auffassungsvermögen wird nicht entgangen sein, wie ältere Kollegen als Mimen gern auch mal die Knattermimen spielten, und nicht nur aus Darstellungsdrang, sondern wohl auch, um ihre ambivalenten Gefühle gegenüber einer sozusagen über Nacht eingeführten ganz neuen Gesinnung unter die Füße zu kriegen.

Alles dieses ist, mit einem kleinen, doch unüberhörbaren Anklang von Süffisanz, gewissermaßen historisch aufgehoben in Fichtes Einfall, einem Sammelband seiner in knapp zwei Jahrzehnten entstandenen Hörspiele in Ergänzung der *Geschichte der Empfindlichkeit* den Titel *Schulfunk* zu geben, und es klingt darin auch der sentimental value mit, den das Wort inzwischen hat, nachdem die gleichnamige Institution in den öffentlich-rechtlichen Sendern selbst ihre ursprüngliche Autorität längst eingebüßt hat.

Doch war Hubert Fichte im Grunde seines Herzens viel zu sehr Pädagoge, was heißen soll, beseelt von dem Wunsch und Gedanken, so vielen Menschen wie irgend möglich so viel wie möglich von seinen Welterkundungen und Erkenntnissen weiterzugeben, als daß die Idee, den Hörspielband *Schulfunk* zu nennen, nicht auch sein tiefer Ernst gewesen wäre. Seine Hörspiele legen davon Zeugnis ab; sie haben die Hörspielredaktionen der westdeutschen Sender um einige Themen bereichert, die sonst kaum ein Autor aufgriff.

*

Ein Verzeichnis der Texte, die Fichte sich in diesem Band vorstellte, hat er nicht hinterlassen. Es ist auch aus seinen Aufzeichnungen über die Funkproduktionen seiner Manuskripte nicht immer eindeutig zu erschließen, welche als Features und welche als Hörspiele angelegt oder produziert worden sind. Das hängt zum einen damit zusammen, daß eine klare literarisch-ästhetische Abgrenzung dieser beiden Radio-Genres prinzipiell nicht möglich ist, zum anderen damit, daß alle Stoffe und Gegenstände dieses unermüdlich produzierenden Autors einem unablässigen – und sehr lebendigen – Verwandlungsprozeß unterlagen, gemäß seinem jeweiligen Forschungs- und Erkenntnisinteresse und gemäß seinen Publikationsmöglichkeiten. Es kam immer auch darauf an, bei welchem Redakteur in welcher Abteilung von welchem Sender er das neü Erarbeitete unterbringen konnte. So gibt es Texte, die ziemlich eindeutig als Hörspiele angelegt, also weit mehr als Spiele in Rollen inszeniert denn als Diskurse entfaltet sind und doch als Feature produziert wurden, weil sie eben von einer Feature-Abteilung angenommen und folglich auch als Features gesendet wurden, obwohl sie gar nicht anders denn als Hörspiele produzierbar waren. Und umgekehrt gibt es eine Reihe von Texten, die von Hörspielabteilungen angenommen und realisiert wurden, ursprünglich aber einem dritten großen Radio-Genre zugehörten, dessen Fichte sich bei seinen Forschungsgängen gern und äußerst kundig und einfühlsam bediente, dem breit angelegten Interview, aus dem er mit Vorliebe sich selbst mit seinen Fragen herausschnitt, so daß die Antworten der Befragten als assoziative Monologe stehenblieben, gemäß Fichtes im *Versuch über die Pubertät* geäußerter Maxime: »Sprünge, Widersprüche, das Unzusammenhängende nicht kitten, sondern Teile unverbunden nebeneinander bestehen lassen«. Ein Beispiel dafür sind die 1983 als Hörspieltrilogie unter dem Titel *Innen–Außen* produzierten Texte *Silbergarten, Der Vater* und *Rio-Sorbonne*, abgedruckt in Fichtes 1985 erschienenem Band *Lazarus und die Waschmaschine. Kleine Einführung in die Afroamerikanische Kultur* unter den Titeln *Silbergarten, Wilma sagt* und *Die Anthropologin sagt.*

In dieser von mehreren Seiten her ungesicherten Situation haben sich die Herausgeberinnen des vorliegenden Bandes entschlossen, darin nur solche Texte aufzunehmen, die entweder von Hubert Fichte selbst ausdrücklich als Hörspiele bezeichnet oder von der Textanlage her eindeutig erkennbar als Hörspiele konzipiert worden sind, d. h. als Vorlagen für eine radiophone Produktion (wozu auch die erwähnten Montage-Monologe gehören).

Als solche sind insgesamt knapp dreißig Manuskripte zu bezeichnen. Deren kompletter Abdruck hätte allerdings den Umfang dieses Bandes bei weitem gesprengt, so daß aus der Auswahl noch einmal eine Auswahl getroffen werden mußte.

Obwohl es reizvoll gewesen wäre, Fichtes im engeren Sinne radiophones Werk komplett und chronologisch zu dokumentieren, gab es auch triftige Gesichtspunkte für die Begrenzung. Nicht aufgenommen wurden zum einen Texte, die schon in anderen Zusammenhängen gedruckt wurden (die erwähnte Hörspieltrilogie *Innen–Außen* in *Lazarus* und das Hörspiel *Also.. Monolog eines sechzigjährigen Angestellten*, 1972, im Roman *Versuch über die Pubertät*, 1974) und Texte, die Fichte in seiner Anordnung letzter Hand in den roman fleuve *Die Geschichte der Empfindlichkeit* integriert hat (die Hörspiel-Tetralogie *Ehen in New York*, 1982, in den Band XVIII, *Die Schwarze Stadt. Glossen;* das 1985 geschriebene Hörspiel-Manuskript *Théophile der Händler. Ein Bambara aus Mali spricht* in den Band XVI, *Afrika 84. Romanfragment* unter dem Titel *Khalifa der Andenkenhändler vor dem Hotel Indépendance* und das Hörspiel *Lustverlust. Ansichten eines alten Mannes 1972–82*, 1985, in den Schlußband XIX, *Hamburg Hauptbahnhof = Register*); zum anderen Texte, deren Stoffe in weitgehender Übereinstimmung bereits in anderer literarischer Form vorliegen (das *Gespräch mit einem jugendlichen Mörder*, 1971, im *Versuch über die Pubertät*; die Hörspiele *Agrippina*, 1977, und *Ibrahim Bassa*, 1979, in den Essays *Vaudoueske Blutbaeder – Mischreligioese Helden. Anmerkungen zu Daniel Casper von Lohensteins Agrippina* und *Ach des Achs! Anmerkungen zu Daniel Casper von Lohensteins Türkischem Trauerspiel Ibrahim Bassa* im ersten Band der Polemiken *Homosexualität und Literatur*, Paralipomena 1 zur *Geschichte der Empfindlichkeit*, 1987, sowie in den *Wiener Vorlesungen* im Anhang des gleichen Bandes; die Hörspieltrilogie *Die Geschichte der Empfindungen Augusts Graf von Platen*, 1984, als Essay unter dem Titel *I can't get no satisfaction. Zur Geschichte der Empfindungen des Grafen August von Platen-Hallermünde* im zweiten Band *Homosexualität und Literatur*, 1988, ebenso wie die *Anmerkungen zur Sapphorezeption und zum Orgasmusproblem*, überschrieben *Männerlust – Frauenlob;* zum dritten die Hörspielbearbeitung des Romans *Hotel Garni*, die Peter M. Ladiges 1987 für den SFB besorgt hat, deren Text im Roman selbst nachlesbar ist.

Eine Liste aller dieser nicht aufgenommenen Texte ist im Anhang dieses Bandes zu finden.

*

Alle anderen Hörspiellibretti von Hubert Fichte – zwölf Texte aus siebzehn Jahren (1968–1985) – sind im vorliegenden Band enthalten – mit Ausnahme des 1971 vom Südwestfunk Baden-Baden produzierten mit dem Titel *Ich würde ein..*, das eine vielspaltige und hochkomplizierte Partitur aus Sätzen, Wörtern, Noten, Buchstaben und Zahlen darstellt und aus drucktechnischen Gründen innerhalb eines einfachen Textbandes nicht reproduzierbar war; es soll in absehbarer Zeit als Einzelpublikation des Fischer Verlags mit Tonkassette gesondert erscheinen: als Ergänzungsband der *Geschichte der Empfindlichkeit.*

Dieses Hörspiel – und insofern ist es aufs höchste zu bedauern, daß es sich, trotz großer Anstrengungen seitens der Verlagsherstellung, als unmöglich erwies, es auf den normalen Buchseiten dieses Bandes im Kontext von Fichtes radiophonen Arbeiten als deren konsequenteste unterzubringen – dieses Hörspiel darf man wohl ohne Übertreibung als Fichtes radikalstes Experiment mit den Möglichkeiten der Sprache außerhalb ihrer semantischen Übereinkunft bezeichnen (übrigens zu einer Zeit, als dergleichen Texte als unpolitisch und folglich überflüssig verpönt waren): als Experiment mit der Sprache als musikalischem Material, losgelöst von ihren täglichen und notwendig immer vergröbernden, raffenden, typisierenden, modeabhängigen, klischeeanfälligen, ressentimentgefährdeten Verständigungsaufgaben. Das Textmaterial ist ein einziger Satz, der zunächst, analog einem musikalischen Thema oder Motiv, durch verschiedene Grundmuster rituellrituell – also gottesdienstlicher – Musik durchkonjugiert wird, nicht nur europäisch-christlicher, sondern auch afrikanischer, ägyptischer, arabischer, jüdischer etc., dann durch verschiedene europäische Sprachdialekte, dann, wiederum analog zu den Möglichkeiten, die Komponisten mit Tonfolgen auskundschaftet haben, durch sich selbst konjugiert nach dem Muster der Fuge (Thema / Umkehrung / Krebsgang / Umkehrung des Krebsgangs / Thema 2 / Vergrößerung Thema 2 / Umkehrung / Krebsgang / etc. bis zur Engführung und Coda), schließlich reduziert auf wenige Buchstaben nach dem Muster einer Zwölftonreihe anhand eines Motivs aus Anton Weberns Konzert opus 24, noch weiter reduziert (oder wieder ausgeweitet?) auf den »Collage« überschriebenen Satz »Sprechen ist nicht mehr Sprechen, wenn man es auf verschieden lange und hohe Töne reduziert« (rechts daneben liest man neunmal untereinander die Zahl zehn, daneben »Arabische Erzählung«, daneben dreimal untereinander die Zahl zehn, daneben »Arabische Erzählung«, daneben einmal die Zahl zehn, daneben »Arabische Erzählung«), dann (ich lasse hier einige Schritte aus) überführt ins Lateinische, überschrieben »Arabische Erzählung« (links davon untereinander in allen bisher vorgekommenen Sprachen der Anfang des Material-Satzes und der Anfang seines begründenden zweiten Teils, dann sechsmal untereinander sein gedoppelter Anfang »Ich würde ein Ich würde ein«), bis schließlich, nach einigen weiteren versuchsweisen Aufschwüngen, das Ganze in teils auf dem Fuß, teils auf dem Kopf stehenden, im nächsten

Schritt sich ineinanderschiebenden, am Ende fragmentarisch sich rechts aus dem Bilde davonstehenden Zahlenpyramiden endet. Der Materialsatz lautet: »Ich würde ein Orchesterwerk entwerfen, das aus mechanischen, gesprochenen Sätzen bestünde; denn gibt es ein komplizierteres Instrument als die menschliche Stimme, ein feiner nuanciertes Tonmaterial als das des Sprechens?«

Nichts anderes als die Inszenierung – schärfer gesagt: Selbstinszenierung – dieses einzigen Satzes als reine Musik hat Hubert Fichte in dieser Hörspielpartitur versucht: einer alten Sehnsucht der Dichter verfallen, denen als einzigen unter den Künstlern, die Landschafts- und Porträtmaler halb ausgenommen, immer die Bürde der Ähnlichkeit mit dem bereits Geläufigen auferlegt wird, als sähen sie nicht etwas ganz Anderes – verfallen der Sehnsucht der Dichter, die so sehr unter der Doppelfunktion ihres Materials leiden: als allzeit und jedermann besser oder schlechter verfügbarem Verständigungsmittel einerseits und als »fein nuanciertem Tonmaterial der menschlichen Stimme« andererseits. Hebungen und Senkungen seien zu allererst die Themen der Dichter gewesen seit altersher, nicht die Inhalte – das ist die Grundthese und der Schlüssel aller literarischen Essays von Hubert Fichte, ob über die Ilias oder Sappho, über Lohenstein oder Henry James. Deshalb gab er seinem großen Platen-Essay den einzig vom Metrum her gewählten Titel *I can't get no satisfaction*. Es kam ihm auf die Synkope an; metrisch genau nannte er sie Spondeus. Deshalb auch der basso continuo »Arabische Erzählung« im Hörspiel *Ich würde ein...* Man erinnert sich: In der Märchensammlung *Tausendundeinenacht* betörte die Scheherezade ihren tyrannischen König Nacht für Nacht mit neuen Geschichten und hielt ihn so – mit ihrer erzählenden Stimme – davon ab, sie in der Morgenstunde köpfen zu lassen. Tausendundeinenacht Metrum und Rhythmus – dem Hellhörigen entgeht dabei nicht die strukturelle Verwandtschaft von Kunst, Religion und Sexualität. Nichts anderes verbirgt sich auch in Flauberts berühmtem Satz, am liebsten würde er ein Buch über nichts schreiben. Er ist das Gegenteil von Desinteresse am Leben, ist vielmehr die Inkarnation des Wunsches, dessen Puls zu erspüren, es im Augenblick festzuhalten und von der Knechtschaft der vergehenden Zeit zu befreien: im Kunstwerk.

Sicher ist in diesem Sinne die Komposition des Hörspiels *Ich würde ein..* als Peripetie in der künstlerischen Arbeit des Schriftstellers Hubert Fichte anzusehen: in dem Versuch, einmal so zu verfahren, wie es der Nachbarkunst Musik selbstverständlich zu Gebote steht, die zu keiner Zeit einer namhaften Verwechslung von (indirekter) Verständigung und (direktem) Ausdruck unterworfen war. Es war der Versuch des Forschers auf eigenes Risiko, der alles durchprobiert, was ihm denkbar und machbar erscheint (und sich dafür mit größter Energie immense Kenntnisse erarbeitet): riskanter, insistenter und am Ende kundiger als die meisten Hervorbringungen der Schreiber mit Bildungsweg im traditionellen Sinne (und ich wüßte nichts vergleichbar Konsequentes zu nennen in der deutschsprachigen literarischen Produktion der Sechziger- und Siebzigerjahre) – ein Versuch allerdings, der dann etwas beschnieen, aber durchaus auch humorvoll ausging in diesen aus dem Schrift- und Hörbild sich leise und unauffällig davonmachenden Zahlenpyramiden; der, mit anderen Worten, die Verwerfung des Experiments gleich mit produzierte. Vorgeführt wurde: hier geht es nicht weiter. Die Sprache kann sich ihrer Verständigungsaufgaben auch im Kunstwerk nicht völlig entschlagen.

Doch losgelassen hat den Autor das Problem seither nie; seine späten Essays zur Literatur, wie gesagt, dokumentieren das ausdrücklich, und sicher hat es seinen 1974 erschienenen Roman *Versuch über die Pubertät* entschieden mit inauguriert und in der Folge den dort schon angelegten Übersprung zur *Geschichte der Empfindlichkeit*, in der die musikalische, also rhythmische und metrische Korrespondenz zum Berichteten als dessen prägender Teil immer häufiger selbst, als Thema, in Erscheinung tritt. Aus diesem Grunde ist der Beschreibung des in diesem Band fehlenden Hörspiels *Ich würde ein ..*, gleichsam stellvertretend, ein so großer Platz eingeräumt worden.

*

Die somit verbleibenden elf Hörspiele, die in diesem Band nun gedruckt vorliegen, führen sowohl die verschiedensten Spielarten des Genres vor (ausgenommen allerdings Modeformen wie das in den Siebzigerjahren gefeierte O-Ton-Hörspiel, zu denen der Autor sich weniger taub als indifferent verhielt, also unzeitgemäß), als auch die wechselnden Perspektiven und jeweiligen Neugierden des Schriftstellers Hubert Fichte. Entsprechend weit ausgespannt ist der Aktions- und Formenradius: von Hamburg bis Haiti, vom Einmannstück *Überhaupt ..*, der – hochstilisierten und wahrscheinlich das O-Ton-Hörspiel persiflierenden – allfälligen Rede eines begabten bundesrepublikanischen Abiturienten zum Jubiläum seiner Schule (1973), bis zum Drama einer gescheiterten Revolution in der Karibik, inszeniert mit 90 Stimmen, *Das Volk von Grenada* (1984).

Die Reihenfolge der Texte in diesem Band entspricht der Chronologie ihrer Entstehung. Ein Verzeichnis aller wichtigen Daten zu den einzelnen Stücken (Entstehungsjahr, produzierender Sender, Erstsendedatum, Regie und Besetzung, Bandlänge) ist im Anhang des Bandes zu finden.

*

Das 1968 geschriebene Hörspiel *Geschnetzeltes aus Westerland*, ein noch verhältnismäßig einfach gebautes Stück für drei Stimmen (Sprecher, Erzähler, Ich), im Untertitel sozusagen tonangebend genannt *Erfahrungen auf Sylt während der Besetzung der Tschechoslowakei*, war das erste, mit dem Hubert Fichte, der 1965 angefangen hatte, über seine Reisen Features für den Rundfunk zu schreiben (also Textvorlagen für das gesprochene

Wort), die Grenzen dieses Genres zu überschreiten, und die sensibleren Möglichkeiten des Hörspiels auszuprobieren begann.

Demonstriert wurde hier die atemraubend geduldige Gleichzeitigkeit der in Werbebroschüren zeitlos, das heißt, scheinheilig angepriesenen gemütlichen Schönheit der mondänsten deutschen Nordseeinsel, auf der Urlaub zu machen »in« war (eine Aufstellung der sozialen Erholungsheime fehlte in diesen Broschüren) und der mörderischen Verhältnisse nicht nur in der ČSSR, sondern auch in Biafra, Portugal, Griechenland und andernorts. Nachgedacht wurde darüber, wie angesichts solcher weltweiten Schizophrenie die Schönheit der Welt und der Menschen verteidigt und gerettet werden könne, und welche Schönheit das sein könnte.

Hier kündigt sich das ausdrückliche Thema der *Geschichte der Empfindlichkeit* an, das immanent von Anbeginn seiner literarischen Arbeit Fichtes Thema gewesen ist.

Nur drei Jahre später, 1971, datierte dann jenes extremste Hörspielexperiment *Ich würde ein..*, von dem schon ausführlich die Rede war.

Eine kleine Satire auf die Herstellung von Hör-Illusionen in der Hörspiel-Werkstatt, auf das Kunstwerk im Zeitalter seiner technischen Reproduzierbarkeit, auf den neuesten Umgang mit philosophischen Systemen auf der Schwundstufe erotisierenden Partygeredes und den endlichen Umschlag ins Bettgeflüster ist das 1972 geschriebene, 1973 vom Südwestfunk produzierte, aus unbekannten Gründen nie gesendete und nach Auskunft des SWF-Schallarchivs gelöschte Hörspiel *Romy und Julius*, dessen Komik der doppelte Rollentausch bewirkt: die Umkehrung der Namen des klassischen Liebespaares Romeo und Julia, die nochmals umgekehrt wird durch die Anweisung, daß Romy von einer Männerstimme, Julius von einer Frauenstimme gesprochen werden soll. Durchgespielt wird also, in diesmal witziger Spielart, das androgyne Modell, daß jeder Mensch zugleich männliche und weibliche Seiten lebt – wenn er es sich nicht schon hat austreiben lassen von den mehr oder minder ungeschriebenen, neuerdings bei uns wieder immer festergeschriebenen Gesetzen der heterosexuell ausgerichteten Gesellschaft, die mit aggressivem Nachdruck auf der seit Jahrhunderten eingefahrenen, eindeutig definierten, weil so am besten disziplinierbaren Rollenverteilung besteht.

Das für eine Stimme und deren – laut Regieanweisung – ad libitum durch den Auftritt einer Sängerin störbare Rede geschriebene Hörspiel *Überhaupt..* (1973) ist die sensible Studie über eine Besonderheit des Zeitgeistes in den frühen Siebzigerjahren: wie nämlich eine ziemlich weitgehende Aufmüpfigkeit im revolutionären Gestus, der damals Mode war und also gefragt, also mächtig, durchaus zu vereinbaren war mit den Regeln jener Anpassung, auf deren genauer Einhaltung die prosperierende Gesellschaft nach wie vor bestand und die sie mit Erfolgs- und Aufstiegschancen zu belohnen versprach. Beißende Kritik an den Lehrern, am Schulsystem, an der Politik konnte geübt, selbst gewisse pubertäre und nachpubertäre homosexuelle Neigungen (vorübergehende natürlich) konnten, dem Nachachtundsechziger Zeitgeist entsprechend, gefahrlos einbekannt werden; alles hatte bequem Platz in einer neu entdeckten und ziemlich geräumigen Nische der Gesellschaft. Womit es, das ehemalige Erneuerungspotential der jungen Generation, praktisch unschädlich gemacht war. Das war der Anfang vom Ende eines einst hoffnungsvollen Aufbruchs im Namen einer neuen, einer kritischen Empfindlichkeit.

Mit dem im gleichen Jahr entstandenen Text für acht Stimmen, deren keine mehr einen Namen trägt (sie heißen I bis VIII und sind unterschiedlich stark als Personen konturiert), überschrieben *Gesprochene Architektur der Angst*, wechselt Fichte nahezu zeitgleich das Land und den Blickpunkt. Das Szenarium bildet eine nicht beim Namen genannte karibische Insel; das Thema könnte man als die zivilisatorische Vor- oder Endstufe zum *Überhaupt*-Thema bezeichnen, auf der noch nicht oder nicht mehr so viele Rücksichten zu nehmen sind, also noch nicht so raffiniert verfahren zu werden braucht. Studiert wird hier koloniale Machtausübung durch Geheimhaltung und die Scheininszenierung in Wirklichkeit gar nicht existenter Geheimnisse zum Zwecke der Einschüchterung und der Verbreitung von Furcht und Schrecken; von der »Stabilität des Entsetzens« ist die Rede. Machterhaltung in einem aus allen Fugen geratenen, als Gegensatz zwischen arm und reich explodierenden Land (*Explosion* heißt Fichtes Brasilienroman, Band VII der *Geschichte der Empfindlichkeit*) – Machterhaltung durch ein genau durchdachtes System zur Verbreitung von Angst, aufgebaut auf Gerüchten, also gesprochenen Wörtern und Sätzen (vergleichbar der verbalen Grundierung im deutschen »Dritten Reich«) – wie funktioniert das? Fichtes Hörspiel ist ein Versuch, die Konstruktion, die »Architektur« dieses Terrors nachzustellen in gesprochener Rede.

Das nächste Stück, *Kommen Sie doch in meinen Garten zum Hammelbraten*, geschrieben 1974, spielt wieder in der Bundesrepublik und ist ein ebenso süffisantes wie bösartiges Psychogramm einer zeitgemäßen Gartenparty, ein Stück für vier Stimmen, deren Träger diesmal auch mit Namen, Berufen und Hobbies ausgewiesen sind: mittlerer bis gehobener Mittelstand. Das Partygerede über Anthroposophie, Selbstentgrenzung, Laborversuche mit Ratten und Psychiatrie-Patienten (denen der Leser im Hörspiel *Der Blutige Mann* wiederbegegnen wird) und andere Themen entwickelt sich schnell zur Groteske der Nicht-Kommunikation (jeder redet von Seinem, sobald er nur eine akustische Lücke im Reden der anderen entdeckt), bis endlich alle miteinander in die Oralorgie des Verspeisens des Hammelbratens versinken.

Das Stück ist, zum Zeitpunkt der vorletzten und letzten ideologischen Gefechte der achtundsechziger Bewegung, ein antizipatorischer Schnappschuß ins Neue Zeitalter der Selbsterfahrungsgruppen, deren Gestus der Offenheit ein Ertrag aus der weltweit gescheiterten Revolutionsbewegung war, deren populistischer Übergang in gesellschaftliche

Verkehrsformen aber als eine Art langvermißter Religionsersatz zu stehen kam, der dann folgerichtig, aber absurd schnell in Leerlauf geriet.

Als den weiterführenden Diskurs des in Hamburg wohnenden, aber ständig reisenden Schriftstellers Hubert Fichte mit sich selbst, als eine Zusammenführung der Stimmen von innen und außen, von Hamburg und Haiti, zwischen europäischer Literaturtradition und den Formen jahrhundertelanger Domestizierung der heute so genannten Dritten Welt könnte man die im Jahr darauf, 1975, geschriebene Radio-Collage *Der Blutige Mann* bezeichnen, die im Untertitel einen vollständigen Satz führt: *Larry Townsend, Friedrich Hölderlin, Marcel Proust und andere sprechen sich über den Blutigen Mann aus.* Die Mitspieler sind Larry Townsend, Verfasser eines Lexikons für Ledermänner, die bekannten Dichter Friedrich Hölderlin und Marcel Proust samt einigen literarischen Figuren aus des letzteren *Suche nach der verlorenen Zeit*, und unter den »anderen« aufgerufenen der Honorarverwalter im belgischen Kongo, Paul Ernest Joset, der haitianische Arzt und Anthropologe Dr. Dorsainvil, ein Deutsches Ledermuseum. Imaginierte Figur aller dieser Mitspieler ist der im Ober- und Untertitel aufgerufene *Blutige Mann*, Phantasiefigur und Fluchtpunkt der Textcollage, aus der diese radiophone Studie über den Sado-Masochismus besteht, in dem Hubert Fichte offenbar das Grundmuster aller seiner einerseits so widersprüchlichen, andererseits einander so gespenstisch entsprechenden einheimischen und auswärtigen Erkundungen gefunden hat. *Der Blutige Mann* ist, mit gleichlautendem Titel, schon einmal dokumentiert im Band *Homosexualität und Literatur 1*, Paralipomena I der *Geschichte der Empfindlichkeit*, und heißt dort im Untertitel *Sade*. Das ist ein umfangreicher Essay über Leben und Werk des Marquis de Sade; in dessen Mitte steht die Frage »War Sade Sadist?« Der Essay entstand im gleichen Jahr wie das Hörspiel, das, randständiger und verschwiegener zugleich, die Zusammenhänge zwischen den literarisch überlieferten Mustern europäischer Denk- und Gefühlskultur und den Formen des bis heute wirksamen eurozentrischen Kolonialismus aufspürt.

Ein Jahr später, 1976, entstand das Hörspiellibretto *San Pedro Claver*, das Szenen aus den letzten Lebenstagen des 1580 geborenen spanischen Jesuitenpaters und Sklavenmissionars Pedro Claver in Cartagena de Indias imaginiert, dem jahrhundetelangen Hauptumschlagplatz für den Übersee-Handel mit schwarzen Sklaven an der Westküste von Kolumbien. Der Text ist zusammen mit dem des 1980 entstandenen, im Dezember 1981 als »Hörspiel des Monats« ausgezeichneten Werk *Großes Auto für den Heiligen Pedro Claver* 1982 unter dem Titel *Zwei Autos für den Heiligen Pedro Claver* im Qumran Verlag Frankfurt schon einmal gedruckt worden. Beide Texte durften gleichwohl in einem Band mit Hörspielen von Hubert Fichte nicht fehlen: nicht nur, weil der Autor selbst sie zu den zentralen unter seinen Hörspielarbeiten zählte und ein langanhaltendes liebendes Interesse hatte an dieser bis zur Selbstaufgabe mit den geschundenen Sklaven leidenden historischen Figur, die dennoch vollkommen verwickelt war in den Jahrhunderte währenden skandalösen Widerspruch, daß im Namen einer Religion der Nächstenliebe ganze Völker als Untermenschen verachtet, versklavt, zwangsgetauft und bis zum letzten Blutstropfen ausgebeutet und gepeinigt wurden, um den Reichtum der Reichen zu mehren, der Kolonialherren also. Den Schlüssel zur Aufrechterhaltung dieses Widerspruchs fand Fichte – am Beispiel der Figur des Pedro Claver – in den inbrünstigen Selbstkasteiungsriten der christlichen Mönchsorden.

Doch über das inhaltliche Interesse des ethnopoetischen Feldforschers Hubert Fichte hinaus ist in dem Libretto für 14 Stimmen *San Pedro Claver* auch eine weitergehende radiophone Qualität als in den bisher beschriebenen Texten erreicht: die Inszenierung eines imaginären Raumes, ein Spiel mit ausgedachten Möglichkeiten: so könnte es gewesen sein. Szenen als Riten, in die musikalische Szenen aus Monteverdis Oper *Die Krönung der Poppaea* (1642) eingelassen sind, in sanften Übergängen vom rituell gesprochenen zum rituell gesungenen Wort.

Daß Fichte vier Jahre später den Stoff erneut aufgriff für sein zweites Hörspiel-Libretto, hat zu tun mit seiner Gewohnheit, Stoffen und Fundsachen, die ihn nicht losließen, in ihre tieferen Schichten und größeren Zusammenhänge weiter nachzugehen, wobei er einzelne Passagen meist informatorischer Art (wie etwa historisch-biographische Abrisse oder Zitate aus Lebensbeschreibungen mitspielender Personen) in die neuen Bearbeitungen übernahm; doch kam es ihm vor allem auf den Perspektivenwechsel an. So steht Pedro Claver auch noch einmal im Mittelpunkt eines Reiseberichts über Cartagena vom April 1980, überschrieben *Die Mücken des Heiligen Pedro Claver*, abgedruckt im Band *Lazarus und die Waschmaschine*, 1985, dort in Zusammenhang gebracht mit den revolutionären Bewegungen im Kolumbien der Siebzigerjahre. Im *Großen Auto für den Heiligen Pedro Claver* ruft die Stimme des Autors Hubert Fichte (nach der Gero von Wilperts, die erklärt, was literaturhistorisch »Auto« heißt) alle Stimmen selber auf, die zu hören sein sollen (der Text wird also als Inszenierung inszeniert, als Hörspiel im Hörspiel, analog dem Theater auf dem Theater). Aufgerufen werden so im ersten Teil die Stimmen von Gott, Mose, Hiob, Jesaia, Jeremia, Hesekiel, Hosea, Jhesus Syrach, Doktor Martin Luther (aus dessen 1545 erschienener erster deutscher Bibelübersetzung *Biblia: Das ist: Die gantze Heilige Schrifft* in der Originalschreibweise die von den Stimmen gesprochenen Texte entnommen und zum Rollenspiel montiert sind), die Stimmen von Jesus Christus, Peter und Paul und Johannes. Im zweiten Teil werden ebenso aufgerufen die Hauptdaten der Geschichte der Versklavung der Äthiopen wie die weltlichen und geistlichen Mitspieler und Berichterstatter in dieser Skandalgeschichte; im dritten die Stimmen von Pedro Claver und den Patres, die ihn ins geistliche Leben einwiesen und endlich als Dreißigjährigen in das Jesuitenkollegium von Cartagena, und wiederum die Stimmen von Zeugen und Berichterstattern über Clavers Arbeit (»Pedro Claver tauft 300 000 Negersklaven in Cartagena de Indias ... 40 Jahre lang.«) und über seinen Tod.

Es sind also hier vor allem die gesellschafts- und religionshistorischen und die persönlich-religiösen Vorgeschichten jenes skandalösen Widerspruchs inszeniert; die Collagierung der beiden Stränge deckt – in polemischer Auswahl – deren strukturelle Verwandtschaft auf, die ihn ermöglichte, und zwar ohne jeden diskursiven Kommentar des Autors.

Bis an die Grenze des Machbaren ausgespielt hat Fichte alle seine bis dahin erarbeiteten Möglichkeiten einer Hörspielinszenierung in dem 1984 entstandenen Libretto für 90 Stimmen *Das Volk von Grenada*, dem längsten und spannendsten dieses Bandes. Ähnlich wie im zweiten *Pedro Claver* verwandelte und ergänzte er hier einen Stoff, mit dem er sich im vierten Teil seines 1980 erschienenen Berichtbuches *Petersilie. Die afroamerikanischen Religionen* auseinanderzusetzen begonnen und den er im 1985 erschienenen Band *Lazarus und die Waschmaschine* nach einem weiteren Besuch der kleinen karibischen Insel fortgeführt und aktualisiert hatte: die Geschichte der allmählichen Entkolonisierung eines (wegen seiner Kleinheit und Übersichtlichkeit als Muster so gut brauchbaren) Staates der Dritten Welt mit allen ihren Fortschritten und Rückschlägen, bis zur großen Vision einer wirklichen sozialistischen Gesellschaft mit menschlichem Antlitz, die 1979 mit dem Präsidenten Maurice Bishop in greifbare Nähe gerückt zu sein schien (bis hierher reicht die Dokumentation im *Lazarus*) und vier Jahre später, im Oktober 1983, mit der Ermordung Maurice Bishops durch die Anhänger seines Rivalen Bernard Coard, eines orthodoxen Kommunisten stalinistischer Prägung, im Blut ertrank wie bisher alle Revolutionen. Den Zusammenbruch der großen Hoffnung und dessen Anbahnung dokumentiert das letzte Viertel des Hörspiels – auch hier ohne jeden diskursiven Kommentar seines Autors. Der Kommentar steckt in der Collage.

Das 1985, im letzten Jahr vor Hubert Fichtes Tod entstandene Hörspiel *Ich sterb vor Durst an der Quelle. François Villon begegnet Charles d'Orléans* hat Fichte während der Arbeit an seinen Funkessays *Charles d'Orléans versus Charles of Orleans* und *Die Dicke Margot. Anmerkungen zur Bisexualität bei François Villon* geschrieben, die beide inzwischen gedruckt vorliegen im Paralipomena-Band *Homosexualität und Literatur 2* (1988). Während er in den Essays, vom literarischen Werk der beiden ungleichen Dichterkollegen im Frankreich des fünfzehnten Jahrhunderts ausgehend, die Korrespondenz zwischen der Besonderheit ihrer lyrischen Sprache und ihren Lebensumständen herausarbeitete, vergegenwärtigt Fichte im Hörspiel einen Augenblick der Begegnung im Leben der beiden Autoren beim Dichterwettstreit; wiederum aber nicht in Form eines in die Hörspielwerkstatt verlegten Schauspiels, sondern als Stimmenspiel zweier Beobachter am Fenster, die zugleich im Liebes- und Redespiel miteinander begriffen sind, einander Verse von Charles d'Orléans und

François Villon zitieren und kommentieren, andere mitsprechen, die sie die Dichter unten rezitieren hören (was alles der Text dramaturgisch, rhythmisch und metrisch nachspielt): Gilles des Ormes, Freund von Charles d'Orléans, und Anna de Hoghart, eine deutsche Verwandte von Madame d'Orléans. Ähnlich wie im ersten *Pedro Claver* ist hier ganz auf die Imagination gesetzt: so könnte es gewesen sein.

Das letzte Hörspiel, das Hubert Fichte geschrieben hat, ist zugleich sein rätselhaftestes: *Ich bin ein Löwe / Und meine Eltern sind Eichen und Steine*, im Untertitel genannt *Die Geschichte des Zaubermarktes von Bé*. Die Szene ist also diesmal afrikanisch: dieser Zaubermarkt ist in Togo zu finden, am Rande von Lomé. Doch spielen außer dem Löwen (der unverkennbar das Idiom des Schriftstellers Jäcki in der *Geschichte der Empfindlichkeit* spricht) und dem Zauberer von Abomey (heute Bénin) noch mit: »Der Herr aus Basel«, der Zauberer aus Merseburg, die Dichter Daniel Casper von Lohenstein und Johannes Bobrowski und schließlich der griechische Dichter Empedokles, dessen in griechischer Sprache aufgerufene Gedichtzeilen »Einst schon bin ich ein Knabe, / ich bin auch ein Mädchen gewesen, / Busch und Vogel und Fisch, / der warm aus den Wassern emporschnellt« vielleicht das poetische Zentrum des Stückes bilden. Fichte liebte den griechischen Vierzeiler sehr; heute ist er auf seinem Grabstein zu lesen. Aufzeichnungen (darunter auch Listen des Gesehenen) von einem Besuch dieses Zaubermarktes (1978) sind collagiert mit den Texten und Reden der anderen Mitspieler, mit Musikstücken der alten Meister Couperin, Perotin und Monteverdi, mit afrikanischen Flöten und einer Trillerpfeife, mit Tierstimmen und Orgelintonationen, Windgeräuschen und Gewitterdonner; und sie alle beginnen – als selbständige Stimmen, keine ist nur Untermalung – auf eine sonderbare Weise in Korrespondenz miteinander zu kommen und also zu leben, so daß man dieses letzte Hörspiel des Autors Hubert Fichte als die Vision von einer Vermischung aller Kulturen der Erde samt ihrem Umgang mit der Natur und dem Tod ansehen könnte: auch dies eine Variante der *Geschichte der Empfindlichkeit*.

*

Wie in allen bisher erschienenen Bänden beschränkte sich auch in diesem die editorische Bearbeitung der Texte auf einige wenige orthographische und Interpunktionskorrekturen und, dem literarischen Genre dieser Texte entsprechend, auf die im Sinne leichterer Lesbarkeit behutsam verstärkte graphische Kenntlichmachung von Rollen- bzw. Stimmen- und Szenenwechseln.

Im Juni 1988   Gisela Lindemann